Arthur Schnitzler, um 1915 (Photo: Atelier d'Ora-Benda)

Bibliothek Janowitz

Herausgegeben von Friedrich Pfäfflin

Arthur Schnitzler
Träume
Das Traumtagebuch
1875–1931

Herausgegeben von
Peter Michael Braunwarth
und
Leo A. Lensing

WALLSTEIN VERLAG

Inhalt

Träume

1875	7
1880	9
1882	10
1889	11
1891	12
1892	14
1893	16
1894	18
1895	20
1896	21
1897	22
1898	23
1899	24
1900	25
1901	28
1902	29
1903	30
1904	33
1905	36
1906	38
1907	39
1908	40
1909	42
1910	45
1911	50
1912	52
1913	60
1914	72
1915	78
1916	88

1917	100
1918	108
1919	121
1920	132
1921	145
1922	155
1923	180
1924	197
1925	217
1926	223
1927	228
1928	241
1929	251
1930	256
1931	263
Zu dieser Ausgabe	271
Abkürzungen	274
Anmerkungen	275
Nachwort	407
Dank	459
Register der Werke Arthur Schnitzlers	460
Personen- und Werkregister	462

1875

23. 10. Ich träumte heute Nacht, ich wäre beim Fenster, sie käme zu mir und zwar aussen vom Fenster. Da war mir plötzlich, ich weiss nicht wie. Ich umarmte sie und küsste sie heiss und sie küsste mich wieder. Und so blieben wir einige Zeit und küssten uns fort und fort. Ich wachte auf, im Traum schon jubelte ich, ich habe sie geküsst – ein Kuss von ihr – und ich wachte auf. In lautes Weinen brach ich aus. Es dämmerte eben, ich war trübe gestimmt, sehr trübe.

24. 10. In allen meinen Träumen verfolgt sie mich. Heute Nacht war es mir, als wäre Mama und Frau R. (ihre Mutter) in einem wunderschönen Garten. Eigentümlich wie man eben nur träumen kann. Ich bin neben ihr und wollte ihr eben sagen, nun können wir oft beieinander sein, nun kannst du mich besuchen. Ich wollte ihr´s sagen, da war sie plötzlich in einer dunklen Allee und sie entschwand meinen Augen. Plötzlich sah ich mich vor einem alten eigentümlichen Hause mit einem Knaben, ich glaube es war Josef Kranz. Wir gingen hinein, ich weiss nicht, was ich drin tun wollte. Plötzlich war ich allein in einer dunklen Kammer. Die Türe ging schwer auf, endlich war ich in einem finstern Gang und noch eine Türe, ich war draussen. Ich befand mich in einem Saal. Viele gläserne Kästen mit Bernsteinpfeifen standen herum und viele Leute befanden sich im Saal. Rechts von mir stand sie, links Professor Blume [Prof. in Geschichte und Deutsch].»Guten Tag, Arthur, wollen Sie Pfeifen kaufen?« fragte er. »Na aber meine Freunde Gauermann und Saurüben könnten schon da sein. Führen Sie mich zu Ihrem Papa.« So musste ich wieder von ihr fort. Jetzt war ich auf der Strasse beim Volksgarten. Ich lief so schnell als möglich um bald wieder zurück zu sein. Als ich mich umwandte, stand Herr Riedel [mein Klavierlehrer] hinter mir. Ich lief weiter durch die Stadt, ich machte mir Hoffnung zu entkommen, wenn viele Leute da wären. Aber

die Strassen waren beinahe leer. Nun stand ich beim Volksgarten und zwar an der Stelle der neuen Bellaria. Hinter mir war Herr Riedel, eingehängt in ein Frauenzimmer mit kurzen blonden Zöpfen, klein, bleicher Teint, eine gewisse Ähnlichkeit mit Fräulein Ehnn [Opernsängerin]. »Da sind wir denn wieder«, rief ich aus, denn es kam mir vor, als wäre ich von hier aus fortgegangen. Nun war mir, als wäre ich zuhause. Da dachte ich mir: Vielleicht ist dies Traum; benütze dies, ich muss sie sehen. Ich – (Schluss fehlt).

1880

6. 5. Heute Nacht seltsame Träume, an deren Reihenfolge ich mich nicht genau zu erinnern vermag. Zum Exempel: Ich verbringe einen ganzen Tag vor dem Krankenhaus in dem Seziersaal und zwar sitze ich mit meinen Kollegen vor der Tür, so wie die Soldaten zwanglos vor **der** Kaserne. Es werden blasse Leute herbeigetragen, nackt auf einer Bahre, ich weiss nicht, sind sie krank oder tot. Auch weiss ich nicht, ob sich auf Kranke oder Tote die sonderbare Bemerkung bezog: Es ist gesund für **sie**, wenn nachts die Fenster offen sind und sie so daliegen, dass ihre Haare über die Fensterbrüstung hinaushängen in die Dunkelheit. Einer trieb sich vor dem Tor herum, ein schmächtiger Mensch, klein, mit dünnen Haaren, schlechten Zähnen, blassem Gesicht, auf dem schwarze Stoppeln wucherten, und scheuen Augen. Ich wollte ihn anfangs für tot halten und kam auf trübe Gedanken, wozu der Mensch eigentlich lebe, da er doch schon vor dem Tode so unglücklich sei.

1882

27. 2. Verworrenes Zeug, das ich wachend vor mir sah: Einen Tanzsaal, in dem plötzlich **ein Skelet** oder sowas Ähnliches eintritt und Eugen Brüll stand plötzlich zwar sehr wohlgelaunt, aber geköpft vor meinen Augen.

1889

8. 9. Heute Nacht ein entsetzlicher Traum; ich komme zu spät zu meinem Begräbnis, werde schon erwartet. Stehe vor dem Haustor und sehe die Kränze und suche zu erraten, von wem sie sind. Bin tief betrübt. Habe Angst mich in den Sarg zu legen, dann redet mir die Mutter zu. Ich denke, die Betäubung wird schon kommen.

1891

25. 2. Ein Traum wie M. G. ein Kind bekommt, ich nicht zu ihr gelassen werde. Ich sehe das zappelige, magere, frühgeborene Kind.

Traum wie Rose Fr. zwischen den Fenstern liegt (wie ein Fensterpolster) und ich begreife, dass sich die Frauen nach Emanzipation sehnen.

29. 3. Der Traum, den ich einmal hatte: Ich soll begraben werden, bin auf dem Nachhauseweg, sehe schon am Fenster die Leute auf mich warten, der Leichenwagen steht unten. Ich komme hinauf, Mama redet mir zu.

4. 4. Traum: Rosa St. Zimmer 30. Statt ihrer verkleidet eine alte Vettel, die auf der Stiege ruft: Nichts zum Fleischschneiden? Nun ja, wenn auch die Gesundheit draufgeht.

17. 5. Träumte unglaublich viel. M. G. mit mir, dabei Ballettmädeln etc. etc.

8. 7. Neulich Traum; auf einem Balken über einen grünen Sumpf, hinter mir Verrückte in Krankengewändern, so dass ich nicht fliehen kann. Die Verrückten sangen eine Melodie, die ich noch heute genau nachsingen kann.

Heute Traum: Richard T. hat einen Fehler an M. G. entdeckt: Sie kann ruhig schlafen, während ihre Mutter die Koffer packt. Ich war frappiert über die Menschenkenntnis.

15. 7. Traum: Bin zum Tod verurteilt, weil ich einen erstochen, soll aber zu 6 Monaten begnadigt werden. Der Ermordete ist da, lebendig, ein Auge habe ich ihm ausgestochen. Er ist mir nicht bös, er umarmt mich. **Ich hatte meine sz. Verurthei-**

lung vergessen. Ob ich im Gefängnis werde schreiben können? Nein. Sorgen wegen M. G.

9. 8. Neulich ein Traum: Eine grosse Spinne, die mir den Bleistift wegträgt.

27. 9. Traum von M. G., während sie in meinen Armen schlummerte: Ich lasse ein Theater bauen und es ist mir immer zu gross. Ich lasse Ziegel auf Ziegel wegnehmen, endlich wie ich hineinwill, habe ich keinen Platz. Ich lasse den Operngucker draussen, es hilft nichts. (Beeinflusst war dieser Traum durch unsere Gespräche über das Suggestivtheater, Flohtheater nennen's einige meiner Freunde spöttisch.)

9. 11. Traum von M. G. Sie wird gesund und kommt zu mir. Ich: Ich liebe eine Andere. Sie ohnmächtig. Gib mir Gift. Hier. Dann komme ich zu ihr und sage ihr: du sollst in meinen Armen sterben. Sie schläft in meinen Armen ein, wacht auf und hat alles vergessen. Im Kasten hängen lauter weisse Kleider. Sie geht in den Stadtpark, hat Rosen in der Hand. Setzt sich auf eine Bank. Schlechtaussehender Mensch neben sie. Gespräch. Sie verlieben sich. In einem anderen Garten. Der Mann: Erinnern Sie sich nicht, dass Sie mich schon einmal geliebt haben? Sie erinnert sich absolut nicht. »Ich bin A. S.« Sie weiss aber von jenem vergangenen A. S. gar nichts mehr. Sie wird nun mit dem sehr glücklich. Er aber (ich) quält sie immer, dass sie sich nicht erinnere ihn früher geliebt zu haben.

1892

18. 2. Traum von M. G. Dienstmann zu ihr, rotbackig, neue Kleider. Sie solle sofort zu mir. Ich sterbe. Sie im Unterrock rasch zu mir. Ich verklärt im Bette zwischen Wolken. Ein Engel mit Büchern schwebt auf. Sie: Sie Engel, was tragen Sie da? – Seine Werke. (Als wenn ein Bild zu sprechen anfinge. Er meinte auch die Werke, die ich noch nicht geschrieben hätte.. Sie empfand nur das Bedauern, dass sie die Flügel nicht berührt hätte, da sie schon lange gern gewusst hätte, woraus die sind.

27. 5. Traum: Ich spiele mit der Duse. Sie die Kleopatra, ich Soldat, der mit ihr kämpft. Ich hypnotisiere sie durch meinen Blick, sie verfällt in hysterische Krämpfe, später grinst sie mich mit fürchterlicher Miene an. Später wird sie nackt von einer Frau über die Galeriestiege des Carltheaters wie eine regungslose Statue ganz lang und eckig hinausgetragen an mir vorbei, sieht und gestikuliert sie mich schrecklich an.

13. 7. Traum von M. G. Mama läuft ihr auf der Strasse nach: Geben Sie mir meinen Sohn wieder. – Sie: Ich halt ihn ja nicht. – Sie haben noch keine Probe abgelegt, ob Sie ihn verdienen. Sie müssen kochen.– Ich kann ja.– Nein, ich will morgen die Köchin hinauswerfen, Sie werden kochen. – Am nächsten Tag kommt M. G. Papa und Mama legen ihr die Proben vor. Unbekannte Speisen. Ich in der Küche rühre in einem Reindl, als wollte ich ihr die Sache erleichtern. Sie ist verzweifelt. Ich: Ich habe eine Novelle geschrieben, die wird dazu passen. – Ich hole sie. Sie wird ins kochende Wasser geworfen, brodelt, eine goldene Sauce mit Hendel erscheint. Wir bringen sie hinein zum gedeckten Tisch, bleiben erwartend stehen. Mama: Sie haben die Probe bestanden. Papa: Das gilt nicht. Ich: Siehst du, das ist mein Papa.

16. 10. Undeutliche Träume der ersten Nacht (in der Grillparzerstrasse): Mein Vater sagt, ich habe kein Talent; ich berufe mich auf Loris. Undeutliche Landschaften. Gegenden von Vöslau und Baden. Coupé. Else. Alles verschwimmt.

8. 11. Böse Träume O. W., mit der ich in Venedig und in der Währingerstrasse herumgehe. Schwere Krankheiten. Spielschulden. Übelkeiten.

28. 12. Traum: Ich bin totkrank, ärgere mich, dass ich sterben muss. Jemand sagt mir: Wenn Sie zu einer Dame gehen, müssen Sie den Überzieher im Vorzimmer lassen, da kann Gott wohl verlangen, dass Sie vor dem Eintritt ins Paradies den Körper ablegen. Dann vergifte ich mich. Sie (welche weiss ich nicht) neben mir. Ich sage: Mach's nicht wie in meiner Pantomime.

1893

7. 5. Luise Ehrenstein, die ich behandle, sagte mir Vormittag: »Einen sonderbaren Traum hatte ich heute. Sie kommen zu mir und teilen mir mit, dass Sie eine Schauspielerin des Volkstheaters heiraten wollen. Ich rede Ihnen ab, sie passt nicht für Sie, gebe nur kleine oder Statistinnenrollen, kann nicht repräsentieren, Sie lassen aber nicht ab, der Traum war so deutlich, dass ich ihn Ihnen erzählen musste.«

14. 5. Traum. Bei Sonnenthal. Der hat den Schlafrock meines Vaters an [der am 2. Mai gestorben war]. Ich frage nach Felix S. (der tatsächlich krank war). Ich gehe ein Stockwerk tiefer in Felix' Wohnung, Speisezimmer. Man legt Spargel auf, die halten mich da, dann Fisolen, die treiben mich weg, **was ich ausdrücke,** indem ich mit Robert'scher Stimme sage: »Hippocrene.«

29. 6. Böse Träume. Bin mit Freisinger [Schauspielerin], (die ich neulich sprach), im Volkstheater. Garderobe. Sie ist **ernst**, ich küsse sie, sind beide im Hemd. Kaiser kommt mit Erzherzogen das Volkstheater besichtigen. Flucht durch alle **möglichen** Zimmer im Hemd etc. Dämmrige Strasse; mein Vater aufgedunsen im Winterrock hinter mir, mich rufend. Ich jammere: »Ja warum kommen solche Träume über mich, im Traum selbst.«

17. 7. Traum von M. G. Ich untersuche sie, indem ich eine Seite ihrer Jacke herunterlasse und sage: »Die anatomische Untersuchung zeigt, dass eine Veränderung mit Dir vorgegangen ist.« Dann gehe ich ins Nebenzimmer, trete nach einiger Zeit wieder heraus und sage: »Die Kommission hat Folgendes entschieden. Es ist Dir erlaubt mir täglich die Schuhe auszuziehen.« Sie eilt selig fort, kommt am nächsten Tag und zieht mir die Schuhe aus. Wie sie am nächsten Tag wieder kommt,

habe ich auf der Nase einen Schuh. Sie denkt: Wie gut ist Gott, er sieht meine Reue. Am nächsten Tag habe ich schon Schuhe an den Ohren und an der Zunge.

7. 9. Traum. Bin in einer Gesellschaft mit Goethe, der klein, unansehnlich, dem Hanslick ähnlich ist. Ich, im Schillermantel, biete ihm die Hand.

1894

12. 2. Traum von schwarzem Weib, Sehnsucht ins Wachen herüber.

8. 9. Fuhr im Schnellzug mit Burckhard, dem deutschen Kaiser und der deutschen Einigkeit, die in der Ecke sass, mit einer Pickelhaube, einer langen Nase und sehr hager war, mit einem Gesicht zwischen Caesar und altem Weib.

26. 9. Ich (als Seelsorger?) halte den Kopf der Silbiger (Gerichtsverhandlung von neulich) wie sie hingerichtet werden soll. Sie muss aber aufpassen, eigentlich wird sie im oberen Stock hingerichtet. Jetzt! (Geräusch wie im letzten Akt von Maria Stuart.) Dann gehe ich ins obere Stockwerk, habe Angst, dass man mir den Kopf wie den der Judith auf einer Tasse bringt. **Aber sie liegt im Bett, erdrosselt, und bewegt sich noch.**–

Ich gehe mit einem Totenkopf in der Hand über den Stefansplatz; **frage einen Dienstmann** (nachdem ich theoretisch über das Anfüllen des Schädels *mit Sp.* nachgedacht): Wie viel geht da wohl hinein? Er: Eineinhalb Eimer. Drüben, wo sonst das Kirchenamt, eine Art mittelalterliche Alchimistenbude mit Prof. Weinlechner, der mich unfreundlich empfängt: »Lesen Sie unterdessen.« Ich nehme eine pathologische Anatomie und wundere mich über das viele Schöne.

6. 11. Traum. Mein Vater. Ich lese ihm in einem grossen offenen Saal (ihm und noch Mehreren) etwas vor, etwa Tovote oder etwas Französisches. Gefällt ihm. Ich: »Wie würdest Du schimpfen, wenn es von einem Deutschen oder gar von einem Verwandten wäre.« Er lächelt. Schwester und ich gehen weg. Es ist, wie wenn jeder Verstorbene wieder zwei Jahre leben könnte, nur wissen die Angehörigen, dass er an demselben

Tag wieder sterben muss. Gisa: »Wie traurig, dass er am 2. Mai sterben wird.« Und es war furchtbar schmerzlich.

21. 11. Traum. Sitze auf einer »Warte« beim Burgtor mit Salten. Drüben wo die Oper holzschnittartige, alte, sonnbeglänzte Stadt. Plötzlich M. R. mit blondem Haar vorbei, ich ihr nach gegen die Augustinerstrasse, sie verbirgt sich in der Hofreitschule. [Am Nachmittage erzählte sie mir, dass sie mich Vormittag in der Augustinerstrasse gesehen, ohne dass ich sie bemerkt hatte.]

1895

30. 4. Traum wie ich mich in einer Gesellschaft verspäte und doch M. G., die um 5 wegfahren soll, noch an der Bahn sehen soll. Unendlicher Seelenschmerz im Traum, viel grösser als er in Wirklichkeit war.

1896

14. 4. Tr.: Sommertag, Ring, habe meinen Stock gebrochen, brauche ihn, spiele ja den Fritz Lobheimer, gehe ins Café Kremser, tausche den Stock aus, kriege ein Zigarrenspitzel, ganz richtig, habe anfangs gehofft aus Bernstein, aber das papierene passt besser für Fritz, hinüber! rasch – fängt ja um 8 Uhr früh an, Kärntnerring 12, 3. Stock (wo ich früher gewohnt) ist ja der Eingang ins Burgtheater, läute, es wird aufgetan, prächtige Stiege, Hofstiege, Diener führen mich auf die Bühne – Kallina steht da und die kleine Gerzhofer – Klavierspiel – ah, Kutschera hat was Neues komponiert! – Jarnos Stimme, aha, zweiter Akt. Sorma, Brahm sind auch da. Ich bin traurig, dass sie mich nicht verständigt haben. Zum Fenster, Sommertag – Es ist ja gar nicht ›Liebelei‹, ›Heinrich V.‹ in einem Akt. Zu Sorma: »Sind Sie mit Mann und Kind da?« – »Nein, allein, mir lieber.« – Und damit küsst sie mich auf die Nase.

13. 6. Böse Träume: Spital, ein Verstümmelter, ein Gedicht nicht zusammengebracht. Letzter Vers: Schönheit beschämt und verzeiht. Der Gedanke quält: Ja, es darf ja nichts von Liebe drin vorkommen, sonst sagt Burckhard, ich schreibe immer dasselbe.

11. 7. (Am Bord des Sverre Sigurdssøn). Wirrer Traum von M. G. Bahnhof, Station, Fahrplan studierend. (Espern??) Sie kommt Bahnhof, Zärtlichkeit für sie – in irgend ein Chantant – dort sind Hajeks, ich lasse M. G. allein zurück – Hotel Kreuz: Beim Portier ein Zettel: »Warum hast du mich alleingelassen? So bin ich von zwei Betrunkenen attackiert worden.« Das beruhigt mich. Vorher hatte sie im Chantant ein offizielles Wort gesagt (»Erinnerst du dich noch, wie wir früher –«), was mich sehr erstaunt hatte.

1897

22. 1. Traum wird Leben, Leben Traum. Nachts träumt mir, ich treffe M. G. in der Giselastrasse, blauer Cheviot, sie an mir vorbei. Ich halte sie auf. Ja, wie ist das möglich? Du bist nun doch in einen Andern verliebt. Sie: Ja, ich muss gestehen … Unendlich traurig.

30. 7. Sonderbarer Traum unter vielen andern, alpdruckhaft, heute Nacht: Wie ich während meines Begräbnisses auf dem Friedhof stehe, die Kränze betrachte, die Schleifen lese und wundere mich, dass ich am 16. Mai gestorben bin, gerade einen Tag nach meinem Geburtstag. Dann kommt man mir zureden (hauptsächlich meine Mama, wie schon einmal bei einem ähnlichen Traum) mich doch endlich begraben zu lassen.

20. 9. Träume: Frau R. F. mit Oskar St. Totenkammer, dann weiss gekleidet mich beruhigen.

6. 11. Heute Nacht Traum (ich wusste, dass O. W. wieder krank, sie hatte vor 14 Tagen Stubenmädchen um Bücher zu mir geschickt). O. und ich in einer Hügellandschaft. O. schwarz, mich nicht ansehend, fordert mich zu einem Spaziergang auf. Paul G. lächelt mich an mit einem Blick auf Rosa F. Ich sehe dann R. F. in schwarzem Cheviotkleid in einem sonderbaren engen Theatergang, schlechte Sessel, fliehende Arbeiter, Gesicht R. F.'s plötzlich grau und alt.

In der Frühe kommt Mama und bringt mir aus der Zeitung die Nachricht, dass O. W. gestorben ist.

1898

23. 3. Schrecklicher Traum, in dem ich das Traurige meiner Ohrenkrankheit mit einer Eindringlichkeit begriff wie nie im Wachen.

19. 7. (Fusch). Allnächtlich beinahe die bösen Träume künftiger Wahrheit.

29. 8. (Mailand) Träume von M. R.'s Freundin, Else L. in einer eigentümlich süssen Weise und sage ihr: »Wir dürfen uns nie wiedersehen und M. darf es nie erfahren.«

1899

28. 5. Traum wie ich mit meiner armen Toten im Wagen fahre und ich weiss, dass sie im selben Monat stirbt, sie weiss es nicht und **ich** liebe sie unendlich.

18. 6. Traum von der Entschwundenen: Stehe neben ihr, sie ist irgend etwas wie tot gewesen und sagt mir: »Siehst du ein, dass wir uns bald heiraten müssen.« Ich hatte, schien mir, eben daran gedacht.

30. 6. Traum Nachts von der Entschwundenen.

31. 7. (Spittal) Traum: Ich sitze auf dem Bett der Entschwundenen, sie sterbend, sie erhebt sich, beugt sich über mich, ich sinke zurück, sie zieht mich an sich, sie sagt: Auf Wiedersehen und ich fühle, dass ich auch sterbe.

11. 10. Träumte heute von der Entschwundenen, als wäre sie am 18. September gestorben und jetzt wiederhole sich der Todestag, und war plötzlich bei ihr. Sie im Bett. Ich wusste, dass sie sterbe und doch hatte ich ein ungeheueres Glücksgefühl die Wärme ihrer Wange zu spüren und hoffte wieder.

1900

10. 2. Traum. Lotte Witt, wie sie mir sagt, täglich, und ich an P. M. denkend, verlogen sage besser alle 2-3 Tage. Dann auf dem Balkon Hotel Metropole und mir an die Entschwundene denkend Tränen kommen.

18. 2. Sonderbarer Traum. P. M. mit Verfolger fliegend, wo aber P. immer in der Gestalt der Entschwundenen auftaucht. Louvre Hut kaufen, Krankenhaus, Simon steht davor. Mariahilferstrasse – endlich P. M. Nein: Die Entschwundene, aber schwanger, mit dem neuen Hut P. M.'s Stufen herabkommend.

21. 2. Traum: Mit P. M. Frühlingslandschaft Rodaun französischer Wald. Der Frühling und das Grün von unerhörter Schönheit wie nur im Traum. Entsetzlicher Schmerz überkommt mich, dass die Entschwundene das nicht mehr sehen kann und laut weinend erwache ich.

3. 3. Traum: Salten hat eine Frau ermordet: Abwechselnd ist es die Karlsburg (ein seinerzeitiges Verhältnis von ihm) Jeanette, die Entschwundene. Er kommt aus dem Haus. Ecke, vorgebaut (Tuchlauben?) (P. M.?). Sehr elegant: »Es ist geschehen.« Zwei Polizisten vor dem Haus. Ich: Entdeckt! Er: Es bleibt dabei, ich sage, sie ist durchs Fenster zu mir gekommen. Geht ins Haus sich selbst stellen, imponiert mir. Ich Angst: Zeuge. Denn man wird erfahren, die Ermordete war früher meine Geliebte. Plötzlich läuft der Hausmeister aus dem Haus (der meine in Frauenkleidern), sagt schreckensbleich: »Sie haben Einer den Bauch aufgeschlitzt.« Ich gehe spazieren am See, sehr angstvoll.

26. 3. Traum, dass ich in Uniform mit Zivilhosen (wie im Traumdeutungsbuch von Freud gelesen), aber doch unent-

deckt von Kaiser Wilhelm II., dem ich begegne, von einem Tor unter den Linden ins andere gehe.

1. 4. Ragusa. Verwirrte Träume. Träume auffallend oft von der Toten und auch von P. M.

4. 4. Traum in der Kajüte von Spalato nach Fiume. Die Entschwundene in der Kajüte auf dem Schoss sitzend. Sie: (nachdem wir was gesprochen) Ja, wenn nicht – (stimmt mit den tatsächlichen Verhältnissen in Hinsicht auf P. M.). Ich anfangs nicht entzückt, dann sie zärtlich küssend denke mir: Nur so (indem sie ein Kind kriegt) kann ich sie dafür entschädigen, dass sie so jung gestorben ist.

5. 4. Abbazia. Traum: Ich muss auf einem Post- oder Meldungsamt (etwa am Ballplatz) nicht nur Heimats- und Geburts- sondern auch Totenschein vorlegen. Habe ihn, versiegeltes Couvert, erbrochen, feuchte Knöchelchen, Totenkopf wie gezeichnet darin, empfinde Ekel. Mit Richard und Brandes. Ich ärgere mich über den lauten Ton Richards. Brandes sagt: Aber Liebster, wiederholen Sie doch nicht alles. Ich entschuldige Richard ihm gegenüber: Es ist doch besser zu sagen, ich tue das keineswegs keineswegs, als ich tue das keineswegs nicht. Dann im Volksgarten (meine Novelle!). Hofmokl, der tot ist, wie ich im Traum auch weiss, kommt blind, hat eine junge, als Bäuerin gekleidete Dame (Schratt?) geheiratet, die ihm einredet, das Kind (sie trägt es wie einen Säugling) ist von ihm (Gerichtsverhandlung, die ich gestern las), ungefähr wie Odysseus durch Schuhe verführt worden, die man ihm geschenkt hat. (Ithaka).
(Zu dieser Zeit las ich Freuds ›Traumdeutung‹).

6. 4. Abbazia. Traum, dass ich drei Träume gehabt, die mir alle den Tod bedeuten. Unklar welche. Einer, dass ich Haare zwischen den Zähnen, dann die Entschwundene, besuche sie

(Franzensring); sie quasi ärgerlich lässt die Rouleaux herunter (wie sie oft getan). Ich komme erst später drauf, dass es ist, um mich küssen zu können.

20. 9. Traum: Sitze mit Goethe und Eckermann an einem Tisch. Zwischen Goethe und Eckermann irgend ein junges Wesen (P. M.?) Goethe tätschelt ihren Nacken; ein ganz junger Bursch kokettiert auch mit ihr. Ich weise Goethe hinaus. Er geht ruhig. Ich bereue, eigentlich aber habe ich Eckermann hinausgewiesen und sage zu Goethe im Bedürfnis gebildet zu reden: »Bitte mir das zugute zu halten.«

30. 9. Traum von O. Sie sitzt bei mir auf dem Sofa. Wir reden von der Toten. Da kommt sie, heisst Marie oder Flora, streicht ihr über die Haare und O. fühlt, dass sie ihr, wie jene ihr unendlich gut sei.
  Später sagt Lisl plötzlich: »Ich habe heute von Ihnen geträumt. Sie haben sich ein Haus in Mauer gekauft.« (Wo O. und Lisl ins Institut gegangen sind.)

18. 3. Träume u. a. die Schwester der Toten. Überheiter. Erregt, als wäre sie bereit. Dann die Gl. Dann auf einem Kindertischchen ein Leichenwagen mit einem Schwein aus Papier maché wie in der Sylvesternacht. Aber hinten angespannt.

26. 3. Träume im Waggon (Wien—Nizza) von P. M., Minnie, M. G., M. E.

30. 3. (Genua) Auch heute Nacht von P. M. geträumt. Sehnsucht nach ihr und kaum nach D. Im Traum empfand ich heute das Kind als ungeheure Unbequemlichkeit.

1. 4. Rom. Heute Nacht träumte ich von der Toten. Ich hatte sie verlassen und eine grosse Reue überkam mich, so dass ich ihr schreiben wollte, ich war ein Narr, was mir aber affektiert vorkam. Dann dachte ich zu ihr zu gehen, gleich nach Tisch, wobei ich mir deutlich die M.-Gasse vorstellte, mit einem Wagen über hügelige Strassen. – Träume auffallend viel von *meinen früheren Geliebten*, und von D. gar nicht.

5. 4. Merke beim Aufstehen, dass ich in der Nacht stets grosse Sorgen um Zukunft wegen D. habe. Traum: Mit P. M.; sehr liebenswürdig, zwei italienische Offiziere nach, Tabak, sie bleibt draussen, ich: Bitte, wähle. Sie bleibt bei mir, aber ich fühle, sie möchte fort. Plötzlich jenseits D. und Schwester. Ich froh. P. M. zu den Offizieren. D. lobt mich.

16. 4. Florenz. Traum von einer düster phantastischen Rückkehr. Leute am Tisch, Lisl empfängt mich zärtlicher als Olga mit verwischtem Kuss, aber ich werde ausgemacht wegen schlechter Diagnose. Vater trunken.

1902

26. 1. Traum von O.'s Tod. Wache auf, zu Richard, jammere, gehe fort, wache auf.

(Notiert 23. 6. 1902, erinnere mich absolut nicht.)

9. 8. Wirre Träume. Meine Rolle kann ich nicht. Von Kainz irgend was.

15. 11. Sonderbarer Traum. Agram. Landschaftlich sonderbar. Magistratssitzung etc.

24. 11. Helenens Traum, dass sie bei uns Gentzgasse war, ich habe ihr Dokumente gegeben aufs Kind bezüglich, sie wird von wartenden Polizisten verhaftet. Im Gefängnis ihr angstvoller Gedanke: Jetzt werden alle Leute wissen, dass A. ein Kind hat, mit Frau G. zusammen lebt.– Charakteristischer Traum.

3. 12. Träume von einer Überschwemmung. Im Zimmer steigt das Wasser immer höher, kein Angstgefühl. Auch von Richard und Hugo und Hans Schlesinger in weissen Kostümen.

1903

1. 1. Wirre Träume: Ein falsches Gerücht von Luegers Tod, in einer Zeitung, die nach zwei Feiertagen erscheint. Reise. Spielzeughafte Stadt mit hohen Tannen, die auf den Häusern wachsen. (Vorgestern Bild bei Trebitsch: Hoher Baum, gehöhlt, unter dem ein Wagen durchfährt.) Ich frage mich, wie ich's schildern würde und sage mir: Als wenn auf jedem Dach ein Weihnachtsbaum stände. Ein schmieriges Kaffeehaus, Ecktisch. Mit O.? Leute Billard spielend. Plötzlich mit zwei Leuten halb Bauern, halb Pfaffen, etwas unheimlich. (Gestern in Muthers Englischer Malerei der Sensenmann.) Kegel auf dem Billard (habe es seit Jahren nicht gespielt). Habe Pech, bin auf 900, mache einen Hunderter schlecht, die Partie soll aufgelassen werden u. s. w. (Um sieben kam O. zu mir herein, hatte auch bös geträumt, war erschossen worden.)

5. 1. Dumme, wirre Träume. Ich komme mit O. auf einen Ball? Fest? Grosses Tor, ein Herr im Frack empfängt mich: »Wollen Sie Fräulein Deutsch heiraten?« (existiert keines). Ich: »Fällt mir nicht ein.« Mit O. weiter. Irgend ein Saal wie für Kommerse, ein Tisch, lang. Richard im Pelz kommt von links. O. trippelt ihm entgegen, was mich ärgert, und erzählt ihm die Geschichte von Frl. Deutsch. Irgendwie auch ein Garten bei der Sache beteiligt. Dann in der Oper mit Mama, Julius (oder Oskar Mayer oder Trebitsch), Parterreloge, draussen geht Fulda verkümmert, blass hin und her (Scheidung!). Ich werde zu ihm in den Logengang gerufen. Er hat einen Zahn verschluckt, ich soll ihm helfen. Mein Bruder nimmt ihn mit dem Finger heraus.

6. 2. Böser Traum von einem Lehrbuch der Ohrenheilkunde, wo ich mein Leiden mit Düsterkeit geschildert finde und es sozusagen erst ganz fasse. (Veranlassung. Ich lese jetzt ein

medizinisches Buch, ›Hysterie‹ Freud – Breuer und sah gestern Gomperz im Konzert.)

5. 5. Träumte heute von M. G. und ihrer Mutter. M. G. sagt, uns geht's sehr schlecht.

22. 5. Träume von zwei Toten. Mein Vater, Brief an den in Amerika weilenden Onkel Edmund, Verzweiflung über meine Heirat mit O. Ich sehr empört über den Brief. Dann Traum: Die Tote im Bad. (Am nächsten Tag Erkundigung im Tempel wegen bevorstehender Trauung.)

3. 7. (Nach Lektüre des grauenhaften Fall Urban Grandier im Pitaval gestern Abends) Traum: Dass ich als (serbischer?) Prinz die Garde abholen sollte, um meinem Vater, dem König Aufwartung zu machen, aber ihre Adresse nicht weiss. Der Kaiser von Deutschland läuft auf der Stiege zurück, da ich einen Zigarrenspitz fallen lasse und bringt ihn mir. Ich verbeuge mich tief: »Aber Majestät« und denke, dass ich nun eigentlich aus diesem Papierspitz weiterrauchen muss.

29. 7. (Schneeberg) Schlechte Nacht. Kopfweh. Träume. Begegne auf dämmeriger Strasse (Brücke? Allee?) Goldmann, werde ohnmächtig, wie er mich plötzlich anspricht. Olgas Totenmaske, die den Mund bewegt, dann die Hand, dann rufe ich: »Olga steh auf.« Die Teile fügen sich, bleiben aber lose. Über dem ganzen Hemd(?). Ich rufe: Genug! Die Teile fallen auseinander, der Kopf rollt hin. Ich sage den Anwesenden (Paul, Lisl, Olga): »Das ist ein sicherer Beweis für die Gewalt des Geistes über den Körper« und sehe mich schon in Lehrbüchern: Das berühmte Sch.'sche Experiment.

31. 7. (Vor dem Empfang des Briefs, dass M. G. einen Buben bekommen): Traum. M. G. Theodor F. Haare von M. G. verworren.

26. 8. (Hochzeitstag) In nicht gutem Zustand aufgewacht nach wirren Träumen, erinnerlich war mir dunkel: Paul M. erklärte mir, dass O. mich betrügen werde oder mit ihm betrogen habe.

3. 9. Traum: Ich und O. (und Mirjam) begegnen Schik (wo?). Er zitiert mit Beifall ein Referat, das er irgendwo gelesen, in dem betont wird, dass die Triesch das Jüdische an der Christine (Liebelei) herausgebracht mit leicht antisemitischer Tendenz. Ich stelle Mirjam irrtümlich als Mitglied des Lessingtheaters, Schik ebenso als Sekretär am Hamburger Stadttheater vor. Nachtmahl, Saal, grosser Tisch. Dann möchte O. Sitze (wozu, irgend etwas mit der Kaiserin in Zusammenhang?) eventuell durch die Wolter. Ich sage O.: »Nie habe ich Sitze erbeten und gerade jetzt, wo wir verheiratet sind«, dabei zwängen wir uns durch eine enge Gartentür. Nun springt O. über die Felsen, weiss, des Elisabethdenkmals (unsichtbar) hinunter. Ich nach, wundere mich, dass ich nicht stürze, dann über sonderbare Stufen, wie pyramidenartig geordnete Blumentöpfe, aber es wäre leichter gleich auf die Stiege. Dort auf dem Stiegenabsatz an einem Tisch ein Herr, Grillparzer? Ich soll meinen Namen schreiben, kann's nicht recht. Nun schreibt er ihn reinlich nieder und sagt ungefähr: Hiemit bleibt es beschlossen.

28. 12. Traum. Die Tote konzertiert, geht an mir vorüber, ich stehe an der Türe des Künstlerzimmers, begleitet wird sie vom Bruder, der aber aussieht wie unser Tischler Fitz, nun ist es aber auch schon O., die ich frage, ob er gut begleitet hat. Dann ein Hotel mit rundlaufenden Gängen. Mama, der Kaiserin Elisabeth ähnlich.

1904

17. 1. Neulich Traum: Semmering. Die Mutter der Toten. Zwei Glastüren, öffnet sie, bringt mir mein Kind, das totgeborene, das aber lebte, etc.

Heute Traum: Mit der Toten in einem Restaurant (Fremde), an einem Tisch, auch O. und noch eine Dame. Es war ganz natürlich, dass die Tote nur scheintot gewesen war, ich fragte mich, ob sie das und unser früheres Verhältnis, einem Hauptmann, mit dem sie jetzt verlobt war, wieder erzählt hatte. Ich lobte sie und eine andere Dame, die sparsam waren, ich und O. wären es nicht. Ein Motocycle in meinem Besitz, mit dem ich mich nicht zu fahren traue. Die Brühl, der Frühling, eine Landpartie. Ich hole O.(?) ab und Andere, Salten(?) Türkenschanzpark, schlage aber weiteren Spaziergang vor. Der Frühling war, wie schon in einem früheren Traum über die Tote, sehr sattgrün.

(Weiterer Traum). Mit Karczag spazieren, der den Plan zu meinem dritten Einakter (ich wundere mich, dass er ihn hat) unverwendbar findet, und sagt: »Sie werden Tor und Tod dazu geben«, was ich unpraktisch finde. Ludo Hartmann irgendwie etc.

23. 1. Traum: Ich fliege nackt über die Ringstrasse in der Gegend des Burgtheaters. Sehr peinlich und denke, um das Peinliche zu paralysieren, werde ich mir vorstellen, es ist ein Traum.

12. 2. (Berlin, Träume): Eine Reise Frankfurt – Köln (Erinnerungen).

13. 4. Tr.: Burgen, lange Strasse, Ofen? Fluss, Strasse, Pest? Gendarmen in Uniform, Friedrich der Grosse. Die Stufen

herab Frau Medelsky mit dicker Nase, wie zur Probe, auch Frank. Ich sage zu Frau M. »Sie träumen ja nur«, und glaube, sie dadurch zu erschrecken. Dann fällt mir ein, dass sie ja selbst nur ein Traumbild ist und ich gebe ihr innerlich die Suggestion: »Du musst das Gleiche träumen wie ich.«

16. 5. (Palermo, Traum): Hatte bei Renz in einer Wasserpantomime als Gott der Liebe nackt mitgewirkt. Angst, dass es bekannt wird. Renz streng an der Kassa: »Geben Sie dem Stallmeister zehn Gulden Trinkgeld.« Dieser, da ich es tu, misstrauisch: »Qu'est-ce qu'il veut de moi?« Eine geschiedene Frau Lang der Frau Dr. H., geb. Breuer ähnlich, gleichfalls mitwirkend, mitschwimmend, beginnt Gespräch mit mir. Ich ahne, Renz hat mir nur die Einbildung suggeriert, dass ich nackt mitgewirkt habe. Jemand, etwa Sternberg (Neue Freie Presse) schleppt mich durch Kot und Schlamm mit. Salten sagt mir (über die Pantomime): Ich hätte es nicht tun sollen. Königliche Zimmer, verwischt.

20. 5. (Taormina. Olga hatte mich geweckt wegen eines Stacheltiers, das wir nicht finden konnten.) Darauf träumte mir, dass mich in Tunis ein Moskito sticht. O. träumt von einem Helm des Cesare Borgia, der von tausend Stacheln strahlt.

16. 9. (Lueg). (Meine Nervosität, charakteristisch die häufigen Angst- und Verfolgungsträume.) Heute z. B.: Gefahr einer Explosion durch Maschinen. Eine Brieftasche wird mir gestohlen. Zug beinahe versäumt – Schlacht im Wald, kleiner Trompeter, weisse kleine Kugeln – das Ganze wie ein Öldruckbild. Ein Offizier: Gedanke sich ganz nackt auszuziehen, damit man nicht weiss, ob er Freund, ob Feind.

30. 9. Böse Träume: Bahr, der operiert werden soll. Sackgassenzimmer. Zuspätkommen etc.

6. 10. Lebhafte Träume insbesondere von einer unglücklichen Liebe zu einem schönen Wesen. Sie berührt meine Hand, ich weine, fühle, dass ich zu alt bin – unbewusste Erinnerung an Paul Goldmanns letztes Gedicht, im Ganzen eine gewisse Süssigkeit – aufgewacht erkenne ich das Gesicht als das der Garda Irmen aus früherer Zeit.

4. 11. (Viel geträumt)(Unter anderm von einem Hotel in der Asperngasse, dort, wo früher Lothar wohnte, was mir im Traum nicht einfiel.) Wohin ich als Liebespaar mit O. ging und in der eine komische Figur, eine Art Hotel- oder Bordellarzt eine Rolle spielte, wo das Zimmer 21 Mark kosten sollte, weil es eigentlich Berlin war und wo wir im Hinausgehen mit Andern uns vor Lokomotiven und Automobilen flüchten mussten.

1905

12. 1. Komischer Traum (nach Lektüre von ›Kapitän Dodero‹ von Barilli). Konditorei? Kaiser Josefstrasse (wo einmal M. G. wohnte), der Kaiser von China, dem ich Trottel sage, in der Freude, einmal einem Kaiser, ohne dass er es versteht, Grobheiten sagen zu können.

24. 6. (Auffallend lebhafte Träume von Rose Friedmann) Auf dem Ring mit ihr, auf einem seltsamen Platz in der Nähe der Wollzeile, eine Art Sportplatz, auch an Spitalsgarten erinnernd, mit Teichen etc. Dann ich, das Kind, als Wickelkind, auf dem Arm, Olga singt ihm vor, sehr hoch das letzte Wort Frau, um den Anwesenden zu imponieren. Dann auch Louis Friedmann und Tochter, alle versuchen, uns einzuladen, sehr vorsichtig ohne direkt von Einladung zu sprechen. (Rose F. hatte neulich zu Hugo geäussert, sie hätte den Eindruck (Theater ›Charolais‹), wir würden gerne mit ihnen verkehren, was Hugo gleich als einen Irrtum erklärte.)

26. 6. Traum, dass Brahm die ›Neue Ehe‹ unter dem Titel ›Ein neuer Auftritt‹ zu schlechter Zeit, ohne mich zu verständigen, in schlechter Besetzung aufführt und ich nach Kritiken suche, alle so unklar, dass ich gar nicht weiss, worum es sich handelt.

3. 7. (Reichenau, Kurhaus, in der Nacht nach der Ankunft) Traum, dass mir nur wenige Jahre bestimmt sind (wie ich erwache steht die Uhr).

21. 7. (Bodenbauer Hochschwab) Hatte Nachts geträumt: Die Komödie aufgeführt, dazu ein Einakter und ein Dreiakter. Brahm hätte, ohne dass ich es wusste, den Titel ›Die guten Ehen‹ gegeben.

22. 7. Traum von einem Doktor Foisthaler (passierten gestern die Voisthaler Hütte), der seine Frau operiert, die daran stirbt und er wird angeklagt.

1906

27. 9. Tr., dass irgend eine Tante, Grossmutter oder auch ein Herr im langen schwarzen Rock (wie Goethe und Philipp Schey) mich durch Säle führt, die in gewisser Beziehung zu den beiden Franckensteins (die Wergenthins meines Romans) stehen. Zeigt mir eine Photographie, die stellt dar den Grossvater Meixner, Besitzer eines Hotels (das ich früher irgendwie auf Spaziergang mit Mama und Tante Marie Schey gesehen habe). Der andere Grossvater ist ein Jude, heisst etwa Moische Israel (so wie einer meiner Urahnen, was ich auch im Traum konstatiere). Sympathie, ja Zärtlichkeit für die beiden Franckensteins im Traume. Der Ohrenarzt Gomperz vor Leuten? spricht mit mir über meine Ausgaben?

9. 12. Unglaublich lebhafter Traum von der Toten. Begegne ihr auf einer Stiege (Museum, Theater), sehe sie völlig deutlich, rede von meinem Kind mit ihr, was sie wehmütig macht. (»Du hast ein Kind?«) Möchte, dass sie mit O. bekannt wird, bin dann irgendwo anders mit ihr, wo auch Mama, O.? und Andere. Sage: »Ja, seht Ihr denn nicht, dass das, was hier geschieht (dass eine Tote wiederkehrt), das ganze Weltbild völlig verändert?« Ich betone auch irgendwie das Datum ihres Todes, 18. März 1899. Dann spielt noch ein Zylinder (den ich nie trage) irgend eine Rolle.
Der Traum hinterlässt eine Art von beruhigender Nachempfindung und ich erzähle ihn O., die auf dem Divan schlief.
Deutung: Gestern las ich eines Nachdrucks wegen ›Um eine Stunde‹ durch und feilte dran. Vorgestern erzählte ich Auernheimer von einer Begegnung mit Herzl auf einer Stiege.– Ferner in den letzten Tagen hatte ich das Gefühl, als werde mir der Roman blasser und ich wünschte natürlich, dass er mir wieder innerlich lebhafter werde.

1907

27. 1. Traum von einer in Gartenerde eingelassenen Gruft, darüber Alabasterdecke. Heini soll aus dem Weg gehen. Ich öffne. Später ist es ein Alabastersofa, das ich nun lieber ohne Überzug lassen will.

11. 4. Seltsamer Traum O.'s. Verfolgt, Flucht in ein Freudenhaus, wo sie ein Mädchen anfleht ihr das Zimmer zu überlassen. Der Besuch, die Verhaftung.

15. 5. Tr. Minnie Benedict zu Bett, krank? aber gut aussehend, die den Wunsch ausdrückt, ich möchte was sehr Heiteres schreiben.

31. 12. Tr.: Ich spiele mit Frau Mahler die VII. Symphonie ihres Gatten, die schon komponiert, aber noch unbekannt ist.

1908

1. 1. (Tr. der Sylvesternacht) (Las Goethe Über seine Schriften (Faust) und Napoleonbriefe.) Spaziergang in Wiesbaden, aber andere Landschaft, suche Hotel du Parc (wo ich seinerzeit gewohnt). (Deutung: Anni Sikora hatte eben Strial in Wiesbaden geheiratet, Wiesbadner Stimmung nach dem Tode von M. R.) Kleine Tasche in der Hand (wie die Pflegerinnen), überschreite den schmalen Fluss, Bach auf einer Art Naturbrücke, frage nach Zimmern, Lunch eben vorbei ½ 2, man weist mir zwei hübsche boudoirartige Zimmer an zu Seiten der zwei Damenclosets (durch diese getrennt). (Deutung: Moltke-Harden-Prozess Ausspruch M.: »Die Frau ist ein Closet.«) Nehme sie nicht. Blick von einer Art Wintergartenhall in die Landschaft, eng hinunter. Portier sieht aus wie eine lange Marionette mit gemalten Lippen und Wangen. Dann bin ich im Kursalon Wien(?), treffe Schik, der jung und schlank, höflich nach kurzem Gruss sich entfernt. Hugo: »Ich habe Ihr Feuilleton gelesen, es hat mir nicht gefallen.« (Deutung: Wie wird ihm mein Roman gefallen?) Dann irgendwie mit der Rosa Papier in einer Partitur gelesen. Wir unterschreiben uns beide, sie notiert etwa: A. S. hat mich sehr gut begleitet. Dann lese ich meinen Roman, aber es ist eigentlich ein Stück aus 1840. Spiele selbst darin. (Deutung: Hugo schreibt eine Komödie aus 1840.) Längen wieder des Romans, er spielt im Park von Allenstein. (Ostpreussische Garnison, wo gestern ein Mord geschah.) Lewinger vorbei (flüchtiger Bekannter, den ich in Meran schwer krank gesehen), im Hotel, hat 10 Kilo zugenommen. Doktor Bum (Deutung: auch grosser Bart) höhnisch vorbei.

Traum der Neujahrsnacht: Mit O.(?) in Kassel, sollen (wollen?) Felix Mottl besuchen aus Operngründen, trinken in einer schlechten Wirtschaft (Hotel?) Kaffee. (Deutung: Roman, Carrière O.'s.) Dann: Mein Bruder liegt schwer krank, mein Vater ruft mich ins andere Zimmer (so deutlich wie ich ihn seit seinem Tod nicht gesehen), sagt herzlich, aber in nicht ganz unbesorgtem Ton (ganz so wie der Vater Georgs im Roman), ich hätte in diesem Jahre doch sehr wenig geschrieben. Ich wehre mich, sage, dass Thomas Mann seit 99 nichts schrieb, es käme aufs Wie an (ungefähr) »Recht behalten werde doch ich.« Vater gibts zu, spielt mit dem Zwicker (wie Georgs Vater im Roman), ich suche und finde endlich mit Mühe den Roman in der Neuen Rundschau, hole das Heft von meinem Pult-Manuscriptenschrank (obzwar die Wohnung im Ganzen ein Gemisch von Burgring und Spöttelgasse), auch eine preussische Militärmusik spielt unklar hinein, die Lunzer (Komiker) nicht leiten kann.

28. 4. Riva. Häufige Träume von Salten. (Roman, seine Bemerkungen dazu.)

28. 6. Seis, wüster Traum. Ich lese meinen Roman durch und finde eine durch Druckfehler zum Nonsens entstellte Dialogpartie, suche O. gerade in Mozarts Sterbezimmer. Er liegt mit verbundenem Kopf, ich weiss aber, dass erst morgen am 21. Januar sein Todestag. Julius untersucht mich und weiss nun »woher der Druck auf die Ureteren komme«.

1909

15. 1. Tr. Ich bin in Gödöllö oder sonst auf einem ungarischen Schloss, werde nach kurzem Warten zur Audienz beim Kaiser vorgelassen, der in sehr dunkler Uniform mit dem sich gleich entfernenden Erzherzog (Rainer?) mich empfängt. Ich berichte ihm, dass ich die Amme und das Fräulein des verstorbenen Kronprinzen gesprochen, erinnere mich auch im Traum tatsächlich daran, als wäre es ein vorhergehender Traum gewesen. Plötzlich erscheint Salten im Überrock, sehr intim, begrüsst mich, der Kaiser etwas froissiert, denkt sich offenbar: Man soll sich mit diesen Leuten doch nicht einlassen, dann geht Salten, dann ich, und wir plaudern sehr angeregt.

16. 1. Alpdrücken wie so oft. Irgend eine Gesellschaft, zwei Leute dort vor einem Messerduell auf Leben und Tod. (Wer?) Es kommen Grete und Erna, auch O., vor dem Duell soll ein »Todesritt« (in frivoler Nebenbedeutung) stattfinden, plötzlich kriecht mir ein Krüppel auf dem Boden nach.

22. 1. Traum. In einem Theater (Weimar?) spreche ich mit Tochter Goethes. Habe ein ungeheures Glücksgefühl (ungefähr als erlebte nur ich das), schreibe es ins Tagebuch, bin mit den Worten nicht zufrieden. Sie sieht aus wie die Schauspielerin Reingruber, dann läuft im Don Carlos-Kostüm ihr Mann, Bruder, jedesfalls Sohn Goethes hübsch und gewöhnlich aussehend an mir vorbei, dem ich mein Glück ausspreche.

5. 4. Traum gegen Morgen, dass ›Liebelei‹ wieder im Burgtheater gegeben wird und dass Kutschera (wie im Volkstheater) den Weiring spielt, nur in anderer Maske, (nicht Sonnenthal), doch kam mir das nicht zu Bewusstsein. Im übrigen endete das Stück, indem etwa Fritz davonstürzt, der Schluss geht unter Futteralknacken und Publikumsflucht zu Ende.

Ich finde darauf im Morgenblatt die Nachricht, dass Sonnenthal in Prag plötzlich gestorben ist.

5. 6. Traum: In der alten Wohnung, Burgring, empfangen wir Kinder alle unseren Vater und ich bin zu Thränen ergriffen, dass ich ihn so selten in der letzten Zeit sehe.

13. 7. Edlach. Wachte 4 Uhr Morgens aus einem überraschend lebhaften Traum auf, den ich gleich flüchtig notierte: Bin zuhause (Frankgasse?), eine Dame, Frau Nandow, kommt mit Brief ihres Gatten, Direktors, wo mein Stück (welches?) mit ihr in der Hauptrolle aufgeführt wurde, aber missfiel. Ich weise Kritiken vor, dass es nicht so schlimm gewesen sein könne, die mir eben Observer geschickt, eine aus dem ›Tag‹ von Anna F. unterschrieben, mit Elogen für Frau Nandow. (Deutung: Vor vielen Jahren schickte der Direktor Linsemann seine Frau Nina Sandow, sie wollte in einem Stück von mir gastieren. Im Traum war der Direktor Barnowsky.) Ich gehe mit Frau Nandow fort, die ein wenig Olga Waissnix, ein wenig Olga und, wie mir jetzt erst einfällt, Madame Després (die in Paris die ›Liebelei‹ spielen sollte) ist: Gefühl grosser gegenseitiger Zärtlichkeit, fast beglückend. Wir fahren auf einer Tram, ein Bursch, Plattenbruder, mit seinem Mädel wollen brüsk aussteigen mit ihrem Tandem, der Bursch hat weisse Piquéhöschen mit vielen roten Bändchen, sie fahren auf dem Tandem die Strasse weiter, eine Stufe aufwärts und der Bursch ruft: Hoch Lueger! (Deutung: Trebitsch erzählte gestern von einem Plattenüberfall auf den Dichter Bartsch.) Mit Frau Nandow vor einem Variété oder Theater. Noch auf der Strasse sage ich zu ihr: »Sie müssen mir von Ihrem Leben erzählen.« – Sie: »Ich bin nach Wien Ihretwegen gekommen.« – Ich: »Das ist ein Ende, kein Anfang.« (Unbewusstes verkehrtes Zitat aus ›Medardus‹.) In einem Theater in einer Loge Léons Frau oder Tochter(?) (sieht der Frau Jerusalem im Traum ähnlich). Frau Nandow wartet im Logengang oder

ist ihre Freundin, irgendwie Leonie Guttmann, ich brauche eine Loge für 4 Personen, an der Kasse fehlt mir plötzlich eine Hundertkronen-Note, ich verdächtige einen Herrn, eine Art von Geschäftsdiener, der sich zur Wehre setzt, ich muss mein Unrecht einsehen, zahle. Die Kassierin sagt, es ist die Loge im 2. Stock von Frankfurters. Ich wundere mich, dass sie nicht in die Oper gehen, wenn doch die Götterdämmerung ist. Ich kaufe für meine Damen dreifach gemischtes Eis, habe noch 80 Kronen, endlich zurück, erzähle ihr mein Abenteuer, es ist aber Herr Stieler im Frack (Schauspieler bei Brahm). Er, Sie? will die Hälfte zahlen. Ich finde Rubelscheine in meiner Brieftasche. Endlich finde ich Zeit einen Nebenraum aufzusuchen, drei Türen in einer Art Hall mit grossem Lesetisch. Ich höre die Stimme von Paula, die neben Gisa sitzt, die liest und sich nicht um mich kümmert. Ich begrüsse Paula, sie sagt: »Jetzt haben Sie geredet wie der Graf O'Sullivan. (Deutung: Der Mann der längstverstorbenen Wolter, las vor kurzem Bahrs ›Rahl‹ und ›Drut‹, wo diese Figuren verändert auftreten.) Ich mache einen Scherz und kopiere nun den O'Sullivan. Hier ungefähr erwachte ich. Irgendwann sah ich auch Frau Nandow in weissem Kleid mit aufgelösten Haaren, und an der Kasse mache ich irgend einen Strohwitwerwitz. Vor diesem Traum irgend ein Schwimmschulenbild, wo ein Herr mit einer Dame (die ich übrigens nicht sehe) Turnübungen macht, die ihm wegen Lebensgefahr und Unsittlichkeit? verboten werden.

1910

1. 1. Tr.: Nach einer sonderbaren Tramfahrt um die Votivkirche irgendwo Herren und Damen. Drei Paare? Mir zu Füssen eine etwa 35jährige, decolletierte Dame in Rosa mit Kopfputz. Wedekind spricht davon, man missverstehe seine Sachen, weil am Schluss jedes Aktes immer der gleiche Rhythmus? und wendet sich an mich, der ja wissen müsse, wie das sei – – – Meine letzten Erfahrungen mit dem Ruf des Lipitsch. Ich denke, er kennt's ja nicht einmal da er den Namen nicht kennt.

4. 2. Seltsamer Traum. Fahrt nachts mit irgendeiner (wer?) im Einspänner Paris an einer Stelle vorbei, wo seinerzeit M. R. ohnmächtig geworden und nach Haus transportiert worden war (was nie der Fall war). Ah, welche Strasse? Ja Rue Scribe! Ich sehe in Papieren nach und finde die Ausgaben über Medikamente aufgeschrieben, breche in krampfhaftes Schluchzen aus. Begleiterin beruhigt mich.

24. 2. (Semmering) Tr. mit O. in Paris, Empfindung der Sonderbarkeit des Lebens, seit 13 Jahren war ich nicht hier, damals ahnte ich ihre Existenz nicht. Wollen Onkel Felix besuchen, der Place de la Liberté wohnt, Automobil, ein Anderer drin, dann falle ich fast heraus, Auto wird vom Chauffeur wie ein Kreisel fast bewegt.

15. 5. 48. Geburtstag. Viel geträumt wie meist. Z. B. Frau Lewinsky spielt die Herzogin Wallenstein, bleibt stecken, versteht den Souffleur nicht, frägt ihn hinunter: Wie? Zährt –? Sehrt –? tritt ab in ein Nebenzimmer, man bringt ihr, da sie vom Burgtheater abgeht, eine Kaffeeserviette. Sie: »Das gehört ja nicht mehr mir«, worauf Minnie Benedict die Serviette Monogramm L. S. mit verbindlichem Lächeln mir überreicht. Dann Spaziergang in Strassen ländlicher Art – mit wem?– dem ich ein Lob Alfred Polgars singe.

31. 5. (Territet) Tr.: Ich fahre mit Salten im Wagen, ich frage nach Kainz (der vor 14 Tagen operiert worden war), S. antwortet abwehrend. Dann erzählt er mir, Tausenau sei nicht tot, sondern bewohne ein Schloss mit Park in der Schweiz. Er wolle mich zum Universalerben einsetzen. Baron Berger habe es dem Georg Hirschfeld erzählt, aber ich solle es nicht erfahren, weil er, B., fürchtet, dass ich dann nicht mehr arbeiten werde.

11. 7. Tr.: Irgend eine fremde Stadt, auf einem Podium vierhändig Klavier spielend, die Liszt-Rhapsodie?, Rosenthal und Vanjung. Ich grüsse Rosenthal über seine Noten hinweg vom Zuschauerraum aus, der eine Art Gasthof. Vanjung beginnt Csardas zu tanzen.–

Ich begegne Kapper auf dem Graben, er hat heute Nacht von mir geträumt, er sehe mein Monogramm, aber statt des A. S. war es ein dreifaches W. (was mich eine Spur unangenehm berührt).

16. 7. Letzte Nacht in der Spöttelgasse. Träume verwirrt von Onkel Felix und den Seinen. Dann: Bin in den Gängen des Burgtheaters, verirre mich beinahe. Probe Medardus, ohne mich zu verständigen. Erstes Bild (erinnere mich nicht), zweites, die Schenkenszene: ein grosses Orchester, lauter junge Leute, gegen den Hintergrund ansteigend, doch ich höre nichts (ohne traurige Betonung). Dann Bühne quasi leer, Strasse, 4(?) Jünglinge, operettenhaft kostümiert, tollen herum wie nach Maskenball. Warum so lustig, bespreche ich mit Olga und mit Sekretär Rosenbaum. R. teilt mit, jemand hätte geäussert, ob ich nicht endlich aufhören werde, ernste Dramen zu schreiben. Ich ärgere mich. [Gustav hatte mir gestern erzählt, Leo Feld habe gefragt, warum ich nicht endlich ein Lustspiel schreibe.]. Pause. Im Parkett ein Herr, der mit O. spricht. Ich posiere den Gleichgültigen. O. stellt mich vor.

Es ist ein Maler (Ebeseder?). Auf den Bühnengang. Ansammlung von Schauspielern um Berger, der mit schiefem Zylinder eine Art Festrede hält (für Zeska?). Mir fällt das ›Weite Land‹ ein, ich erblicke die Dekoration des zweiten Aktes, eine Landschaft, Husarenoffiziere im Gelände, es sollte eigentlich heissen: schöne Aussichten (ohne Witz). Freilich das ist modern, da werden mir die Leute verzeihen, dass es nicht nur lustig. Abgedeckte Drehbühne. Bleiben wir? Fahrt Kärntnerstrasse, abgebrochenes Haus, aus einem Fenster, dessen Aussicht dadurch frei geworden, blickt eine Schreibmaschinistin, ziemlich alt, in blaugestreifter Blouse. Im Theater sparsame Dekoration, aha Brahm, bin zuerst auf der Bühne, dann im Parkett, Traumulus, Bassermann, Szene mit seiner Frau, er spuckt sich den Bart an, dann stützt er sich zu humoristischer Wirkung auf eine Sessellehne, dann legt er sich auf den Tisch, seine Frau prackt ihn auf den H., Publikum johlt, ich empört über Bassermann und Publikum; dann mit O. vor dem inneren Volksgartentor, erkläre ich, dass B. für mich erledigt.

17. 7. Tr. der 1. Nacht in der Sternwartestr. (Reihenfolge nicht ganz erinnerlich). Arthur Kaufmann mit Kellnerschürze, der auf einer schwarzen Tafel Integralrechnungen löst: 100:3 auf meine Frage.

Mit O. im Waggon, klein, wie Kahlenbergbahn, an der Rückwand 4(?) junge Leute, dann eine schwarze Frau im halben Profil, ich zärtlich mit O., merke, dass ich die Anwesenheit der Andern vergesse, dann alle (dieselben?) in einem Café, kleines Zimmer, ein Nigger auch. Ich zuerst irgendwie in Gefahr, jemand mich als Wiener vorstellend, Händedruck des Niggers, der dann sich beklagt, dass so viele Schwindler seiner Rasse in Wien leben.. Wagenfahrt. Ich allein. Scheideweg. Gespräch mit dem Kutscher. Ich löse die Frage irgendwie durch Knüpfen eines Lederriemchens auf dem Boden(?). Soll ich(?)

aufs Schloss, wo der junge Gutmann seine Geliebten hinbringt? Kutscher rät anderen Rückweg über Virgl(?), Wilten(?) – erkenne in der Stadt spazieren gehend eine Strasse von ferne nicht. Es ist der Ankerhof, ungefähr wie in Wirklichkeit aussehend, allgemeine Bemerkung darüber.

Bei Mahler in der Oper, grosser (Probe?)Salon: »Ich bringe Ihnen (mich versprechend) meinen Wunschgeburtstag. Vielmehr ich wünsche Ihnen und uns«, rede noch weiter, Mahler (heiter) winkt ab. Ich: »Gestern war ich in Ihrer Achten (Neunten?), war entzückt.« Er bemängelt die Aufführung. Ich bemerke, dass es nichts vollständig Gelungenes gibt. Er widerspricht irgendwie. Mir fällt auf, dass wir in der Oper sind. Also wird M. doch Direktor. (Er war es um diese Zeit nicht mehr). Plötzlich sitzt vor mir der kleine Kraus und noch wer, auch im Gespräch mit Mahler.– Worüber – Kraus wendet sich zu mir, ich stelle mich vor, Kraus ärgerlich, da wir uns ja schon kennen, der dritte Herr ist Sonnenthal. (Ich sehe ihn eigentlich nicht, wieso ist er da, er ist ja tot.) Es wird etwas gezeigt, Bilderbuch, ein Bild, jemand (ein Mädel?) heisst Thode.– Eine Stelle aus der Fackel wird zitiert: »Ich habe mich immer gewundert, dass es in den Gräbern von jungen Mädeln so leer ist« (von Spielzeug? Da sie so viel kriegen? Jedenfalls hat es eine satirische Bedeutung). Ich lache überlaut aus schmeichlerischen Motiven, deren ich mich gleich schäme. Treffe (mit Richard) Fräulein Frieda Pollak, Gentzgasse, Haltestelle Lazaristengasse, ohne sie gleich zu erkennen. Sie ist ernst, **weiblicher als sonst** – dann(?) mache ich mich im Beisein Frau Lothars über Lothar lustig, ihn kopierend, nicht gleich bedenkend, dass es seine Frau war, denn jetzt ist sie ja mit einem Andern verheiratet.

20. 7. Träume unter andern, sehe Frau Bleibtreu in Trauer von besonderer Schönheit – tragische Maske. Sehe Poldi M., die irgendwie von unten, Wald, Wiese, weg mit Fräulein

Krammer nach einem Lokal ähnlich wie der Himmel kommt, elegant, ihren Dienst als Closetfrau antreten.

19. 8. Lebhafte Träume gegen Morgen. Minnie Benedict in der Rotenturmstrasse, barhaupt. Ich erinnere mich, dass ich ihr auf Rat Olgas einen Ring(?) kaufen soll. Mit ihr zum Juwelier, suche einen Saphir, der Juwelier rechnet aus 85 Kronen, 40 Heller. Der Saphir ist bestaubt und schadhaft, das wird in der Arbeit schon besser, sagt der Juwelier. Ich denke, es ist doch besser, ich schenke ihn Olga. Dann laufe ich über eine Landstrasse zwischen Wiesen, **hüpfend, mit Heini**. Es ist wohl das Isartal [gestern Brief Heinrich Manns, Dank für die Puppe], schöner wie Dänemark. Dies hier sind Dänen –? Habe mein kleines braunes Notizbuch bei Salten(?) vergessen. Burckhard bringt es mir zurück, sieht dick, jung, fiakerhaft aus, blonde Perücke. Ich sage ihm, er sieht gut aus. Er: Ich habe auch soeben eine junge Frau und ihren Liebhaber(?) betrogen. Ich: Die Notizen in meinem Buch sind Ihnen wohl unverständlich gewesen. Er: Ich habe mir erlaubt, meine Erklärungen beizufügen und zeigt sie mir in kleiner Schrift.

25. 8. (Partenkirchen) Oft Träume von Kainz.

1911

1. 1. Kurzer Schlaf von ½6-½9, Traum von Kainz, peinlich. Lakaien, Kellner?, die am Buffet mit seinem Hirn zu tun haben.

3. 1. Hatte gestern wieder von Kainz geträumt. An seinem Krankenbett, er wusste nicht, dass er sterben müsste. Heut Nacht wieder böse Träume von Krankheiten. Wache aber ganz frisch auf.

9. 1. Traum: Gesellschaft wenig (wer?) um einen Tisch. Kainz spielt herrlich Klavier, vielmehr hat eben gespielt (es ist sein Beruf), ich ergriffen, weil ich weiss, es ist das letzte Mal, falle ihm um den Hals, ängstige mich, dass er meine Bewegung merkt. Er bleibt starr wie die (unsichtbaren) Anderen. Bauarbeit an einem Flüsschen, Wien bei Hütteldorf, weisse Maurer, ich wie andere auch muss(?) mir das Gesicht mit rötlichem Staub einpudern.

23. 4. Tr.: Beethovensches Orchestervorspiel zu einer Art Lied der Leonore aus Tasso in B Dur. Gram, dass ich es einmal nicht werde hören können. (Fähigkeit des Traums sowohl Glücks- als Unglücksgefühle quasi chemisch rein darzustellen.)

31. 12. Träume. Julius hat irgendwen operiert, einen Schauspieler, er sieht irgendwie dem jungen Mahler ähnlich (Bild bei Frau Rosé), sagt, er sei in Tressler und Kutschera geradezu verliebt. Ich etwas eifersüchtig in der Empfindung, dass mir durch schlechtes Hören die Lebendigkeit im Gespräch versagt sei. Dr. Arthur Kaufmann erscheint flüchtig. O. erzählt, sein Vater werde in diesen Tagen zwischen Weihnachten und Neujahr sterben (er ist längst tot). Fahre im Fiaker von ½12-½2, berechne (korrekt) die Taxe, gebe ihm 6 Kronen. Er:

»Bitte, es sind 10 Gulden.« Ich nehme einen Teil zurück (gestern brachte mir Sophie, unser Stubenmädchen, einen irrtümlich zu viel gegebenen Hunderter), ich bin irgendwie bei Anatol, lese einen Bericht darüber in der Neuen Freien Presse, bin in einem Garten, erhöhter Platz, Paula B. H. kommt zu Besuch Stiegen herauf mit den Kindern, Mirjam voran, Paula ist stattlich und ernst, ich kaufe mir auf dem Graben Berliner Tageblatt und Neue Freie Presse, lauter ganz uninteressante, nur auffallend lebhafte Träume.

1912

9. 2. Lebhaft von meinem Vater geträumt. Ich in einem Gebäude, das halb das Akademische Gymnasium schien, an Stelle der Technik stand. Ich hinter einem Fenster im Parterre, mein Vater geht draussen, etwas jünger als in seiner letzten Zeit auf und ab, mit seinem charakteristischen Hut. Ich rufe ihn, er tut, als wolle er nicht hören, entfernt sich auf Zickzackwegen im Schnee.

23. 3. Dr. Hanns Sachs schickt einen Separatabdruck mit Traumanalysen. Ich erinnere mich, dass ich, als ich Freuds ›Traumdeutung‹ las, 1900, auffallend viel und lebhaft träumte und selbst im Traum deutete.

24. 3. Wie gesagt, so getan. Ich träumte gegen Morgen mit ganz besonderer Deutlichkeit. Hugo verlobt sich mit Gerty, mit der er freilich schon verheiratet ist und bemerkt (zu wem?), Olga soll nichts davon erfahren, denn ich habe ihr den Hof gemacht. Ich weiss, er sagt das sofort, um Olga zu kompromittieren. (Deutung: Neulich im Meissl sagte er in seiner Art zu Paulintscherl und Olga ein paar Mal Du, was mir zuwider war. Und vor 12 Jahren sagte O.: »Es wäre interessant, wenn sich Hugo in mich verliebte.«) Ich bin wütend, werde es noch heftiger, als O. sagt: »Er hat aber gut geküsst.« (Deutung: In jener Broschüre von Sachs heisst es einmal: Er macht alles gut.) Ich frage mich, wann war es. Ah, damals als ich von einem Spaziergang heimkam und Hugo mich erwartete. (Deutung: Vor zirka 6 Jahren war Hugo schon bei mir, als ich nachhause kam und Olga sagte: »Er war sehr lieb.«) Und sage irgendwem: »Den hätte ich totgeschossen.« Ich sinne Rache, bin plötzlich in einem Hotel, Hamburg, aber eigentlich ist es Hotel Höller, ich trete barhaupt auf die Strasse, in der Halle einige Schauspielerinnen, deutlich Clemens und Otti Salten. An einem Tisch daneben, vornehm sich um nichts

kümmernd, vier reisende Damen, eine sehr deutlich um 40. Otti sagt zur Clemens: »Geben Sie ihm doch einen Kuss.« (Deutung: Die Clemens ist die Heldin jenes Stücks, das [nach einer wahren Geschichte] sowohl Trebitsch als zu dessen Ärger auch Salten schreiben will, also Otti will mich gewinnen für Saltens gutes Recht.) Sie küsst mich, ich spüre wenig. Plötzlich ein langer Tisch, viele Leute. Diner. Weit von mir sitzt M. E., neben ihr ein Herr im roten Sweater (Doret ähnlich, der auf dem Semmering einen rotgefassten Sweater trug). Ich strebe zu M. E. hin, um mich an O. zu rächen. Sie (M. E.) Angst, dass man was merkt (Deutung: Erinnerung an ihr Benehmen in Hamburg), kühl, ich frage nach Hagemann (Direktor), sie hat mir was von ihm zu bestellen und hat es vergessen. Ich sehe eine Art Muttermal, fast entstellend, ober ihrer Lippe. (Deutung: Sie hatte eins, anderswo, das sie operieren liess vor 13 Jahren.) Eine fragt: Wohin muss man Sie küssen. Ich: Gefährliche Frage. Plötzlich vor mir auf dem Tisch ein Buch, dreispaltig. Mittlere Spalte: »Oh, diese Küsse!« (Deutung: In der Psychoanalyse tut sich ein gewisser Rank hervor. Oben in meiner Bücherstellage, die dreiteilig ist, befinden sich u. a. Gedichte von Renk (verstorben und ohne Interesse für mich).) O erscheint, sehr mild an mir vorbeigehend, von der Strasse: »Ich geh jetzt in mein Zimmer« (im Hotel).

7. 6. Abends neuerdings an der Pfarrers-Szene (im Bernhardi). Neulich nach intensiver Beschäftigung mit dieser Szene (»Ich folge Ihnen in die Sackgasse, wo jenes Unbegreifliche mit den tausend Namen aufgerichtet ist«) folgender Traum. Im Comfortable mit O. neulich in die Mariahilferstrasse zum Schwender(?). Kutscher, um abzukürzen, biegt rechts ab, kommt in eine Sackgasse, von der aber noch enger links ein kleiner Weg zwischen hohen Häusern abbiegt. Ich ärgerlich steige ab, der Kutscher sitzt störrisch, stumm, einem Holländer ähnlich, auf dem Bock.

6. 7. Wie schon manchmal nach Beschäftigung und Gesprächen, die auf Traumdeutung bezüglich sind, sehr lebhafte Träume: Gesellschaft in Hotel oder Palais, viele Leute, aber ich merke wenig. Fräulein Wilke neben mir, ich streichle ihren Arm, sie zärtlich sagt: »Sie können alles von mir haben.« (Deutung: Rosenbaum erzählte mir neulich, dass die Wilke und die Retty ihm gelegentlich harmlos um den Hals fallen.) Olga in der Nähe, mässig ungehalten. Auf dem Weg nachhause, Herrengasse mit einem Herrn Seit Arm in Arm, den ich kaum oder nicht kenne. Er trennt sich Strassenecke. Ich Auto(?) nachhause. Zuhause irgendein Mietshaus, im Vorzimmer Olga mit eingebundenen Haaren und weissem Schlafrock, wie manchmal nach Kopfwaschen (man beachte die zweifache Deutung des Worts, würden Traumdeuter sagen). »Ich bin sehr bös«, sagt sie ganz mild, aber es bezieht sich darauf, dass die Dienstleute alle gehen wollen, auch Fräulein, die seh ich zum Fortgehen bereit. Aber das verflüchtigt sich. Plötzlich sind lauter Bittsteller da bis aufs Stiegenhaus (die vielen Bettelbriefe der letzten Zeit). Einer, lang, einem mir bekannten Schnorrer ähnlich, sagt: »Ich bin der Erbärmliche von Este.« (Neulich das Wortspiel erb-ärmlich, das mir flüchtig einfällt, Stimmung hinsichtlich Estes.) Der nächste: »Ich bin der Portugiese« (neulich über die Mehlspeise »russischer Reis«, es gibt auch einen portugiesischen). Ich fange an, etwas pathetisch, mir selbst zuwider, zu perorieren: »Auch ich verdiene mein Geld durch Arbeit.« Ein Dritter im Überzieher und mit Schnurrbart: »Wie zu einem Dienstmann« (Erinnerung an eine Stelle aus den ›Letzten Masken‹). Blick in den (Licht?)-Hof. Fühle mich am Schenkel gekitzelt (Gelsenstich), weiss, einer von den Bittstellern, Gedränge bis auf den Gang, will mit Dolch mich (er)stechen. (Frau mit dem Dolch). Vorher noch Derby, Versuch zum Totalisateur zu gelangen über Hügel, Waldwege etc.

17. 9. In irgend einem Sommerort bei Regen ich oder ist es ein Herr mit schwärzlichem Vollbart (irgend eine Figur aus Andrejew) soll hier 60. Geburtstag feiern; dazu Uniform mit hohen Stiefeln anziehen oder es geschieht schon. M. G. am Fenster, aufgelöste Haare, wohnt bei uns auf dem Land (Deutung: O. schlug gestern vor, wir sollten sie einladen), hält mir als eben angelangte Post eine Parte entgegen, Josef von Josefsthal ist gestorben. Ich kenn ihn nicht, aber dann in der Zeitung lese ich, es ist Moos von Mooshausen, den ich auch nicht kenne.

Traum in der Nacht vom 21-22/10 1912, gegen 3 Uhr.–

22. 10. **Höchst merkwürdiger Traum (den ich später ausführlich dictirte).–**

Ich bin in meinem Zimmer, das ungefähr so aussieht, wie das Speis- und Wartezimmer in der elterlichen Wohnung, Burgring 1, bereit in eine Gesellschaft zu gehen, noch in Hemdärmeln, will mir die Hände waschen, merke Tinte an den Fingern, verlange bei dem Extramädel (*es ist dasselbe,* das vor zirka 8 Tagen entlassen wurde) Zitrone. Sie telephoniert darum an die Köchin, was ich frech finde, aber ich sage nichts. Jause auf dem Tisch *(auch für Olga),* das Extramädel spricht mit einem andern Dienstboten, den ich eigentlich nicht sehe, irgendwie über ihre Liebhaber, was ich auch ärgerlich finde. Dann auf dem Ballplatz mit Olga *(Dämmerlicht);* wir sind zu einem Rout beim Statthalter geladen. Olga sagt, sie hat sich dort einen Schinken reservieren lassen. Ich finde das lächerlich, fast blamabel, sie aber beruhigt mich damit, dass sie mir erklärt, sie habe schon aus München oder Bozen Anfang Oktober durch den Adjunkten Cischini in die Statthalterei depeschieren lassen, und irgendwie zugleich an den Adjunkten Cischini. (Glücksmann telephonierte gestern, dass der Zensurbeirat Cischini gegen den ›Bernhardi‹ sei.) *Ich denke mir, um die Zeit waren wir ja nicht in Bozen, aber es stimmt doch irgendwie.* Wir sind in der Statthalterei. Ich nehme aus dem Vorzimmer, als wenn es so sein müsste, einen *braunen* Sessel ins nächste Zimmer mit, der links seitlich beschädigt ist *(ein Streifen vom Sitz fehlt)* und stelle ihn hin; gehe ins nächste Zimmer, jemand, er sieht dem Professor Sauer, aber auch Fuchs-Talab ähnlich, will mich der Statthalterin Bienerth vorstellen. Sie sitzt mit andern Damen in altmodischem schwarzen Atlaskleid, auf einem altmodischen Divan, kniet aber eigentlich so wie die andern um einen Tisch, der aber irgendwie ein chinesischer Götze in der Art eines hölzernen Elephanten ist. Sie behauptet, eben hypnotisiert worden zu sein, aber es war nicht stark genug, so dass die Suggestion nicht wirken wird. Ich bemerke, dass ich mich früher viel mit Hypnotisieren beschäftigt habe und spüre zugleich das Selbstgefällige dieser Äusserung. Die Statthalterin versinkt plötzlich in den Divan und kommt gleich wieder darunter hervor in einem schmierigen schlafrockartigen scharlachrotsamtenen Kleid mit schwarzen Tupfen. (Der Stoff erinnert im Charakter irgendwie an einen Anzug, den ich als 9jähriger Bub getragen hab *(u. in dem ich photographirt bin).)* Die Statthalterin wendet sich als gedrücktes altes Mütterchen rechts vom Divan um und verschwindet durch eine Türe. Ich weiss, sie geht jetzt erst sich umkleiden. Ich frage irgendwelche Herren, wo der Statthalter sei. »Oh«, antwortet einer oder mehrere *(es sind bartlose Beamte)*, »der ist noch in seinem Bureau in der Herren(?)gasse« (?). Ich will schon sagen: Ah, der ist jetzt mit meinem Stück beschäftigt, aber ich halte es für klüger und taktvoller zu schweigen. (<u>Bienerth hat Weisse versprochen mein Stück rasch zu</u> lesen.) Die Herren haben gesagt: »in seinem Bureau mit den schönen neuen Fenstern.« Darauf bemerke ich, mit dem Arm über ein Klavier fahrend, das in der Mitte des Zimmers steht: »Man wird das Geld schon wieder hereinbringen, aber gerade an den Leuten, die selbst nichts haben.« Es ist mir angenehm, in der Statthalterei mich so sozialistisch geäussert zu haben. Im Zimmer daneben ist eine Vorstellung. Ich stehe hinter den *(braunen)* Schranken, wie im Stehparterre. Auf der Bühne, die aber keineswegs als Bühne wirkt, es ist auch irgendwie wirklich ein kleines Auto *(Korffs kleines Auto vorgestern)*, etwa wie aus einem Ringelspiel. In diesem Auto eine Dame, die ich eigentlich nicht sehe, mit einem sehr uneleganten Herrn, ähnlich einem englischen Knock about, den ich vor Jahren im Apollotheater gesehen, struppiger Vollbart, schwarzer steifer Hut, börsianerhaft nach rückwärts geschoben. Plötzlich springt ein junger Mensch, fast Knabe, auf den Tritt des Autos in einer Art von weisser Seidenblouse und Knabenmütze, will sich irgendwie von der Dame verabschieden oder küsst sie, dann nimmt er ein kleines Pfeifchen und beginnt, fürchterlich durchdringend zu pfeifen. Ich nehme es anfangs als Spielerei, mit einem Mal weiss ich, es ist eigentlich ein Apache, der damit seine Spiessgesellen herbeiruft. Jetzt nimmt der Begleiter der Dame, die ich nach wie vor nicht sehe, eine Trompete heraus und trompetet fürchterlich. Es handelt sich darum, wer früher müde wird. Es ist irgendwie, wie ich *(nicht ganz deutlich)* empfinde, ein Kampf zwischen Bürgerlichkeit und Gesetzlosigkeit. *(Die Geräusche in meinen beiden Ohren!)* Der junge Mensch mit der Pfeife springt vom Auto herunter, sein Gesicht wird immer verzweifelter, er gibt das Spiel auf, rennt davon. Aber auch der andere ist jetzt auf der Strasse, hat auf der Brust einen Blasbalg, der zugleich ein Scheinwerfer ist und bewegt mit beiden Armen heftig das Instrument, so dass bald ein Lichtkegel *nach* rechts fällt, bald nicht. Das Auto aber ist schon wieder genommen, irgend ein Paar fährt darin fort zu einer Hochzeit *(unklar)*. Plötzlich ist das Auto wieder verwandelt, theaterhaft sind zwei schwarze Rappen herbeigeschoben und vorgespannt worden *(an dunkelblauen Posamentierschnüren)*. Sie ziehen irgend ein Gebäude, das etwa aussieht wie eine riesige Schmuckkassette ganz aus Glas, das durch Ebenholzstäbe in Quadrate geteilt ist. Hinter diesem etwas trüben Glas an vielen Tischen Leute, es ist irgendwie ein Gelage. Ebenso sitzen plötzlich unten an vielen Tischen Leute, wohl alle im Kostüm. Irgendwie erinnert es an die Bankettszene aus Wallenstein. *(Gestern Portrait Sonnenthals als Wallenstein gesehn.)* Rechts an einem Tisch redet sehr lebhaft ein bartloser, langnasiger Mensch mit einer Art weissem Kürass *(Jarno ähnlich)*, sehr hohl und leer, *zu seinem Nachbar*. Ich weiss, es soll eigentlich Wilhelm II. sein, aber die Zensur hat gewünscht, dass er in einer unkenntlichen Maske aufträte. Plötzlich höre ich von der andern Seite her eine wohlbekannte Stimme, die dem uneleganten Herrn von früher gehört, der also auch in dieser Szene beschäftigt ist. Es fällt mir nun ein, dass ich unvorsichtigerweise früher auch mit seiner Trompete geblasen habe. Ich greife in meinen Sack, habe die Trompete noch immer. Es war umso unvorsichtiger, als ich ja gestern (tatsächlich) eine kleine Erosion an der Unterlippe gespürt habe. Ich versuche, ob sie noch da ist, lecke meine Lippen ab und erwache.

25. 12. Träume. In der Urnen(?)halle Brahmbegräbnis, (das am 28. Nov. stattgefunden hatte) resp. Leichenfeier. Fritz Schik Trauerrede, Katheder, plötzlich herunter, hin und her, komödiantisch, schwacher Applaus. Ich wundere mich; aus der Hintertür (wie Bösendorfersaal) noch zwei Mitspieler. Mutter und Bruder Brahms wirken mit.

26. 12. Allerlei Träume. Mein Vater an einem Tisch mir gegenüber: Onkel Wilheim, du weisst doch, hat Zungenkarzinom. (Er starb tatsächlich vor mehr als 20 Jahren daran.) Ich möchte ihn totschiessen. Das ist nicht seine Art, denke ich (offenbar Ersatz des Gedankens: auch wie Bernhardi würde er sich nicht benehmen). Dann nach allerlei Reiseträumen, ich soll nach Afrika mit Wolfgang Schumann, überlege, welche Schuhe mitzunehmen. Landstrasse, auf der linken Seite Frauen, Mädchen, die wie nach einer Kur die

aufgelösten Haare kämmen. Ich gehe einen Seitenweg, der mich lockt.

30. 12. Träume. Mama ist gestorben, aber nun lebt sie doch, regt sich im Bett und sagt (etwa): »Es ist gut, dass Brioni nicht gelitten hat.« Stirbt wirklich. Dann bin ich auf der Galerie zur Leichenfeier im Radkostüm, werde doch nicht noch einmal die Rede halten, wie für Brahm. Spaziergang gegen Pötzleinsdorf mit Otto Zuckerkandl und Andern. Ein Haus rechts hat statt zwei Fenstern Bilder von umgekehrten Schiffen. Ich kenne das Restaurant, etwa Prater, auf Holztreppen hinauf, schäbig, am Tisch daneben, geblümt gedeckt, mindere Leute, Hausmeister, dicke Frau, Z. allein in einer Ecke am Tisch, spielt eine Beethovensonate, draussen im Freien auf der Wieden. Ich sage es zu Olga »Ein Werkel. Es spielt, kennst Du's denn nicht? Vogelfänger bin ich ja.«

1913

1. 1. Träume, von denen mir nur in Erinnerung bleibt, ein weisser Hund, der anfangs mich ein wenig ängstigt, mich aber dann durch Zärtlichkeit versöhnt (ich träume oft von Hunden).

2. 1. Träume von Krawatten, von Bahr, dann ein Salon bei Tante Suppé(?), ihre Tochter Else Keller singt. Zu Grete Keller (ihre Tochter, deren Libretto ich neulich abgelehnt, Sinclair) sage ich: »Sind Sie beleidigt?« Sie verdrossen: »Ja.« Dann im Freien mit meiner Schwester, die in Besuchskleid und Hut. Ich umarme sie zärtlich. Olga äussert sich befriedigt und irgendwie psychoanalytisch darüber zu Schwarzkopf.

4. 1. Tr. Leichenzug eines Greises mit weissem Bart (Tolstoi) auf offener Bahre, drei Lakaienreihen hinterdrein zu drei, darunter ich und Paulsen, schwarz (Kostüme Laffraye, den P. spielte), das Samttuch über dem Leichnam durch vier darauf liegende Lakaien festgehalten. Der rechte hinten raucht eine Virginia. Wie ich ihn auf das Inkonveniente aufmerksam mache, springt er auf. Das Ganze auf grossem Platz, etwa Burghof. Dann eilig durch leere Strassen einer Berliner Traumgegend, die manchmal wiederkehrt. Ludwig Bauer begegnet mir, will eine Zigarre. Ich gebe ihm eine Virginia. Ich habe Eile. Es ist der Schwarzenbergplatz?, muss um neun wo sein.

12. 1. Semmering. Traum. Rede von der Strasse mit Burckhard, der von einem zweiten Stock zu mir herabschaut, fahre dann mit Rollschuhen bergab.

25. 1. Allerlei Träume. Unter andern. Restaurant. Ich nehme meinen weichen Hut vom Haken. Plötzlich Hand, die mein Gelenk packt. Es ist der unrasierte Feuerbursch, ernst, stumm, dem ich seinen Hut gestohlen, unbewusst; wundere mich,

dass er sich nicht eher freut, nun meinen schönen Prix-Hut zu haben; ein Unbekannter, im Traum aber bekannter Herr Faltus, irgend einer Firma angehörig, der uns besucht, zum Essen bleibt, mit dem Messer isst, schwarzbärtig, zudringlich (am ehesten einem vor dreissig Jahren bekannten Herrn Kadisch ähnlich).

26. 1. Traum. Tramway. Junge Frau, die setzt sich zu mir. Es ist die (nicht existierende) Tochter der Frau Brossement (Korrepetitorin bei Ress). Redet mit mir, ich kann sie kaum verstehen. (Häufiger Traum.) Später bin ich auf breiter neuer, noch unfertiger Strasse zu Rad, rasch bergauf, Dornbach, Abhang, neuer Blick zum Semmering, Gedräng von Leuten, die wieder fort müssen, um andern Gaffern Platz zu machen; andere Strassen, etwa Riviera zu einem Schloss, Herr mit schwarzem Bart, der Mann jener Frau (Tochter Brossements), er ist Ingenieur für »Raubbau«; dann geh ich mit einem langen Jüngling, halb Deimel (Brief gestern, Verführung der Tochter), halb Bubi Franckenstein (Felician!) in grossen Nöten, läuft endlich Steintreppen hinab. Dann am Bett von Minnie Benedict. Sie bescheiden, ob ich nicht doch manchmal mit ihr spazieren gehen werde, ich küsse ihr etwas gerührt die rechte, lederne Hand.

7. 2. (Im Schlafwagen Wien – München) Traum von einem schwarzen, dann von einem ebenso kleinen weissen Hündchen, das mich in den Daumen beisst. (Ritze nach dem Aufwachen, aber am andern Daumen.)

22. 2. Traum von einer Vorlesung, die ich in Kopenhagen halten soll. Vergesse mein Buch oben, zurück ins Hotel. Ein Vorstadthaus, schon ausgezogen, die Tafel fort (Zuckerkandl Übersiedlung). Ich ziehe Strümpfe über die Schuhe in Eile. Wilhelm Herzog sagt: »Das Unvergängliche hier wird es ein Gleichnis.«

28. 2. Träumte heut Nacht; Waldweg aufwärts mit Burckhard in Kniehosen und noch wem in seinem Alter und von seinem Schicksal. B. animiert mich: Ortler hinauf. Ich lehne ab, er uzt mich. Ich: Sie sehen ja, dass Sie (Beide) auch (durch die forcierten Touren) vor 60 gestorben sind. Ah, Sie denken, das kann mir auch noch passieren. (»Wenn wir uns im Jenseits treffen«, kam humoristisch vor.)

4. 3. Winterstein, dem ich diesen Traum erzähle, erkennt die dritte Figur als Tod.

8. 3. Traum. Kaiser zuerst in natürlicher Art (Schönbrunn, Schratt), dann kommt er wieder gefärbt, geckenhaft, an mir vorbei, ich in der Türe; irgend was Rituelles. Alle fallen auf die Knie, ich beinah nach rückwärts eine Stufe herunter.

4. 4. Traum. Ich stelle ins Fenster zwischen die Scheiben ein Skelett (aus irgend einem nicht klaren Grunde. Das Ganze ohne unheimliche Betonung).

5. 4. Traum. Besuche – Ecke Porzellan- Liechtensteinstrasse Herrn Chateau d'un, weiss, das heisst Schloss des Einen; er ist ein wenig Doret, ein wenig Clemens Franckenstein, hält mich, wie ich voraussehe, zum Essen dort. Ich bekomme gebackenen Karpfen. Ein Dragonerleutnant wird mir vorgestellt; er sehr erfreut mich kennen zu lernen. Ich behaupte, ihn gestern im Theater gesehen zu haben. Allerdings war das ein Oberleutnant.

7. 4. In der Nacht hatte ich von Mama geträumt. Sie stand mit Hut in irgend einem Zimmer, nicht zuhause, und war über etwas traurig verletzt.

9. 4. Alberne Träume; von irgendeiner Probe nachhaus, will mich noch bei Epply rasieren lassen. Plötzlich in meinem

Badezimmer Herr Askonas (der im Bernhardi den Bezirksarzt Feuermann probierte, dem eine Patientin verblutet), will mir (wohl vor einer Furunkel-Operation) das Bein rasieren (die Freudschule könnte dies alles als einen verkappten Selbstmordwunschtraum deuten).

25. 5. Traum. Ein toller Hund beisst mich, linke Hand, kleine Wunden, eine vom Biss, eine von Kralle, Daumen, Zeigefinger; zum Arzt, er nimmts leicht. Salbe. Ich gehe, entdecke am dritten Finger eine Wunde, wieder Arzt, Salbe. Er glaubt nicht an Pasteur. Ich gehe verzweifelt Mariahilferstrasse (Mariahilf, Gespräch mit Louis Friedmann gestern über die Glücklichen, die glauben), will mich erschiessen. In der Zeitung wird stehen: »Wie ein Grösserer (Raimund) vor ihm«, was mich ärgert.

22. 6. Traum. Fahre zu einem Duell (warum, mit wem?), Aufenthalt grosses Tor. Julius hat drin zu tun. Es wird zu spät. Endlich kommt Julius doch heraus. Es ist dreiviertel acht. Später stehe ich in irgend einer Verhandlung mit einer Frau gegenüber Burgring wegen Fensterpolster?; dann Theaterprobe. Albert (Steinrück), der vom Erfolg des Robert-Gastspiels spricht. Auf der Bühne Leute vom Volkstheater. Sie werden Nachmittag ein Stück ein einziges Mal spielen, es heisst der ›Regenwurm‹, dann Zuschauerraum. Lisl sitzt im Parkett, ich eile hinein.

25. 6. Unruhige Nacht. Viel Träume: Von einer Redoute, wo Olga gehn oder nicht gehn wollte. Dann seh ich ein Bild in einer illustrierten Zeitung (Woche?), Eisläufer Hand in Hand, darunter ich nebst Fräulein Elsinger. Dann bin ich mit Heini, der aber auch Julius ist (ich nenne Heini oft Julius, Julius Heini), Waggon, Coupé, steige auf Zwischenstationen(?) aus, Konduktor will irgendwie Trinkgeld, weil die Billets nicht ganz stimmen, erste Klasse. Aber er ist zag; das Billet lautet

X bis Erde. Wir steigen aus, der Kontrollor sieht die Billets gar nicht an; plötzlich hab ich Heini oder Julius verloren; ich fass es nicht, rufe überall in der Halle, dann seh ich hinaus. Ein langer Steig setzt sich gegen den Ort zu fort, eine Dame allein geht dort. Ich rufe vergeblich. Ein Herr mit Regenschirm, gleichfalls sehr unruhig (sieht einem Vater aus Fannis letztem Stück gleich) ruft immer die »Exzellenz«, die er seinerseits verloren hat.

26. 6. Träume: Ein Schiff nach Brioni(?), Pferde werden eingeschifft; ich sehr vertraut mit ihnen; einige beissen mich freundschaftlich, was mir nicht sehr angenehm ist; wie wird man in die Kähne kommen? Dann ich und Olga mit Fischers. Olga küsst Frau Hedwig zur Bruderschaft, dann auch ihn, worauf er mich mit Tränen und sagt (ungefähr), also noch zwölf Jahre. Ich frage mich: auf wen geht das? Wer wird 62 alt. Dann ich mit Heini oder Julius im Auto zum Burgring (der alten Wohnung!) durch die Eschenbachgasse; eine Dame setzt sich zum Chauffeur, ich hätte sie hereinlassen sollen (meint Julius oder Heini) der Chauffeur fehlt, ich lenke selbst und freue mich, dass es gelingt.

28. 6. Traum: (Schon wieder) ein Hund, der mich anspringt in einer Art Schlosspark, den ich ungeschickt fliegend erreiche, weil ich meinen Hut dort vergessen; aber der Hund erkennt mich, leckt, ich verhalte mich innerlich (wie neulich zu dem Pferd) ambivalent.

1. 7. Träume. Mit Olga nach irgend einem Nachtmahl oder Diner in Villa, wo Sonnenthal und Kainz anwesend waren. Olga sagt, so was mache sie nicht mehr mit, zu unheimlich, da beide schon tot. Wir schauen hinunter auf ein Balkönchen, Kainz steht an der Brüstung (braune Holzbalustrade), sehr blass, traurig, weil er tot ist, einen viel zu kleinen, schwarzen steifen Hut auf dem Kopf, die Nase gebogener als

sonst, dann eine Strasse, die von Baden aus an einer weissen Kirche vorbei sehr gebogen zu einem (nicht sichtbaren) Friedhof läuft. Dann spiele ich Klavier A dur Dreiklang, meine Partnerin (ältliche Engländerin?) A moll. Leute (Bauernjungen?) lachen (unhörbar), zugleich ist ein weites Feld da, das »eigentlich« was anderes sich mit Hinblick auf das Klavierspiel veränderndes ist.

3. 7. Traum u. a.: Ein sehr junger Soldat (Einjähriger) ohne Hut, an einer Wiener Linie (im alten Sinn) winkt mir, weist mir über die Mauer (hinter der ein Garten) und fragt mich: Ist dort frei? Ich lehne etwas indigniert die Antwort ab. Er zieht eine kleine Pistole fingerlang, setzt sie an die Stirn, ich will ihn retten, habe aber Angst, dass die Pistole los geht, halte seinen andern Arm, der unnatürlich lang ist, womit der Traum zu enden scheint. Dann ein Spital, Soldaten, Offiziere. Ich bin diensthabend, melde einem Oberleutnant Ritter etwas, der aufsteht und irgendwie unhöflich ist. Dann mit Heini dort (oder anderswo). Gustav schält ihm seine Schuppen (Heini hatte in diesem Jahre Scharlach), ich warne vor Infektion. Er nimmt eine in die Hand, sagt, das wäre eine schöne Krawatte und sie sieht wirklich wie eine durchbrochene graue Krawatte aus. **Dann mit Fred und einem andern, der ihn einmal geohrfeigt hat, an einem Tisch; ich lobe (es in der Hand haltend) sein 2bdg. Werk ›Reise um die Erde‹.**

8. 7. Träume. Kleines Zimmer Hotel. O. im Bett, an einem Tisch hart daran ernst schreibend ein (mir von langher bekannter nun jahrelang nicht gesehener) Herr Kohn. Ich ärgerlich: er soll ins Schreibzimmer gehen. O. findet, ich muss es ihm sagen, ich tue es, er kann auch ins Nebenzimmer gehen, meines; er geht ernsthaft, ohne zu reden, ohne sich um O. im Geringsten zu kümmern. Das Nebenzimmer ist unaufgeräumt. Ich versuche vergeblich, rasch Ordnung zu machen. Das Stubenmädchen hat offenbar kein Trinkgeld bekommen,

sie sieht irgend einer Ältlichen ähnlich (dem Fräulein Jeanne, von der Hofrätin Z.) – dann bin ich in einem Zug mit Olga (und noch einer Dame, Frau Bachrach?), man (wer?) teilt mit, Fräulein Zwerenz und Simons seien in einem anderen Waggon. O. beeilt sich, was mir ärgerlich ist, zu Simons zu gehen. Auf dem Weg tritt im Ballkleid Fräulein Zwerenz aus einem Coupé (Kajüte, Zimmer) wie in ein Vorzimmer, mit ihrem Liebhaber (?unsichtbar), sie sieht (wie ich erst im Wachen weiss) aus wie Frl. Woiwode, ist irgendwie befremdet. Indes(?) hat mir Dr. Arthur Kaufmann sein Notizbuch gegeben zur Aufklärung, wo er an den verschiedenen Abenden mit Bella (die jetzt in Wien) soupiert; ich lese durch (ohne etwas zu erfahren), in der Mitte des Notizbuchs sind seine Ausgaben notiert. Nachzusehen schiene mir indiskret, übrigens kann ich sie nicht lesen.– Nun bin ich mit Dr. Reik irgendwo, er wird witzig, intim, was ich ärgerlich ablehne, sogar handgreiflich; als er gekränkt ist, tuts mir leid, bin gleich gut zu ihm; auch ein Gescheiterer ist da (Dr. Sachs?, unsichtbar). Ich spreche aus: Der nächste grosse Mann wird der sein, der der Psychoanalyse ihre genauen(?) Grenzen anweist, was zu meiner Verwunderung auch Reiks Beifall findet. Dann erscheint, um mich endlich wiederzusehen, Prof. Schwarz im Samtrock.

Deutungen: Morgen soll in Vertretung Dr. Pollaks Dr. Ignaz Kohn kommen. Dass jener fast fremde Kohn an Olgas Bett schreibend sitzt, ist ein maskierter Wunschtraum: sie soll leidend sein, weil sie (wie wir neulich festgestellt) nie liebenswürdiger ist als zur Zeit ihrer Unpässlichkeit. Die Zudringlichkeit dieses Kohn bezieht sich auf eine Bemerkung, die ich gestern über den jüdelnden Vicki Z. gemacht. Das Unaufgeräumte des Zimmers mag »unwirsch« das Unfreundliche meines Wesens bezeichnen oder das Benehmen Olgas.– Das Stubenmädchen, die Schwester bei Heini.– Mir fiel neulich ein, ob ich schon vor Ende der Krankheit Trinkgeld geben sollte. – Der Zug die Reisesehnsucht; Olgas rasche Besuchslust eine Erinnerung daran, dass ich ihr übel nahm, was ich das devote Benehmen (ungerecht!) gegen die Agentin Frau Wolff nannte. Frl. Woiwode – wir sollen heuer in Brioni die Ballerinen Berger kennenlernen. Ich sah Frl. Woiwode als Ballettmädel im Abschiedssouper, daher auch das Ballkleid.– Die Intimität Reiks: Eigenheit der Psychoanalytiker die intimsten Details zu erforschen. Der gescheitere Dr. Sachs: Bemerkung Olgas.– Meine Kritik der Psychoanalyse braucht keiner Deutung mehr.–

Prof. Schwarz: Ich sah gestern eine seiner Frau ähnliche Dame.– Sein Samtrock: sein sehnendes Verhältnis zur Kunstwelt etc. (Frl. B.) – Zustimmung Reiks: Der Psychoanalytiker Winterstein erwiderte mir auf meine Bemerkung: »Ich bin nicht mit allem in Ihrem Artikel einverstanden«: ich auch nicht.

17. 7. Wieder ein Traum von Hunden. Vielleicht in diesem Jahr ein Dutzendmal. Heute drei schwarze Hunde, ich fahre einem (ohne böse Absicht) mit dem Stock ins Maul, er an mich heran, zärtlich, aber ich bleibe misstrauisch. Das ist der psychische Inhalt (annähernd aller) dieser Hundsträume.

14. 8. Brioni. Traum. Gang Hinterbrühl etwa Weg Radetzky – Samuely. Sehr schön. Dass man es doch verlassen muss. Wiesenpartie, stufenartig; Hyazinthen rot und blau. Tulpenartige Blumen, die in meiner Hand entblättern.

29. 8. St. Moritz. Traum. Olga singt Mahler seine Lieder vor. Ich spiele Beethoven einen selbstkomponierten Trauermarsch vor, ersetze die Trommeln, indem ich mit den Händen an ein Brett (Tisch?) schlage; Trio gut, bei der Wiederholung des Hauptthemas verhasple und schwindle ich, wissend, dass Beethoven (hinter mir) es bemerkt.

30. 8. St. Moritz. Traum. M. R. auf dem Ring;– meine Mutter mit ihr im Zug, muss umsteigen, Selzthal. Bei Glümers, meine

Uhr steht, ein Zeiger, der kleine, fehlt,– ich renne zur Bahn, einen Burschen, der mich aufhält, bedrohe ich mit Ohrfeigen.

1. 9. St. Moritz. Traum: Hund sehr gross sich anschmiegend. Ich liebe ihn sehr, er gehört Vicki Z. oder ist er selbst. (Der wievielte Hundetraum?)

2. 9. St. Moritz. Traum. Ich erzähle jemandem, ist es Kainz oder Burckhard selbst – von Burckhard über sein Verhältnis zu Frauen. »Er hat nur getan, als wenn er sie verachtete« (oder ähnlich). Oder »er hat sie verachtet, aber eine hat er geliebt. Die hat ihn nicht (und ich finde den Ausdruck B. angemessen) **drüber lassen**«. Dann erzähl ich: »Noch vor zwei Jahren bin ich mit ihm auf seine Alm (ich sage Almsee) hinauf« und breche in Thränen aus, in denen ich noch aufwache.

12. 9. Schlafwagen München – Wien. Schlechte Nacht. In verwirrten Träumen kehrte auch der Hund wieder. Diesmal ein brauner schlanker, der sich anschmiegte, leckte und den ich ängstlich-misstrauisch liebkose.

24. 9. Traum. Ich spiele mit Zuckerkandl und Andern (wem?) Poker, habe 26 hundert Kronen verloren. Es kann nur mehr bis neun gespielt werden, er muss nach Darmstadt fahren. Man spielt jetzt zu niedrig. Wenn ich dreitausend verloren, geb ich das Spiel endgültig auf.

1. 10. Baden. Neuhaus. Traum. Spiele Hazard mit Albert, Paul und einer ziemlich üppigen, sich an mich schmiegenden Frau (sehe ihr Gesicht kaum). Ich ziehe eine Karte, auf der steht: Freitag, 17. März. Damit habe ich gewonnen. (Datum des Tags 1899, vor dem an dem M. R. starb.) Es klopft. Ich sehe nach. Es ist ein langer junger Mensch, ich kenne ihn, er war bei Lilis Begräbnis Totenwächter oder dergleichen. Nun ist er Detektiv (in Wirklichkeit ist es der Badwaschler Eck-

bauer, Reichenau, seit Jahren nicht gesehen). Er tritt ins Zimmer, die Karten sind fort. Ich sage zu Paul: »Warum habt Ihr nicht auch die Geldtassen weggeräumt?« Eckbauer ist ärgerlich, verrät sich nicht. Ich schicke Heini zu ihm.

3. 10. Traum. Grosse Wohnung, unsere vom Burgring, aber es ist doch die Zirkusgasse, wo Grosseltern wohnten. Ich suche meinen Vater; im (einstigen) Zimmer meines Grossvaters steht auf einer Leiter Alekko Mandl und schlägt Nägel in die Wand.

7. 10. Traum. Olga beim Zahnarzt, der aber eigentlich Mahler ist und sehr freundlich.

8. 10. Traum: Dass Steffi mit R. O. ein Verhältnis, sich des Kindes frühzeitig entledigt und das Verhältnis schon loshaben will. Olga erzählt mirs im Traum. Dann von Waggons mit Kohlenladungen.

17. 11. Brühl. Radetzky. Träume: Wohne dem Medardus in Prag(?) bei. Eine Szene, die ich nie geschrieben – ah, Eger hat das Vorspiel zusammengezogen – Frechheit – Applaus – die Leute wissen, dass ich da bin – Ich spreche mit Barnowsky (Eger, dem Direktor). Er wird leider nichts mehr von mir spielen – er muss Sicheres spielen wie Wedekind;– ich eile durch Gassen, suche etwas oder wen. Bezirk Landstrasse, in ein Haus, breite Stiege, öffne die Tür – Leute sitzen, lauschen einem Vortrag, kunsthistorisch – ich hinunter. Ein junges schwindsüchtiges(?) (Stuben?)Mädchen, nett, stösst im Flur mit mir zusammen. Es bestehen von früher oder für später irgendwelche Beziehungen zu mir – sie schaut mich nie an, Arbeiter, Pakete, Kerze, Gefahr einer Explosion. Wie, denk ich, wenn alles in die Luft geflogen wäre, ich auch verschwunden und niemand ahnte, dass ich gerade hier zu tun hatte? – In einer Tram begegne ich dem Mädchen wieder,

besser angezogen, jemand sagt, es sei die Frau des bekannten Künstlers, der sich mit ihr im Apollotheater produziere; ich denke mir: Sie ist offenbar nur einmal für diese Frau eingesprungen u. s. w.

18. 11. Traum von Aussee, steigende Strasse. Minnie Benedict und ihre Mutter mir nach, mit mir zu meinem Unmut. Dann, dass ich mit Lili, die eigentlich schon tot ist, auf einer Leiter (ich sehe Lili nicht) in ein Schiff hinabsteige, sie soll nämlich ins Meer versenkt werden und darf es nicht wissen.

7. 12. Träume, dass Lili an Scharlach krank wird, aber es zeigt sich am nächsten Morgen, dass sie es nicht ist. Sie ist blass und dick. Von der Odilon(?), die auf einem Schragen(?) zum Richtplatz geschleppt wird (wache schreiend auf). Von Goldmann, der an einen Tisch kommt, mich streichelt, worauf ich mich versöhne – von Beethoven, der mir Klavier vorspielt, doch gelingen ihm die Glissandi nicht.

16. 12. Träume: Hajek rät mir zu Appendix-Operation. Ziegel mit mir an einem Tisch. Ich bin bereit, ihm den Einsamen Weg zu überlassen. Ich wache auf mit einer unsagbaren Sehnsucht nach Südtirol und der verschwundenen Jugend. Unter den Briefen einer von Ziegel wegen des Einsamen Wegs (nicht sonderbar, da Verhandlungen im Gang).

25. 12. Traum: Ausflug (mit wem?). Rast auf erhöhtem Punkt an Tischen. Ich lege Manuscript meiner Novelle unter den Teller, begebe mich an den Aussichtspunkt, Wald(?), habe Angst um das Manuscript, irgendwo bitte ich einen Begleiter, etwa Rudi Olden, an seine Mutter, die Besitzerin jenes Restaurants, es ist etwa Frau Schönberger (Mödling), die ich zugleich in dem Turm(?)Raum sehe, die aber anders aussieht, zu telefonieren, was er zu weitläufig tut. Ich weiss oder erfahre, dass dem Manuscript nichts geschehen ist. Dann ein

Gang hin und her, etwa Stefanskirche, auch der Umkreis, eine Art Friedhof, wie im Mittelalter, spielt mit (eine schon zuweilen erlebte Traumdekoration).

30. 12. Traum. Hund (ähnlich dem, den ich neulich in Gesellschaft Dr. Kuranda und Frau, Cobenzl, traf), zärtlich, aber allzu heftig mit mir, kann reden, was irgendwie rührend ist, sagt: Zwischen Halle und Leipzig. Garten einer Heilanstalt? Hotels? Suche wen? In einem Billardsalon spielen Zwei. Eine weisse Kugel springt gegen mich und rollt machtlos an mir, neben mir herunter. Zwei Damen besprechen Besuch der Meistersinger in der Volksoper, die einen goldenen Plafond hat etc.

1914

10. 1. Traum. Währingerstrasse. Vicki mit irgend jemandem zu seiner Hinrichtung gehend, in lebhaftem Gespräch. Ich zirka 50 Schritte hinter ihm. Ort der Hinrichtung Adlerplatz (Aumannplatz), mässiges Gedränge. Vicki mit einem Draht zu seiner Mutter (die ganz anders, etwa wie ein junges Mädchen aussieht), sie legt ihm den Draht um den Hals, ich bin entsetzt, rufe irgend etwas. Sie solle doch lieber um Gnade für ihn flehen, es würde sicher nützen. Sie bleibt stumm. Vicki macht ein *dédaigneuses* Gesicht.

19. 1. Träume neulich Theaterbureau. Frl. Glümer wartet Zimmer 22, um vorzusprechen, auf Brahm. Der sitzt dann, gut aussehend, im Gang, ich wundere mich, aber nicht übermässig.

1. 3. Traum. Ich konzertiere mit O. Ich singe unvorbereitet ganz schlecht. Hoffe mich durch die letzte Nummer zu retten: Vorlesung eines Kapitels eines Weingartenschen Buches, das ich aber selbst noch nicht kenne. Insbesondere einige Fremdworte machen mir Angst.

Ama träumt, sie habe mir, der ich sehr elegant in grauem Gehrock vor ihr gestanden, prächtige Orden angeheftet und mich dann geküsst.

21. 4. Träume heute Nacht, ich (und O.?) fahre mit Brahm und noch wem in einem Fiaker vorstadtwärts, steige aus, er auch, um zu sparen irgendwie. Dann fahre ich in einem Fiaker mit Mahler über den Ring, die Franz Josefs Kaserne(?) steht noch. Mahler umhalst sein Kind, ich ihm gegenüber denke, wie sehr er Brahm ähnlich sieht. (Er hat eine dicke Oberlippe im Traum.) Und ferner fühle ich mich klein ihm gegenüber.

Indes hatte Olga geträumt, ich wäre fort – Abschiedsbriefe. Endlich begriff sie, ich sei tot, empfand zuerst nichts, dann eine ungeheuere Verzweiflung.

27. 4. Traum. *Ich* und O. haben einen Mord verabredet (an wem?), ich entschliesse mich anders und teile es O. im Wagen auf dem Josefsplatz(?) mit, worauf ich mich sehr befreit fühle. Dann gehen wir (oder ich) in das Haus Praterstrasse zu meiner Tante Marie Schey. Zimmerflucht. (Mordtraum stammt von einem Artikel über Paul Apels Traumspiel ›Sonnenstösser‹.) (Spätere Eintragung (20. 11. 1922). Tante Marie Schey, meine letzte Patientin, längst verstorben. Auf dem Weg zu ihr war mir O. in früherer Zeit, noch ehe wir uns kannten, manchmal begegnet. Sie wohnte ganz in der Nähe von Marie Schey.)

1. 6. Die Träume der heutigen Nacht. (Tutzing) Ein gelber Page (Nachtwache von Rembrandt!) bringt mir Brief. Ich weiss dieser Brief ist von Franz Ferdinand, der über meine Werke mit mir zu reden hat, (polemisch) – aber nein, es ist eine Aufforderung der Jesuiten, ich solle Franz Ferdinand töten. Ich lehne wortlos ab. – An einem Krankenbett (Spital) mit Julius und einem Heilgehilfen Steiner, der mich dann fordern lässt, weil ich ihn nicht regardiert. Ich lehne ab. Habe mich ohnedies schon Vormittag geschlagen etc.

[20. 11. 22. Vier Wochen darauf wurde Franz Ferdinand bekanntlich ermordet. Im nächsten Winter war ich oft im Spital mit Julius.]

7. 8. Celerina. Brand, Ringstrasse, fliegendes Dach des Hotel Imperial, jemand sagt mir, der sich auf der Fahrbahn duckt, ungefähr: Das hätte Sie bald getroffen.

22. 8. *Ischl.* Traum: Ein Bad etwa in Vöslau, ein Herr im Gehrock steigt auch ins Bad, angekleidet, weil er nicht baden

darf. Er heisst Turban, ist aber Kassner (dem er auch nicht ähnlich sieht). Ich spreche mit ihm höflich über Psychologie, meine, der Menschenkenner kommt der Wahrheit nahe in 60%, aber weiss ganz genau in 13%, ich sage in 87% der Fälle;– bin in einer Loge mit O., Leo, Bella, dieser sehr nah. Höre schlecht, gehe hinunter, bin auf einer Wiese mit Felsgestein, die Bühne(?), will zurück, irre durch Gänge und Garderobe, denke mir, das passiert sonst nur im Traum, nun erlebe ichs wirklich, wache auf, erzähle in einem neuen Traum jenen früheren dem Dr. Kaufmann, schwebe über eine Wiese, hügelig, in Sils Maria in einen Sumpf, wieder heraus, trockenen Fusses. [20. 11. 22. Vor kurzem in der Schweiz mit Leo und Bella zusammengewesen.]

23. 8. Ischl. Traum: Ich bin mit O. und dem Kaiser in einem mässigen, ganz leeren Zimmer, in einer Art Loge Frau Irene Mandl mit Lorgnon; Kaiser geht auf und ab; wir erwarten die drei ersten gefallenen Offiziere; da erscheint vorerst irgendein (nicht sichtbarer) Diener, Parfum sprayend. Ich ängstige mich vor dem Leichengeruch, will fort, O. hält mich am Arm, ich erwache.– Dann fahre ich Rad, etwa Matzleinsdorferstrasse, aber irgendwie zum Zentralfriedhof;– habe plötzlich ein zweites Rad in der Hand, führe es dann, wundere mich über meine Geschicklichkeit, komme in irgend ein Magazin (?mit Monturen), der Trödler Klein ist Besitzer.

13. 9. Traum. Salten mit mir an einem runden Tisch, auch O. Sie hat ihm gesagt, ich sei gekränkt, dass er nie nach meinen Sachen fragt. (Er hat es in der Tat über 10 Jahre nicht getan.) Ob das wahr sei. Ich spräche ja bekanntlich so ungern von meinen Sachen. Dabei isst er von meinem Teller Schaumkoch mit Nudeln. Ich denke, aha, darum so zutraulich.– Dann bin ich zur Sandrock gerufen (der ich neulich auf einen Brief hin etwas geschickt). Sie wohnt bei einem Hausmeister. (Gestern im ›Graesler‹ die Stelle mit der Hausbesorgerin

korrigiert.) – Sitzt an einer langen Esstafel mit etwa 20 Menschen, fast feierlich. Strial ist auch da (Annis Mann, der Schauspieler, der neulich einberufen, aber wohl wieder superarbitriert wird) an einem Katzentischel, das ganz nahe an die Tafel angeschoben ist. Er sitzt mit dem Rücken zu dem grossen Tisch, was so aussieht, als sitze sein Kopf beweglich und allein auf der Tischplatte. Ich rufe (etwa): O Bankos blutiges Gespenst. (Meine Vorlesepläne.) Strial lächelt unbefangen; ich sitze in einer Art Erker, die Sandrock steht bescheiden gekleidet, noch überraschend jung aussehend, bei mir, fragt etwa: Wieso Lili sich nicht um mich kümmere. Nun läuft Lili ganz beleidigt, ein wenig älter als in Wirklichkeit zu mir und schmiegt sich an mich. Später nach anderem verworrenen und nicht mehr reproduzierbaren Zeug fehlt mir Lili – ich suche sie, habe den Verdacht, man habe sie geraubt, um Lösegeld zu erpressen. (Krieg, Geiseln!) – Ich gerate in Verzweiflung, rufe händeringend: Lili, wodurch ich erwache. (Lilis 5. Geburtstag.)

24. 9. Träume. Billard mit Julius oder Heini. Ein Kollege Waage kann Carambol spielen, ich will eine Partie mit ihm machen. Stehe dann an einem Restauranttisch, wo Franz Ferdinand mit Gemahlin und noch zwei Leute. (Diese drei ganz schattenhaft.) Rede mit ihm, er sich nach mir unwendend, über Politisches, etwa, was mit Bessarabien zu tun;– durch den Volksgarten – Wera Specht auf einer Bank, ich erzähle (lese vor), Stoffe an O. Sehr gute, insbesondere einen. O. sagt: Das ist ja wie jetzt beim Roten Kreuz. Ich: Du weisst ja, ich schreibe immer die Dinge vorher, die später geschehen. Bedenken habe ich wegen einer Schwester, die zugleich Kokotte.– O. sagt, ich erzähle von all den Stoffen, weil ich mich an den 2. Teil Medardus nicht wage, was ich zugebe.

10. 11. Traum heute Nacht. Ich in einer Hotelhalle (Berlin), Zeitung lesend. An mir vorbei eine Art Commedia dell'arte –

zwei Damen, ein Herr, deutlich nur eine mit blonder Perücke. Nachher auch noch dazu gehörig eine Figur österreichischen Leutnant darstellend, sich witzblattartig benehmend (Äh, äh). Auf Billard gestützt;– ich äussere mich zu der Perückendame entrüstet darüber, dass man nun das österreichische Militär, überhaupt Österreich in dieser Zeit verhöhne. (Fischer-Brief, Medaruskritiken, Leutnant Gustl.) Später gehe ich durch die Seiler(gasse), dämmerig, an mir rasch vorbei ein Mann, sagt unwirsch: 128 Niederlagen, das ist grad genug.

29. 11. Traum. Ich kaufe Mehl oder Griess. Aus dem Papiersack, der ein Loch hat, fliesst das Mehl ab. Ich drücke den Sack an meine Brust, bedauere, um 5 oder 6 Gulden neues Mehl kaufen zu müssen. In der Strasse steht Steffi und sagt: Dafür werden wir schöne Landpartien machen.

1. 12. Traum. Schulzimmer eigentlich Verbandplatz. Tressler kommt verwundet(?). Ich frage ihn, ob er viele Leute totgeschlagen. Er fröhlich weiss es nicht und freut sich auf weiteres. Dann kommt Julius oder Heini (die sich oft in mir identifizieren, ich verwechsle täglich die Namen) ein blutendes Wimmerl auf der Stirn, der Verband blutgetränkt, ich führe ihn auf den Gang zur Wasserleitung, hoffe, er muss nicht wieder in die Schlacht.

2. 12. Traum. Mit Zweig im Fiaker hügelan, orientalische Stadt. Er führt mich durchs Helenental nach Sibirien, angeblich auf 6 Monate. Ich hege Misstrauen.

9. 12. Traum von einem weißen Hund. Das heißt im Traumbuch »mit Betrug anführen« –

15. 12. Traum. Mein Vater, grösser als er je gewesen, tritt in mein Zimmer, ganz grau, schwarzer Gehrock, ironisch lächelnd, überlegen – er im Ganzen erhöht gleichsam und

ich kleiner als sonst, dünner. Mehr in Unterwerfung als in Liebe ihm ergeben. Er setzt sich in meinen Schreibtischsessel. (Zurückzuführen darauf, dass ich gestern Abend wieder einmal jenen plötzlichen Herzstillstand hatte und etwas länger dauernd als sonst. Das Bangigkeits- und Organgefühl blieb durch ein paar Sekunden, trotz ruhigen Pulses. O. erinnerte mich ferner daran, dass sie vor Jahren geträumt, wie Goethe ins Zimmer trat und sie vor ihm gekniet. Endlich erwähnte ich neulich, dass mir mein Schreibtischsessel unbequem.)

24. 12. Traum heute Nacht. Hotel, etwa Berlin, Tiergarten, Speisesaal. Ich esse mit meinen Kindern(?), finde dann auf der Speisekarte ein Spezialgericht zu 150 Kr., resp. 75 fl., zeige das entrüstet meinen Eltern, die an einem langen Nebentisch allein sitzen und denke mir, wie sonderbar, dass ich in meinem Alter zu meinen Eltern noch stehe wie ein Bub. Finde es irgendwie rührend.

25. 12. Traum unter andern. Ein Buch von mir (französisch wie moderne Bibliothek?) in 7000 Exemplaren erschienen, verkauft. Ich bringe Fischer freudig in die Trafik, wo es verkauft wird, um ihn zu Neuauflagen zu veranlassen, er folgt etwas zögernd, es zeigt sich, dass noch 3500 Exemplare da sind. Ich bin blamiert. Dann, wie ich es ähnlich schon etliche Male träume, ein Irren durch Logengänge. Auch Bittner, der Komponist figuriert irgendwie.

1915

10. 1. Traum nachdem ich zuerst aus Halbschlummer wie durch Pistolenschuss und Blitz aufgeschreckt bin und zu O. sage: »merken wir uns die Stunde, vielleicht ist jetzt eben ein Bekannter im Feld gefallen.« Will mit Gustav(?) ins (Volks-) Theater. Mama hat zwei Sitze, ich soll mit ihr gehen. Sie lädt eine Dame ein. Sie selbst werde stehen. Ich werfe ihr ärgerlich vor, dass nun ich stehen müsse; – die erste Parkettreihe ist irgendwie sichtbar. Daneben stehend dunkel gekleidete Damen (auch die Geladene ein Scherz, wie ich weiss). Bin auf einer Art Dachboden (Casanova-Erinnerung, Flucht), sitze mit der Familie um den Tisch, essend, bemerke etwas, worauf Heini mir gegenüber sagt: »Weil du dumm bist.« Ich: Du wirst sofort dich entfernen. Er steht wütend auf, droht irgendwie, hält den Teller mit Naturschnitzel in der Hand, ich fürchte, er wird ihn an die Decke schmeissen, wie ich einmal in meiner Jugend (wirklich in Wut über meinen Vater) getan. (Wir nachtmahlten gestern Naturschnitzel und nachher Gorgonzola und ich sprach vor dem Schlafengehen von einem unangenehmen Magengefühl. Überwälzung der Schuld.) – Bin dann in grossem Saal auf dem Podium Masken. Purzelbäume, Lärm. Ah, das ist Tressler, denke ich. Das ist eine Art Wohltätigkeitsschauspieler-Zirkus. O. vor mir in einer dunkelblauen einfachen Bluse (die sie gestern probierte); – eine Dame, von fern Wera, kommt auf mich zu, es ist *nicht* Wera sondern eine Andere, deren Namen mir in Traum nicht einfällt. Nach dem Erwachen weiss ich, es ist Fräulein Elsa Bienenfeld (Musikkritikerin), fragt mich (wie Gastgeberin), ob ich allein mich nicht langweile. Ich erkläre gerade so amüsiere ich mich. **Lärm steigert sich** – Ich komme gegen ein leeres Amphitheater, Hörsaal, durch breite Gasse herabstürzend (Novelle! Pola, Parlamentskonzert bevorstehend für Olga), greife an meinen Hals, zu meinem Schrecken habe ich eine andere Krawatte und zwar eine kleine schwarze zum An-

knöpfeln (wie sie **immer** mein Vater getragen), habe Angst, dass man mich umgekleidet, ohne dass ich es bemerkt habe, vielleicht sogar einen Salonrock anhabe. Erwache während ungeheuren Lärms (»Ohrengeräusche«!) mit heftigem Schreien. Deute gleich und entdecke, dass es ein Todestraum war. (Mitmotiv Steffi hat ein Rezidiv ihrer Angina, ziemlich schwer.)

16. 1. Nachts hatte ich vage einen Traum. Sitze an der Wand in schmalem Kabinett, klein, kindhaft, mir schief gegenüber am Schreibtisch unser Kaiser, **aber etwa 45jährig**, sich freundlich zu mir wendend. Ursache unklar. (Ordinationszimmer? Vater?)

19. 1. Träume: Mit dem Rad um eine Art Festung Arsenal,– Bach, Pfad überschwemmt, frage jemanden, See, Berge herum. Bin verdächtig. Zurück. Zimmer. Ich im Bett(?), links gegenüber im Bett Schwarzkopf. Ich peroriere (in sehr präziser Rede): Wir sind machtlos gegen den Krieg, weil wir selbst ihn glauben, ihn wollen. Ich selbst vor Jahren habe erklärt, man müsse mit Serbien Krieg führen. (Stimmt.) – Schwarzkopf hinter einer Art Pandekte die Hände hoch: Das müssen Sie schreiben, bedenken Sie, was noch bevorsteht, Kämpfe in den Karpaten. – Irgendwie war auch meine Mutter sicht- oder unsichtbar in diesem Traum. Ich erwache. Später träume ich: Eine Art von Laboratorium (meines Vaters?). Ich bitte rein zum Spass einen Arzt, mittelgross, beleibt, den ich (im Traum) kenne, er möge meine Pulse sphygmographisch untersuchen. Er setzt mir Pelotten auf, dann geht er hin und her. »Ich weiss nicht, ob man es dem Kranken sagen soll.« Ich: **Also** Arteriosklerose. Er will mir bergsteigen etc. verbieten, ich wehre mich, bin dann auf einer Strasse (Rennweg), mit Specht noch unter dem Eindruck der Diagnose und erwache froh, dass es nur ein Traum war.

22. 1. Traum. Gartenrestaurant. Ich mit zwei Herren, einer ein wenig Benedikt ähnlich, reden sehr intensiv miteinander (was ich nicht höre), ein Paar(?) am selben Tisch, ich esse Rettich, trinke Champagner, will zahlen, es ist schon – fort. (Situation Novelle gestern diktiert!). Wie soll ich mich revanchieren? ›Weg ins Freie‹, habs aber nur mehr in Leder, zu fein. **Verliere die Gesellschaft** — Vorbei am Burgring 1 (wo ich 25 Jahre gewohnt mit Eltern!), in die Eschenbachgasse (Fleischer sang ihn bei uns!). Dämmerung. Aus dem Hause (etwa, wo vor 38 Jahren Fännchen gewohnt, Briefe neulich!) treten Leute (etwa Höbling und andere), weiter, Oper vorbei, Strasse, zerstörtes Haus (Erdbeben Avezzano), hinein Seilerstätte, aber es ist doch der Mehlmarkt, heisst aber anders (Mehlgespräche des Kriegs wegen), vor dem Haus, in dem ich (offenbar) wohne, Brieftasche (die von Jeannette ich neulich in der Hand hielt), hebe sie auf, drin Briefe einer Geliebten in Berlin an ihre Geliebten. Lese sie oben in meinem Zimmer, wie kleines Hotelzimmer, Lage entspricht etwa dem Residenzklub, Seilerstätte, da tritt ein junger Mann ein, bartlos. Ich verstecke die Brieftasche, er muss einen Radiergummi suchen angeblich, holt unter dem Tisch einen Steckkamm hervor. Ich sage: »Das halten Sie für einen Radiergummi?« Ich weiss, er will eigentlich die Briefe. Die Sache ist irgendwie bedenklich, gehe im Vorzimmer unterm Arm gefasst mit ihm auf und ab, ihm erklärend (dass die Briefe sich nicht auf ihn beziehen?). Bei der Türe Abschied. Er ist plötzlich in Uniform mit Patrontasche, Regimentsarzt, kleiner als früher. Wieder im Zimmer, die Briefe, einer ist vom 6. Oktober 1910. Ich lese auf einem Couvert Herrn Dr. Ernst Ernedy (im Fliederbusch Negedy!), sehe auch seine Erscheinung, älterer Lebemann (Novelle!), er wirft ihr irgend etwas vor. Ich will nicht, dass Ihr Euch über ihn lustig macht, einen Menschen, der (**nur** irgend was wie) Fleisch nicht hat (?) – Im Zimmer wird von ein paar Weibern Reine gemacht trotz Abend zum Ärger von Heini, der auch da ist.

4. 4. Ostersonntag. Traum. Treffe meinen Vater im Speisezimmer (Burgringwohnung). Ich oder er oder wir beide von der Reise zurück. Er jedenfalls im Überzieher – umarme ihn voll Liebe, schluchzend, er etwas kühl. (Situation der Novelle, zuletzt diktiert, Umarmung der Brüder, ich identifiziere mich mit dem Helden, den Bruder mit Julius, den mit meinem Vater. Ferner: am 10. April hätte mein Vater 80. Geburtstag gefeiert. Ferner: Ich bereue (zuweilen) (ganz leise), dass ich in den letzten Wochen vor ihrem Tod zu meiner Mutter nicht so gut gewesen als ich sollte, ja ihren Zustand absichtlich nicht ernst genug genommen.) Auch meine Mutter war irgendwie im Zimmer. Dann träume ich: Onkel Felix (der im September London starb) auf dem Operationstisch, Eingeweide liegen ganz bloss, Julius hat ihn operiert, zeigt mir die weggeschnittene Gallenblase, sie sieht aus wie eine Forelle mit schnappendem Mund. (Novelle Krokodilledertasche!) Auf dem Boden liegen einige zertretene Fische – dann bin ich (daneben) in einer Art Prosektorium oder Speisezimmer an einem Tisch, um zu essen, in schwarzem Lüstermantel mit drei(?) anderen (wer?). Einer fragt mich, welches Buch ich dorthin (auf meinen Sessel?) lege resp. lese. Ich antworte, Briefwechsel Nietzsche mit Faust (oder ähnlich) (lese jetzt unter anderm Nietzsche-Briefe).

7. 4. Traum. Eine Art Revolution. Burgplatz? Schauflergasse. Wenig Menschen. Eine Dame von einem Offizier (rettend) an der Hand geführt, ich zum Teil über Aufforderung reiche ihr die meine. Sie zittert, es ist die Erzherzogin Valerie (sieht ganz anders aus, nur auch etwas bonnenhaft), ich frage mich, ob ich ihr kaiserliche Hoheit sagen soll. Dabei ist der Traum politisch ganz indifferent.

8. 4. Traum. Stehe an Beethovens Krankenbett. Er sieht gewöhnlich aus. Es fehlt ihm nicht viel, was, weiss ich nicht. Er weist auf seine Knie, die er entblösst, was mich nicht ange-

nehm berührt. [Bemerkung vom 30.11.1922: Könnte sich auf Mahlers von mir als autobiographische Musik empfunden beziehen] – und redet allerlei, was, weiss ich nicht oder verstehe ich nicht. Dann ein ungeheures Glücksgefühl, dass es mir vergönnt ist, mit ihm zu reden. Ich sage auch Heini(?) oder Olga(?) wie glücklich sie sind;– wir sind auf einer Terrasse, ich weine fast vor Glück und frage mich, ob auch irgendwer so glücklich ist, wenn er mich kennen lernt. Dann dirigiert irgendwer die V. Symphonie, 2. Satz, ich höre ihn deutlich, bin entzückt, applaudiere. Aber er wird nicht wiederholt, sondern das Orchester verbeugt sich. Es folgt der 3. Satz, den ich auch (korrekt) höre, besonders das Trio mit den Kontrabässen.

23.4. Traum. Bin in der Direktion des Burgtheaters. Rosenbaum sehr verbittert, macht grosse (Bücher?)Pakete. Eine Anzahl liegt schon herum. Der neue Direktor Herr Clemenceau, etwa der Bruder des berühmten, also der Schwager der Hofrätin, tritt ein, ein Gesicht, das ich nie gesehen, sehr französisch, etwa Rochefort, eine Fliege am Kinn, sehr liebenswürdig, ich sage ihm, fabelhaft affektiert: Enchanté de faire votre connaissance.

29.4. Traum, dass ich zum Tod verurteilt sei. Alles Nähere entfallen.

5.5. Traum. In einem Wagen mit Gustav. Er hat eine offene Reisetasche auf dem Schoss, darin sind nachgelassene Aphorismen Leo Ebermanns, meist Semmelbrösel (wie ich sehe, ohne zu staunen). Gustav auf meine Frage: »Genial, geradezu genial.« Ich schlage ein gleichfalls in der Tasche vorhandenes Tagebuch Ebermanns auf und finde die Stelle (ungefähr): »Ich sah A.S. Anatol, das beste deutsche Lustspiel im einzelnen und im Ganzen«, worauf es mir ein wenig leid tut, dass ich E. so schlecht behandelt habe. All dies geht vor dem

Hause der Pilsenetzer Bierhalle vor sich, dann muss ich hinauf, habe irgend etwas mit Theaterdirektoren zu tun und die Sache verwirrt sich. (Elemente des Traums: Gustavs neue Stellung am Burgtheater – Schlenther Stammgast in der Pilsenetzer – Ebermann hat in seinen letzten Tagen von mir deliriert – Anatol ist in der letzten Zeit in antisemitischen Blättern irrsinnig beschimpft worden – Semmelbrösel sind jetzt etwas Kostbares – etc.).

28. 5. Traum. Dass ein italienisches Schiff ›Geronimo‹ in den Grund gebohrt werde – dass mir ein Tischler eine Reparaturenrechnung über 300 Kronen überreicht, doch sind 100 Kronen für Bücher dabei; endlich fahre ich mit irgend jemandem im Wagen, der statt in die Seitenstrasse in ein Haustor einbiegt, am Ende der Toreinfahrt liegt ein Friedhof, rechts die Wand ist zerstört, man blickt wohl auch in einen Teil des Friedhofs, Hugo Ganz steht da und sagt: »Das ist ja meine Wohnung.«

18. 8. Traum. Ischl. Traum, dass die Russen vollständig umklammert seien. (Freud würde zweifeln, dass ich die Russen gemeint habe.)

29. 8. Salzburg. Traum. Mein Stock (mit dem Silbergriff von der Lola Beeth) zerbrochen. Vielmehr, es ist nur der Griff, und ein oberer Teil da, Nägel stehen heraus, ich werfe sie auf die Erde, dann in Besorgnis, es könnte sich irgendwer daran verletzen, klaube ich sie auf.

30. 8. Salzburg. Traum. Aufführung meiner Stücke (Komödie der Worte). Nissen als Ormin, irgend ein kleiner Kerl den Eckold. Thimig erklärt mir (in der Schottengasse), alle hätten abgesagt;– dann in einem kleinen Laden, ein paar Stufen führen hinab, Burckhard bringt mir (ungefähr) drei eingewickelte Schächtelchen (Uhren?) – er wollte sie mir zum

50. Geburtstag geben, bedauere sehr, dass ich ein paar Tage früher gestorben wäre. Ich bin ergriffen, weine – über ihn? – mich?

10. 9. Traum. Mit Steffi in einem Raum. Zärtlich. Früh vier Uhr zurück in das Zimmer von O., die übrigens einverstanden, nur nicht, dass wir im gleichen Bett. Daher öffnen wir ein zweites. Später in einem anderen Zimmer. Ich am Fenster. Steffi mit Hut und Jacke sich zu mir beugend, küssend. Ich frage etwa: Wirklich dein? Sie in unbeschreiblicher Zärtlichkeit: Ja, würd ich sonst (es sagen... oder?). Olga daneben starren Gesichts. Dann in einem Saal mit Büchern, die ich durchsehe. Ein schwarzer, goldgezierter Band Casanova, aber es handelt sich um Mozart. Der Buchhändler kommt und fragt mich: Wer sind Sie. Ich sage ihm lachend: Ein Kunde. Im ersten Kapitel ein Satz über elektrische Trams, mit dem sich Hugo blamiert hat, denn damals gab es noch keine und ich sehe sofort einen Platz (Domplatz Florenz), um die Kirche läuft eine Tram, aber natürlich nicht elektrisch. Dann spielt Heini Violine, sehr gut (was?) – dann ein langer Tisch, eine Dame fragt, ob Heini nicht Mittwoch zur Kameliendame kommen könne. Ich sage, wir reisen schon ab, wer spielt denn? Die Dame bedeutend: Die Barsescu. (Elemente: Gestrige Karte Steffis an O.: »Grüsse meinen Vater«.– Gespräch mit dem Buchhändler Heller – die Casanova-Novelle – Heini fährt gut Rad – Gestern von der Gasse aus Beethovengasse das schöne Quartett spielen – O. liest Gyges und es war die Rede davon, dass einmal die Barsescu die Rhodope spielte – Möglichkeit meiner Berliner Reise – und noch vieles andere.)

27. 9. Traum: In einem Coupé; mit Helene und Gisa,– sowie mir gegenüber sehr jung und frisch M. R. – einst die Entschwundne genannt; sie steht eben auf und verlässt den Waggon – ich frage mich (ungefähr) – warum ich eigentlich nicht mehr sie sehe, da sie so reizvoll (weiss aber zugleich dass sie todt ist).–

2. 10. Traum: Stephi aus L. zurück, in ein Concert, gar nicht hübsch, ich sage ihr, dass sie gut aussieht; sie: »Ich habe mich auch noch nie so gut unterhalten –«

9. 10. Traum: In einem Hotel, wir (O. und noch andre, wer?) vor der Abreise, ich muss noch packen, wir sollen nach Homburg (R. Olden war dort Assessor!), Zug geht um 10 Uhr 10 ich stopfe alles eilig in den Koffer, irgend ein Herr hilft mir, ich eile hinab, hab ich denn auch meine Mscrpte. eingepackt? muss hinauf, ob nicht vergessen, Lift, ein bärtiger Liftboy, wir (ich und Unbekannte) hinauf, aber er rast in den 4. Stock, ich sage: zurück in den 2. – nun fährt er wieder bis ins Parterre, weigert sich nochmals zu fahren, ich eile über die Treppen, mein Zimmer schon besetzt, Mauer durchgebrochen, Dame (an einem Schreibtisch;– Erinnerung an Bleibtreu in Stunde des Erkennens?), (mit Kindern, die ich aber nicht sehe –) ich bitte um Erlaubnis, wegen meiner Mscrpte. nachzusehn – Dame ertheilt sie höflich; ich öffne Lade eines Toilettetisches – Kämme, Nadeln;– dann Schrank – nichts – offenbar hab ich die Mscrpt. doch eingepackt – finde doch einen meiner Wichsleinwandumschläge,– stopfe ihn in die Tasche, rasch hinab,– aber wieder hinauf, den Rucksack von einem Kleiderstock holen, in den ich die Mscrpt. ursprünglich thun wollte, den Zug werd ich wohl versäumen; ich bitte die Dame, blaß, blond, traurig, wenn sie das Mscrpt. doch etwa fände, sie solle mirs nachschicken – wohin nur – der Herr neben mir (der plötzlich wieder da ist) erinnert mich – nach St. Georg – (so nannte sich Lili gestern bei Tisch!) – nein, nach Velden, ich frage die Dame nach ihrem Namen. Sie lehnt bescheiden ab – »sie ist die einfache Frau eines Buchbinders –« hier endet der Traum.–

17. 10. Traum: Sitze in Loge neben Burckhard, bei Liebelei volles Haus; Tilly Kutschera (die mir neulich wieder darum geschrieben) spielt die Mizi, ihr Vater Kutschera (wie s.z. wirklich) Fritz;– nun ists aber plötzlich nur eine Ansichtskarte; die zwei

Liebespaare ganz im Dunkel, wie unter einem Baum?, kaum sichtbar – die ganze Karte wird eingenommen von einem Skelett, das den Tod vorstellt, aber eigentlich eine Röntgenaufnahme von mir ist – und ich benütze die Gelegenheit – durch Befühlen nachzuforschen, insbesondre am Arm, ob nicht irgendeine Knochenkrankheit im Entstehen, die ich noch nicht bemerkt. Auch meine Mutter spielt irgendwie in den Traum hinein.–

20. 11. Traum. Ein sehr seltsamer, dann noch Rathaus, Universität, suche wen?, einen gewissen Cischini,– ein Teil eines Friedhofes mit etwa 5-6 offenen Gräbern. Daran Totengräber beschäftigt. Ich halte mir die Nase zu, keinerlei gemütliche Betonung.

23. 11. Traum. (Durch Einriss des Thermophors, der mich befeuchtete). Im Kahn auf dem Königssee in Schwimmhose mit Stefan Zweig. Springe (warum?) ins Wasser. (Von Zweig war gestern unvorteilhaft wegen einer albern-taktlosen Äusserung zu Stringa über Ama die Rede), Ufer felsig links, es entwickelt sich allmählich ein Festungsrelief (Stringa ist als Artillerieoffizier auf dem Monte Baldo und beschiesst Riva – der Königssee könnte auch der Gardasee sein), bin dann in einem sommerlichen Badner Kurpark. Heute Abend, erzählt mir Gustav, geht der Kaiser ins Theater, ich wundere mich: Trotz des Kriegs,– von einer Frau, etwa Tochter, geführt, blind, erscheint Reicher im dunklen Gehrock, Zylinder, gefasst, mit grauen Côtelettes, geht dann absichtlich allein, nah an einer Laterne,– ich besorge, dass er anstösst, er ruft nach einer Virginia, sagt aber scherzend, die Kellnerin(?) möge sie selbst aussuchen. (Gestern war die Rede von dem taubstummen Bildhauer Ambrosi, der über sein Gebrechen scherzt.) Ich erinnere mich der Tatsache, dass Reicher mir vor circa 7 Jahren als 60er begegnete und sagte, er fühle sich wie ein Gymnasiast. Dann nehme ich eine Zeitung zur Hand, Busoni als Blinder photographiert (bevorstehender Besuch!).

1. 12. Träume u. a. Tausenau (der sich 93 erschossen!) mit Mizi Rosner (von der ich etwa ebenso lang nichts weiss). Sie haben ein Verhältnis, ich gehe mit ihnen (wohl in ein Gasthaus?), sie sehr still, bürgerlich, ich wundere mich, dass T. sich so jung erhalten, auch Gustav ist mit uns, erzählt irgendwas, wobei er vornehm das Wort Jagdschloss als Bordell anwendet. Später träume ich, dass Höbling (der schlechte Schauspieler) Reigen gegen meinen Willen verlegt, Übersetzungsrechte vergibt.

Gestern träumte ich, dass ich meinem Vater ganz korrekt meine wesentlichen literarischen Stoffe pflichtgemäss aufzähle. (Hatte mich nämlich neulich Olga gegenüber in einem Gespräch versehentlich als ihr Vater bezeichnet. Überdies hatte sie mich um meine Stoffe gefragt und war etwas gekränkt, dass ich wenig davon zu ihr spreche.)

1916

1. 1. Traum: M. G. schön wie damals, ich esse mit ihr (im Freien? irgendwie in der Augustinerstrasse, wo ich dann auch mit ihr spaziere). Es ist – mir im Traum unbewusst – die Stelle etwa, wo ich vor fast 17 Jahren mit Julius nach dem Tode M. R.'s nach Hause ging. Sie sagt mir dann ohne eigentliche Zärtlichkeit: Du kannst mich Montag wieder treffen. Und Dienstag kommen wir wieder zurück, was ich absichtlich überhöre. (Aus bestimmten, mir auch im Traum hygienischen Gründen, die ich zugleich als nicht zutreffend empfinde.) Über eine Balustrade, Josefsplatz, Albrechtsrampe, überlebensgross, Leute, sich herabbeugend, gewissermassen Alt Wien, sie warten auf den Beginn des Theaters. Ein neues wird gleich eröffnet, steht durchsichtig ungefähr an der Stelle der Hofbibliothek. Auch die Statthalterei in der Herrengasse spielt irgendwie hinein.

3. 1. Traum. Dr. W. besucht uns auf Urlaub. Ich schenke ihm eine rote Mappe (die ich in Wirklichkeit von O. zu Weihnachten bekam), es ist die alte Burgringwohnung. Ich dann Schlafrock mit dem Abendblatt der Neuen Freien Presse im Nebenzimmer, im Dunkeln, O. Scheite nachlegend, kniend, mit Lili im Arm, sich zärtlich, aber etwas falsch nach mir umwendend. Dann habe ich etwas mit einem Friedhof zu tun, einem künstlichen oder gar Spielerei (wie Carovius im Gänsemännchen, »der Nero unserer Zeit«). Ich entwerfe eine absichtlich boshafte Grabschrift. Für wen? – ungefähr des Sinnes, als wünschte ich dem Betreffenden, unbequem zu liegen. Wache stöhnend und schreiend auf.

4. 1. Traum. Ischl, Esplanade, Winterlandschaft, kristallklarer Himmel. War beglückt, was in den Tag nachwirkte.

12. 1. Vor wenigen Tagen träumte ich: Bellaria, Begräbnis meines Vaters (»eigentlich« handelte es sich um die Weisse Krise). Ich gehe hinter dem Sarg mit O., ein gelbes Büchel von Bahr in der Hand, und darin lesend, gegen die ›Komödie der Worte‹. Plötzlich drei **steile** Holzstufen, über die ich stolpere, wenn O. mich nicht gehalten.

13. 1. Arthur Kaufmann erzählt mir, dass er heute Nacht Folgendes von mir geträumt: »Ich bin mit Ihnen in einer Sommerfrische. Sie wollen mir Ihr neues Stück vorspielen lassen, Sie tun es, im Freien, schön, es ist amüsant, ich lache viel, es handelt sich um einen Ehemann, dessen lasterhafte Frau, und er ist immer auf den Gefehlten eifersüchtig [siehe Zwischenspiel]; allmählich merke ich, es spielt sich immer mehr an mich heran. Ihr Lieblingsthema Spiel wird zur Wirklichkeit u. s. w. – ich bin ärgerlich und sage: Das geht doch nicht, irgendwo muss man feststehen. Da stürzt der mitspielende Ehemann brutal und schwarzbärtig auf mich, würgt mich. Ich wende mich an Sie: Was soll denn das heissen? Der ist doch nur Figur? Sie sagen höhnisch: Sie spielen eben auch mit. Ich ersticke und erwache, die Decke über dem Mund.«

16. 1. Traum: Dass Auernheimer im vierten Monat in der Hoffnung. Seine Mutter betrübt; ich in solchen Sachen versiert, verspreche ihm Hilfe. Welche? Burckhard in meinem Zimmer jung und lebhaft, auch Dr. Emil Frischauer und ein Unbekannter. B. und F. tot.

25. 1. Traum. Ich komme in Gesellschaft zu Peter Nansen. (Sah gestern Betty Nansen im Kino, Revolutionshochzeit), freue mich, dass er so gut aussieht und ich sage es ihm. (Er ähnelt Fulda im Traum.) Er preist mich wegen des herrlichen Telegramms, das ich an Erzherzog Friedrich gesandt. Auch Voltaire wäre entzückt gewesen. Ich weiss nichts davon, lasse es aber über mich ergehen. (Voltaire! Casanovas Stellung zu

ihm, meine Novelle, Poppers Buch.) Dann sehe ich O. im Trauerkleid, was weiter keine Bedeutung, auf einem Treppenabsatz, so aussehend wie mit 18, aber auch die Andere, die von jetzt, ist da. Ich vergleiche innerlich, sie redet irgendwie irritiert, was, unklar.

27. 1. Traum. Gehe touristisch angetan durch ein Wäldchen, etwa, wo die Radetzkybrücke, Ring gegen die Leopoldstadt, sehe vor mir Klimt, will ihn nicht stören, da er die Einsamkeit liebt. Ich passiere ihn, er hält mich auf, zeigt mir ein Blatt mit Zeichnungen (Fabri im ›Verführer‹, Heinis Blätter mit Soldaten aus dem 30jährigen Krieg). Ich liebe ihn sehr. Dann ist er bei uns, Speisezimmer Burgring, das ich oft im Traum sehe. Ich eine Mappe in der Hand, in den Salon (Burgring), dort wohnen Bahr und Frau (Mildenburg), ich drehe zwei von den drei elektrischen Flammen ab, weil sie sparsam sind. (Abschiedsvorstellung der Mildenburg!) Dann fahre ich mit meiner Mama bergauf, Serpentinen schöne Gegend, ich sage: noch 4-5 Stunden bis Flims, meine aber Lunz oder Baden. Wir kommen an parzelliertem Ackerland vorbei, Tafeln Baustelle I, II etc. Mama soll sich eine aussuchen. (Gespräch gestern über Leben in Baden, Ankauf etc.)

3. 2. Hatte heute Nacht von Billroth geträumt, der sich **(wie ich träumte)** amputieren lassen musste. Er hatte »Tötlein« im Blut, ohne Narkose, die »erniedrigt«. (Durch Chiavaccis Schicksal angeregt, heute Früh kam die Todesnachricht.)

4. 2. Schwere Träume.

5. 2. Traum. Mit O. durch die Zirkus- oder Weintraubengasse, doch sah sie aus wie eine altdeutsche enge Strasse. O. will dies Haus kaufen, ich bin dagegen, weil hier lauter Hurenhäuser. (Erinnerung an Korallenkettlin von Dülberg, sowie an den üblen Lebenswandel einer Hausmeisterin in der Zirkusgasse,

Haus, wo die Grosseltern wohnten.) Die Strasse weitet sich, die Gegend passt mir, drüben, jenseits der Donau sieht man die Prateraüen, wenig Bäume, Winterlandschaft. Auch ich, Lili an der Hand, gehe über rutschige Schneefelder im Sonnenglanz, muss an Berglandschaften denken und bin dessen froh. Ferner ist da (wo? nicht im Raum, ich sehe ihn aber verblasst) ein Menageriebesitzer mit mehr als hundert Bären. O. will den 77., ich bin ärgerlich. Wozu braucht sie den Bären? (Sieben ihre Lieblingszahl – Menageriebesitzer: Neulich eine Figur im Harlan. Der Bär ein Hündchen, das O. vor 3 Jahren kaufte und das ich dann eliminierte.)

20. 2. Allerlei Träume der letzten Zeit. Mein Grossvater sehr gelb, sterbend und missgelaunt. Ich an seinem Bett (Erinnerung an meine Fahrt mit ihm aus Baden herein, kurz vor seinem Tod). Dr. Wittels in schlecht gemachtem, glitzerndem blauen Anzug am Bett O.'s, redend, seine Frau, die schon tot ist, geht durchs Zimmer. Unmensch-Erinnerungen.

7. 3. Traum wirr von einer Reise. Eisenbahn. Steffi ist ausgestiegen, ohne dass ich sie sah und geht querfeldein in einem altmodischen grauweissen Atlaskleid, nicht ganz reinlich und gleichem Capottehut.

10. 3. Traum. Ich spiele Tennis mit Kaufmann auf einem Platz, der dem jetzigen Cottage Sanatorium entspricht, als dort noch vor wenigen Jahren Sandgruben und dergleichen waren. Steffi kommt, von O. geschickt, die schläft, ich solle ihr alles Nötige von U. erzählen. (U. der jetzige Direktor des Sanatoriums.) Ich gehe mit ihr in der Sternwartestrasse, gegenüber dem Tennisplatz oder Sanatorium spazieren. Wie sonderbar, sage ich, dass ich vor einer Stunde hier mit U. ging. Wir küssen uns zärtlich. Ich sage ihr: Wie soll man das zwischen uns nennen? Freundschaft ist es doch nicht. Sie lässt ihre Hand aus der meinen und ist irgendwie indigniert, erinnert mich

an eine Novelle oder Fabel von Tolstoi, die ich ihr einmal erzählt, ungefähr von einem Ding, das in jeder Weise zu verwenden. Muss denn alles einen Namen haben, sagt sie.

16. 3. Traum, dass mein Vater sehr böse mit mir, ich sehe ihn. Warum und ob die Gründe berechtigt, ist mir entfallen. Im Traum wusste ich es.

Dann träume ich: Mit O. und Klimt spazieren. Gegend des Mariahilfer Gürtels, aber anders, er ohne Hut (ich weiss im Traum: immer), er hat einen Zahn zu viel vorn, ich rate ihm, ihn mit Cocain oder dem neuen Adrenalin ziehen zu lassen. Wie ich seinerzeit (stimmt), es tut gar nicht weh. Dann erzähle ich ihm, dass P. A. im neuen Buch ihn und Roller preist (gestern gelesen, es stimmt nur für Klimt), aber ich weiss nicht, ob aus Überzeugung oder um sich Bahr günstig zu stimmen. Ich liebe ihn (Klimt) im Traum sehr (noch mehr als in Wirklichkeit). Dann fahren wir, ich, O.?, Mimi?, jedenfalls zu fünft eine Bergstrasse hinauf von Hadersdorf aus, auch neue karstartige Berge stehen rechts von der Bahn. Zu meiner Verwunderung an der Strasse ein grosses Hotel. In einer Nische, lebensübergross, eine vergoldete Themis. Sie hat die Waagschale in der Hand und schwingt sie bis zu unserem Wagen. Wir steigen aus, ich besehe mir Zimmer u. s. w. Was gegen das Hotel spricht, ist, dass man durch ein Parterrefenster im Badezimmer das Bidet sieht. Ich denke, hier könnte man mit einer Geliebten wohnen, nur Sonntag nicht. Lili ist mit mir, ich laufe ihr zum Spass davon.

5. 4. Träumte irgendwer (ein Herr mit seinem Sohn?) verfolgt mich (unwissentlich?) Kohlmarkt. Ich setze mich rittlings auf meinen Regenschirm, wende und stürme hexenartig auf meine (nicht mehr sichtbaren) Verfolger zu, heule, wache auf.

12. 4. Traum. Burgring. Meine Eltern schlafend in zwei Betten nebeneinander. Ich sehe sie eigentlich nicht deutlich. War eben drin. Steffi mir nach. Warum bist du noch einmal hineingegangen? Ich: Um dich noch einmal zu sehen. Sie: Das habe ich mir gedacht. Worauf wir uns zärtlich küssen. Erwachen in einem unverhältnismässigen Glücksgefühl.

15. 5. Traum. Die Hofrätin erzählt mir etwas von baldigem Frieden. Gustav ihr gegenüber zweifelt. Sie über den Tisch hin, ihn bei der Wange fassend, den Finger über seine Lippe, gibt ihm eine Art Theaterkuss. (An eine Bewegung der Hausner in Paillerons ›Maus‹ vor Jahrzehnten erinnernd.)

28. 5. Traum Ischl. Eine Auslage in der Augustinerstrasse. Krawatten etc. Die dicke Verkäuferin steigt zu mir in den Wagen, auch Herr, Inhaber des Geschäfts. Beim Aussteigen erst merke ich, es ist Herr Haager (Besitzer der Kaiserkrone, den ich gestern in Uniform sah); beleidigt, dass ich nicht mit ihm sprach. (Wir bewohnen sonst sein Hotel, diesmal Athen.) – Schweizerhof (ungefähr), Journalisten sitzen unter dem Tor auf einem Bankerl. Einer sieht Karpath ähnlich. Irgend etwas Besonderes begibt sich; auf dem Josefsplatz Tribünen mässig besetzt, heller Sonnenglanz (Restaurant Sonnenschein!). Warum das Fest? Ein älterer Herr, dem verstorbenen alten Hofmannsthal ähnlich, geht an mir vorüber, ich frage ihn, er blickt mich nicht an, erwidert unwirsch, ich verstehe kein Wort, es geht wohl um den Frieden. Ich bin im Gespräch mit Herrn Lemberger (neulich bei Schmidls gesprochen als Oberleutnant), unzufrieden, dass er meine zweite Novelle ›Wahnsinn‹ nicht auftragsgemäss abgeschrieben. Da hätte ich sie ja der Frieda Pollak gegeben. Sie ist dabei und nickt: Lemberger muss am 15. einrücken. Nun hüpfe ich plötzlich im Freien mit Lili umher, mich klein machend wie sie. (Sehnsucht nach der Kinderzeit?) Ein Judenbub kriegssammelnd, ich habe sein Geld in der Hand, das er mir in Verlegenheit

gegeben, da gebe ich ihm drei Kronen, indes hat sich zu meinem Unbehagen Lili im Getriebe verloren. – Endlich erscheint noch wie in so vielen meiner Träume der Hund, diesmal ein schwarzer, der mich leckt, was mich etwas ängstlich macht, ekelt (ganz leicht) und rührt.

24. 7. Altaussee. Wieder der Hundetraum. Diesmal ein kleiner weisser mit Nasenfutteral. Man erzählt mir, dass er in Hütteldorf(?) die Strassen unsicher macht, ich stehe dann mit Frieda Pollak beim Fenster, der Hund kommt vorbei, sie streichelt ihn, ich auch; plötzlich habe ich eine Wunde am Finger und muss zu Pasteur.

25. 7. Altaussee. Traum, dass ich wieder Anatomie studiere, im Seziersaal (ohne Tote), Prof. Tandler. Ich sage, die Gehörknöchelchen sind für das Gleichgewicht nötig. T. verspottet mich. Alles das sei jetzt anders. Plötzlich liege ich, er und noch wer auf einem grünen kleinen Plateau.

3. 8. Altaussee. Traum: Saal, ich und noch Andere (auch Salten?) erwarten Maria Theresia. Sie kommt, gelb gekleidet, festlich, mager und ältlich, tanzt mit mir, ich ängstige mich vor einem Gespräch, da ich schlecht zu hören fürchte.

5. 8. Altaussee. Traum: Begegne Schönherr, unnatürlich lang, mit Lili, die er an der Hand führt. Sie hat ihn lieber wie mich, was mich kränkt. Dann kralle ich auf einem Dach, halte mich baumelnd am Rand, mühselig, um Lili zu retten, rufe hinunter (Schönherr?) etwas zu, wache auf.

20. 8. Altaussee. Traum: Frau Wilbrandt während einer Generalprobe bittet mich, Nachmittag mit ihrem Gemahl Paul Heyse zusammenzukommen. Ich zögere.

31. 8. A. A. In der letzten Zeit sich steigernd ein Gefühl der Unheimlichkeit beim Erwachen wie aus vergessenen Träumen.

6. 9. A. A. Träume etwas wirr von Olga, die nicht fertig wird, von meiner Mutter, meiner Tante Irene auf dem Land, vom akademischen Gymnasium und Steffi;– dann Kinder vor einer Spielereihandlung, ein Bub, sehr Koberl, legt sich vor der Tür aufs Pflaster mit gekreuzten Armen, um dem Grabmal eines Kreuzritters ähnlich zu sehen. (Fast ein Symbol des katholischen Snobismus, von dem ich in der letzten Zeit, zuletzt auf dem Loserabstieg sprach. Bedingt durch Einzelfälle z. B. Martha Stross, die wünscht dass Albert W. nach Kalksburg käme, Hugos Brief an Kralik, Baron Oppenheimer, der für seine Kinder einen Abbé sucht.)

Träume ferner, dass ich eine Verlustliste lese. Neben mir steht Hauptmann? Neumann? der Komponist der Liebelei? Ich finde Hauptmann Neumann (es ist derselbe oder ein anderer, mache mir übrigens keine Gedanken drüber) gefallen und sage (mit dem Bewusstsein, witzig zu sein): Dieser Neumann war vor 20 Jahren mein Patient und erst jetzt ist er gefallen. Der Hauptmann lacht.

15. 9. Traum. Altaussee. Traum: Wiese, Handkuss »Ich bin so froh, dass du wieder da bist«. Küsse.

18. 9. Altaussee. Träume. Praterstrasse, ungefähr Wohnung Tante Schey. Irgendwie auf der Flucht mit Wasser, übernachte beim Tapezierer Hofmann. Ich schreie auf (dies in Wirklichkeit), Frau H. ruft herein, ich störe das Kind. Sie kommt selbst, versucht mich zu verführen, ist mir unangenehm, ich erkläre, dass mich ein Gelübde hindere. Sie sieht niemandem ähnlich.

Eine Art Demonstrationszug von Industriellen, sehen aus wie Deutschnationale, jugendlich, für den Krieg, ich unter ihnen empört: Ehrlos so zu demonstrieren, wenn man nicht sofort selbst in den Schützengraben geht. Einer blond und höflich: Sie verstehen nicht, was Ehre, da Sie ein Jude sind. Ich (ungefähr): Sie haben jedesfalls mehr Ehre als ich, denn

Sie haben die Ehre, mit mir zu sprechen und ich habe nur die Ehre, mit Ihnen zu sprechen. Ein schwarzer Vogel am Rande eines Kornfelds, ein Wiesel oder Fuchs hat sich in dessen Hals verbissen, ich schlage mit meinem Bergstock auf das kleine Raubtier ein, es lässt los, sieht mich mit tückischen grauen Augen an, überlegt, ob es sich auf mich stürzen soll, meine drohende Haltung hält es ab.

18. 10. Träume, insbesondere einer, wo ich Steffi in dem Kinderzimmer meiner Burgringwohnung erwarte, bemerkenswert.

19. 10. Traum. Bahnhof. Ich soll zu M. G. fahren. Während ich Fahrplan studiere und versuche, mich an den Ortsnamen zu erinnern, fährt der Zug fort. Ich weiss immer nur: auf der Strecke nach Partenkirchen.

28. 10. Traum: Vor dem Fenster, quasi in der Luft – der Violinist Roth aus Boston (den ich seit Jahren nicht sah); er sieht aber aus wie der Kapellmeister Abendroth (den ich gestern im Concert kennen lernte). Dann (derselbe?) sitzt auf dem Fensterbrett des kleinen Zimmers 3. Stock Dr. Breuer (der alte) – ich halte und warne ihn; er sagt: »Mein Stolz ist, dass in meiner Familie keine verführten Mädchen und keine Ehebrecherinnen sind.« Ich: Beurtheilen Sie die Frauen danach? Ich habe die besten Mädchen gerade unter den verführten gefunden, ich erinner Sie nur an M. R. (ob ich den Namen nenne, weiss ich nicht, – wohl aber dass ich Breuer daran erinnere, durch einen Blick –? dass er sie gekannt, an ihrem Todestag bei ihr war; – und nach dem Erwachen weiss ich auch, dass das kleine Zimmer das Sterbezimmer von M. R. war).

3. 11. Neulich nach Vorlesung meiner Novelle träumte ich unter anderm von Modehandlung, vielen Krawatten (ein häufig wiederkehrender Traum). Ferner, dass zuerst Julius

sich auf eine Waage setzt, dann ich. Er hat 62 Kilo, ich 70.4 und bin ärgerlich, dass Julius so wenig wiegt. (Beziehung zur Novelle ›Der Verfolgte‹ und heute Früh klagte mir Helene über Abmagerung von Julius.)

17. 11. In der letzten Zeit unruhiger Schlaf besonders gegen Morgen. Träume von Reisen, Landpartien. Der Schwager von Fräulein Pollak, Herr Glück, will mit mir auf einen Berg. Ich kann seinen witzigen Brief nicht lesen, stelle mich dann schlafend, wie er mich abholt. Dann eine furchtbare Krankheit (die ich aus Scheu nicht hinschreibe), Wilhelm König, der im Sommer starb, hat sie, dann Arthur Horner (bekam vorgestern einen Brief von ihm, der die deutlichen Züge eines Paralytikers trägt) (Quellen seiner Lues), dann ich, dann eigentlich der Kutscher an der Ecke der Babenbergerstrasse; es war aber immer die gleiche Person. Ich mit Hugo aus dem Hause Burgring 1, quer über die Reitallee, weinend. Er spricht irgend ein fremdes Wort aus, das mich trösten soll. In der Früh wusste ich es noch.

18. 11. Hatte gestern an seinerzeit für Bahr bestimmt gewesenen Versen gemodelt, besonders eine Stelle: »Hängt der Mittag schwül entfacht über unsern Wegen«. Daraufhin träume ich heute, dass ich auf einem Riesenplatz in Salzburg mit Bahr daherkomme, er etwa im Lido-Mantel; wir setzen uns an ein Tischchen, blendende Sonne trotz November, heiss, und Bahr spricht sehr ruhig über seinen Katholizismus.

20. 11. Traum. Steffi hat Morphium genommen (sieht ganz anders aus), leidet Schmerzen in einem Zimmer, das einem der Burgringwohnung gleicht (die nun immer häufiger in meinen Träumen wiederkehrt).

29. 11. Träume. Ich rede davon, dass Lili, auch ein Opfer des Krieges, gefallen an einer (musikalischen) Terz, stehe vor

oder in einer Trafik, Prinz Eugen-Strasse, dann in einem tief gelegenen üppig grünen Garten, Cottage, der Speidels gehört. Sage zu ihnen: »Das Traurige ist, dass man sich den Frühling im Winter nicht vorstellen kann und im Frühling erst recht nicht.«

8.12. Komme auf die Poliklinik, die aber aussicht, wie das Akademische Gymnasium oder das neue Anatomische Institut. Ich suche meinen Vater, der nicht da. Es ist leer. Natürlich der Krieg. Ich erwäge, dass ich ja hier meinen Dienst ableisten könne. (Quellen: Olgas Angina, Poliklinik und Gymnasium als Jugendeindrücke schieben sich zusammen, Vater kehrt immer wieder.)

9.12. Traum von Heute Nacht. Sitze im Burgtheater erste Reihe, Generalprobe. Mitterwurzer tritt auf, ich freue mich, dass er nicht tot ist oder doch wenigstens wieder spielt. Bedauere, dass Olga nicht da ist. Zugleich sagt mir Trebitsch, der neben mir sitzt, wenn er gewusst hätte, dass M. spielt, so hätte er seine Frau mitgebracht. Ein Briefträger kommt, auf der Bühne, bringt einen Brief für mich, ich gehe auf die Bühne, M. gibt mir wortlos den Brief und ich bin stolz, dass es die Leute sehen. Dann im Stück ein Haus auf der Bühne, auf dem Dach Mitterwurzer in einer Art gelbem Pierrot-Kostüm, im Haus ist auch wer, den ich nicht sehe, es ist eine Art Spitzbubenstück, wie Robert und Bertram. (Las in Dumas Memoiren eine beiläufige Bemerkung über ›Robert und Bertrand‹.) M. geht vom Dach mit einem Schritt nach rückwarts auf die Strasse, was mir Bewunderung einflösst. (Neulich Verhandlung wegen eines neuen Rauchfangs.)

10.12. Traum. Ich beklage mich bei Gustav, dass ich am Burgtheater beinahe nicht gespielt werde. Er: »Eben jetzt wird ›Beatrice‹ probiert.« Ich: »Davon weiss ich gar nichts. Wer spielt die Beatrice?« – Er: »Die Wilke.« – Ich empört: »Werde es verbieten.« – Er: »Dazu haben Sie kein Recht.« (Gustav zu jener Zeit Dramaturg am Burgtheater.) Ich: »Warum nicht? Thimig ist ein Lakai« u. s. w. – Er: »Das ist Ihre fixe Idee.« – Dann träume ich, dass ich mit Theodor Herzl über den Ring gehe, er übertrieben gross und schwarz, ich, klein, etwas gigerlhaft, blond, jung und freue mich, dass man mich mit Herzl sieht. (Neulich Bemerkung Reichenfelds, dass ihm die Waisen nach Herzl, deren Vormund er ist, so viel Plage und Unannehmlichkeiten machen. Ferner vor 30 Jahren die Bemerkung Herzls zu mir: »Ich habe Sie für einen Brummell gehalten.«)

29. 12. Traum. Schönes Krankenhaus, weiss. In einem kleinen Vorraum junges Wesen, **St.**, nackt, will mich zurückhalten. Immer gestört. Sie war schon früher meine Geliebte. Ich brenne darauf, sagt sie, endlich wieder. Zuletzt öffnet sich sogar halb die Türe, die kleine blonde, vierjährige Landesberger will herein, ich gebe es auf, den Gang hinauf, Olga nach, die lächelnd, aber misstrauisch wartet; in den Operationssaal, wo ich erwartet werde; auf den Tisch. Was will man eigentlich mit mir? Der Arzt, gross, dick, erklärt mir (etwas hinterhältig) mein Ohr – was? Lichtbäder oder so was. – Ich wehre mich und entferne mich. (Schlechte Nacht mit Kopfweh nach Ärger über O. mit 0,6 Pyramidon.)

1917

6. 1. Traum: Auf dem Land, etwa Salmannsdorf, besucht Frau Fischer die Orte, wo sie mit ihrem indes verstorbenen Mann geweilt. Ich gehe mit einem Herrn, Gemisch von Bernstorff und anderen, mit Rucksack vorbei. Ich gehe weg, um sie nicht zu stören.

4. 2. Träumte heute Nacht: Karpath, der Musikkritiker, bringt Artikel, um den Kaiser zu veranlassen, ihn K. zu fordern. Er deutet in den Artikeln (wie?) an, dass er früher mit Zita ein Verhältnis gehabt hat.

16. 2. Traum. Ich verabrede mit Heini einen Nachmittagsausflug Wachau, Algier, Genua; aber er drückt sich. Dann ein Badewannentraum, in den Frau Gl. hineinspielt. –

Neulich träumte ich wieder sehr lebhaft von der Burgringwohnung, die ich Zimmer für Zimmer durchmass; im Salon standen Steiners und sprachen mit O.

19. 2. Traum: Heimann mit mir in einem kahlen Zimmer, immer weiter von mir abrückend, um zu probieren, wie weit ich höre. Dabei zärtlich und ich auch ihm freundschaftlich zugetan. Dann in einem Arztens(?)raum mit Louis Mandl und einem Herrn, mit dem ich etwas zu verrechnen habe. Zigarren, Spiel. Ich will wechseln, mein Geld wird immer weniger, es geht nie aus; im Wagen, auf Reisen (mit wem?). Weite Landschaft nach Nordosten getrübt, bedeutsam im Ganzen.– Dann auf einem beschneiten Fahrweg nach aufwärts, dem Ziele nah; dann springe ich am Schottentor von einer Tram ab, wo ich mit Paul Wilhelm (der neulich starb) sprach, eile in beleuchteter Dämmerung stadtwärts.

1917

21. 2. Audienz bei Hussarek, warte lange, endlich bei ihm, habe vergessen, was ich ihm zu sagen habe; er zuerst fremd, dann liebenswürdig, da ich sehr amüsant plaudere, – wir sind im schönen Ministerempfangssaal, dem Rathaus? gegenüber, ein Sektionschef setzt sich zu uns, hört gern zu, H. bittet mich, ihn zu begleiten. (Deutlicher Vatertraum. Ich gleich Bernhardi, Hussarek gleich Flint, der Sektionschef Hofrat.) Im Vorsaal geht ein Gymnasialkollege herum, Schürer, wie ich weiss; es war aber ein gewisser Drey. (Nachklang!) Sehr ungeduldig, dick, mit einer Art russischem Schulanzug, Gürtel, auffallend hoher Kragen. (Der Kragen im Traum offenbar daher, weil jener Drey durch seinen schmutzigen Hals (vor 40-45 Jahren) berühmt war, was ich im Traum nicht wusste, aber durch den hohen Kragen abreagieren will.)

9. 3. Traum. Ich übergebe Onkel Felix (tot seit 2 Jahren) bei der Polizeidirektion einen Brief der M. Gl. Bin dann in der Grosselternwohnung, Zirkusgasse, warte auf Antwort, die um drei kommen soll. Präsident v. Landesberger um vier erwartet. Eine Art Faktotum, schlecht angezogener Mensch mit Schnurrbart, kommt die Treppen herauf, bringt mir die Antwort – von einer Sängerin, die schreibt, sie hätte gleich gewusst, von wem der Brief kommt. Anknüpfend. – Ich ärgerlich, dass er an die falsche Adresse.– Bin in einer Art Festvorhalle. Viel Menschen, Landesberger trägt vor. Eine Art Konzertsaal. Ich gehe durch die Reihen, nehme Billets bei einem Kassier, es ist ungefähr wie ein Kasino in einem Seebad. (Quellen: Nachklang. Gestern von Landesberger gesprochen.)

16. 3. Träume: Stehe mit Andern an einem Richtertisch im Talar, auch Heini. Mein Todesurteil ist gefällt, auch der Andern; ich erhalte eine Feder, um zu unterschreiben, Heini küsst mich. Bin peinlich interessiert, aber nicht angstvoll.

Später ein Traum, in dem der üble Südbahnwirt Dangl eigentlich der Menschenbeglücker Johannes Müller ist (der in Elmau ein Sanatorium hat nur für Gesunde).

28. 3. Traum. Mit O. und einem indifferenten Dritten, etwa wie der Religionslehrer Zimmels, in einer dunkelgrünen Frühlingslandschaft. Scheideweg Wald, Wirtshaus. – Bin traurig, weil O. mich nicht liebt, weine in die Polster, wache auf; träume weiter, wir: ich, O., Kinder und Fingi in Salzburg, 11 Uhr 40. Zug um 12 Uhr 35 weiter. Wir haben Zeit in der Restaurationshalle zu essen, tun es, es wird spät. Der Pudding kommt nicht, ich muss zahlen, der Kellner wünscht, dass die Plätze frei werden. O. mit Kindern voraus – mir fällt ein, dass ich meinen Koffer noch aufgeben muss.– Da ist Arthur Kaufmann und Richard Beer-Hofmann – verlässlich, die übernehmen es.– Ich suche den Schein in der Brieftasche, Börse, vergeblich – muss hinüberrennen »Lokalbahnhof«, Uhr: 12.33. Verliere beinahe die Beinkleider. Perron. Ein Zug wird rangiert, habe also noch Zeit.– Nein, das ist er nicht – Drüben ein grosser dicker Bahnbeamter: Eben ist er durchgefahren ohne zu halten wie öfters im Krieg;– ich freue mich, dass also die Andern auch nicht fort sind. Hinüber, kleine Halle, wenige Menschen, O. ziemlich fremd, Gusti Glümer: – ich küsse sie auf beide Wangen; nun werde ich meinen Pudding essen.– Erwarte (später) irgendwen. Im Nebenzimmer sortiert irgend ein weibliches Wesen Hemden, was eine musikalische Nebenbedeutung hat. Ich weiss, dass O. kommt;– ich bin im Speisezimmer der Eltern Burgring (ohne dass es mir im Traum zum Bewusstsein kommt), werfe mein Hemd ab, an den Tisch gelehnt, O. ebenso, wirft sich mir in die Arme. (Zwischenspiel, von dem eben Proben.)

13. 4. Träume: Probe Medardus unter dem neuen Direktor, der nicht sichtbar. Doch hinter der Szene schleicht gelb und bös Müller-Guttenbrunn (der Haderlump) umher. Aha, denke ich

mir. Auch Hugo ist da. Ich rate ihm, über eine Broschüre (welche?) zu schreiben. Er lehnt es ärgerlich ab. Dann Eisenbahncoupé; Millenkovich in Gesellschaft, schimpft über mich; ich sage ihm: Sie wissen doch, wer ich bin, sagen Sie es mir doch ins Gesicht.

19. 4. Traum. Im Schlafrock auf der Stiege. Lili will allein auf den Franz Josefsbahnhof gehen. Ich verweise sie zur Ruhe. Da drin im Salon schlafen meine Eltern. (Neulich einmal träumte ich: Neue Wohnung. Ich habe ein helles, schönes Zimmer, nur ärgerlich wegen einzigen Ausgangs; man sagt mir, Besuche könnten mich ja auch durch das anschliessende Wartezimmer meines Vaters verlassen.)

13. 5. Hatte geträumt, ein junger Bursch liesse mich fordern; ein jüdischer Freiwilliger zeigt mir eine Art Schachtel. Was ist das? – Er: Sie werden es wohl wissen.– Es ist ein Pistolenkasten, Grund der Forderung darf ich nicht erfahren. Im Badezimmer probiert O. mit Frl. Reiter(?) – mein Gegner, abgewandt, steht da. Ich bin über O. empört, rede vornehm französisch mit ihr, sie kaschuliert mich ebenso. Der Jüngling verweigert wieder die Antwort, warum ich mich mit ihm schlagen müsse. Ich lehne ab. (Fliederbusch-Reminiscenzen.)

15. 5. Salzburg. Nachmittag, im heissen Westzimmer schwer geschlummert, geträumt, als läge ich in einem Bad mit hohen Stiefeln, ohne mich rühren zu können.

22. 5. Träume. Ich spiele eine Nebenrolle, etwa den Dr. Relling im 5. Akt der Wildente zu Ehren Sauers. Kenne weder Stück noch Rolle. – Sehe anders aus. Rede irgendwas daher.– Sauer etwa wie Bassermann aussehend. Provinzbühne.– Halbdunkler Zuschauerraum.– (Gestern Abend das Theater in ›Stadt Segelfoss‹ von Hamsun.) – Ein Bad links für Frauen,

rechts für Herren. Mitte eine Art Kurhaus, weiss, kuppelhaft, trennend, ich stehe nackt da, eine Frau von drüben, ihr Mann daneben sieht herüber, die Tore des Mittelhauses öffnen sich symmetrisch, so dass ich zuerst verborgen bin, dann aber wieder sichtbar werde; ich liege im Heidekraut, spreche mit einem Herrn Vollbart (Holmengraa in ›Segelfoss‹) Weltanschauungssachen – er irgendwie stoisch-norddeutsch, holsteinisch;– ich der Gegenpart. (Ich weiss mich keines Worts zu erinnern; die Heidekrautlandschaft hat Bezug auf die Philosophie des Andern.)

1. 6. Neulich geträumt: Eine Art Jahrmarktstrasse auf dem Weg nach Grinzing (zum Kriegsspital);– Steffi soll den Weg kommen aus dem Spital, aber sie kommt nicht (ohne jede Betonung). (Am 15. Mai Selbstmord Steffis.)

17. 7. Früh morgen O. aus einem Traum zu mir, verweint: »Steffi erschien mir mit völliger Deutlichkeit: Ich bin getrennt von dir durch Geld. Das hiess aber eigentlich Liebe.« Von ungeheuer fern millionenmeilenweit war sie hergekommen, sass am Fussende ihres Bettes. Dann träumt sie ein Gespräch mit mir, in dem ich ihr sage, dass Steffi seit Dezember meine Geliebte war;– von O. habe sie sich zu mir geflüchtet – aber sie habe nur alles mit sich geschehen lassen. »Du weisst«, sage ich zu Olga in O.'s Traum, »ich habe sie nur als Seele geliebt, als Individuum gehasst«.– »Der Traum«, sagt O., »war viel lebendiger und wahrer als die Wirklichkeit.«

23. 7. Träume wieder einmal von einem tollen Hund, den ich aber nicht sah, der aber O. und Lili gebissen hatte. O. sagte beruhigend: Ich gehe morgen Früh um vier in die Stadt und lasse mich gleich impfen. Dann träumte ich, die Kinder seien eingeladen – in die Burg – grosser Saal, etwa Hofbibliothek – Gitter, breit, allerhand Leute dahinter, auch A. F. Seligmann. Ich rede mit den Kindern (meine? mehr? in der Ecke? durchs

Gitter?), der Kaiser (Franz Josef), der in Hemdärmeln um einen langen Tisch herumgeht, wird aufmerksam, plötzlich bin ich drin, konversiere mit dem Kaiser; er fragt mich: Wer sind die grössten Chirurgen der Welt? Ich antworte, da mir nur die Wiener einfallen: Hochenegg und Eiselsberg. Julius (wie kommt er her) sagt mir ein: »Bahrd« (»Bardeleben«). Ich bemerke scherzhaft, weitere Wiener nenne ich nicht, wenn ich einen vergässe, sei er verletzt. Der alte Kaiser sehr sympathisch, sitzt am Längsende des Tisches und trinkt Kaffee. Ich wundere mich über seine Frische. Dann gehen ich und O. in der Minoritengegend mit der Kaiserin Elisabeth spazieren;– sie hat ein einfaches altmodisches Kleid, gelblich, sieht etwa aus wie eine Miss, ältlich; sie redet von Grafen und Gräfin Hartau – es sind ungefähr Bittners – sie wohnen bei ihr in der Burg – sie spricht andeutungsweise von ihrer Zudringlichkeit. Graf Hartau bat sie, bei der Tafel servieren zu dürfen. – Ich mache eine Bemerkung zu O. über die Servilität dieser Leute – an einer Ecke verabschiedet sich die Kaiserin. Ich drücke ihr die Hand, die mit einem einfachen Zwirnhandschuhe bekleidet ist, küsse sie absichtlich nicht und wundere mich, dass O. keine Bemerkung darüber macht. (Quellen dieses Traumes (1. Verdorbener Magen), die schwarze Katze, die immer in unserem Garten ist, Gitter und Tisch aus der Casanova-Novelle, Hofbibliothek der Besuch neulich (Weilen), Hartau: das streberische Bemühen B.'s, der Handschuh: Frau Anninger, der ich gleichfalls nach Besinnen nicht die Hand küsste.)

14. 8. Traum. Zum ersten Mal von Steffi seit ihrem Tod. [stimmt nicht]. Sie ist auf einem irgendwie abgegrenzten Platz, doch wie im Leeren ohne Umgebung; schwarz gekleidet, blass, rote wie geschminkte Lippen. Ich weiss und weiss es nicht, dass sie tot ist. Auch Heini ist da, aber jünger und kleiner als er jetzt ist. Sie hat Herrn Richard Frankfurter geschrieben (ich meine den Direktor des Lloyd Albert F.) – und

sagt: Ich schreibe (oder sage) den Leuten immer erst, dass ich sie gern habe, wenn es zu spät ist. Dann, nahe zu mir, ohne mich zu berühren, wie ein Geheimnis, flüsternd: (Ich verstehe schlecht) Es geht mir gar nicht so gut. Ich gehe an die Front. Wie ich ihr abrede: Ich will auf den Italiener (von einem Luftschiff meint sie) eine Bombe werfen, der neulich eine auf dich geworfen hat. Ich antworte: Er hat ja nicht mich gemeint und du wirst auch einen Unschuldigen (oder den Unrichtigen?) treffen. (Deutung: Abgesehen von den psychischen Quellen der Luftangriff auf Frankfurt a. M. vor zwei Tagen.)

12. 9. Partenkirchen. Ich muss eine Uhr für Vicki beim Hauptmann Schindler zwischen 7 und ½ 8 abgeben; mein Bruder oder Sohn begleitet mich – es ist schon fast acht – ins Ministerium. Ein dicker Herr, zivil, dritter Stock, doch im Freien, Passanten; Hauptmann Sch. ist nicht mehr da.– Er gibt mir ein Billet, wie ein Bahnbillet, verschwindet mit anderen Beamten. Ich besorge, dass Vicki Unannehmlichkeiten haben könne. Er wohnt ja in der Nähe. Doch lieber nicht zu ihm. Plötzlich eine Art Schlachtfeld in der Gegend der Votivkirche. Ein Gefangener. Er wird von den Italienern wieder zurückgeschickt, sie können ihn nicht brauchen. Es ist nicht gefährlich. Es regnet nur stark.– Er geht mit aufgespanntem Regenschirm zur anderen Front hinüber, immer in der Gegend der Pilsenetzer.

9. 10. O. träumte heute einen Grabstein von Steffi. Als Emblem darauf, was zugleich aussah wie ein Flammensymbol, darüber eine Dornenkrone, auf dem Block eine steinerne Kröte.

29. 11. Traum: Die Burgringwohnung (wie so oft – ich träume nie von meiner jetzigen), ich komme morgens hinauf, abholen (wen?), im Dienstbotenzimmer schlummert meine Schwester, ich wecke sie nicht auf; nun kommt mein Vater in

grauem rotbordürten Schlafrock, wie er in seinen letzten Jahren aussah; düster, nicht gut zu mir, etwas fremd, sich an den gewissen Ort begebend, ich indes in sein Zimmer (meines vom Burgring). Die Neue Presse aus seinem Bett holend, sehe Burgtheaterrepertoire nach. Unter anderm ›Der tolle Tag‹ (nicht von Beaumarchais), nichts von mir; mein Vater wieder herein;– man fährt erst um ½11 hinaus auf den Friedhof. – Es ist der Todestag der Mama (in Wirklichkeit 9.) – 18.(!) September. Ich beschliesse, da der Tag schön, lieber auf die Sofienalpe, sage es zu Olga, die nun statt meines Vaters im Bett liegt. Sie: Wer weiss, mit wem du Rendez-vous hast – scherzend. Ich empfinde in diesem Augenblick einen namenlosen Schmerz, dass ich allein an dem schönen Herbsttag da hinauswandern soll – ohne Geliebte – beschliesse, es lieber nicht zu tun;– die Stimmung so schwer, dass ich noch am Morgen wachend darüber weinen muss.

30. 12. Traum: Ich mit O. (in irgend einem ziemlich kahlen Zimmer) zu Bett, und besorge, dass durch das Schlüsselloch vom Nebenzimmer aus, meine Eltern hereinsehen können. – O. in der gleichen Nacht träumt eine ähnliche Beziehung zwischen uns.– Ein scharlachrotes Band verbirgt mich, Lili tritt herein und O. schämt sich. Tief zu deuten.

1918

1. 1. Träume gegen Morgen ziemlich verwirrt. Am deutlichsten: Reinhardt und Kayssler, dieser im Zimmer auf und ab, erregt weil (wie ich im Traum weiss) seine Frau (ich wundere mich, die Fehdmer, sie liebt ihn doch so) ihn mit Reinhardt betrogen. Alles übrigens stumm.

Dann ein Traum von Paul Breisach (jetzt Leutnant, sah und sprach ihn neulich), er begleitet nächstens wieder Steiner) an O.'s Bett. Sie übrigens unsichtbar, sagt irgendwie (sehr vague) er habe O. nicht richtig gekannt, unterschätzt –?

15. 1. Neulich Traum: ich soll Wenckebach (den Internisten) um sechs Uhr konsultieren. Treffe ihn vor seinem Haus Landesgerichtsstrasse (in Wahrheit Waisenhausgasse) – noch zu früh – ich wandle aufwärts hinter dem Haus, ansteigend, Friedhof, ohne Schauer, dunkelgrünes lederartiges Laub; ich sehe an der Mauer (unsichtbar) schreitend keine Steine und dergl. – doch in der Tiefe arbeiten gebückt zwei Männer. Ein Auto an mir vorbei, durchs Friedhofstor verschwindend, dunkelblauer Himmel darüber (ich lernte Wenckebach kurz nach Steffis Tod bei Mimi kennen!). Heute träume ich wieder von W. und zwar erzähle ich ihm genau den letzten Traum von ihm. Er führt mich in sein Laboratorium, Pharmazie? Unter einer Glasglocke viel Morphin zu zwei Gramm, ich äussere mich über die Unvorsichtigkeit; überlege wie es wäre, wenn ich in die Mundhöhle eine Pastille steckte – aber ohne Schleimhautberührung (Steffi Selbstmord!). Hypochondrisches Aufwachen weiterdauernd bis zu Zwangsvorstellungen.

12. 2. Traum. Steffi – irgend ein Roman, sie macht mich darauf aufmerksam, dass eine Szene an ihr Schicksal erinnere (welche weiss ich nicht);– ich zweifle anfangs, sehe es dann ein.

Zufällig berühren sich unsere Hände, was mich beseligt, das Ganze spielt sich ab in der Wohnung meiner Grosseltern, Zirkusgasse. So führen die Träume immer weiter zurück in die Vergangenheit.– Der zweite Traum von Steffi, glaube ich, seit ihrem Tod. Der erste ungefähr, dass sie in einem Schaukelstuhl sitzt und mit jemandem (Paul Weingarten?) verlobt ist.

26. 3. Träume viel in der letzten Zeit. Heute z. B.: Vor dem Burgtor, Ring, Soldaten, wenig, militärisch-festlich geordnet, etwa 1809er Kostüme, auch Kanonen?– Von Sonne überhellt, irgendwie schwebend – Ich sage zu Heini oder Julius (die sich im Traume meistens vermengen), das ist sehr »siehe Illustration Seite sieben-voll« (unsere Redewendungen mit voll, von Steffi seinerzeit aufgebracht, Hab- und Gut-voll u. s. w.) – – Im Kinderzimmer der alten Burgringwohnung (die ich im Traume immer wiedersehe). Ich beklage mich zu einer Dame, Verlegerin, Agentin, Gemisch von Frau Pinkus und Louise Wolff, über Fischers Verhalten in der Papierangelegenheit. Gebe ihr meine Novelle zu 5 ½ oder 4 ½ %. Suche etwas (die Novelle?) in der Kommode, wütend über die Unordnung, Bücher, Stiefel, Schaubühnenhefte, ein Mieder von O., das ich zornig hinausschmeisse; mit ein Paar ungeputzten Schuhen ins Nebenzimmer (das dem Schlafzimmer meiner Eltern entspricht), zeige sie dem Stubenmädchen, es ist zu meiner Verwunderung unser jetziges; zurück, schlage ein Schaubühnenheft auf, finde Aphorismen von Polgar, darunter eines ungefähr: »Man muss die Frauen wie Phosphan behandeln, hineinblasen und dann sich wochenlang nicht um sie kümmern.« (Das Wort war nicht »blasen«, sondern eine Zusammensetzung von »Gebläse«). Ich lache beifällig;– bin auf einem Parkettsitz, eher Vortragssaal als Theater. Lili v. Landesberger neben mir, dann kommt auf meine andere Seite, ohne mich anzublicken, beschämt, weil ich weiss, dass sie wieder Selbstmordabsichten geäussert hat, Gerty v. L.; aus einer Loge sehen mich Damen puppenhaft-spöttisch an.

(O. erzählte mir gestern, dass Gerty, die schon einmal einen Selbstmordversuch gemacht, sich nun wieder umbringen will, mit dem überspannt affektierten Anarchisten Fritz Gross, der sie tyrannisiert. Ich sagte: »Mit seinem Selbstmord zu drohen ist eine solche Frivolität, dass man sie nicht einmal dadurch gut machen kann, dass man sich wirklich umbringt.«)

11. 4. O. hatte geträumt, dass ich mit Steffi spazieren gegangen war.

27. 4. Traum einer Reise mit O. Meine Handtasche u. a. wird mir gestohlen, ich suche danach auf die Sitzpolster steigend, man hält sich darüber auf. O. findet, wir sollten (auf halbem Weg) zurück;– Angst den Zug zu versäumen. (Gestern Abend erhielt ich für Kaufmann durch seine Nichte aus Kiew eine mit Mehl u. a. gefüllte Handtasche zugeschickt.)

2. 5. Träume: Eine Geliebte von Millenkovich, die M. R. ähnlich sieht, und der ich den Hof mache – das Ganze spielt sich irgendwie in der Alserstrasse, Krankenhausgegend ab. Ein Paket alter Briefe von Paul Goldmann trifft ein zum Beweis, dass er schon früher das Richtige über den Krieg gedacht u. s. w.

21. 6. Traum: Ich will ein Billet für Börse oder Parlament lösen; ein Glashäuschen, der Beamte freundlich: Bitte, Herr Doktor, schon ausgestellt. Ich verwundert. Er: Liegt jeden Freitag da für acht Tage. Ich gehe einen offenen Gang gegen unten, er mündet, sackgassenartig in ein grosses Zimmer, wo ein unwirscher kleiner Beamter, der mich belehrt, auf ein Puppentheater weisend mitten in der Stube. Zwei Figuren sitzen, Maria Theresia und ihr Gatte (oder Kaiser Josef?). Ich muss mich an die Stelle von Maria Theresia setzen, es gelingt mir zu meiner Verwunderung; auf meine weitere Frage antwortet der Beamte: Dieses Theater werde immer in die Loge geschafft (Parlament). Neulich habe man der Kaiserin

Maria Theresia von unten aus Beifall geklatscht und sie habe sich verbeugt. (Deutungen: Tabakkarte Freitag, mein Kaiser Josef-Plan (der immer kleiner wird!))

24. 6. Traum: Prof. Kaposi (der längst Verstorbene, im Traum sah er Prof. Zeissl ähnlich, den ich neulich sah) tritt zu mir in ein Zimmer, macht mir über irgendwas (was?) milde Vorwürfe. (Kaposi war der Arzt, der meinen Vater eine Stunde vor dessen Tod besuchte und uns sagte: »Ich bedaure Euch sehr.« Deutung??)

8. 7. Traum. Meine alte erste Arztenswohnung Burgring. Ein zweibettiges Zimmer. Ich schlafe aber nie da. Untersuche das Bett. Es ist hart. Ich bin dann in der andern grossen Burgringwohnung und dann in einem Hotelzimmer im Bett mit einem schwarzgekleideten jungen Mädchen, die um acht Uhr in die Schule gehen muss. (Jede erotische Betonung fehlte). Deutung: Nachklang Lolotte.

27. 7. Bei Tisch erzählt Lili ihren Traum von heute Nacht: Der Kaiser hat mich besucht, nachher Herr v. Strakosch (Nachbar, Minister Seidlers Freund).

29. 7. Traum. Sehe auf einem grossen Platz Weiskirchner irgend etwas spielen. Er hat einen grauen Waffenrock, Schnurrbart; ich wundere mich, dass der Bürgermeister sich während des Weltkrieges an einem öffentlichen Spiel (was?) beteiligt. Bin mit Andrian an einem Hotel(?)-Fenster, er fragt mich, was ich gerne spiele. Ich nenne eines mit Kugeln und schildere es (total unbekannt). Er nimmt Kugeln, grosse, verschiedenfarbig, will sie in eine Eisenkonstruktion unter dem Fenster (wie für Blumen) werfen, einige fallen auf die Gasse, ich fürchte, dass was passiert zum Schaden Andrians. Ferner habe ich an Hugo einen anonymen Brief geschrieben, aber so, dass er weiss, von mir. Auch Urbantschitsch erscheint im

Zusammenhang innerlich mit Steffi. Diese selbst steht wie im Leeren auf irgend was rückblickend mit ihrem Regenmantel und dem kleinen Bocher-Hut (wovon O. neulich sprach). Unerhört lebendig. (Ich weiss, dass sie tot ist.) Irgendwie leuchtend.

11. 8. Traum. Hole im Bureau des Burgtheaters (als Autor?) meinen Gehalt von zwanzig(?) Kronen. Horsetzky (Intendant) mit zwei anderen an einem Tisch ruft mich herein. Es werden Filialen des Burgtheaters in den Bezirken gegründet. Ich solle die in der Leopoldstadt leiten, wobei ich die antisemitische Spitze fühle.

Gestern ein Traum, dass eine deutsche Prinzessin (warum?) sich mit mir zu unterreden wünscht. Sie ist sehr einfach gekleidet (sieht, wie ich erst beim Erwachen weiss, aus wie M. R.), ich begleite sie auf eine Reise,– irgend eine Dorflandschaft, **ein natürliches Bedürfnis ruft mich ab** – der Ort, den ich in einem Bauernhaus aufschliesse, ist okkupiert von Lili v. L., die freundlich lächelt.

22. 8. Am 20. 8. heiratete Minnie B. Knapp vorher träumte mir, ich sehe sie an ihrem Hochzeitstag, gratuliere ihr quasi, sie ist sehr hübsch, sieht eigentlich ganz anders aus, hat auffallend rote Lippen. Die Hand reichend sage ich ihr irgendetwas wie, dass sich zwischen uns nichts ändern könne. Sie blickt vorbei sich an einen Tisch, etwa Buffettisch stützend, der übrigens leer ist, wie auch sonst keine Leute zu sehen.

24. 9. Träumte heute Nacht allerlei: Bergpartie mit meinem Bruder oder Sohn (die im Traum selten zu unterscheiden sind). Schafberg (welcher?) Hütte, draussen eine Wiese, ein Bauernmädchen, bei der ich mich betreffs Roseggers Tod erkundige; ich schreibe (in jener Hütte?) einen Brief an M. G.?, die ich in einem Monat heiraten soll, dass die Heirat nicht

stattfinden wird. Zerreisse den angefangenen Brief, weil er beginnt: Liebste Freundin, was mir zu formell scheint;– auf einer Art Fortifikationshöhe drei Schüsse in langsamen Abständen. Sie bedeuten die Justifikation der drei Mörder Davit, Ulmer und? (Es waren nur zwei Davit und Franke. Ulmer ist der Name eines schlechten Münchner Schauspielers.)

30. 9. Traum sehr lebhaft von Agnes Speyer-Ulmann.

6. 10. Traum: Ich mache einen Einbruch mit Dr. Ludwig Bauer (seit Jahren Schweiz) und zwar Zirkusgasse zwei (wo meine Grosseltern lebten, was ich im Traum nicht weiss) beim bulgarischen Gesandten. Im Stiegenhaus bei Tag klettere ich an einem Strick hinauf und will auch Bauer dazu überreden. Im Zimmer (Wohnung des Grossvaters), der Gesandte ist auf dem Balkon (ich sehe ihn nicht), das touchiert Bauer nicht, mittelst eines Instrumentes eine Art Blasebalg durch das Glasfenster greift er auf den Balkon und bringt Dokumente herein (eine Mappe?), sitzt vor dem Tisch, ich stehe und nehme einige bulgarische Briefe zu mir, denke: warum, ich versteh ja nicht bulgarisch. Sehe an der Glastür auf dem Gang Schatten, ich erschrecke. Bauer bleibt kalt, öffnet. Es ist ein Mann mit kurzem grauen Vollbart, zwei Kinder (die ich nicht sehe, nur »weiss«), Bittsteller;– ich benütze die Gelegenheit mich zu entfernen durch die Praterstrasse, rechts eine Seiten(Sack)gasse, etwa Komödiengasse. Ich überlege, ob ich Bauer nicht anzeigen soll, um selber straffrei zu werden. Denke mir, es hilft doch nichts, jedesfalls bin ich Zeuge bei der Verhandlung.

9. 10. Traum: Bei einem Cravatenhändler, etwa Malowan, oder Berecz – aber Opernring – (neben Burgring), Olga räth mir Cravaten, fertig gebundne,– ich wundre mich über ihren Ungeschmack; frage nach dem Preis einer braunen – 400 Kronen;– eine schwarze würde 200 kosten; ich kaufe nichts, im Café da-

neben wartet Olga, bei Eis in Blechtassen; alter Herr und Dame an anderm Tisch, irgend wie Verwandte von O.;– sie stellt mich laut bei meinem Namen vor, damit die andern Leute es hören, wieder aergre ich mich über ihren Taktmangel; der kleine graubärtige Herr empfiehlt sich,– er muß zu Excellenz Wallenstein, ich denke: so, es gibt noch Wallensteins?– In die Oper, Così fan – oder Serail;– ich habe eine Uhr, die hat (erzähle ich phantastisch lügend,– wem?) (nur mir?) die Eigenschaft, wenn man sich verspätet, die versäumte Ouverture etc. selbst zu spielen;– in der Oper sitz ich links Parquet rückwärts; es ist Figaro – Susanne – Fr. Gutheil – aber sie sieht wie Fr. Retty aus singt(?) spricht, zieht ihr Pantoffelchen stehend aus, der Marquis ihr zu Füßen sagt. Fräulein – Sie compromittiren mich;– Susanne läuft vorn über die Bühne, immer mit dem Pantoffel – ich sehe in der Partitur nach, da steht, zwischen Notenzeilen, was mich wundert, etwa: »Wir können nicht leugnen, daß der Text eigentlich von Fabinieff herrührt« (oder so ähnlich).– Dann ein Umherirren (?) in den Logengängen – häufiger Traum.

16. 10. Traum: In einem Gasthof (Prag, etwa Palasthotel?) wünsche ich (vom Kellner(?)) ein Conversationsbuch der czech. Sprache, kann auch schon einiges;– jemand (etwa Stefan Zweig) zeigt mir – oder ich ihm – Erinnerungen – (darunter eine Photographie, die unter Meraner Andenken, von O.W. s. Z. gesandt thatsächlich bei mir liegt – eine Eisenbahnbrücke?),– ich sage: das ist aus dem Jahr 98 – 20 Jahre her;– und schon damals war ich ein reifer Mann – so uralt bin ich heute;– in Ergriffenheit, mich zurückziehend, wein ich beinah und wünsche oder wünsche nicht, daß Zw. es bemerkt.–

20. 10. Träume. An mir oder O. konstatirt Zuckerkandl einen weissen Zungenfleck. Symptom einer schweren Krankheit. Rät, das Ganze herauszuschälen, dann Semmering oder sonstwo; ich möchte im Mondschein von der Sofienalpe herab – eine Karte von Bahr an mich oder Gustav. Sie (oder

er) kommt als Einziger in Betracht (für **Secretairsposten?**). Ich komme mit O. an, untersuche Gepäck an einer Art Landungsbrücke. Es ist allerlei gestohlen. (Unschwer zu deuten, der kleine Fleck, »der Schweres bedeutet«, »Das Ganze herausschälen«, auch dass gerade Z. es ist (Vickis Bemerkung: »Warum hat er sie nicht gleich damals hinausgeschmissen?«).)

25. 10. Lili erzählt mir folgenden Traum. Sie geht mit Tante Helene in ein Tor-Tunnel – kein Ausgang – Suchen vergeblich – endlich tief unten im Dunkel auf einem Bett Kaiser Franz Josef (starb 1916). Doch sieht sie nur sein rosa Gesicht. Er sagt, man könne heraus, wenn man an die Türe ein weisses Plakat heftet. (Hätte ein Erwachsener den Traum gehabt, wäre die Deutung leicht: Tunnel ohne Ausgang – österreichische Zustände, Plakat: Manifest des jungen Kaisers;– die wirkliche Quelle bei Lili die gestrige Abendlektüre, dazu ihre kindliche Schwärmerei für den Kronprinzen, der sie zuweilen selber ist.)

28. 10. Traum. Stehe hinter der Szene Burgtheater. Links vorderste Coulisse. Plaudere mit der Wilke (die neulich die Frau Natter ordinär genug spielte). Sie sieht puppenhaft aus, etwas altmodisch gekleidet (etwa wie Fännchen auf einer nun 40 Jahre alten Photographie). Ich spreche von der Niese, als wäre sie die erste Christine an der Burg gewesen, von der Medelsky (richtig) als von der zweiten. (Niese für Sandrock.) – Und als hätte ich beiden den Hof gemacht, aber mit irgend einer Anspielung, dass ich damals jünger gewesen. Sitze plötzlich zwischen Gimnig und Devrient. Erzähle jenem, wie Mitterwurzer und wie Sonnenthal den Herrn in der ›Liebelei‹ gespielt. Da fällt mir ein, dass ja auch Gimnig den Herrn gespielt (wirklich) und ich bemerke höflich, Mitterwurzer habe ihn ungefähr wie er gespielt – jetzt erst gewahre ich Devrient – wir sind alle etwa wie auf einem Bild schräg abgeschnitten.

Nun bin ich wieder hinter der Szene, Oper, sitze auf einer Bank hinten; weit vorn Anfang der ›Meistersinger‹. Zwischen den Versatzstücken konnte man mich und noch einen auf der Bank(?) sehen.– Ich werde zurück, seitwärts geschoben, Louis Mandl erscheint auf der Feststiege (die auf der Bühne endet), als Direktor. Ich solle doch in den zweiten Stock, Loge 15 gehen, dort sehe und höre man besser. Wo ist mein Überzieher? Er hängt nicht mehr an der Wand neben Hosen und Jacken – ich bin nämlich in einem Café. Es war ein schöner, grauer Überzieher – gestohlen, schade – aber da hängt mein anderer, drap (der wirklich in meinem Besitz ist), ich ziehe ihn an, gleich darüber meinen dunkelgrauen mit den Atlasaufschlägen, trete (mit wem?) auf die Strasse, Praterstern; vor der Türe ein Weib, das eine Unmasse Bananen aus einem oder in einen Rucksack packt. Auf dem Weg habe ich Spiegl getroffen (ohne zu sprechen), dick, schwarzer Schnurrbart (ganz anders als er wirklich aussieht), er interessiert sich irgendwie für den Diebstahl des Überziehers mit Bedauern. (Crammon in Jakobs Roman ist Spiegl, der Schluss, der in Verbrecherkreisen spielt.)

10. 11. Lili träumt, ein Bolschewik kommt zu uns, der dem kleinen (Anarchisten) Fritz Gross ähnlich sieht. Dann **einem netten 16jährigen Burschen**, sie führt ihn herum und zeigt ihm alles; an unserem Rauchfang hängt wer.

13. 11. (in der Nacht nach der Proklamierung der Republik) Traum. Hinter der Szene Medardus – lang nicht gewesen – ohne Probe – eine Änderung dekorativ, die Hinterbühne leer wie ausgeräumt. Die eigentliche Dekoration ein länglicher, grosser, prächtig roter Raum; an einem Tisch zwei Paare, barock, irgendwie spielen die ›Schwestern‹ hinein. Eine der Damen ist die Hofteufel. (Nerina im ›Medardus‹!) Ich denke mir, sie ist alt geworden (heute weiss ich, die Traumfigur sah der Witwe Alexander v. Weilens ähnlich).– Ich bin nun im

Parkett weit rückwärts. Ein Diener (sieht genau so aus wie ein mir bekannter Volkstheater-Diener) bittet sich ruhig zu entfernen; ich weiss es, es ist ein Probe-Alarm; einige Panik an den Ausgängen. Ich bin nun draussen, eine Art Park, vor einem (unsichtbaren) Festspielhaus etwa. Sitze neben einer alten Dame, wie Frau Wilbrandt;– auf der Bank zwischen uns ein gerahmter Stich; ich will es mit der Lupe ansehen, sie schiebt mir (wir kennen uns nicht) das Bild hin. Es war eine Art Porträt, nun sind's vier tanzende Bauern mit Tiergesichtern, Verse darunter.

22. 11. Traum. Ich trete in ein Vorstadtwirtshaus »Glocke«. (War vor bald 30 Jahren öfters in einem so heissenden mit M. G.) Nehme allein an einem Tische Platz. An mir vorüber mit Gruss Hofrat Kobler und einige andere (die ich eigentlich nicht wahrnehme). Setzen sich an den letzten Tisch (ziemlich grosser kahler Saal, wie eine nicht fertig gestellte Dekoration, um zu beraten (wohl die Cottage-Schutzmassregeln). Zu mir tritt ein hübscher blonder Bub, 4 oder 5 Jahre, in Mädchenkleid, weiss. Ja, der eine Zwilling von Schott, fragt mich, ob ich **nicht** in den Seziersaal komme (Bernhardi-Proben, gestriges Gespräch mit dem Mediziner stud. Weinberg über Prof. Tandler und Seziersaal).– Ich frage, ob dort nicht seine Mutter sitze. Es ist eine ältliche Dame mit Korkzieherlocken, gouvernantenhaft aussehend, Brille (gestrige Abendlektüre ein Spass von Ettlinger, wo so was ähnliches vorkommt) und wo der Vater sei. Der Kleine, neben dem jetzt auch sein Brüderchen steht; ich streichle dem ersten zärtlich über sein Blondhaar (sie sehen in Wirklichkeit ähnlich aus, aber es waren im Traum mehr die Söhne von Anneliese Kösters). Der ältere Bub antwortet: er ist in der Kirche, dort sucht er immer eine, die singt und mit der er ein Verhältnis hat und bringt sie der Mutter nachhaus. Ich wende mich fragend zu Heini (oder Julius), der neben mir steht, der nickt bestätigend.

1. 12. Traum. Zirkusgasse, Haus, wo die Grosseltern wohnten (wenn auch anders aussehend). In den 3. Stock, wo ich eine Cocotte besuche, Türe 10. Sie sieht etwa aus (wie ich jetzt weiss) wie die Sängerin Hilgermann, blond, übertragen, fett. Ein Gespräch, dessen ich mich nicht erinnere. **Ich bereite Pr.s vor;**– sie liegt halbnackt, das Ganze hat keinerlei erotische, **kaum sex.** Betonung, später hat die Praterstrasse etwas dabei zu tun.

9. 12. Traum. Zuerst unklar, Land, Morgen, ein Ausflug, Zimmer, gebratene Gans, irgendwie uneins mit O., auch Heini oder Julius spielt hinein. Dann gehe ich mit Steffi über die Währingerstrasse, weit oben, etwa, wo ich vor 30 Jahren Jeanette erwartete. Sie ist etwas kleiner als sonst, ich grösser. Ich rede ihr zu, sie solle doch Weihnachten schon wieder zurück sein (woher?), was sie schwach ablehnt. Ich denke mit Sehnsucht, wenn ich von ihr Abschied nehme, ihre Hand in meine beiden zu nehmen und sie zu küssen. Dann bin ich mit ihr in einem sehr weiten Hof, etwa Heiligenkreuzerhof, nur vergrössert. Helle Sonne, kühler Frühlingswind, niemand als wir. An einem umgitterten und zugemauerten Brunnen vorbei. Wir reden von ihrem Vater, seinetwegen kann sie nicht zurück oder wird es Unannehmlichkeiten geben? (unklar);– nun weht aus einem Parterrefenster an einem auf dem Plafond befestigten Spagat ein ziemlich zerfetztes Buch, Kalender, oder Telefonbuch hin und her (unser zerfetztes Telefonbuch). Wir wissen: nicht vom Wind bewegt, sondern absichtlich von irgend wem im Zimmer.– Das hängt in witziger Weise mit der Revolution zusammen. Auch Steffi macht einen Witz darüber, ruft zu einem der Fenster oder Barockbalkone (arkadenhaft) hinaus zu Leuten, die man aber nicht sieht.– Vorher spielte auch Rudi Olden irgendwie mit auf einer Art Schulbank sitzend, unter mir, doch sagt man Herr Graf zu ihm.

27. 12. Traum. Ein kahler Saal (wie in einem öffentlichen Gebäude), daneben ein grösserer, ich sehe nur Teile. An der Wand in einem Fauteuil stumm und ölgötzenhaft Richard (neben ihm auch andere?), er soll Kaiser von Österreich werden; es werden für alle europäischen Staaten Kaiser gewählt und über all die wieder ein Kaiser, wofür wieder Richard in Frage. Ich wundere mich bei mir, dass ich gar nicht verletzt bin und sage mir, es ist wohl wegen meines Ohrenleidens, dass ich nicht Kaiser werden kann. Übrigens behaupte ich (oder wer anderer) ein Engländer würde Oberkaiser und in Leipzig residieren mit zwei schönen Hofdamen. Ich wehre mich dagegen, dass wir schon wieder für einen Hofstaat zu sorgen haben.

31. 12. Träume. Kopenhagener Strasse. Leo. Irgendwie ist es auch Brandes. Erzählt mir, er habe ein Verhältnis mit einer Musikschülerin. Sie sagte, Sie sind mir zu jung (oder zu alt);– Bahnhof etwa Salzburg (ich träume in der letzten Zeit sehr oft Bahnen und dergleichen) – eilig, stürze hinauf, stehle hinaufstürzend eine Neue Freie Presse, nehme mir vor, auf der Rückreise zu zahlen, belege Platz in der Ersten mit grünem Hut, wieder Perron oder Halle, Träger, auch der schwarze Hutkoffer im Coupé, plötzlich habe ich einen grauen Hut auf, offenbar gestohlen, ins Coupé, Platz besetzt, noch Andere kommen – ich hoffe, einige werden aussteigen;– Bühne Volkstheater, ich spiele unversehens den Hochroitzpointner, weiss die Rolle nicht, suche die Requisiten (Protokoll und dergleichen), Zuschauerraum halbleer. Ich denke mir: Warum geben sie das Stück auch Nachmittag? (Man spielt nämlich an den Spieltagen zweimal.) Dann tritt wieder Däubler für mich ein. Oben Galerie Brüstung lehnen Jakob und Julie; wundere mich, Julie ist Direktrice, dann noch im Theater bin ich mit ihnen und anderen gegenüber (wie wenn es ein Kreis wäre) in den Sitzreihen, wir essen, Suppe, dann Mehlspeise. Ich frage den (schäbigen) Kellner: Warum kein Fleisch? Er:

Ja, Schweinernes, aber das ist zu fett.– Taborstrasse. Auslagen mit vielen ordinären Schuhen. Aha Gegend der Schleichhändler. Hinunter in eine Tiefe, Leichenkammer für Scharlachtote. Niemand da (was mich nicht wundert). Ich denke: Ich habe keine Angst, bin ja Arzt, freue mich meines gelben Überziehers; gleich wieder hinauf, ein schlanker Herr geht wie ein Wächter auf und ab.

1919

1. 1. Geträumt von Steuergesprächen unangenehmer Natur in Gärten.

4. 1. Traum. Im Café Europe. Halbdunkler Hinterraum mit viel Billard. Eine Art Chef grüsst mich bekannt, draussen erhebt sich ein Sturmwind. Es ist Revolution, Menschen flüchten sich ins Café, ich sehe draussen den Platz wie leergefegt in einem grauen Licht, wundere mich, dass die Leute Angst haben und verlasse das Café.

10. 1. Traum. Sehe vom Fenster (ungefähr meines Schlafzimmers) hinab in einen Garten, wo eine Art Fest. Hinter mich tritt in unzüchtiger Weise die (der Jeritza ähnliche) A. O. tritt ein, auch nachlässig gekleidet, auffällig lustig. Warum? W. ist angekommen. Ich: Seit wann weisst du's? Darum so lustig? Sie beschwichtigt mich: ich werde dafür sorgen, dass Leo neben ihm (oder mir) sitzt. Ich sehe plötzlich irgendwie vor mir in der Zeitung wie von P. A. Skizzen (er ist gestern gestorben). Als hätte O. oder wer anderer sie gestern vorgetragen. Nun frägt sie mich mild. Was willst du? Bin ich nicht ein Feuer, das um Mitternacht allein brennt? Ich empfinde es etwas rührend, etwas literarisch und etwas ungerecht. Dann fahre ich in meine pepita Radfahrhosen, um auch in den Garten zu gehen.

13. 1. Traum. Vis-à-vis im Garten ein junger, schöner Offizier, herauflugend, aber ohne etwas zu sehen, mit dem Gärtner (unsichtbar) redend (oder schweigend). Ich zu O. ins Nebenzimmer. Sie hat eben einen Brief an einen unbekannten Herrn Lux (o. ä.?) geschrieben, wegen Musizierens, was mich ärgert (Deutung: Wir erwarten demnächst in einer Wohltätigkeitsangelegenheit einen Herrn Czuczka) und was ich verweise. Dann ein Sanatorium (etwa) vis-à-vis dem anatomischen

Institut Währingerstrasse (was mir im Traum nicht bewusst ist). Ich sehe auf dem Operationstisch M. R. liegen. Eigentlich aber bin ich's, sie ist schon operiert worden, an mir soll die gleiche Operation vorgenommen werden; nach einer Irrigation soll ein Fahrrad in den Darm eingeführt werden. Die Irrigation geschieht, ich verlange von einem kleinen Arzt ein Thermophor, er ist höflich dagegen, ich denke mir: dummer Kerl.

15. 1. Träume u. a. Die (längst verstorbene) Ebner-Eschenbach (ich habe sie persönlich nicht gekannt) bei uns. Oder ich bei ihr. Sagt: Wir sehen uns doch wohl das letzte Mal. Ich bin zu Tränen gerührt, will sie trösten, nehme sie auf den Schoss, sie ist puppenhaft klein, sieht aus wie ein Säugling mit Haube auf dem Kopf, starr, stumm, ähnlich (wie ich heute weiss) der gefrorenen Kinderleiche, die ich in einer norwegischen Kirche sah. Es war gewissermassen auch die Suttner (an die ich gestern erinnert wurde). (Über die Kunst der Ebner hatte ich mich zu O. sehr zweiflerisch geäussert, besonders im Gegensatz zu Rosegger, der mir in seiner dichterischen Bedeutung sehr aufgeht). Dann mit Richard in der Meridianstrasse an seinem Haus. Er erzählt mir, dass Paula und Mirjam sich gestern vor dem Regen (Überschwemmung) in das Grabmal der Lucretia Borgia geflüchtet, das er als Antiquität im Keller aufbewahrt. Ich muss lebhaft darüber lachen. Dann ordne ich für Heini (diesmal ist er es ganz ausgesprochen ohne Züge von Julius) Bücher in seinem Kasten, darunter Ullstein-Geschichte.

16. 1. Träume: Heini hat ein Stück geschrieben ›Kammersonate‹, es wird in den Kammerspielen aufgeführt, zugleich im Volksth. ›Bernhardi‹. Ich freue mich und schlage ihm vor, er solle sich ›Bernhardi‹ im Volkstheater, ich sein Stück in den Kammerspielen ansehen. Dann in einem Zimmer mit O., Herrn Scholz (Musiklehrer Heinis), seiner Frau (die ich

kenne), seiner Mutter (von deren Existenz ich nichts weiss); es handelt sich um irgend einen Freimaurerverein, der etwa ›Spessart‹ heisst. O. ist dafür, was mich ärgert. (Deutung: Ein Gespräch von gestern klang wohl nach, in dem sie von neuen seelischen Errungenschaften sprach, was ich nur als Stimmungssache gelten liess, womit sie unzufrieden schien.) Dann wir alle etwa Porzellangasse, ich voraus, ins Volkstheater, um dort einem natürlichen Bedürfnis nachzukommen – ganz dunkel, ich taste mich durch den Gang, taste den elektrischen Schalter. Erleuchtung, gehe **aus oben angeführtem Grund** – vor das Haus (Wageneinfahrt), wie ich wieder verdunkeln will, reisse ich den Schalter ab. Gleiches begegnet mir bei dem Schalter aussen, Funken sprühen, ich habe leichte Angst vor einem elektrischen Schlag.

6. 2. Träume: O. und ich in einem See. O. von den blauen Wellen nixenhaft geschaukelt. Wir wollen uns verbergen oder nur vor einem Besuch verleugnen lassen. Wucki sagt – vom Ufer her? – man sehe uns doch. Frau Hellmann(?) wolle uns besuchen. Auch ertönt irgendwie aus der Luft eine Stimme eines Hoteldirektors, als sei er uns auf der Spur. Wir laufen nun ein Ufer entlang, fremdartig, an einem Riesensee, gabelig geteilt. – Fern Landungsbrücke, Gewühl verkleinert, ich mahne zur Eile, ich sei bekannt, O. meint, hier nicht, es sei ja Märchenland. Ich schlage vor, dass ich sie am Ende des Sees erwarte, mit Kleidern, sie solle hinschwimmen;– plötzlich vor einem Wirtshaus am See, eine Portion Kaffee wird vorbeigebracht, ist noch einer da? Ja. Ich lasse nun mir und meinen zwei Reisegefährten, der eine ist der Opernsänger Schrödter, in jungen Jahren, der andere überhaupt gestaltlos, drei Kaffees und zwei Marillentorten geben, teile die eine mit Schrödter, worauf ich stolz bin. Nun kommt es zur Verrechnung, als hätte ich Mark in Kronen umzurechnen. 85 Kronen habe ich Schrödter zu bezahlen, Andeutung, als hätte ich bei der Umrechnung gemogelt. Ich leugne es ab,

gebe 20 Kr. darauf: »Schenken Sie es einem Bettler.« Schrödter beharrt irgendwie darauf, dass ich gemogelt habe; ich erbittert, grossartig, »nur der Umstand, dass Sie hier sitzen, veranlasst mich Sie nicht zu behandeln wie Sie es verdienen« und wache auf. (Deutung: 85, O. zahlte gestern an Jessy ihre Gage in diesem Betrag;– Sonnenfeld zeigte mir die Unterschrift eines Herrn aus der Prein, wo Schrödter früher ein Gut hatte.)

Weitere Träume: Bin beim Fürsterzbischof Piffl im Hofstallungsgebäude, etwa wie Vorzimmer Intendanz. Er in braunem Sakkoanzug, sieht aus wie Benedikt von der Neuen Fr. Presse, nur zivilisierter. (Deutung: Sonnenfeld gestern: Der Hass gegen Benedikt ist geradezu pathologisch, er ist geradezu in Lebensgefahr.) Was ich mit ihm spreche, weiss ich nicht mehr, bald darauf (nach irgend einer Sache, die benachbart im Volkstheater vor sich geht – was?) bin ich wieder bei ihm; er ist nun ein wenig im Ornat; im selben Saal Hugo in Jägeruniform, Bahr kaum sichtbar und Mell(?). Das Gespräch im Gang, Piffl bemerkt (ungefähr): »Aber Sie haben doch behauptet, dass ich nicht ordentlich schreiben kann?« Ich führe das irgendwie auf ein Missverständnis zurück, aber finde, er habe die Pflicht, sich zu den Pogroms vernehmen zu lassen, spreche von dem Grauen, das durch die Pogroms in die Welt komme und das schon meine Jugend vergiftet habe. Selbst ergriffen von meinen Worten weine ich. Piffl erhebt sich, streichelt meinen Bart und sagt: »Sie sehen aber noch so jung aus.« Gleich darauf bin ich auf der Strasse (Landesgerichtsstrasse) bei O., erzähle ihr das Gespräch und bemerke, Herr Hugo und Bahr haben natürlich nicht das Maul aufgemacht.

Ich träume ferner von einer zufälligen Begegnung mit Adele K., wundere mich, dass sie nicht in Trauer (ihre Tochter war gestorben), besuche ihn, Fritz, er wohnt in einer Art Kuppelsaal, über dem Zimmer, das seine verstorbene Tochter bewohnt hat.– Verirre mich in Berliner Strassen, Friedrichstrasse, orientiere mich am Zentralbahnhof.

15. 2. Traum von heute Nacht: Auf einem Kahn mit O. Plötzlich merke ich, dass sie ganz nackt auf der Ruderbank sitzt. Die Ufer sind fern und ich weiss, dass die Menge, die ich verschwommen sehe, uns nicht sehen kann, doch verweise ich O. entrüstet ihre Achtlosigkeit. Sie springt ins Wasser, hält sich, immer wortlos und etwas melancholisch, am Kahne fest – mit einem Mal ist sie in den Wellen verschwunden – worauf ich mit Absicht erwache.

1. 3. Traum von heute Nacht: Wir (wer?) spielen das Wettrennspiel. Es sind so viel Personen (eigentlich sehe ich niemanden), dass die kleinen Pferde nicht ausreichen, so nimmt man eine weisse, blecherne Gans dazu.

(Deutung: Satire auf das Frauenstimmrecht). Häufige Träume von schönen Sommergegenden: Meer mit Schwimmenden. Ich sehe mit Lili (viel jünger als jetzt) von einem grossen Fenster aus zu;– Waldspaziergänge, aufsteigende Täler.

6. 3. Traum heute Nacht: Ich laufe einer Tram nach – gerade vor Burgring 1 (jahrelange Wohnung), kann vor Herzschmerzen nicht weiter (bekam die letzten Tage zweimal bei ähnlichen Gelegenheiten Herzempfindlichkeiten), O. mir voraus auf eine andere Tram, verliere sie aus den Augen. (Zuweilen gibt sich der Traumgott mit seiner Symbolik keine sonderliche Mühe.)

8. 4. Traum: Ein Luftschiff im Zimmer, aber doch so weit, dass ich jemanden neben mir um ein Fernrohr bitte. Ich sehe, wie sich der Ballon an den Plafond stösst und bedaure, dass er nicht durch kann. (Symbol für Arbeitsschwierigkeit.)

30. 4. Kolap träumte, dass ich gesagt: »Das Schwerste sind die Beziehungen zur nächsten Umgebung. Man muss einen Platz haben, wohin man sich retten kann, ohne untreu zu sein.«

15. 5. Wirre Träume gegen Morgen, die sich in Gegend Burgring, Mariahilferstr. (der dort wohnende Dr. D. Kaufmann, Ohrenarzt, starb dort vor wenigen Tagen) abspielen (was, weiss ich nicht mehr).

4. 6. Träume fast allnächtlich von O. Gutes und Böses, nie sehr klar. Heute: Doppelselbstmord sie und ich. Ich war aber nicht so eigentlich beteiligt. Sie lag im Bett, ich gab ihr Wein, vielleicht auch Veronal. Sie sagte, wie zur Erklärung: Wir haben uns gegenseitig zu bestechen versucht, aber es war vergeblich. (oder so ähnlich).

6. 6. Traum unter vielen: Sommer, Bad, plötzlich im Theater, dunkel, Probe?, vorn eine Dame winkt mich herbei: Lili Berger. Neben sie, 1. Reihe. Sie ist sehr zärtlich, auch ihre (verstorbene) Schwester (anders aussehend) ist da, Emma (Gütersloh). Ich küsse ihr die Hand, auf der Bühne drei bottichartige Särge, in jedem ein Weib im Bademantel liegend, die in der Mitte entblösst sich in zynischer Weise. (Deutung: 16. 5. 1927. Die Schwestern, Casanova in Spa, die nackte Anina, die drei Berger-Schwestern, die ich in Brioni kennen gelernt hatte, die dritte, Olga, fehlt im Traum.)

23. 6. Traum. Einige Leute, Geiseln durch eine Reihe von Zimmern. Einer lang, schlecht aussehend, Schnurrbart, ich schliesse mich an, irgendwie aus Wissbegier, überlege, wie man eventuell entfliehen könne, was mir nicht schwer scheint, links über einen Balkon. Gerate in eine Art Sanatoriumszimmer, im Bette rechts liegt, ziemlich dick, Anni Strial, zeigt mir (liest mir vor) einen Brief. Ich habe plötzlich eine

ungeheure Spule Papier im Mund, die ich vergebens aufzurollen suche, immer weiter, es klebt, ich wache unter Übligkeiten und Hustenreiz auf.

27. 6. Traum. Konzertsaal. Ziemlich leer. Nur Kinder. O. sehr blass, liegt im Bett, aber es ist gewissermassen wie ein Bild über den andern. Das Bett hat mit dem Saal nichts zu tun. O. klagt über Bauchschmerzen (sie lag gestern deswegen), ich bin besorgt, ich will den Arzt holen, gehe, bin an einem Gartentor, etwa das Eckhaus Karl Ludwigsplatz, wo Kralik wohnt; tiefe Nacht; Sturm, der legt sich in einen schwarzen Mantel, ein riesiger spanischer Mantel, nicht grau, aber es ist nicht der Sturm, es sind Räuber, die an meinem Mantel zerren. Die undurchdringliche Nacht macht es noch furchtbarer, ich schreie (heftig wie seit Jahren nicht, erzählt mir O. später) und erwache.

12. 7. Traum. Vor einem Theater, etwa Schönbrunner Schlosstheater, Theaterzettel, als zweite Person (es ist ein Shakespeare-Stück) steht ungefähr: Ein Matrose, der der Königin für den Beischlaf Ringe und Edelstein verspricht. Dann das Innere des Theaters. Ballettszene auf der Bühne: eine Mutter mit etwa dreijährigem Kind, eine Sklavin, schlank, verdrossen, reizlos, alles in griechischem Kostüm, mattgelb, die Sklavin tanzt, ganz kurzer Chiton, sie hebt es immer höher (gestrige Lektüre: ›Vögelchen‹ von Maria Winternitz) – endlich vorn so sehr, dass man merkt, sie sei ein Jüngling. Die Herrin ziemlich empört und alle, Hand in Hand, trippeln ärgerlich ab, was irgendwie komisch wirken soll und auch wirkt. Dann: Ich, Richard B.-H. und noch einige (wer?) Kreindlgasse, entlang der Villa Redlich, in den Garten schleichend, der vernachlässigt aussieht, stehen plötzlich vor einem Vorhang, schieben den nur halb geschlossenen zurück, grosser Salon, einige Stubenmädchen und Diener kehren aus, die Hausfrau im schlamperten Morgenkostüm, die schöne Frau Reitzes

(nicht mehr Redlich!) verschwindet rasch, ein kleiner jüdischer Sekretär, verbindlich, erscheint, ich frage, ob man Herrn oder Frau Reitzes sprechen könne, er lächelt, lehnt ab; ich solle ihm mein Begehr mitteilen, wir (wer?) nehmen am Tisch Platz, ich beginne: »Es handelt sich keineswegs um die Frage der Staatsbürgerschaft.« (Deutung: Die Zeitungen brachten gestern höchst missfällig, dass Herr R. die polnische Staatsbürgerschaft aus Steuergründen erworben.) B.-H. ruft dazwischen: »Reden Sie geordnet, Arthur.« Ich frage den Sekretär, ob er Salten kenne. Der Sekretär bejaht, Salten sitzt auch schon an seiner Seite. Ich fahre fort: »Es handelt sich um eine Sache, nicht nur im Interesse des Herrn Reitzes, sondern der gesammten Judenschaft«, weiss aber nicht, um welche und wache auf.

23. 7. Träume: Mit O. auf Reisen, aber in Wien. Irgend ein Hotel am Donaukanal. Abend, Blick ans andere Ufer. O. entkleidet bei offenem Fenster. (Deutung: Barbusse, Enfer.) Stubenmädchen dabei, ich will die Vorhänge zuziehen. Zeiss nehmen, aufs andere Ufer sehen, um zu konstatieren, ob man in dieser Entfernung sehen kann. Bin auch nackt. Später, in einem grossen Zimmer. O. blass, im Hemd, auf einen Sessel gelehnt, sagt: »Ich weiss, warum unsere Ehe unglücklich;– wir waren feig.« Da ich es nicht verstehe, erklärt sie: »Feig, dass wir kein drittes Kind haben wollten.« Wir werden nun sehr zärtlich, Lili oder vielmehr irgend was zwischen Heini und Lili, aber ganz klein, ist auch im Zimmer.– Aufwachen in Tränen. Wie wir im Traum zu letzten Gefühlswahrheiten kommen, deren sich im Wachsein unsere Eitelkeit schämt, die für das Wachleben kaum wahr sind.

Lili hatte heut geträumt: Drei (?) Indianer aus dem wilden Westen kommen zu mir und fragen mich, ob ich ein Denkmal haben will was ich dankend annehme. (May Lecture!)

5. 9. Wie auch gestern der Traum von O. und so deutlich, dass ich mir selbst sagte: »Nun ist es aber unmöglich ein Traum« – und einigermassen enttäuscht erwache. Im Wachen umso weniger günstig zu ihr.

8. 9. Traum. Im Auto fährt O. mit noch drei Leuten an mir vorüber, etwa aus der Spöttelgasse-Gegend kommend an unserem Haus vorbei. Achtlos: ich äussere mich resigniert – polemisch zu jemandem neben mir: Das Auto biegt in die Hochschulstrasse, kommt ins Schleudern, aufs Trottoir rechts, plötzlich überschlägt es sich einige Male alle Insassen fliegen heraus, auf dem Trottoir links vor dem Mendlhaus zwei Damen, die eine bewegt sich, von mir untersucht, marionettenhaft. Ich weiss, dass die zwei Damen, die mich nichts angehen, leben. Rufe Heini herbei, der erstarrt dasteht und sich auch weiterhin nicht rührt;– wende mich, was ich bisher nicht gewagt, zu den beiden andern Verunglückten.– Lili (aber nicht ganz so aussehend) wie in Trauer und Schleier;– und sozusagen noch lebloser, noch verschleierter und schwärzer Olga – meine Verzweiflung sprengt gleichsam den Traum und ich erwache.

20. 10. Traum. (Ich schreibe nur selten welche auf.) Irgendwo auf dem Land, ungefähr Neuwaldegg erwarten ich und Andere die Tram, um auf den Zentralfriedhof zu einem Begräbnis zu fahren. Ein Wagen normal, dann kommt extra ein zweiter (ein grauer Lastwagen, dann aber sieht er normal aus), in dem etwa sechs schwarze Kähne gewissermassen Särge wie an die Sitze gelehnt einander symmetrisch mit dem Kiel nach oben gegenüber. Ein heiterer Sommertag; belanglos, wer begraben wird. Ich weiss es auch nicht oder denke nicht dran. Die Kähne-Särge für die Trauergäste;– ich entschliesse mich aber doch, in die erste Tram einzusteigen. Sitze Eckplatz links vorn, es kommt noch Julius Bauer, ich weiss noch, dass ich am Schwarzenbergplatz umsteigen

muss, alles weitere verschwindet. (Der schwarze Kahn-Sarg wohl aus der ›Frau ohne Schatten‹.)

3. 11. Traum heute Nachts. Grosser Musikvereinssaal nicht voll; eigentlich sehe ich nur (von oben?) in der ersten oder zweiten Reihe eine Person, alte Frau, hexenhaft, irgendwie Frl. *Filtsch* und Baronin Vetsera in einer Person. Sie lässt das Programm oder ein Buch fallen, erwartet, dass es jemand aufhebt (es ist zwar niemand in der Nähe, aber das hat nichts damit zu tun). Sie ist bös, dass es nicht geschieht, klopft mit einem Stab auf (wohin? Podium?), immer stärker, bis das Konzert (welches, es war weder eines zu hören noch die Ausführenden zu sehen) aufhört, alle (wer?) aufmerksam werden, endlich kommt ein kleiner Hund von der Loge rechts hergelaufen, apportiert das Buch, es ist ein rotgebundener Schiller. (Deutung: Direktor Stern hat zum Geburtstag einen Schiller bekommen. Auf dem Tisch lag gestern Abend ein Band. Ich erinnere mich an den roten Schiller meiner Jugend.) Sie (die Hexe) ist zufrieden, das Konzert kann weitergehen.

11. 11. Traum von heute Nachts: Dass ich mit Lili Landesberger verlobt bin, aber es irgendwie ärgerlich empfinde, mit dem Präsidenten, ihrem Vater, darüber zu sprechen, da doch erst vor kurzem Herr Stross dasselbe getan. Dann gehe ich im Touristenkostüm(?) mit meiner Geliebten (entweder M. R., die Tote, oder H. K.) über die Mariahilferstrasse, um sie zu einem Konditor zu führen, der vorzügliche Doboschtorten hat; dann erhebt sich festungsartig gegen die Gumpendorferstrasse zu ein Gebäude, Weinberge schliessen an, schöner Blick über die Wiesen – da möchte man wohnen – dann bin ich in der Burggegend, weiss, dass unterirdisch, etwa in der Gegend des Volksgartens, das einstige Wien liegt, versunken; ich sehe es gleichsam – ein Reiterstandbild, grünlich patiniert, etwa Kaiser Joseph (was mir im Traum nicht klar ist).

9. 12. Traum. Strasse oder Redoute, eine schwarz gekleidete Dame, dekolletiert (wer?) quasi aus Holland (Deutung: Schwestern, Witwe aus Amsterdam) an mir vorüber am Arm eines Andern. Lächelt mit weissen Zähnen, später küsst sie mich wild, dies scheint's geht schon in meinem Bett vor sich. Nun schmiegt sich eine in meinen Arm, ich weiss nun bestimmt: kein Traum, es ist O., eigentlich ist es mir nicht ganz recht, sie ist auch eine Spur von M. G. Ich erwache, es ist wirklich kein Traum – aber auch das Erwachen war Traum. Nun erst erwache ich wirklich, bin allein, schlafe weiter, träume weiter. Eine Art Riesenlager, wie in ›Antonius und Kleopatra‹. (Deutung: Roland will die Kleopatra spielen.) Ich liege mit O. erhöht; jenseits erhöht ein anderes Paar in japanischen(?) Schlafröcken. Die Frau ist die Holländerin(?) von früher; das Ganze irgend wie offiziell. Auch andere Leute schemenhaft herum;– wir sind auf einem Schiff. (Der Schauplatz ändert sich nicht.) Ich denke: Wenn ich aufstehen will, brauche ich meinen Überzieher. Der ist drüben im Restaurant. (Kleines Lokal von unserem Raum durch eine Art Mittelschiff getrennt.) Winke einem Kellner, der verdrossen vergeblich sucht; ach ja, Trinkgeld abgeschafft, ich stehe auf, selbst hinüber, in dem Lokal hängt mein gestreifter Schlafrock – auf den Arm;– will hinüber ins Bett, an dem Mittelschiff vorbei, das ist ein halbdunkler leerer Vortragssaal. Ich draussen vorbei, will den Schlafrock anziehen, verwickle mich, falle, kann mich nicht lösen und aufraffen, alpdruckhaft, erwache.

1920

2. 1. Träume, literarisch und etwas luftlos. In einer Loge unten wird etwa ›Fliederbusch‹ gespielt. Paul Goldmann spielt ungefähr den Abendstern, spricht die Worte, die ich geschrieben (welche?), ich empfinde das Sonderbare der Situation, dass er sich selbst spielt. Unsere Blicke treffen sich ganz nah, als sässen wir uns gegenüber.– Vorbei an Buchhandlung, mit Heini??, 6 Leinenbände in der Auslage, alle Fliederbusch. Staunen des Begleiters. Ich öffne den ersten Band, wo blaue Klammern da und dort, wie zum Beweis – im Berliner Tageblatt eine Kritik über mich (Fliederbusch!) – am Schluss wird herabsetzend von der »gefestigten Mittellage« meiner Produktion gesprochen, was mich verstimmt.– Ein Wagen vor meinem Haus, zur Bahn, wofür er nur 100 Kronen verlangt zu meinem Staunen. (Es wär keiner heute unter 2-300 zu haben.)

5. 1. Träume der letzten Nächte. Im Burgtheater in einer Loge mit Schott. Während einer Probe, wohl zu den ›Schwestern‹. Schott irgendwie unzufrieden. (Die Proben standen bevor.) Dekoration ungefähr Elektra, doch die Quadern auf der Leinwand, die flattert und sich bauscht, rötlich beleuchtet, etwas phantastisch. À la Gütersloh. Mir gefällt's.– Heine durch den mittleren Parkettgang gehend, ein (etwa blaugebundenes) Buch in der Hand.

Treppe Zinshaus. Ich habe einen Minister zu besuchen. Bin etwas verwundert – solch ein Vorstadthaus – gehe eine Treppe zu hoch, wieder hinunter, Namen an der Tür, der Minister heisst Werthner, wie der verstorbene Administrator der Neuen Freien Presse; Vorzimmer, dann in den weiten Kanzleiraum. An einem Tisch zahlreiche Minister, diurnistenhaft, der eine steht auf, redet zu mir? nur? ich erinnere mich, dass ich den Thermophor auf dem Magen habe. Versuche mich unbemerkt dessen zu entledigen, was mir irgendwie gelingt.

Heute: In einem Café etwa zu St. Pölten oder Wr. Neustadt – ein Friseur, eigentlich Komiker, sehr berühmt, spielt in dem Stück mit, das im Café aufgeführt wird, sonst ist aber nichts von dem Stück zu sehen;– ich bin um meinen Winterrock besorgt. Oben im Restaurant habe ich den Pelz abgegeben. Ja, ich habe die Nummer.

7. 1. Alpdruckhafter Traum von Flucht. Soldaten? die unter einstürzenden Ziegeln begraben werden. Irgendwie spielt das Burgtheater, Frau Kallina, hinein. Nummern werden verwechselt. 7601 und 7610. (Heini macht mich später aufmerksam, dass 17601 das Burgtheatertelefon sei.) O. weckt mich, da ich zu schreien nicht aufhöre.

Später träume ich: Brandes mit zwei Kindern sei da, mit dem Jungen trägt sich irgend etwas Unangenehmes zu. Was?;– man (wer) erzählt mir, Brandes leide an Herzschmerzen und Schmerzen im linken Arm – ganz wie ich, denke ich;– dann tanzt O. auf ihrem Bett in dunkler bürgerlicher Kleidung dem Brandes etwas vor, was ich geschmacklos finde.

28. 1. Traum Lili Landesberger-Stross auf der Hochzeitsreise. Jemand fragt sie um den Namen ihres Mannes. Sie hat ihn vergessen. Endlich fällt er ihr ein. Heinrich Bermann. (Weg ins Freie.) (Am 21. 2. starb Lili L.)

27. 2. Träume: Bahnhof, etwa Italien. Wie eine Art Halle, zum Teil wie durch Überschwemmung unpassierbar. Dann im Coupé. Nicht überfüllt. Ich sitze neben V. L. Uns gegenüber Heini. Ich sage zu V. mit Bedeutung: Was passiert eigentlich öfter, dass die schlimmen Dinge sich in der Wirklichkeit noch schlimmer abspielen als man sie sich vorgestellt hat oder dass die schönen Dinge noch schöner sind als man sie erhofft? Verhaspel mich aber, und kann es nicht gut ausdrücken.– Dann in unserem Garten; nur ganz anders, gross, auf einem

Hügel, Blick in die Weite, wundersame Beleuchtung.– Ich bin wieder mit V. und entzückt. Sage: Mir tut es so leid, dass O. diese Schönheit nicht zu empfinden vermag;– und senke ein Knie vor V., fast unwillkürlich, da die Bodenfiguration es erleichtert.– Sie beugt sich zu mir und küsst mich. Ich sage: mit einem Teleskop kann man hier hereinsehen. Die Villa irgendwo Capponcina bei Florenz. (Frau Ergas Brief an O., Lili L. hat sie auf der Hochzeitsreise dort besucht, das Teleskop aus dem Medardus-Film, Napoleon auf der Gloriette.) Häufige Reise- und Eisenbahnträume: Neulich in einer Art Speisewagen, Kaiser Wilhelm sitzt an einem Tisch mit einem Begleiter, Serviette vorgebunden, Es ist erreicht-Schnurrbart.

13. 3. Vor etwa drei Tagen ein Traum: wir haben ein drittes Kind, schwarz, lange Locken, fremd, irgendwie der kleinsten Mahler-Gropius ähnlich. Ich schupfe es ganz ernsthaft zu Olga, sie zu mir – eine Art Spiel. Keinerlei sentimentale oder humoristische Betonung. Von einem Zimmer ins andere, quasi um die Ecke. Dann gehe ich auf schlecht beleuchteter kotiger Strasse, rutsche immerfort, peinlich, entschliesse mich endlich zu fliegen. Ich erwache und habe Paresen im Bein, die rasch schwinden.

19. 3. Träume unter andern: Ich sitze auf einem Brettchen, das irgendwie spiralisch gebogen ist mit Frl. L., der völlig reizlosen Darstellerin der Tochter aus Lyon (Schwestern-Proben), mit der ich noch kaum ein Wort gesprochen, doch war mir aufgefallen, dass sie im dunklen Parkett mit dem kleinen Thimig (Tito) sass. Lenke rodelartig das Fahrzeug auf feuchtem Boden auf der Freyung zwischen Blumen- und anderen Verkaufsständen hin und her, gewissermassen sportlich, stosse an einen Stand mit Vergissmeinnicht (D.: gestriges Datum, hatte M. R.'s letztes Wort zitiert: Behalt mich lieb), ängstlich, dass die Verkäuferin es merkt, aber sie merkt es nicht, eben mit einer Kundin beschäftigt;– ich bin plötzlich

in der Schottengasse, wieder mit Frl. L. in einer Art Kahn, sie trägt ein kurzes blauen Röckchen, woraus sich ein frivoler Traum von merkwürdigster Lebhaftigkeit entwickelt.

23. 3. Träume von heute Nacht: Gäste bei mir. Doch es ist ungefähr die Wohnung von Landesberger;– eine französische Mission, Herren, Damen, eine Grosse, eine Kleinere, die sich zärtlich an mich lehnt, was mich einigermassen verlegen macht. In einem Nebenzimmer treffe ich allein mit O. zusammen, die in Trauerkleid ist. (Lili L.'s Tod.) Wir reden etwas (was) über den Besuch sehr freundschaftlich. Später mit Heini und noch jemandem (wem) über den Ring, zum Schwarzenbergplatz alle ohne Hut, wie auf dem Land, frühlingshaft.

8. 4. Träume: O. liegt im Bett (was für Zimmer? etwa Gastein), sehr jung und hübsch. Irgend eine Bemerkung lächelnd, ich solle mich doch zu ihr setzen, quasi sans consequence, ich ernst, kühl, küsse ihr die Hand und gehe im Schlafrock. Spaziere mit ihr in Reichenau, etwa Strasse gegen Edlach. Sehr begierig Ol. zu erzählen und zwar von einem der »melancholischesten Tage meines Lebens«. Will ihr meinen Besuch bei Irma H. in Marienhof mitteilen, wie ja tatsächlich vorgefallen, aber es kommt nicht dazu. Ein langer krank aussehender Mensch mit Krücke, Tabesgang übertriebener Art, geführt oder begleitet von einer Schwester(?) Leute raunen: Der will auf die Rax;– es ist tatsächlich der Fall. Der Mann etwas bös bestätigt es, ich frage mich nur, wie wird es bergab gehen.

18. 4. Traum. In einem Haus im zweiten Stock. Plötzlich keine Stiege da, fürchte hinunter zu fallen. Schwindelgefühl. Dann begegnet mir im ersten Stock, Stiege, Paul Goldmann mit umgehängtem Rock, sehr gut aussehend, ich wundere mich ein wenig über seinen Besuch. (Am Tage drauf brach ich mir auf einem Spaziergang den Oberarm, resp. Absplitterung tuberculum majus.)

1. 5. Traum. Ich liege sterbend im Bett etwa in meinem Kinderzimmer. Niemand bei mir ausser einer Wärterin. Sie wäscht mir die Hände. Ich weiss, es ist das letzte Mal, sag es auch. Erwarte das Aufhören des Herzschlages mit mässiger Angst. Dann in einem Wagen mit Professor Schmutzer nicht in gleicher Stimmung durch die Herrengasse. War im Burgtheater, denke also das letzte Stück, das ich gesehen, ist Heinrich IV. Plötzlich bei Prof. Schmutzer im Billardzimmer, spreche den Wunsch aus noch eine Partie Billard zu spielen, fühle mich aber doch zu schwach dazu, sinke dann plötzlich zu Boden, es ist nun eine Art Caffeehaus. Ein Arzt (unbekannt) kommt herzu, findet, ich habe mich am Ellbogen links verletzt (in Wirklichkeit Bruch des rechten Arms), muss Verband machen. Ich denke, jetzt werde ich also doch mit einer Bandage begraben. Erwache mit ziemlich heftigen Armschmerzen.

15. 5. In der Nacht von der Roland sonderbar geträumt.

14. 6. Einige Träume der letzten Zeit: Bin bei Karolyi (Zahnarzt), zeige ihm die weissen Zetteln, auf die ich in der letzten Zeit praktischer Weise meine Agenda notiere (was tatsächlich der Fall). Plötzlich steht rechts oben dreimal: Hulda, Hulda, Hulda, worauf mich Karolyi aufmerksam macht, ich erkläre, es ist ein Name, den ich mir für ein Stück aufnotiert und lache so herzlich, dass ich erwache.

Grosser Musikvereinssaal. Ich komme zu spät, stehe vor der Barriere Stehparterre, allein, IX. von Beethoven, Adagio, aber ich höre es nicht (keine seelische Betonung).

Heute Nacht: Sitze erste Reihe Oper, nahe von mir italienischer Officier, hohe Kopfbedeckung (wie Husaren), es ist Tosca, Schluss, mir geht der Marsch ab, wenn die Soldaten zur Hinrichtung und wieder fort gehen. Es fällt mir ein, dass er piano ist und ich ihn daher nicht höre. Dann sitze ich irgendwie auf einem Tisch, es ist nun eine Art Schulzimmer (Dtg. Heinis Matura!) ich den Rücken zur Bühne (zum Katheder gewandt), vor mir steht Hofrätin Zuckerkandl und sagt mir: Julius Bauer findet, Sie sind der bedeutendste Dramatiker Österreichs? der Welt? (tatsächlich hat die Hofrätin gestern telefoniert, ich möchte mich zu irgend einer Besprechung mit den Burgtheaterkritikern einfinden, was ich ablehnte). Ich darauf: Was hilft mir das und breche in Tränen aus. Die Hofrätin ganz verzweifelt: So lieben Sie sie noch immer (so ungefähr). Sehen Sie denn nicht, dass nichts mehr zu machen ist (ungefähr). Ich erwache unter Tränen.

Später träume ich, dass ich am oder auf dem Bett der Gutheil-Schoder sitze. (Dtg. O. sah sie am Abend vorher im ›Prinz Methusalem‹, Operettenrolle, Metropoltheater.) – Das Bett steht quasi im Freien, etwa bei der Volksoper, was mir ein wenig peinlich. Die Gutheil möchte mit mir spazieren gehen, Leute kommen vorüber, sehen quasi vorbei, wie Frau G. etwas zärtlicher zu werden beginnt, erwache ich.

21. 6. Früh erzählt mir Ol. ihren Traum. Sie habe sich so sehr über mich geärgert, ich hätte ein Verhältnis mit Frau H. A., mit H. K., mit R. L. Sie habe mich gefragt: Mit jeder, die in deine Nähe kommt. Ich im Wachen: Müsste dir doch eigentlich angenehm sein?

27. 6. Träumte diese Nacht: Wartezimmer, aber irgendwie Theatersaal, privat, bei Freud. Ich als Patient. Eine Art Diener, Sekretär mit Liste ruft: Herr Schönleber, was ich bin und zugleich, ob jemand mit Nikisch tauschen möchte. (Dtg. Meine angebliche Ähnlichkeit mit Nikisch.) Ich bereit dazu, weil ich früher drankommen will, trete zu Nikisch, der hemdärmelig bei einer Art Waschtisch steht, zerstreut. Ich sage ihm, mit Beziehung auf unsere Ähnlichkeit: Ist es nicht ein

seltsames Zusammentreffen, dass ich gerade mit Ihnen tausche? (oder so ähnlich). Er erwidert nichts, abwesend, ist schwärzer als wirklich und hat Goldplomben. Der Warte-Zuschauersaal mit 3-4 Reihen gefüllt. Es ist nicht bei Freud, sondern bei Rudi Kaufmann. Ich frage mich, wie ich zu ihm reden und meine Seelenleiden (welche) schildern soll, ohne in Tränen auszubrechen.

8. 7. Traum. Mit O. Garnisongasse. Etwa als wenn wir bei Mama gewesen wären. Da erst halbeins, schlägt O. vor noch Pauline von Suppé zu besuchen; vorerst kaufen wir aus Hunger bei einem Greissler Kartoffel. Beisse in eine gezuckerte, wundere mich, dass dies ein beliebtes Gericht. Ein Stück zehn Kreuzer. (Dtg.: Die gezuckerten Kartoffel irgendwo in Dänemark 1906.) Plötzlich wächst eine Art Riesenkartoffel blumenhaft aus der Häuserwand. (Dtg.: Der Schwamm im Bauernzimmer.) – Ich sitze irgendwo im Freien, Konzert, kein Publikum, einer spielt Klavier (weder sehe ich ihn, noch höre ich was, ohne dass es im geringsten auffällt). Eine Violinsonate oder Trio. Violinspieler ist Mozart, er steht neben dem Klavier, zwerghaft, nein spielzeughaft klein im karierten Rokokokostüm, scharlachrot. Auch neben mir sitzt der Violinspieler. Er hat den Violinkasten in der Hand(?) und spielt nicht. Ich will umblättern, nervös, der Spieler (der nicht spielt) kümmert sich nicht, sieht einem wimmerlbesäten Jüngling ähnlich, den ich gestern Abend in weiblicher Begleitung auf der Windmühlhöhe gesehen. Eigentlich soll ich selbst spielen. Ich mache O. auf die Schönheit der Gegend aufmerksam, über eine Halbinsel sehen wir landkartenhaft neapel-ähnlich eine Stadt gelagert. Wir sind in Schweden? **Fjord?** müssen weiter fahren zum zweiten Satz. Wir sitzen im Waggon, fahren durch eine Stadt, sehe nur ein Haus, denn ich lese, warum eigentlich?, statt »Holmaes« anzusehen? Ich lese Herzl-Biographie. (Dtg. Die Kellner'schen Jugendjahre mit Korrespondenz zwischen mir und Herzl, gestern irgend-

wo ein Brief H.'s nachgedruckt.) Lese oder weiss, dass H. eine Schwester hatte (richtig, sie starb früh), Schauspielerin, die telegraphierte einmal nachhause um 3000 Kronen. H. und seine Brüder telegraphierten ihr, wo sie denn wohne, aber sie erhalten keine Antwort. (Ich sehe irgendwie Herzls sorgenvolles Gesicht.) Nun erscheint die Schwester, ich sehe sie (wo) in geschmacklosem, hoch geschlossenen drap Kleid, Mode 80iger Jahre, sie glaubt nicht, dass man ihre Adresse nicht gewusst, hat aber ihre Carriere gemacht, ist mild überlegen.

26. 7. Strasse etwa München, Innsbruck, auf Reisen, ich mit einigen,– wer? Olga? Lisl?, Mirjam? deutlich nur Schott. Wir beschliessen Schotts Vorschlag gleich mit dem Auto nach Bozen zu fahren, stehen mit dem Auto vor irgend einem Hotel,– zugleich denke ich, wozu das alles? Ich komme ja doch nie wieder nach Südtirol. Dann in einem Zimmer oder auch im leeren, ganz unbetonten Raum; O. steht da, schwarz gekleidet, grösser, in der Erscheinung etwa an M. R. erinnernd, vor der Abreise, noch wer ist da, aber kaum sichtbar, eine Art Schatten, ein Individuum oder das Leben oder der Tod, ohne dass mich das sehr beeindruckt. Der Wagen wartet gewissermassen. O. sagt zu mir: »Gib mir noch einen Kuss, aber so voll Liebe wie du nun voll Hass bist.« Sie ist ernst, dunkel und schön, ich küsse sie, ihre Lippen sind kalt, er dauert, bis ich erwache.

12. 8. Allerlei Träume. Ich traf mit Lisl in einem unbestimmten Zimmer zusammen, umarmte sie gerührt, wusste, dass sie tot war. Dann begegnete ich irgendwie Auernheimer, der mich bat, ich solle O. veranlassen, nicht so dumme Sachen zu reden (in Gastein).

26. 8. Traum von O., Annäherung, die ich mit einigem Widerwillen ablehne.

28. 8. Alt-Aussee. Gegen Morgen Traum. Ich in meinem (anders aussehenden) Garten, Dame gemeldet, ich ärgerlich, Stubenmädchen flüstert mir zu: Ida Vanjung. (Dtg. Leo hatte neulich Nachricht von ihr auf noch ungeklärten Umwegen.) Ich rasch hinaus, unter einem Torgang Leo, Kopf in die Hände, sitzend, eher traurig, neben ihm Ida, die aber eigentlich Bella ist, ich bin neugierig mehr zu erfahren, erwache.

29. 8. Traum. Inhalt vergessen. Sinn, dass mir die häuslichen Beziehungen tragisch klarwurden.

30. 8. Traum wieder von O. Ambivalent mit sehr zärtlicher Betonung von ihr aus. Ferner: Ich erwache in meinem Bett im Freien, an einem Geleise, jenseits warten Leute auf die Tram, es ist noch sehr früh, ich nehme deutlich eine Frau aus, die dem erwarteten Zug entgegensieht, ich ziehe das rote Plumeau hinauf, drehe mich um und schlafe (im Traum) weiter.

31. 8. (Alt-Aussee). Traum von R. L. Sie sitzt im schwarzen Seidenkleid auf einem Sofa (etwa Wohnung Burgring), neben ihr gleich gekleidet O. (absichtlich). Ich komme eben von der Reise zurück, erzähle, dass es meinen beiden Armen schon gut geht, während ich irgend etwas zu tun habe, verschwindet R. L., ich versuche vergebens sie zu erreichen.

2. 9. Schlafe gut, aber träume zu viel. Heute z. B. – daß R. L. am 2. Jänner nach Schweden reisen solle; Dr. Lichtenstern hat es O. gesagt – dann ein Besuch den ich bei Rainer Simons mache,– in der Nähe der Volksoper,– eine Art unvollendetes Haus, die Gegend ganz verändert (Gruß!);– dann, wie R. L. in der Thüre eines Kaffeehauses (ganz anders aussehend) ungefähr sagt: Also es bleibt dabei … daß ich die Wohnung nehme.

7. 9. Alt-Aussee: Sitze an einer elliptischen Tafel, etwa Table d'hôte, andere (nicht sichtbare) Leute, schief vis-à-vis O. Sie

hat Sitze gekauft für Pschütt und Pschau. (Dtg. Gestern mit Franckenstein flüchtig über ›Schluck und Jau‹ gesprochen, das Psch vielleicht der ewige Regen, auch pschütt schütten). Ich ärgere mich. Wozu Lili in ein Variété. Ferner warum nur für sie und die Kinder? Ich frage in Besorgnis wegen Feuersgefahr (Dtg. Wassergefahr), wo die Sitze seien. Olga: Dritte Galerie. Ich frage: Ecke? Sie: Ja. Dann beklagt sie sich an der Table d'hôte (zu wem): Er gönnt den Kindern keine Freude. Ich empört: Nun sofort Stille. Dann sitze ich am Schreibtisch in meinem Zimmer (es ist etwa das Ordinationszimmer meines Vaters Burgring – ich etwa er – wie ich ihn oft im Schlafrock sitzen sah). Dann im selben oder benachbarten Zimmer O. und Heini, gemeinsam über ein Buch. O. sagt etwas, offenbar um mich zu versöhnen. Ich im Zusammenhang damit an ihnen vorbeigehend, auf das Buch in meiner Hand weisend, es ist ein Band Nietzsche, dann wird es plötzlich ein Schopenhauerband, ich bemerke, wie schlecht das Material sei, der Rücken reisst und das Papier ist miserabel. Dann in einem Hause, suche eine Wohnung oder jemanden in einer Wohnung, will aber vom Hausmeister nicht gesehen werden, schwebe von diesem Haus über Stiegen in das daneben analoge. Leute neben mir sprechen, ich sehe sie nicht, sie mich nicht, ich schwebe, wie einer kleinen Gefahr entronnen auf irgend einen Platz, etwa der alte Universitätsplatz. (Dtg. Neulich mit Hugo über Jedermann auf dem Universitätsplatz.)

10. 9. Traum: ich versuche eine Thür im 4. Stock zu öffnen, wo wir? wo Heini? wohnt; die Klinke bleibt mir irgendwie in der Hand – ich liege vielmehr kniee nun plötzlich in einem Kinderbettchen grün gegittert (wie jenes aus dem mich meine Mutter vor etwa 54 Jahren zur ersten Fibellection holte) – das Bett steht etwa im Stiegenhaus, neben jener nicht geöffneten Thür – O. kommt vorüber, und spricht, nach einem Zögern, das ich deutlich empfinde, zärtlich zu mir, etwa wie die Mutter zu einem Kind, auch Heini steht daneben, sie wollte eigentlich vorüber-

gehen. Ich rede (ohne daß es etwas zu bedeuten hätte) nichts … Kaufe dann in irgend einer Handlung, etwa Garnisongasse, Krankenhausnähe, bei einer dicken Frau (– D.: ungefähr Frau Seifert, die angeblich durchgegangne Fiakereigentümerin – in der Garnisongasse wohnte Herr Kl.; der Margot geheiratet) – ein Glas mit Silber?deckel – viereckig;– es kostet 90 Kronen; ich erwidre, daß ich (kürzlich) hier drei solche Gläser für je 50 gekauft; für Tabak, stopfe thatsächlich Tabak hinein, gehe mit dieser Frau nun in der Straße weiter, etwa Mariannengasse –

12. 9. Traum: In einer Art Sanatorium? Land?– Ich weiß daß Heinrich Mann Nachmittag sterben wird – will nicht zu ihm;– nun erscheint er selbst, irgendwie im Gang, ernst, weiß daß er um 4 sterben wird, stumm;– ich empfinde Verlegenheit ihm gegenüber, er steht ganz correct angezogen da, in einer Art Büro.–

1. 10. Nach langer Zeit wieder ein Hundetraum. Ich steige in eine Tram, ungefähr Burgringgegend. Ein gefleckter Hund läuft mir nach, mir gehörend und mir lieb bis ungefähr Frankgasse (also der Weg von der Wohnung bis 93 zu der bis 1903; die Wohnungen nachher erscheinen mir nie im Traum, die Cottagegegend nicht selten, aber stets ins Unwirkliche gerückt).

14. 10. In der letzten Zeit unruhiger Schlaf, viel Träume. Heute u. a.: Einen Berg hinan (mit Heini?), Rucksack, an einem Bad vorbei ich finde es schmutzig. (Dtg. Gestern im Konzert Steiner zu mir von dem Schmutz auf der Rax im Ottohaus.) Dann mit O. vor unserm Haus, sieht (ohne dass es mich wundert) alles ganz anders aus – Ziegelmauern, die einen grossen Park umgeben; ich läute, niemand kommt, ärgerlich, O. sagt: Man kommt schon; ich sehe im Park die Hausmeisterin (wie unsere Köchin aussehend), die sich bereit macht, merke nun (oder erst im Erwachen?) dass die Ziegelmauer der Döblinger Friedhof ist. (Der Traum endet jedesfalls vor

dem Eintritt.) (Dtg. Wie Gisa neulich von Selbstmordideen sprach), ferner auf der Wieden, Gegend der einstigen Karlsbrücke (Dtg. hatte und habe nun manchmal in der Nähe zu tun, Steininger, Helene B., R.). Ein Mädchen im Freien, aber doch irgendwie im Spital, ich sehe gewissermassen nur ihren Kopf, ich frage nach ihrer Freundin, wie es ihren Augen gehe, sie hatte eine syphilitische Augensache. Sie will es aufrichtig (wem?) gestehen. Ihre Eltern sind dagegen. (Dtg. Erinnerung an die Majorstochter, die eine luetische Iritis hatte. Autobiographie.)

Gestern Traum vom Sonnwendstein, wo ich die Kutschera sah in der roten Bluse, die sie seinerzeit in der ›Liebelei‹ trug.

6.11. Allerlei Träume. Ich bin im Seziersaal um einen Mantel oder ein Sterbehemd(?) für mich zu suchen. Es war aber eigentlich ein Spitalszimmer, in einigen zerwühlten Betten lagen Tote, drei oder vier, einer fast nackt, sehe nur den Rücken über den Rand hängen, bin einigermassen verwundert über die Achtlosigkeit.

5. 12. Träume viel. Heute u. a. Gerichtsverhandlung in einem Stück. Bin ich Zuschauer? Mitwirkender? Ein Zeuge tritt auf, klein, Côtelettes, Schlussrock, etwa von Forest gespielt. Er soll etwas aussagen, komische Spannung, weil man weiss, er wird um seiner Frau willen, die neben ihm steht, etwas vorlügen, während alle schon wissen, dass auch die Frau schon unterrichtet ist. Dann gehe ich an der Burg vorbei, am Volksgarten, ein schöner Apriltag, Frühling, der mich aufs Tiefste ergreift.

19. 12. Traum gegen Morgen. Ich gehe mit der Sängerin Wilt (sie hat vor etwa 25 Jahren durch Selbstmord geendet, weil ihr viel jüngerer Geliebter, jetziger Prof. Walzel sie verlassen) über den Hohen Markt, sie fragt irgendwie nach O.'s Gesang.

Dann plötzlich: Ist sie noch so berauscht von (ohne Namen). Ich: Sagen Sie ruhig verliebt. Sie äussert dann irgendwie ein Mitleid mit ihr. Ich sage: Es wäre ja ganz einfach, wenn es ein unbeträchtlicher Mensch wäre, aber seine Begabung, meine Sympathie für ihn u. s. w. Auch die alte Sängerin Ehrenstein (die O. und ich neulich bei Winter sprachen) erscheint im Traum, ich will ihre oder habe ihre Briefe gelesen (es entspricht ein paar Briefen O.'s an Steffi, die ich neulich gelesen). Auch Bruno Walter spielt mit, geheimnisvoll neben, unter meinem Schreibtisch verschwindend.

1921

4.1. Traum: Ein ziemlich grosser Saal (sonst undezidiert), ziemlich (ganz?) leer, in einiger Entfernung Heini. Ich an einer Wand, Olga irgendwie heroisch-witwenhaft gekleidet (nicht dunkel), auf mich zu, sagt etwa: »Es ist sehr traurig« oder »Ich bin sehr traurig«, küsst mich zärtlich, lang, bis ich erwache.

5.1. Traum der vorigen Nacht: Ich gehe, gleite mit nackten Füssen über eine kotige Strasse, Nacht, Nebel; endlich über spitze Steine, Schmerzen, wache mit Ameisenlaufen und Schmerzen in beiden Sohlen auf (verschwinden gleich). (Hatte vor einigen Monaten ähnlichen Traum, nur trug ich Galoschen.)

9.1. O. erzählt früh mir und Heini folgenden Traum: Sie liegt in ihrem Bett, soll hingerichtet werden, drei Männer im Kostüm der französischen Revolution, einer an der Eingangs- einer an der Türe zu mir, der dritte schattenhaft; sie muss aufstehen, ihre Beine sind nackt,– was tuts jetzt, denkt sie,– ich trete aus meinem Schlafzimmer ein, trockne mir eben die Hände, es sei schönes Wetter, ob sie nicht mit mir spazieren gehen wolle. Sie: »Du siehst doch…« Ich gehe indigniert ab, ohne mich um ihre bevorstehende Guillotinierung zu kümmern; vom andern Fenster in meinem Zimmer bespreche ich mit irgendwem auf die Strasse hinunter einen Spaziergang. Einer der Männer: Sie solle beten. Sie faltet die Hände, nähert sie der Stirn. Der Mann: »Sie sind wohl eine Wienerin –? Alle Wienerinnen beten so.« Sie geht, einen Mantel übergeworfen. Wucki, die einzige Treue: »Man wird Ihnen doch nicht gar die Augen verbinden?« Sie tritt aus dem Haus – es ist nun ein anderes, auch eine andere Strasse, wie in einer fremden Stadt. Sie sieht sich um;– niemand sieht ihr von den Fenstern aus nach;– was sie ohne eigentlichen Schmerz konstatiert.

Der Traum ergriff mich – leicht deutbar, mehr als sie selbst; charakteristisch war aber, dass sie mir doch ein wenig übel nahm, dass ich mich im Traum so gleichgültig benommen.

23. 1. Ein Traum, den mir O. neulich erzählt: Sie trifft Margarete Gelbard (Frau Z.), hell gekleidet, die ihr erzählt, dass ihr Mann gestorben. Sie wundert sich, dass O. nichts davon weiss, in unserm Hause läge er begraben, im Keller, in einem geheimen Raum – und O. sieht gleich den hochgewölbten, sarkophagartigen **Raum**.

Ich träumte gestern: Salten sei über etwas beleidigt, dann dass O. zu mir trete und erklärte, sie sei entschlossen zu bleiben (es war so ziemlich ohne Gefühlsbetonung);– endlich sass ich auf einer Höhe, Bank mit noch irgendwem (wer?) beglückt von der Sonne, es war Winter (ohne Schnee), etwas weiter oben eine grüne Wiese und ich nahm mir vor nächstens auf der Wiese zu liegen.

24. 1. Träume von überdeutlicher Symbolik. Bin mit O. Kino erster Reihe. Sie ist von grösster Zärtlichkeit (E. B.!);– wir gehen,– ich glaube Pause, aber es ist schon ganz aus(!) – verliere meinen Zwicker, finde ihn, verletze mich am gebrochenen Glas, an der Hand, dann an den nackten Füssen,– sehe dann im selben Kino auf der Galerie rechts Lili neben mir, dann Heini, der sich so setzt, dass ich rücken muss und gar nichts sehen kann;– bin dann in dem kleinen Saal, etwa Nebenraum zu einem Laboratorium, zu einer Akademie gehörig, schönes Gebäude;– wie ich fortgehen will,– ist mir der Winterrock gestohlen worden. Ich suche; es hängen viele Röcke da, ich berühre manche, feine, pelzgefütterte, gewöhnliche; auch Arbeitsmäntel zusammengelegt in Nischen, flüchtiger Gedanke ich könnte einen nehmen;– wie soll ich nun nachhaus in der Kälte –? über die Freyung; noch dazu meinen Rucksack tragen,– Richard Specht will mir einen andern Rock

vom Hause holen, mir fällt ein, da ich nun so viel Geld mit dem ›Reigen‹ verdiene, kann ich mir leicht einen neuen Winterrock kaufen; ich ziehe Pantoffeln an, denn auch meine Füsse sind nackt, ziehe einen verkehrt an, einer ist mit Pelz gefüttert, im Vorraum ziehen sich die Hörer wie nach einer Vorlesung ihre Überzieher an. Während ich meinen Winterrock suchte einige Leute;– auch Onno,– aus dem dann Moissi wird, der mich nicht ganz aufrichtig tröstet. (M. im ›Reigen‹-Prozess: »Er würde jede Kollegin anspucken, die mitspielte!«)

16. 3. Traum von heute: In der Garderobe (Bühne) der Kammerspiele; Fräulein Markus;– was mit ihr war gar nicht erinnerlich;– dann: vor einem Gesangskonzert, das ich gebe – in einem an das Konzertgebäude grenzenden Garten – ich muss mich mit den Leuten, darunter Gerty Hofm., hineindrängen; dann wieder im Garten,– dunkel, ich reite in der Luft (niedrig) auf einem Besen zum Gebäude, um die Hand, vielmehr um einen Finger links, habe ich einen dünnen Draht geschlungen, der schmerzhaft einschneidet. (Gefässkrampf?) ich wickle ihn auf, sehe die Einschnürungsmarke,– im Künstlerzimmer, ich räuspere, Lampenfieber, will ein Programm – jemand öffnet einen Schrank, um es zu suchen, ich stehe allein, wachse schmerzhaft in die Luft, verlängere und verdünne mich, peinlich;– ein kleiner Saal daneben (wie Kasino das Ganze), zwei schöne Frauen auf einem Divan, beide sind Paula B. H.; ich zu ihnen, worauf der Traum sich ins Lüsterne verliert. Auch Richard ist im Zimmer.

2. 4. Traum inhaltlich nicht deutlich;– irgendwie bei der Volksoper, auch Irene Auernh. spielt eine Rolle in Beziehung zu ihrem Mann;– Stimmungsgehalt aber war eine gewisse Angst, dass O. wiederkehren könnte. (Zum ersten Mal im Traum – bis vor etwa 3 Monaten immer noch die selbstverräterischen Zärtlichkeitsträume.)

17. 4. Traum heute Nacht, nicht konkret erinnerlich;– in der Stimmung Unbehagen, dass O. wieder da war.

15. 5. Gegen Morgen ein Traum sehr bedrückend, dass O. tot sei, schon längere Zeit;– ich war sehr froh, dass ich erwachend der Wahrheit inne wurde.

21. 5. Traum von gestern: zwei junge Menschen, der eine jüngere fast knabenhaft, Havelock, eilig über einen Fluss gehend, breit, ich wundere mich, allerdings ist der Fluss ganz seicht, fliesst zollhoch über unsichtbaren Grund.– Nach einiger Zeit, von einem Eisenbahncoupé aus, sehe ich die Beiden schwimmen, es ist ein See, ein Meer geworden – ich ängstige mich um sie, wundere mich über die Gleichgültigkeit der Mitreisenden,– wieder später ist der Jüngere ertrunken und der Überlebende weiterschwimmend hält die Leiche in der Hand.

10. 6. Traum vor wenigen Tagen: Durch den Schottenhof (Wohnung G.'s), vor dem Tor eine Bank; gleich daneben festungshafter Abgrund; ein Mädchen auf der Bank ungefähr M. R.;– ich werde zärtlich trotz der Abgrundgefahr. (Wohlfeile Symbolik des Traums.)

25. 6. München. Schlimmer Morgen. (Nach einem Gymnasiastentraum von einem Stubenmädchen.)

9. 7. Traum: Ich bin in einem kleinen Wirtshaus mit O. In der Orientierung etwa das vis-à-vis dem Versorgungshaus, sage ihr: »Verschaff mir ein Modell für die Anna Rosner!« (ungefähr als hätte ich die Gestalt innerlich geschaffen, aber brauchte eine lebendige Figur als Unterlage).– Zwei Herren werden aufmerksam, erkennen mich, ebenso zwei Damen, die meinen Namen flüstern. Dann tritt die Wirtin zu uns (sieht aus wie die Hausmeisterin von Hofrätin Z.), stand vom wohlbesetzten Tisch in der Ecke auf, wo sie mit Kindern

sass, hat das Wirtshaus erst vor ein paar Jahren gekauft; ich weiss die ganze Zeit über, dass wir geschieden ohne jede Gefühlsbetonung. (Deutung: Arbeitssehnsucht,– das Wirtshaus: neulich Kratzer mit H. K. Das Versorgungshaus (ohne daran zu denken) Sorgen um O. Die Damen: K. erzählt mir gestern von einer Frau in der Tram, die sich erkundigt, wer ich sei –: die wohlbesetzte Tafel: Frühstück bei Hallier.)

20. 7. Morgenträume u. a. wie ich O. wütend Korrekturfahnen um die Ohren haue. (H. K. sprach gestern davon, dass man die Korrekturen ihres Berner Freundes liegen lasse.)

31. 7. Alt-Aussee. Träume: Ich mit O. in einem Wagen, sollen (in München?) Besuche machen,– bei Herrn Mayer, er steht vor dem Wagen, sieht aber aus, wie irgend ein Herr, den ich gestern kennen gelernt. Ich kann nicht aussteigen, weil ich im Nachthemd bin; O. während der ganzen Zeit blässlich, fern, stumm. Dann ich und Heini (oder Julius) in Schwimmhosen von einem Strandplatz auf einen Waldplatz laufend, wie sportliche Wettläufer, kommen auf einen Marktplatz, kleiner Brunnen an einem Hause, Trinkbecher, ein Badediener macht eine zuvorkommende Bemerkung, ich trinke(?);– dann weiter (oder zurück) laufen. Ich strecke mich, jugendlich schlank, wippe, habe gleichsam oder wirklich Flügelchen (wie Merkur) an den Knöcheln, schwebe, beglückt.

6. 8. Aussee. Schlafe gut; träume minder. Neulich Begräbnis meines Vaters;– irgendwie im Cottage oder Schwarzenbergplatz – ich selbst in Gassen in der Nähe, will nicht dabei sein, nicht gesehen werden;– grabe mit einem Spaten (oder spreche davon?) was irgendwie ein Ersatz ist. (Deutung u. a. Schwarzenbergplatz: Gartenfest erster Akt, ›Verführer‹, Spaten graben: Die Verschwundenen in dieser Gegend. Vermutung, dass der Verbrecher sie vergraben hat.)

Heute träum ich, dass ich mit Heini (ich schrieb natürlich zuerst Julius) in einer (unserer?) Wohnung speise – auf dem Graben. (Wieder Graben fällt mir eben ein.) Etwa Aziendahof; er ist höchst ärgerlich, dass ich mich verspäte; Paula (Stubenmädchen) sitzt neben ihm bei Tisch; ich hole mir (Ausgeding!) selbst Suppe – oder Reis. (Gespräch über ihn mit Gisa, mit Kolap.)

V. L. erzählt mir einen sonderbaren Traum. (Wiese, Begegnung mit einem Unbekannten, der sie unendlich liebt. Er fragt sie: Liebst du mich? Sie weiss, er will aus Angst vor Verantwortung hören: Nein. Sie sagt es; er atmet befreit auf, sie sinkt aus Schmerz tot nieder, Blutstropfen fallen aus ihrem Herzen.)

23. 8. Aussee. Traum: Ein Duell zwischen Arthur Kaufmann und mir steht bevor (Differenz über Seelen- und Geisteskrankheiten – Stelle im letzten Auernheimer-Feuilleton: »Jedes Drama ist ein Duell«) – wir verbringen aber freundschaftlich den Tag miteinander, gehen über eine breite Holzstiege zu einer Bodentür – Gitter – ich will meine weisse Wäsche holen. (Gestern Wäsche von Gisa gekommen!) Ich weiss aber, der Boden ist im Nachbarhause – K. sagt, man könne auch von hier aus hinein;– ich erwäge, ob wir uns nicht versöhnen sollen, schweige aber, um nicht feig zu erscheinen und schlage vor, dass wir uns lieber auf Säbel schlagen sollen statt Fleurett, was ich nicht könne. Er darauf: Nein, beim Fleurett sei jeder Gang um zwei bis drei Minuten kürzer und so alles schneller aus.

30. 8. München. Wache aus einem unklar düstern Traum auf, höre Leute reden oder weiss nur davon: Was dieser A. S. für ein Pech hat (ungefähr). Er muss in einem Jahr ausziehen – sein Haus gehört gar nicht ihm.– Ein Garten spielte hinein, der aber nicht meiner war,– der alte Gärtner, der dazu irgend

ein etwas riskantes Schmugglergewerbe trieb und sich über den geringen Verdienst beklagte;– eine Bahnstation mit Leuten, eine Frau darunter, von der ich wusste oder vermutete, dass sie irgendwie beatehaft ein Verhältnis habe.

6. 9. München. Wache vor 5 auf nach einem lebhaften Traum: Am Mittagstisch – aber eigentlich im Elternhaus (Burgring);– O. erhebt sich (sieht aus wie auf der Photographie als Zwanzigjährige) – mild und schön und sagt: »Wenn du willst bleibe ich auch da« (im Hause meint sie) – Ich erwidere nichts;– bin dann auf der Kärntnerstrasse (nah Hopfner!) und erwäge – warum nicht – was kümmern uns die Leute;– Ama spielt irgendwie in diesen Erwägungen mit – dann ein Bücherladen; davor der junge Nirenstein (Rikola), zeigt mir Radierungen, spricht von ihrer Menge.

11. 9. Ein ins I. tendierender Traum, aus dem ich mich durch rasches Erwachen rette.

19. 9. Traum von ungeheurem Lärm; Wortwechsel (zwischen fremden Leuten) in der Tram, der qualvolle Lärm bringt mich zum Schreien, mit dem ich erwache: es war das Geräusch in meinen Ohren.

25. 9. Traum: In meinem Zimmer, mit zwei Herren (Patienten), öffne, sie hinauslassend, die Türe zum Schlafzimmer.– O. tritt entgegen, braunes, mir unbekanntes Kleid. Ihre Physiognomie sehe ich irgendwie nicht. Ich schreie aus Schreck – und ganz wenig vor Freude, erwache von dem Schrei. Später träume ich, dass ich vor dem Landesgericht aus einem (Schub?)-Wagen aussteige, mit Andern (nicht sichtbaren) gleich mir, um hingerichtet zu werden. Wenig Leute vor dem Tor, doch ich habe mich keineswegs zu schämen, da ich als Revolutionär hingerichtet werde,– dem zum Zeichen habe ich einen langen Spazierstab, hab ihn aber, scheint's im Wagen

vergessen. Ich gehe in eine Vorhalle, allein, links an einer Art Katheder vor zwei Kerzen sitzt eine Frau (wie Kassierin) – was irgendwie zum Rituale gehört, einen grau angezogenen auch beamteten Menschen vor mir stosse ich unsanft fort;– der Verhandlungssaal (oder Richtplatz) vor mir verschwimmt im Dunkel; ich habe mässige Angst und tröste mich, dass man ja jedesfalls sterben müsse, wache dann, wohl willkürlich auf.– Gegen Morgen träume ich, dass ich die vorigen Träume O. (und Lucy) erzählen will;– doch tue ich, als hätte ich den ersten vergessen und beginne nur den zweiten. Mit O. habe ich noch zu sprechen; morgen reise ich ab, vorläufig entferne ich mich mit einem Riesenpolster, laufe mit Vergnügen die asphaltierte Strasse (welche?) abwärts, doch wozu, dann muss ich wieder bergauf,– an der Balustrade einer Stiege, die in der Tiefe zu einem andern Stadtteil führt, warte ich mit dem Polster, er ist eigentlich ein riesiger Kohlensack; mein Blick geht links über einen weiten Teich, wohl in einen Park;– nun bin ich wieder bei O., wo auch Lucy, bringe den Sack, ja, Zucker ist drin, wieder mit, wir wollen in ein Kino gehen; Lucy schlägt vor, Hans Jacob einzuladen, er zahlt ja für sich; übrigens fällt mir ein, dass sie mir (für Kino und Nachtmahl) schuldig ist.

8. 10. Fliegetraum (wie manchmal in der letzten Zeit) und (nachher) Träume sexueller Natur, eher ärgerlich.

16. 10. Wieder ein Fliegetraum, im Freien, hoch über Bäume, ganz ohne Empfindung eines Wunders.– Träume so heiterer Art – (was weiss ich nicht), dass ich laut lachend erwachte (mitten in der Nacht). Einigemal von M. G. geträumt, einmal, dass sie Tabaktrafikantin.

19. 10. Traum. Ich mit O. nackt auf einem Pferd durch eine Strasse galoppierend, sie mit einer Art heroischen Geste rückwärts zu mir gewandt und mich endlos wild küssend;– irgend

eine Spur von H. K. war in ihr, ebenso wie neulich M. G. in ihre Gestalt verfloss.

23. 10. Traum von H. K.. Aber schon im Halbwachzustand, eine Tastempfindung von visionärer Kraft, deren ich zugleich mit Verwunderung bewusst war.

26. 10. Träume, dass ich Lichtenst. (die übrigens unsichtbar) zur Bahn begleite, sie fahren nach Budapest; ich löse Karten(?), stehe bei der Kassa, halte ihre drei Regenschirme;– indes fahren sie im Zug fort, den ich klein, fast spielzeughaft wegfahren sehe; der kleine Franzl (mit einem Fräulein) läuft übers Geleise (ausserhalb des Bahnhofs) und ruft nach, ich bin enttäuscht.

29. 10. Traum: In unserem Salon; an der Wand ein (kleiner) goldumrahmter Spiegel; oben links etwa drei parallele Sprünge; Olga steht neben mir und bemerkt (scherzend) irgendetwas, als wäre ich Schuld – dann, auf meine etwas schuldbewußte Miene sagt sie: »Das war ja schon, wie ich **noch** da war.« – Dann auf einem Bühnenboden (keinerlei Dekoration) liegend ? Kainz? oder Schott;– er? ruft: Es lebe der König!– Jemand? Schott oder Kainz hebt den nun Stehenden an den Schultern in die Höhe, was als geschmacklos empfunden wird.
 (Deutung: Es lebe …. im ›Verführer‹ es lebe Prinz Arduin; im gestrigen Kino der Schultertanz. Kainz – Schott entfernte Ähnlichkeit.)

11. 11. Träume neulich, dass ich vorschlage einen Allerseelentag für mythische und Dichtergestalten einzuführen, die nie gelebt haben.

25. 11. Träumte vor einigen Tagen: Sitze mit O. auf meinem Bett, wir sprechen irgend etwas kühl, wenn auch nicht geradezu feindselig über die bevorstehenden Weihnachten.

Dann: Ich bin mit Gustav auf dem Ballplatz, von O. sprechend, die aber irgendwie mit M. G. identisch; sie habe im Burgtheater Verhältnisse gehabt (als sei sie dort engagiert),– und flüstert mir ins Ohr: »Dort die Zwei«, vor uns zwei schlecht gekleidete Menschen, etwa Statisten, einer Eckbauer (der tatsächlich Statist ist und einmal Badwaschler in Reichenau, wo er mich behandelte),– ich frage: wo; Gustav sagt: »Im Gebüsch.« Dabei sehe ich M. G., als wäre sie dabei.

Gestern träumte ich, als wäre ich mit meinem Vater uneins, es war aber gar nicht mein Vater, sondern er sah einer inferioren Figur aus einem Wiener Volksstück ähnlich (gestern Abend Nestroy gelesen!). Wir stritten (worum?), lagen zusammen im Bett (angekleidet), ich war erschüttert und weinte, als hätte ich ein Unrecht begangen, küsse ihn auf den Schenkel, es war ein schmerzlicher, peinlicher, irgendwie erniedrigender Traum.–

Heute träume ich,– Medardus werde wieder gegeben,– ich weiss gar nichts davon, versuche vergeblich mir Billetts zu verschaffen, Hofbedienstete in Frack, alles sehr festlich, jemand sagt mir, Einnahme werde zwei Millionen sein.

9. 12. Traum: Sitze neben Wellesz in einer Art Restaurant-Konzertsaal; sehe einen Kellner(?), der Wellesz ähnlich und sage zu dem neben mir sitzenden Wellesz, auf den Kellner bezüglich: »Er wird sich hoffentlich von W. dadurch unterscheiden, dass er besser komponiert«, äussere dann einiges Anerkennende über W. zu W.

25. 12. Viel geträumt, gegen Morgen von einem Kanarienvogel, der eigentlich eine Gans war und mit dem ich raufte. Er sperrte den Schnabel, schrie wütend und ich warf ihm einen Polster in den Schnabel, den er zerbiss.

1922

15. 1. ...von O. geträumt, wie in den letzten Nächten wieder oft;– ungefähr der seelischen Situation entsprechend. Heute stand sie an meinem Bette, machte mir eifersüchtige Vorwürfe; ich erwiderte gequält ungefähr: »Wer hat das gesagt?« so laut, dass ich davon erwachte.

1. 2. Traum von heute Nacht; ein etwas verwischter Zärtlichkeitstraum von O. (nach langer Zeit), ferner: Heini vor einem Klavierauszug spielend; C moll Dreiklang, weiterschreitend, Arpeggien in der linken Hand; ich sage, das ist Harfe, er bestreitet es rechthaberisch, bis ich die Bezeichnung »Harfe« ihm zeige; eigentlich ist es ein Brief an O., er liest ihn mir aus der »Partitur« vor; er schreibt ihr, dass auch ich wegen Darmstadt nie ganz mich entscheiden kann, doch bemerkt habe: »In Wien hast Du mehr Raum.«

4. 2. Nachts wieder ein Zärtlichkeitstraum von O.; wie ins Vergangene gerückt und doch von der Zukunft wissend.

9. 2. Ein Traum von gestern: Ich liege in schwarzer Renaissancetracht auf dem Sofa,– der Kopf aber auf dem Bett in Polstern, das Barett über die Augen, um Tränen zu verbergen, die ich wegen O. weine; sie selbst im gleichen Raum. (Deutung: das schwarze Renaissancekostüm – Heinis ›Mass für Mass‹-Figurinen, der Prinz ganz weiss, im ›Verführer‹ kommt Prinz Arduin vor;– gegensätzlich Falkenir, der mir jetzt so viel Mühe verursacht. Tränen, Müdigkeit Sofa: mit Aurelie (Goethe) verglich Hugo einmal Olga.) Heute ein erotischer Traum auf G. bezüglich, mit Widerstand, offenbar auf eine Kindheitserinnerung bezüglich.

14. 2. Traum: In einem Coupé dritter Klasse (wohin?) sehr komfortabel, freue mich, dass ich nicht zweite Klasse genom-

men. Tausche Platz mit Gr. Träume zum ersten Mal von ihm. (Warum?) Er ist mit einer Dame, erst nachher bemerke ich, es ist seine Mutter. Ich rede nicht mit ihm, aber ganz unbetont. Sitze dann zu meiner Befriedigung allein am Fenster.

21. 2. Träume: Spreche mit Lisl – in einem vagen, geschlossenen Raum über Wilhelm Herzog: »Nun wirst du wohl,– nach deinem Tod (spreche es zögernd aus in der Empfindung es, sei nicht ganz taktvoll) auch anderer Meinung über ihn sein«;– kennzeichne irgendwie seine Unwahrheit, bemerke auch, dass seine literarische Einstellung gegen mich ärgerlich sei – endlich über seinen politischen Opportunismus: »Du glaubst heute hoffentlich nicht mehr, dass jeder Bolschewist ein Edelmensch (ungefähr) und jeder Bürger ein Schubiak (ungefähr) sei.« Sie wendet sich ab, ich fühle, dass sie bolschewistisch gesinnt.– Dann mit Olga in einem Hotel, noch unfertig, quasi auf Reisen, – Gerüste und dergleichen. Eigentlich ein grosses Arme Leut-Zinshaus,– etwa Mariahilferstrasse, freistehend gegen Schönbrunn zu,– ärgerlich über das Unfertige, eine gutmütige Köchin,– ein Waschtrog, nicht funktionierende Closets,– ich sage: »Warum sind wir eigentlich hier;– wir könnten doch anderswohin, zum Beispiel nachhause … ganz nah.« –

23. 2. Träume: Am Schwarzenbergplatz ein (Leiter?)Wagen. Zusammenstoss mit einem Leichenwagen; ich sehe, mich umwendend, dass der Sarg heraus- (oder nur von einer Karre herunter-) gekollert ist;– etwas ängstlich, ob auch die Leiche herausfiel, was nicht der Fall. Dann weiter dem Ring zu. (Ein Teil der Stadt, von dem ich selten träume.) Dann Traum von O. mit starker erot.sex. Betonung. Sie errötend wie ein junges Mädchen.

25. 2. Träumte heute Nacht, mein Vater untersuchte mich wegen meiner gelegentlichen Schmerzchen (sic) im linken

Arm;– sagte, ich habe Ödem an den Beinen, er habe es schon bei Tisch bemerkt (er war dabei sehr gleichgültig, und sah sehr jung aus);– ich erschrak und wachte absichtlich auf.

1. 3. Traum: Ein Hof, etwa Quaiviertel; Baumwollhaus; ein Herr mit grauem Vollbart, Chef, ungefähr supponierter Vater oder Mann von Charlotte Pflaumenbaum (1887) – (deren Tochter ich im vorigen Frühjahr kennen lernte) geleitet mich im Aufzug hinauf – ein schmales Brett ohne Geländer, blicke mich nicht um aus Angst vor Schwindel; über einen ledernen Divan ins Bureau;– alte appretierte Kleider, Commis; ein Anzug 1300 Kronen, billig, soll ich einen kaufen –? nächstes Zimmer ungeheure Knäuel Seide; eine leuchtend grün;– nun ist das Haus eigentlich ein Hof.– Dann bei Tisch, ich ärgere mich über Heini, er verbirgt sich humoristisch unterm Tisch. »Warum schreist du so?« Ich werfe ihm wütend einen Haufen Banknoten an den Kopf.

25. 3. Träumte heute Nacht eine Art unklaren Abschied von O., erwachte in Tränen.

19. 4. Abreise Wien. Vorher Nachts Traum; diktiere, vom Balkon aus sehe ich in den Garten;– Frau Hanne Askonas, in grünem Samtkleid, Bertha Bruneck-voll. (Deutung: traf bei A. Fräulein Erika Wagner,– diese war seinerzeit für die Prinzessin im Medardus designiert, die dann Else Wohlgemuth spielte, die ich wiederum im ›Tell‹ unlängst als Bertha sah.) – Wucki deutet an, wie ich eben in den Wagen steigen will, sie habe einen bösen Traum von mir gehabt, will nicht mehr sagen. Empörung Heinis.

15. 5. Schlafwagen (Berlin – Nürnberg) (60. Geburtstag). Leidlich geschlafen mit viel Träumen, deren ich mich absolut nicht entsinnen kann.

Nürnberg Nachmittag, auf dem Divan »Württemberger Hof« ein wenig geschlafen (Seltenheit). Wirre Träume, viel von O.;– auch eine Tischrunde (wenige), Adolf Gelber tritt ein, Uniform. Man begrüsst ihn halb scherzhaft als Hauptmann Gelber – es steht irgendwie mit meinem Geburtstag im Zusammenhang.

4. 6. Pfingstsonntag. Traum von O. mit Hassgefühlen, unklar,– etwa sie wünschte, dass G. sie besuchen dürfe, wenn Lili bei ihr sei.

15. 6. Sonderbar die steigende Lebhaftigkeit gewisser Träume im letzten Jahr,– insbesondere alle, die mit Tastgefühl im weitesten erotischen Sinn zu tun haben. So dass ich, selbst schon dem Wachen nahe, die Dinge als absolute Realität empfinde. Auffallend auch die Lebhaftigkeit optischer Halluzinationen, vor dem Einschlafen, mit völliger Bewusstheit. Mit geschlossenen Augen Gesichter, in deren Zeichnung sogar eine Art Willkür meinerseits mitwirkt;– dann phantastische Arabesken – die aber auch zu wirklichen Bildern werden (Landschaften, Moscheen). Inneres veränderlich – bis sich die üblichen Schlangenformen und dergleichen entwickeln – zweifellos Sichtbarwerden des Augenhintergrundes;– der Blut- und Lymphzirkulation vielleicht im Glaskörper(?) und Sklera.

23. 6. Heute Traum. Mit H. K.(?) in einem Hotel u. zw. in der Stadt (das ich vor 40 Jahren tatsächlich besucht); angenehm überrascht von der Sauberkeit, spreche den Entschluss aus nun öfters herzugehen, das sei doch das Bequemste.

13. 7. Allerlei Träume in der letzten Zeit: mit O. und Lili in irgend einem Zimmer;– O. erzählt etwas von Frau St. und Gr.;– ich frage: »Hat G. vielleicht mit der auch ein Verhältnis!« Sie: »Ich hoffe nicht«; es fällt mir ein, dass Lili dabei ist, was mir peinlich.

Heute träume ich – Spaziergang mit O. etwa in Wiener Neustadt, aber in einem Park, etwa Schönbrunn; auf schmalen Serpentinen heran – ein sonderbarer hellgekleideter Mensch, Girardihut, ein Bürger dieser Kleinstadt, mit Zeitung, er liest ärgerlich was Komisches, winkt, gilt als verrückt, dann sitzt er auf einer Bank, steht dann wieder; was er liest oder spricht oder überhaupt er selbst so, dass ich lache (und erwache). Ein grosser Garten,– ich erwarte Alma M., an einem Tisch, eine Dame wird gemeldet –, eine Baronin, ich sehe sie, weiss, elegant; als man (wer?) sagt, Alma sei nicht zuhause, peinlich – ich denke, sie wird glauben, Alma lasse sich verleugnen; da erscheint diese selbst, etwas untersetzt, blau gekleidet, küsst mich auf die Lippen,– ich sage etwas zu ihr mit »Du«, verbessere mich mit »Sie« und bin etwas verstimmt, dass sie die Verbesserung gelten lässt.

18. 7. Neulich schon träumte ich, dass Heini irgendwo hinter den Coulissen steht, in einer Art hellbraunem Samt-Louis XIV-Kostüm, mit grosser bräunlicher Perücke, angelehnt und ernst.

30. 7. (Feldafing, Hotel Elisabeth) Viel geträumt. Eine Art Riesenkoffer,– wir in einem Schiff – (?) steige in eine obere Lage, oben liegt schon – man (wer?) sagt mir früher – liegt H. K. Ohne es tatsächlich zu erleben autobiographiere ich gleichsam, was naturgemäß geschieht.– Dann ein grosser ansteigender Garten, zu einem (meinem) Hause gehörig, wo ich mit meiner Mutter wohne,– Nacht, oben im Garten H. K.; elektrische Lampe aufgedreht (von ihr);– ich liege auf einer Art Veranda, erwarte H. K. mit lasziver Geste; sie kommt und geht darauf ein; leise die Treppen hinauf, dass die Mutter nicht erwacht;– ein Konzertpodium wie für Orchester (D.: Graz, wo ich neulich las) für Lili, Heini, mich. Lili soll zuerst vorlesen; Dunkelheit – versuche vergeblich verschiedene Schalter. Es wird viertel acht – endlich erscheint eine Art

Wärterin, eilig, stürzt über die Stufen, fällt, wird von wem(?) mit Milch gelabt; schaltet ein – ich solle sie nur immer dafür rufen.– Eine Art Plüschvorhang, oval **zwischen** Podium und Zuhörerraum – eine Art Spinett steht da – warum denn, Lili soll doch nicht Klavier spielen, will es fortschaffen lassen,– Lili beklagt sich, dass sie das rechte Pult habe, und nun wolle ich es entfernen lassen – da sehe ich, dass sie (aber eigentlich sieht sie anders aus) an einem weissen Pultchen, davor ein kleiner runder Gartentisch lehnt. Ich merke plötzlich, dass ich alle meine Bücher zum Vorlesen vergessen habe – ich sage zu Heini, der mit Zylinder(?) dasteht, er solle <u>vor</u> mir lesen. Ich will nachhause fahren, mit Auto, die Bücher holen – bin sehr irritiert und wache mit Absicht auf.

1. 8. Feldafing. Gestern Traum, dass Julius allerlei tuberkulöse Knoten bei mir entdeckt.

Heute: An einem Tisch mit Prof. Königstein u. a.(?) Er sagt irgendetwas und bemerkt, – es wäre ihm das Resultat gleichgültig. »Ich werde jedesfalls in spätestens 10 Tagen tot sein.« Er habe ein Carcinom.– Alle diese Träume deuten auf ein »verborgenes Unbehagen« trotz leidlichen Wohlgefühls und guten Schlafs.

2. 8. Feldafing. Traum. Spreche mit O. über Lili wegen der Äusserung Lilis: Mutter möchte die Schränke ausräumen.– Erkläre, es sei kindlicher Egoismus – nicht schwer zu nehmen;– habe dabei eine gute innere Einstellung zu O., wie schon lang nicht im Traum und Wachen. Dann – mein Radmantel (tatsächlich vermisst – offenbar verliehen und weiss nicht wem) hängt plötzlich im Schrank – das Stubenmädchen (wer?) sagt, er sei nie fort gewesen,– sie habe ihn nur fortgehängt, weil er nach Germ gerochen. (Dtg.: O. gleich Mantel, Germ ist gleich G.) Ferner Traum von Bränden, die schon stattgefunden oder noch zu befürchten. Etwa Schwefelholz-

fabrik-Explosionen. (Lese Kaltneker ›Bergwerk‹!) Dann von einer Tram, in die ich (mit Gisa?) falsch einsteige – denn sie fährt in die Leopoldstadt (über Kärntner- Gisela-Strasse);– erwache, deute den Manteltraum, schlafe ein, träume weiter: Auf dem Land (etwas Kreuzberg) Richard Specht da an einer Art Abhang – ich will ihm den Traum zur Deutung vorlegen – frage ihn plötzlich: »Habe ich nicht Ihnen den Mantel geliehen?« Er darauf: »Ja«, was mich sehr erfreut und mich finden lässt, er sei nun erst recht zur Deutung geeignet.

3. 8. Feldafing. Traum, dass ein Reskript der Polizei mich zu über 200.000 Kronen Schadenersatz oder Strafe wegen jenes Radunfalls verurteilt (Juni d. J.), dann wache ich auf, träume wieder, es sind nur etwa 26.000 Kronen,– die Verordnung unverständlich, die Schrift kaum lesbar – ich erwache mich (was man wohl sagen darf).

5. 8. Feldafing. Viele Träume. (Schon lange nicht so lebhaft wie hier.) Zuerst: Vorlesung, die wieder durch allerlei gestört wird – ich kann den Druck nicht lesen (Speisekarte gestern!) – was ist es –! Medardus in Versen!– Ich entschuldige mich beim Publikum – sehr wirr und peinlich (etwa dem Maturatraum entsprechend, den ich nie gehabt) – dann in der Wollzeile mit H. K. – aber eigentlich ist es ein Gemisch von V. L., M. G., Anni Strial;– erhalte einen Refus, der mich ärgert; esse Schokolade; will ostentativ fortgehen; stehe vor einer Buchhandlung;– ein paar broschierte Kinderbücher(?) in der Auslage, Titel etwa: Das kleine Pümpschen (nicht genau so). Sie will wieder anknüpfen – ich sage, sie solle mir telefonieren – dann an einem Tisch Olga Ludassy – über die Krankheit L.'s sprechend. Aber sie ist (im Traum) nicht seine Frau, bemerkt, es sei Unrecht, dass man ihn so leiden lasse. (Sinn: Man solle ihn umbringen; – schon um O. L.'s Willen. L. lag damals tatsächlich totkrank.)

6. 8. Feldafing. Träume: Besuche die Wydenbruck (Dtg.: Besuch Max etc. bei Baronin Aurelie ›Verführer‹), warte im Salon;– dort eine Photographie – wie die Gräfin im Salon sitzt, und ich komme von rückwärts, Stufen, Kamin, mit Zigarette – aber eigentlich ist es ein Panoramabild, das ich von oben durch Glas (wie die Krippenausstellung in München) plastisch sehe, aber undeutlich. Ärgerlich, dass ich den Zeiss nicht auf die Reise mitgenommen (was nicht stimmt). Dann wieder von oben – sehe ich eine Pantomime (›Verführer‹) oder Kinoaufnahmen wie – die Hohenfels – ich wundere mich, wie blond und jung aussehend, barfuss auf Kiess, längs eines Bachs (etwa wie auf der Flucht Hirtenflöte Dionysia) – dann im Wasser ein junger Mensch – schwimmend – es ist nun ein etwas breiterer Fluss – ich denke, was so ein Kinoschauspieler alles tun muss;– endlich träume ich von Ludassy wieder – wundere mich, dass er nun gehen kann, nachdem mir doch die Natur seines Ischias bekannt. [Alle 3 Hauptpersonen dieses Traums sind (ohne dass es mir ausser bei L. im Traum bewusst wird) an Karzinom erkrankt, die Hohenfels schon seit Jahren tot.]

7. 8. Feldafing. Träume: Ich soll (in einer Art Cabaret) ein Couplet Girardis in seiner Maske, ihn kopierend singen – singe den Refrain für mich – jemand – O.? – hört zu und zollt Beifall –; das Couplet hat sehr viele Strophen, ich weiss es nicht auswendig – dann seh ich Johann Strauss vor mir, auf jugendlich hergerichtet (er färbte sich schwarz und fürchtete den Tod) – seine Tochter (wer eigentlich?– seine Stieftochter?) sagt mir, er »flirte« **nur** mit allen Frauen. Wenn sie Forderungen an ihn stellten, schütze er sein Alter vor.

(Dtg.: vor Jahren Scheidung dieser Stieftochter wegen angeblicher Impotenz des Mannes.) – Dann: In meinem Haus, doch sieht es anders aus, auch liegt es etwas weiter unten (etwa Haus Neumann), das Parterre höher, vergittert) – ich sehe im Garten (kleiner Ausschnitt) ausser meinem Gärtner einen zweiten, der sonderbarer Weise Lackschuhe trägt, ich weiss, dass er taubstumm und schwachsinnig ist, übrigens hübsch und ernst. Im Zimmer daneben O. und Heini. Ich spüre, dass sie gegen mich konspiriert und bereue (vage), dass sie wieder da ist.

9. 8. München. Traum: Auf der Praterstrasse mit irgend einer Frauensperson. (H. K. aber ganz anders aussehend, gutmütig und kommun).– Eine Holzhütte, weiss, neu gestrichen (quasi als Haus), leer, zugänglich, ich führe die Frau hinein, zu unverblümtem Zweck, als wäre dies eben das rechte Haus. (Weil man ungestört bleiben würde.) – Eigentlich immer Minderwertigkeitsträume.

12. 8. Berchtesgaden. Traum: Mit Jarno etwa beim Praterviadukt (Nähe Lustspieltheater!) – Ich solle ihn doch nun ›Freiwild‹ spielen lassen (da er es schon gespielt – richtig!). Warum lange weigern (Holland Ziegel Reigen!);– ja;– aber er könne den Karinski (ich sage Krasinski) nur spielen, wenn Strobl (der ihn damals wirklich gespielt), nicht mehr engagiert sei. Auch verlange ich grössere Garantie. Wieviel? Hunderttausend. Worauf Jarno zu irgend jemandem vor uns hingeht und sich empört äussert – ich einem neben mir erkläre, das seien heute nur 200 Kronen.

16. 8. Berchtesgaden. Träume u. a. in der verlängerten Kärntnerstrasse treffe ich (etwa vor Hopfner) Helene Binder. (Schrieb ihr gestern antwortend eine Karte. Sie wohnt Wieden.) Ich sage ihr u. a. »Denken Sie, genau an derselben Stelle traf ich (heute? vor einer halben Stunde?) Prof. Freud« – und sehe zugleich – nicht, wie ich ihn treffe, sondern wie er sich entfernt. (Absicht ihn zu besuchen – Stellung zur Psychoanalyse!); H. B. empfindet das als sehr merkwürdig, geht, wendet sich (von der einstigen Elisabethbrücke her) wieder zu mir zurück und küsst mich auf den Mund. Ich denke: Sie

sieht jünger aus als sonst.– Sollte sie nun Absichten haben? O. äussert zu Leuten (die ich nicht sehe) eine allgemein gehaltene Bemerkung, dass nach irgend einem Gesetz(?) oder sonstwie(?) geschiedene Gatten sich wieder vereinigen sollen(?); lehnt sich aber gegen mich, der sie nicht zurücknimmt, nicht auf;– fügt sich, ohne Pose.– Nach der Begegnung H. B. stapfe ich bei der Oper mit Leo Vanjung durch kotigen Schnee. (Oper, neulich Regisseur Wymetal hier getroffen.) Erwähne der Kot liege 10-12, nein 3 oder 5 cm hoch, hüpfe mit (oder aus) den Galoschen in die Luft, rede (mit wem?) über Operation, Niere, wegen Augen oder umgekehrt und jemand (wer?) (ich selbst) erwähne, an Lola Beeth und Prof. Ehrmann (Syphilidolog) müsse die Operation ausgeführt werden (oder sei schon gemacht).

26. 8. Berchtesgaden. Öfters unterbrochener unruhiger Schlaf wie jetzt meist. Traum: Auf Reisen in einem Hotel. Am ehesten Berchtesgaden, mit O. und noch einem (schattenhaften) Wesen (Lisl?). V. L. (mit Mann und Kind?) sind angekommen, nachdem wir's schon nicht mehr gehofft. An einem runden Tisch mit ihr (und den Andern). Ich frage nach ihrem Befinden, sie wundert sich, dass ich nicht weiss, es gehe ihr miserabel – ich erinnere sie, dass sie es in ganz heiterem Ton berichtet und kopiere(ungefähr): »Mir geht es sehr schlecht«, indem ich laut lache. Sie kommt dann (oder vorher) zu uns ins Zimmer, wir sollen in ihr's, sie hat was Interessantes mitgebracht: 1. den Splitter aus dem Fuss von Franzi, der die lange Eiterung verursacht (– jetzt erst fällt mir ein, dass das auf etwas Analoges vom vorigen Jahr, Aussee, Franzi, Bezug hat) und ein (das?) Bild – eine Miniature (von sich, von Franzi). (Dtg.: Das Bild Aureliens aus dem ›Verführer‹. Die photographische Miniature von V. L.–) Sie will es uns zeigen;– plötzlich liegt sie auf dem Divan mit ziemlich altem, vergrämten Gesicht. Ich wundere mich;– dann aber hat sie ihr gewohntes;– strampelt mit den Beinen, indezent, so dass ich mich zu

Verwegenheiten veranlasst sehe (Anwesenheit der Andern wird nicht bemerkt oder stört nicht, sie wippt ein Pantöffelchen in die Luft so dass es in die Ecke fliegt,– kapriziös, eigentlich übel gelaunt;– ein schwarzgekleidetes Mädchen, die Olga eine Arbeit (Stickerei?) gebracht, entfernt sich, schliesst mit ernster, etwas verächtlicher Gebärde die Tür hinter sich. O. sagt, es sei eine Cousine von ihr. Nun also ins Zimmer von V. L.– Aber ich bin doch (im grünen) Schlafrock;– macht nichts – die Andern, V. L. ganz vorn,– auch Ol. mit dem zweiten Wesen voran – in den Zubau, der eine alte Burg – Bogengänge, ganz eng zwischen Säulen;– ich muss Watte aus dem Mund, den Zähnen geben, die mich geniert – auch der Schlafrock ist genant, also zurück.– Die Gänge so dunkel, meiner besonders – es ist mir etwas bang – ich erhebe mich vom Boden, fliege geisterhaft durch den Gang zu meinem Zimmer, es ist das Hotel, in dem ich wohne, ein Stubenmädchen, (und noch wer?) duckt sich scheu.– Ich such mein Zimmer, nenne die Nummer 80 (es ist in Wirklichkeit 40), ich lache höhnisch, geisterhaft, wie um die Leute zu erschrecken,– aber eigentlich, um mich von der Angst zu befreien, lache drei-, viermal – bis ich erwache. (Es war gerade Mitternacht.)

1. 9. Berchtesgaden. Träumte heute Nacht irgend ein Stück von Strindberg würde aufgeführt – aber die (zwei) Darsteller er und sie müssten nackt spielen.– Dann waren es die ›Lebendigen Stunden‹, ich sah den Grund nicht ein;– (sah übrigens nichts von der Schauspielerin, nur schattenhaft eine Frau (Er. W.),– wo sie am fraulichsten war. Ich selbst sass nackt auf den Parkettsesseln, neben mir Lina Loos, die zärtlich mein Bein berührt;– (auch die Hofrätin spielte im Traum eine Rolle, zu der sie sich wenig eignete).

2. 9. Berchtesgaden. Traum. Man (wer?) spräche von meinen Augen, die berühmt blau und schön seien – und ich wunderte mich woher. (Dtg.) Liesl P. schöne schwarze Augen, die mir

gestern besonders auffielen. »Mit einem blauen Aug davon kommen.«

4. 9. Berchtesgaden Traum. Ich brauche dringend weisses Schreibpapier (kaufte neulich) – Auf einer Art Hügel steht der (verstorbene) Präsident Landesberger (Gerty, seine Tochter, die mir Strümpfe versorgt), den ich um Papier anflehe – er gewährt herablassend. (Dtg.: Der Hügel aus dem Stück – Falkenir, der auf ihm erscheint und dessen Sprache ich als papieren empfinde!) – Aber eigentlich bezieht er es von Herrn Gottlieb (dem Vater meines Gymnasialkollegen Otto Gottlieb – spielen keine Rollen in meinem Leben), – aber warum wende ich mich nicht direkt an ihn?

6. 9. Berchtesgaden. Wieder einer jener ärgerlichen gymnasiastenhaften Träume, die immerhin beschämend sind. Denn wenn auch Traum, irgendwo in der Tiefe Wirklichkeit. Dass ich grausam oder tückisch bin, werde ich sicher nie träumen.

9. 9. Berchtesgaden. Früh erzählt mir O. ihren Traum. Sie werde zu B.-H.'s gerufen – ein Feuer brenne unter Mirjams Polster;– Richard erregt, Paula teilnahmslos. O. löscht, hilft – Richard dankt ihr überschwänglich, sie möge nun oft herüberkommen.

10. 9. Berchtesgaden. Traum unter anderm von Steffi. (Sie war nur da.) Ich erzähle ihr und O. eine Anekdote: Ein junger Mensch sagt zu jemandem. Ich möcht entweder Schnorrer oder »Pfefferores« sein (was im Traum etwa hiess Landstreicher), woraufhin ihm geantwortet wird: Sie sind ja Schnorrer. Er darauf: Ich möcht aber ein Pfefferores sein. Und der Held der Anekdote, irgendwie mein Bruder oder Heini, steht im Bademantel daneben.

12. 9. Berchtesgaden. Ein Traum, erinnere mich sehr unklar,– spielt um die Votivkirche herum, nahe von Frankgasse im-

mer,– endet damit, dass ich vor dem Hause Frankgasse 1 (wo ich so lange gewohnt), zusammen mit jemandem (Prof. Redlich?) warten soll, aber mich irgendwie geniere vor meinem einstigen Tor zu erwarten und ein paar Schritte weiter rücke. Herr und Frau Fröhlich (die Hausherren) kommen;– dann aber ist es Frau Hellmann (Redlichs Schwester), die sich am Tor von ihm verabschiedet. (Vielfach determinirter Traum: O.s erster Besuch in der Frankgasse;– mein Warten vor dem Tor im vorigen Winter auf Dr. Gelber wegen Rikolaverlag, meine Besuche dort Rikola und Maler Horovitz, dem gestern eine Karte schrieb;– von Prof. R. erzählt man mir, er habe religiösen Wahnsinn,– Frau H., seine Schwester katholisiert auch erheblich;– mit Lili gestriges Gespräch über Antisemitismus etc.)

13. 9. Berchtesgaden. Traum. Es ist Revolution, mindestens Unruhen – ich in Touristenanzug, grösser als wirklich, links, neben mir Bella Wengerow – dann noch zwei schattenhafte Gestalten (die so oft in meinen Träumen da sind – mein Verhältnis zu den Menschen?); durch die Sensengasse nahe Offizierspital sehr rüstig (wie zu Wanderung ausschreitend). Bella sagt etwas von einem Wimmerl. Da sie W für R sagt (erst gestern zitierte O.: »das ist Belletwistik«), sage ich: »Sie meinen wohl Rimmerl«, und ich (wir) lachen laut über den Witz. Zugleich frage ich mich, ob diese unzeitgemässe Lustigkeit nicht in der Menge (unsichtbar) übel aufgenommen werden würde. Versammlung in der Nähe – etwa Versorgungshaus, Streik oder dergleichen – ein untersetzter Mensch mit blondem Schnurrbart, rundem Hut, sagt (ungefähr), man solle nicht an die Gründe glauben, die vorgeschützt werden (für die Revolution) – dies sei der einzige Grund – und weist einen weissen leeren Suppenteller vor.

24. 9. Wien. Traum: gehe durch die Wollzeile, düster gestimmt, weil der 18. März ist (Todestag M. R. im Jahre 1902,

18. 3., ging ich mit O. diese Strasse und sie war eifersüchtig, dass ich des Datums dachte) – dann ist es die Kärntnerstrasse, ich gehe in ein Kino, eigentlich Vorsaal, klein; wartend, neben mir ein eleganter junger Mann – er sagt mir zu meiner Verwunderung, dies sei überhaupt das erste Kino,– vor etwa 20(?) Jahren in Wien gegründet. Die Kärntnerstrasse ist eng und belebt, auch andere Läden spielen irgend eine Rolle im Traum (vor 25 Jahren Geburt von M. R.'s Sohn, daher wohl der Traum vom 18. März).

25. 9. Von (meinem?) Hause erblicke ich zu meiner Verwunderung eine grüne hügelig waldige Flusslandschaft, die Donau. Wieso hab ich sie noch nie gesehen –; von höher oben müsste man sie noch besser sehen – da erblicke ich ein breites Schiff mit einer Ausflugsgesellschaft,– 6-8 Personen, es schwankt immer stärker – von rückwärts ein grosser Dampfer, daher die Wellen. Es fährt nun vorn an ihnen vorbei. (Dtg.: Mein Radfahrerlebnis!) Das kleine Schiff verschwindet mir also, da taucht ein Schwimmer (oder eine Schwimmerin) hervor – das grosse Schiff passiert – – das kleinere wieder sichtbar – leer – also alle ins Wasser gefallen – aber gleich sehe ich alle schwimmend, undeutlich in Unterkleidern;– jemand ruft: »Niemand fehlt?« Nun liege ich auf einem Dampferverdeck – nackt (Dtg.: Aurelie!) – neben mir steht eine schlanke Frau (eine der eben Geretteten), an die Balustrade gelehnt, in angelegentlichem Gespräch mit einem Herrn (mir kaum sichtbar). Rechts von ihr – was sie nicht hindert – ohne mich anzublicken – sich sehr lebhaft mit mir zu beschäftigen. (Dtg.: Telefonischer Anruf H. K. gestern über die neue Bekanntschaft) – wendet sich dann, etwas zu erregt zu mir und bemerkt (wie um mich nicht eingebildet zu machen): »Das sind ja alles nur Dummheiten.« Worauf ich: »Sie irren sich – das ist das einzig Vernünftige, das es auf der Welt gibt« – und erwache.

29. 9. Traum. Von einer schweren Erkrankung Julius; ich weine nach Gisas Mitteilung davon. Sie oder wer andrer fragt mich, ob ich, um wieder jung zu werden, die Gestalt des »süßen Mädel« – gemeint ist mein Werk und mein Ruhm – hergeben möchte; ich erwidere ein überzeugtes Nein.

4. 10. Träume von O. Wir gehen irgendwo (fremde Stadt, Theaternähe) herum, sie bemerkt streng: »Ich breche den Verkehr mit dir ab, wenn du noch einmal von der Vergangenheit sprichst«, sagt aber discret F. oder V. statt Vergangenheit.

7. 10. Traum (wieder) Kärntnerstrasse. Mit O. und Anni Sik. oder Steffi(?).– Ich sehr kühl zu O.; Anni(?) zu ihr: »Ja, hast du dir denn das anders vorgestellt?« O.: »Ja.« Dann in einer lasziv-zärtlichen Attitüde mit Anni.

8. 10. Traum von H. K. Kommt sphinxartig (wie erst später wusste) im Antlitz, sonst nicht.

10. 10. Traum. Handl (der vor 5 Jahren verstorbne Kritiker, an den ich nie denke, wohl veranlasst durch amerikanische Verhandlungen ›Zwischenspiel‹, über das er besser schrieb als es verdiente) – hat verbreitet, ich habe schlecht über Alma M. gesprochen. (Dtg.: Brief Almas an O., versehentlich geöffnet, schicke ihn gleich ungelesen zurück) – was mich empört;– ich sehe Handl irgendwie in diesem Traum. Dann: Decoration ›Weites Land‹ (Dtg.: Geyer will es geben). Ein sehr eleganter Salon (ganz unsinnig),– gefällt mir sehr, die Ecke links beim Fenster muss abgeschrägt werden,– aber es ist ein wirklicher Salon, glattes Parkett, Leute in Frack kommen, die Besucher, man teilt mir mit, auch Karl Kraus sei da;– alle ins Nebenzimmer, der Salon selbst fast leer, irgend jemand gleitet (fällt fast) übers Parkett.

12. 10. Traum. Begegne mit O. – als wohnte sie seit kurzem wieder bei mir, in der Hochschulstrasse Speidels mit Elschen, wie zum Tennis, Racket. Bleibe stehen. O. geht links Trottoir weiter, es ist mir peinlich, dass Sp.'s keine Notiz von ihr nehmen, nach einigen Worten verabschiede ich mich – laufe O. nach, durch die Hasenauerstrasse, sie bleibt mir verschwunden.

13. 10. Traum. Im Zimmer neben mir (früher O.'s, jetzt Lilis, gerade in den letzten Tagen durch Arrangement und Herbeistellung von Möbeln für sie ganz wohnlich gemacht, was mich ein wenig schmerzlich berührte) V. L., in Frisiermantel, wird frisiert. Sie sagt mir vor der Friseurin Du, was mich Wunder nimmt – später eine leidenschaftlich-zärtliche Szene (oft wiederholter Traum mit wechselndem Objekt).

21. 10. Traum. Ich will mir meine gelbe Reisetasche holen, die ich in einem Lederwarengeschäft in der Kärntnerstrasse zur Aufbewahrung hingegeben. Verschwunden. Darüber bin ich ärgerlich, fast schmerzlich erregt. Nach einiger Zeit noch im Geschäft läuft mir der Besitzer, Herr mit breitem kurzen Vollbart nach: die Tasche sei da. Ich nehme sie – aber es ist eine andere, die nicht mir gehört, zwar neuer und mit Leinenüberzug;– auch ohne Inhalt, da fällt mir zum Trost ein, es seien ja in meiner nur Toilettensachen und dergleichen gewesen, nicht wie ich anfangs gedacht wichtige Papiere, insbesondere meine Manuscripte.– (Dtg.: Wenn man die psychoanalytische Auffassung akzeptiert, bedeuten die Taschen (übertragen) Frauen und wenn man die in Verlust geratene als O. die neue als – deutet, ergeben sich für beide wenig schmeichelhafte Deutungen. Die (nun wiederholt auftauchende) Kärntnerstrasse offenbar Sexualerinnerungen aus der Jugend. Das Ganze auf die bevorstehende Reise bezüglich.)

3. 11. Reichenberg. Traum: Sehe das Kind von Elschen Speidel, wundre mich, fast gerührt, dass es mit drei Monaten schon spricht; auch die Ähnlichkeit mit den Grosseltern rührt mich. Dann: Ich kehre heim – Burgring,– von der Vorlesereise – oder eigentlich von einem Theaterbesuch ›Liebelei‹;– man hat schon gespeist,– ich komme als Vater, und als Sohn – Heini ist da, aber auch meine Mutter(?), auch Onkel Max; es ist ½10 abends;– auf der Treppe nach aufwärts, etwas heroinenhaft schreitet (nur von rückwärts sichtbar) H. K. Ich komme, aber eigentlich kümmert sich niemand um mich und ich sehe eigentlich nur Onkel Max.

4. 11. Teplitz (nach der unterbrochenen Vorlesung). Traum von O. – zum ersten Mal nach langer Zeit mit Sympathie; sie und Lili – sind bei mir und O. hübsch und bescheiden, spricht darüber wie wir Drei heute den Tag verbringen wollen, mit einem scherzhaften Ton, als wollte sie über ein eventuelles Misstrauen meinerseits freundlich spotten.

6. 11. Wien. H. K. erzählt mir einen Traum von heute Nacht, den sie als besonders schön empfand. Sie wirft eine fünfzigtausend Kronen Banknote in einen Briefkasten, sieht sie obenauf liegen, dann fällt ihr ein dass es sinnlos sei, dass sie das Geld braucht und versucht es vergeblich herauszuziehen. Da wendet sie sich an einen Herrn, grauhaarig, sehr schön, der an einem Tisch der Bahnhofrestauration sitzt (denn plötzlich ist der Briefkasten in einer Bahnhofrestauration) und bittet ihn, ihr das Geld herauszuholen. Er erhebt sich, und sagt sehr deutlich, dreimal: Ich heisse Beer-Hofmann (den sie nicht kennt); setzt sich und schreibt mit einer goldnen Feder fünf Fragen auf, die sie alle las, über seine Schulter blickend; die dritte lautet: Was ist mir das Unangenehmste? Antwort: Die Frauen. Sie fragt: Warum gerade die Frauen? Er darauf: Was denn? Sie: Zum Beispiel Krankheit. Darauf er: Da haben Sie eigentlich Recht, ich heisse Beer-Hofmann. (Dtg.: B.-H. Ersatz für mich; der Bahnhof meine Reise. Die

Frage und Antwort (Gespräch neulich über den Franzosen). Die goldene Feder dreifache Bedeutung.)

7.11. Traum. Ich fühle O. im Bett neben mir (das einzige menschliche Wesen, das ich in Träumen vollkommen körperlich mit halluzinatorischer Deutlichkeit empfinde) – ich schlage die Augen auf (im Traum), da erscheint sie (nackt), von ihrem Zimmer aus in meinem (grösseren) Schlafzimmer (um 15-20 Jahre jünger), zu mir und fragt zärtlich: Darf ich mich zu dir legen?– Ich weise sie fort, aber nicht als ein wirkliches Wesen, sondern als Vision, weinend vor Wehrlosigkeit.– Dann träume ich, dass ich bei B.-H. bin – im Bett bei Paula (unsichtbar) liegt ein Kind, denn sie haben nun ein neues (es sieht aus wie das neulich geträumte von Elschen), da kommt Mirjam, legt sich zärtlich auf mich – um das kleine eifersüchtig zu machen – ich denke: nun kommt wohl Noema auch noch.– Dann geh ich mit Werfel eine Straße etwa in Prag, wie in der Nähe von Festungswällen. (Dtg. Neulich Spaziergang mit ihm Hradschin.) Militärmusik kommt hinter uns, wir marschieren stolz voraus, froh, dass es Deutsche sind.– Es hat eine politisch-siegerische Bedeutung; dann sitzen wir auf einer Art Wägelchen, Kähnchen, Karren – rutschen bergab – biegen um, es ist wie die Badgasse in Rodaun (wo Hugo wohnt). Das Militär ist verschwunden – wir rutschen weiter übers Trottoir, Gefahr des Abgleitens, über eine Art Brückchen, Gefahr ins Wasser zu fallen – und dann plötzlich in einer Art kleinem Schwimmbad, oder Dorftümpel – der Kahn unter uns weg, ich schwimme ans Land, mein Hut ist fortgeflogen – ich stehe da nackt, mit einer Schwimmhose mich mühselig bedeckend, Einer bringt mir den Hut, ich empfinde mich in meinem Kostüm komisch aussehend – aber es kümmert sich niemand drum, da es ja ein Traum ist. (Lauter Träume erotischen Charakters, mit Kindheitserinnerungen – nach Freud (Wasser, Badgasse!) sogar Geburtserinnerungen (was ich für falsch halte).)

9. 11. Träume: im Hotel Imperial besuche ich Grete Kainz, die goldplombierte Zähne hat, sage ihr – auch Olga sei da, öffne die Türe, in einem grossen Vorraum, aber vor ihr noch (weissgekleidete?) Kinder, steht mit einem Shawl, ernsthaft und kostümhaft O. – in einem Zimmer mit den (seit Jahren verstorbenen) Eduard Brüll und Goldmark. G. entfernt sich eben, sieht die Türe schlecht, ich denke bewegt an seine 84 und an mein nahendes Alter. Ed. B. auf einem schwarzledernen Sofa sitzend sagt: Wir haben ein schönes Leben gehabt.

18. 11. Träumte diese Nacht u. a.: Am Ufer eines Meeres stehend (wieder Wassertraum!) sehe ich Schwarze schwimmend.– Ich frage jemanden am Ufer (auch Neger oder eher Negerin) (Dtg.: lese eben Bauers Büchlein über Soliman!), ob sie mir die hier (Afrika?) üblichen Tötungsmethoden beibringen können. Sie lächelt erfreut. Die auf dem Meer Schwimmenden sind (jetzt erst) lauter Negerinnen mit prallen Brüsten. Die von mir gefragte (mir undeutliche) Person antwortet erfreut und nimmt eine Flinte, um auf mich (zu Lehrzwecken) anzulegen. (Dtg.: Erzählung H. K. neulich von dem Waffenfabrikanten Striberny, der vor ein paar Jahren starb!) – Ich lehne ab;– also lieber Messer. Wir stellen uns mit gezückten Messern gegenüber – ich will parieren, frage, ob schon bei solchen Übungen Einer tot geblieben, sie erfreut: O ja – worauf ich verzichte. Dann in Eisenbahn, Seitengang, mit Herrn, kleines Bärtchen, etwa Wantoch (Teplitz) – dann im Wagen,– mit O.(?) könnte den jungen Benedikt besuchen (liess mich neulich darum bitten), schwanke, steige Rotenturmstrasse ab,– will meinen Traum in ein Tagebuch schreiben, suche ungestörtes Zimmer. (Dtg.: Lili, die sich einsperrt, wenn sie Tagebuch schreibt.) – Bin am Gürtel, ein junges Mädchen, reizlos, neben mir, aber doch etwas Steffi, der ich ein paar Mark in die Hand drücke – es fällt mir ein, zu wenig, da ich ja auf länger verreise.

27. 11. Traum. In einem Eisenbahncoupé mit V. L. Im Nebencoupé Dr. L. und Andere, wohl auch Mimi Sch. V. umarmt mich leicht, ich in Gedanken an nebenan entwinde mich. Sie: Gewöhne dir endlich ab feig zu sein. (Dtg.: Novelle: Fridolin, der sich Feigheit vorwirft.) Ich: Wär es dir recht, wenn er es bemerkte? Sie: Ja, er reist nächstens mit mir und einem Andern, von dem man auch sagt er sei mein Flirt, nach Berlin, nur um den Leuten zu beweisen, es sei nichts dran. (Dtg.: V. L. war in Berlin – erzählte mir von einem Flirt (hier ohne Namen) – und ich bin für Donnerstag eingeladen.) – Plötzlich Bahnhof, etwa Linz. V. L. ist ausgestiegen, kniet auf dem Perron vor einem Erzbischof, erhebt sich dann, **er umarmt sie;** aber es ist kein Erzbischof, sondern im gleichen silbergoldenen Ornat eine Bäuerin –; V. L. wieder ins Coupé, sich auf den Sitz stellend, sich anlehnend, fast Figürchen klein – nur damit ich, mich niedersetzend, mich an sie lehnen muss und es bemerkt wird. (Dtg.: Bettina, die sich im Zimmer des alten Goethe auf den Ofen setzt) – ich entwinde mich wieder und sage ihr: Ich möchte, dass du den Standpunkt ihm gegenüber einnähmst, du lebst wie du willst, er auch … (Dtg.: O.'s andeutungsweiser Vorschlag vor drei Jahren) …so wie es O. wollte, was wohl nur daran scheiterte, dass ich sie noch zu sehr liebte. Sie. Bemerkst du nicht, wie frei wir miteinander sind? Ich: Ja weil wir uns du sagen.– Nun sind wir in der inneren Stadt – jemand uns nach – ein Schuster;– er hat goldgestickte Pantoffeln; sie probiert sie und behält sie gleich; es ist mir nicht ganz angenehm, dass ich sie zahlen muss;– aber sie sucht auch nach dem Geld. (O.s Expressbrief.)

4. 12. Träume. Bin irgendwo, in einer Stadt mit O. und den Kindern zusammen. Es fällt mir ein, morgen ist der 9. August, Olgas Geburtstag (eigentlich Heinis). Olga sagt (in Beziehung darauf), sie könnte ja bis Dienstag bleiben, ich stimme zu; ein grosser Saal, Vorführung von Filmaufnahmen bevorstehend, Sitzreihen, die erste leer, Ibsen, Björnson und Andere werden

erwartet; ich bin begierig, wie sie sich zu den Filmaufnahmen ihrer Stücke verhalten werden – frage (mich), ob auch die Wildente verfilmt wurde;– eine Galerie, Chor, durch eine riesige Glasscheibe in einen Raum sehe ich, wie in eine übrigens unsichtbare Kapelle,– Wirbel von regenbogenfarbenem Staub – irgendwie eine Probe für eine Vorführung?–

9. 12. Hatte lebhaft erotischen Traum von Alma;– sie hatte nur Bedenken wegen Werfel.

13. 12. Träumte heute: In St. Moritz mit Steffi (die sehr armselig aussieht) und O. und Kindern(?) – sie fragt mich, ob es mir denn in Gesellschaft von O. wohl ergehe, ich sage: Ja, nur wegen der Kinder. Und denke: die Leute werden sich wundern, dass ich mit meiner geschiedenen Frau in St. Moritz bin.

14. 12. Ganz unklarer, aber irgendwie erotisch gefärbter Traum von meiner Mutter; meiner Erinnerung der erste meines Lebens;– ein Hintergleiten (wie Rutschbahn im Bergwerk) spielte eine Rolle – auch das Burgtheater; ganz im Verborgenen war die Mutter auch Schwester auch Olga. Das Ganze viel mehr seelisch als körperlich betont, mehr froh als lustvoll.

16. 12. Traum sehr lebhaft: Ich trete ins Hotel ein, das ich bewohne (etwa Berlin) wegen Brief – kein Portier da, ich zögere selbst zu nehmen, eine Dame sagt mir, ein Expressbrief sei da. (Dtg.: Meine neue Novelle: Else erwartet einen Brief, erhält ihn vom Portier) – dann erscheint ein Portier, drüben an der Stiege (die Dekoration wiederholt sich schon einige Male); ich bin in (diesem?) Hotel von Einkäufen(?) zurück, halte 3-4 Pakete, darunter die gelbe Mappe (die ich Lili geschenkt) mit Manuscript von mir – habe sie bestimmt zurückgebracht – will doch noch einmal nachsehen – im Neben(?)-Zimmer – etwa Ordinationszimmer Papa – die gelbe

Tasche fehlt – ich suche unter einer Etagère, unter Schrank, sehr erregt,– nichts,– Gottseidank nur Novelle, nicht Tagebuch war darin; wieder in den andern Raum, zu Leuten, ein Gesellschaftsraum, eigentlich kaum sichtbar; ein Herr setzt ein Inserat auf, wegen des verlorenen Manuscripts, ich sehe es, schon gedruckt (der Herr hat langen breiten Vollbart, französisch – oder wie ich mich eben erinnre dem Helden in der jüdischen Vorstellung ›Eifersucht‹ ähnlich) – aber zu meiner Verwunderung enthält das Inserat ungefähr, es werde ein Hofmeister(?) für eine Familie gesucht. Der Herr erklärt mir, man müsse die Bevölkerung (es ist eine Art Kurort, offenbar französisch) (Dtg.: Erika Wagner sprach gestern von ihrer Autofahrt bei Genf – Pierrot lunaire, Schönberg) (Dtg.: Ferner Walter P. in Genf) günstig stimmen, damit sie sich für die Auffindung des Manuscriptes interessiere (vielleicht auch Szenerie aus einem Roman von Léon Werth ›Auf dem Lande‹), ich spreche von Manuscripten von unschätzbarem Wert, was ich nicht materiell meine – ein fernes, unhörbares Lachen – ich geniere mich;– in meinem Mund (einige Mal wiederholter widerlicher Traum) bilden sich Kugeln, aus Schleim, Speichel; vergeblich versuche ich die langen Fäden definitiv abzuschneiden, drei Kugeln, ich möchte sie unbemerkt aus dem Fenster werfen – wohin ich in diesem und benachbarten Saal (Kinderball –? morgige Einladung Lilis!) an ein offenes Fenster trete. (Dtg.: Die Fenster gestern im ›Louis Ferdinand‹, Burgtheater!), wieder geschlossen, weil es zu kalt ist.– Ich trete in eine große Halle, Hotel, eigentlich aber riesiger Speisesaal, zum Diner gedeckt. (Dtg.: Wieder ›Louis Ferdinand‹.) Elegante Kellner; ich einziger (Hotel-) Gast im Saal, man kümmert sich nicht, ein Kellner zu einem zweiten: Ich höre, es sind wieder lauter Juden angekommen. Der andere, sehr fein, an den Marienlyster Kellner 1906 erinnernd (Dtg.: Doppelnovelle – das Manuscript), meint ungefähr: er habe nichts gegen die Juden, es sind »gute arme Leute«, irgend ein Dritter aber bemerkt auch irgend etwas zu der Judenfrage – wohl antisemitisch – vor dem Hotel (gläserne Drehtür) Pogrom oder vielmehr Revolution – die damit in Zusammenhang steht – ich auf die Strasse, es ist der Hof (wo einst Latour 1848 gehenkt wurde, an der Stelle des einstigen Kriegsministeriums steht jetzt Escomptebank (H. K.)) – ich wende mich (fliehend) gegen das Haus, wo Kattus (weiss es im Traum nicht, – hier war einst Café Jautz – spielte vor 40 Jahren eine kleine Rolle in meinem Leben) – will mich hineinretten, in das Bischofspalais (das dort nicht ist) (doch in der Nähe das Nuntiuspalais) – sehe eigentlich keine Leute, hinter mir Lärm, Marschmusik, näherdringend, das Militär (das also gegen die Revolutionäre), irgend jemand (unsichtbar wie aus der Höhe) sagt, sie würden nicht schiessen – die Stiege zum Palais wird in sonderbarer Weise verschlossen durch eine Art dreieckiges Ofenrohr, das über die Stiege von oben sich stülpt – man könnte nur in den Keller rutschen, – das Haustor daneben ist offen, – geschlossen die eiserne Gittertür, die zum »Clericus« führt – aber rechts die Stiege ist passierbar, das Café ist im vierten Stock (Dtg.: Gestern bei Askonas) (Dtg.: Die zwei Eingänge Piaristenkloster, Rosenbaum dort Donauverlag, schickte mir gestern ein Buch) – ich frage die Kellnerin (am Aufzug) Ist oben noch Platz? – O ja! – Ich wollte eigentlich noch die Kinder (?) im Central verständigen – aber unterlasse es. Was ist's mit dem Manuscript? Es sind doch auch meine Tagebücher drin, peinlich – der Finder wird's am Ende zu Erpressungen benützen; ich denke an eine bestimmte Person; – bin noch irritiert davon, wie ich in meinem Bett zuhause liege – und erwache endlich ganz. (Weitere Deutungen: Verlust der Novelle vielleicht Wunsch, um sie nicht weiterschreiben zu müssen – doch bezog sich ein flüchtiger Wachwunsch auf die ›Frau des Richters‹, – nicht die Doppelnovelle (die im Traum das verlorene Manuscript repräsentierte), seltsam innerhalb des Traumes meine Einsamkeit – es gehörte von den übrigen Figuren niemand zu mir – und die Kinder wurden irgendwie verdrängt.)

17. 12. Träume unter anderm: Theater, ein Stück von Hauptmann oder Schönherr wird aufgeführt,– ich sehe (von einer Loge links?) die Schlussszene: Hauptmann selbst liegt ganz angekleidet im Bett, rechts hinten auf der Bühne, er spielt mit einem kleinen Kind;– das bedeutet irgendwie sein Mitgefühl mit den Leidenden;– ich finde es geschmacklos, das Publikum spendet demonstrativen Beifall.

22. 12. Träumte heute Nacht von O.: ich sass auf ihrem Bett, sie legte die Hand zärtlich auf meinen Schenkel. Dann war ich in einer Wohnung, ein Teil unaufgeräumt oder in baulicher Veränderung, etwa bei Ama;– die Hausgehilfin eine dicke Dame, gutmütig (im Wachen erinnert sie mich ein wenig an Grete L., Olgas Freundin) sagt, O. müsse mir unbedingt wieder die tausend Kronen zurückgeben, ehe ich sie wieder in mein Haus aufnehme;– ich erkläre dezidiert, dies sei keineswegs meine Absicht.

25. 12. Unklarer Traum von V. L.: Eisenbahnwaggon,– im Coupé daneben Visitation; eigentlich Razzia;– eigentlich sind wir in einem Cab. part. (Dtg.: Gerichtsverhandlung gegen Hopfner) oder Stundenhotel; V. L. fragt mich, da wir schon so weit, warum ich sie nicht heirate (sehr mild) – das Ganze spielt sich zwar im geschlossenen Raum – aber doch in der Gegend des Freihauses ab (Quartier 96) und zugleich neben Burgtheater – jemand (wer?) sagt, in diesem Coupé werde nicht visitiert; ich richte jedesfalls den Pass her und kleide mich völlig an; die Leute kommen nicht; aber der Gatte kommt (oder soll kommen), die Sache ist aber harmlos oder kann so dargestellt werden, denn wir liegen zwar im Bett, aber in der Ecke steht das Kind (ungefähr Lili als Fünfjährige).

26. 12. Wieder ein Traum von verlorenem und wiedergefundenem Manuscript (zum dritten Mal in den letzten Monaten); diesmal war es eine dreiteilige Mappe (wie ich sie wirk-

lich besitze) und wieder beruhigt, dass kein Tagebuch darin. Der Neuwaldeggerpark spielte unklar hinein. Dann: Burgtheater, jemand(?) sagt mir, Medardus könne nicht mehr gespielt werden, wegen Verkleinerung der Bühne. Bin dann Volkstheater; Geiringer, eigentlich (der Schneider) Grünbaum, sein Schwager weist mir zur morgigen Première Sitze vor – erste Reihe Parkett; ich sage: das ist eigentlich neunte, da höre ich zu schlecht;– dann eine Reihe mit E bezeichnet, dann einen Sitz, der »Gefährtin« heisst.

30. 12. Träumte heute Nacht von O. W., der vor mehr als 25 Jahren Gestorbenen;– spielte in meinem Zimmer, war erotisch ohne Glut; die Physiognomie verschwand.

31. 12. Sehr unklare Träume, in denen Hugo eine Nebenrolle spielte, sowie eine Vortragsreise in die Czechoslowakei?

1923

2. 1. Traum: Ich rutsche oder rodle eine mässig beschneite Strasse aufwärts, sehr rasch, im Gebirge, etwa Heiligenkreuzer Gegend oder Semmering;– mir entgegen ein älterer Herr, etwa Professor, der im Vorbeifahren mir eine Art Warnung wegen meines schnellen Fahrens zuruft. – Bin oben, jetzt kommt bald die Strasse, die ich einbiegen muss, zum Rabenstein (was im Traum keineswegs die funeste Bedeutung hat, sondern irgendwie mit Steinriegl, Sofienalpe oder dem Bärenwirtshaus am Semmering zusammenhängt). (Dtg.: Der Rabenstein vielleicht unbewusste Assoziation mit der Allee von Gehenkten (Maskenleihanstalt der Novelle) oder dem seinerzeitigen Tanzmeister Rabensteiner (den ich neulich von Tanzschulen sprechend bei Salten zu erwähnen vergass.)

5. 1. Traum von heute Nacht: Sitze in einem Restaurant, schmal, klein, vornehm, allein, trinke Champagner (Dtg.: Novelle Else: »Luft wie Champagner«) – aber er ist rot. Ich erinnere mich, dass es so sein muss. (Dtg.: Half and half – vielleicht Erinnerung an die Mittagessen bei Onkel Toni, der von fern über Onkel Edmund in die Novelle hineinspielt –?) Es kommen zwei Damen, wie Reisende,–? ich geniere mich ein wenig wegen meines Champagnertrinkens, weiteres Verschwinden.

6. 1. Traum: Am Donaukanal, der aber viel breiter, insbesondere die Ufer Stadtseite mit allerlei Waren etc. voll, durch die man sich den Weg bahnen muss; mit Gustav und Heini(?). Gustav hat ein riesiges Schiffsmodell in der Hand; auf dem Deck oder tiefer die Teller mit Datteln und Obst.– Es ist ein Schiff, das er schon vor Jahren aus der Tiefe gehoben hat,– was ungefähr bedeutet, dass er den Krieg vorausgesehen. Ich bedauere ein wenig, dass man die Datteln nicht mehr essen kann. Irgendwie schweben frühere Träume von Schiffsufern

mit;– ich bin (ohne Zusammenhang mit dem vorherigen Traum) am andern Ufer;– Hotel Continental eigentlich Gegend des Dianabads (das auch Hotel ist) – vielleicht Erinnerung an – – –, die dort mit – – – war) –. Rechts vom Eingang, vielleicht vom Hotel aus, in den benachbarten Tempel ein (ziemlich unsichtbarer) Hochzeitszug,– ein Doktor Gold oder Beeth heiratet eben, sieht sich nach mir um, lächelnd, mit Goldplomben –, ich weiss, dass ich geladen war, aber es vergass – umso sonderbarer als mir gestern, bei der Hochzeit eines Andern, genau dasselbe passiert ist: Ich kam gerade um elf vorüber, war geladen und hatte es vergessen;– nun, eilig – warum? – ins Hotel;– Olga im Traum irgendwie die Mama, sucht im Nebenraum einen Tisch;– ich auch, allein, im Überzieher, gelbe Handschuhe, bewusst elegant;– wieder in die Hall. (Dtg.: Lauter Else-Motive) – da sitzt Heini (oder Julius?) sowie Lili, erwachsen mit sehr grossem Hut (oder Gisa das Ganze auch Erinnerung an Reisen mit den Eltern) ich scherze, dass Lili aussieht, wie eine amerikanische Reisende aus St. Louis (oder Massachusetts – was ich falsch ausspreche und von Heini korrigiert werde).

7. 1. Träumte heute etwas verworren von Frankgasse 1,– im Hinaufgehen war es aber eigentlich Burgring. Dann wieder Hotelgänge. In einem Badezimmer Doktor Menczel im Bad.– Ich sperrte ab, aber der Riegel taugte nichts. Zuerst ging eine Dame durch, dann ein Kindermädchen mit einem Kind und einem Topferl. An der Ecke Garnison-Alserstrasse, wohin ich von Frankgasse aus kam (per Tram?) und ausstieg, geschah irgendwas, weiss nicht mehr was, aber es hatte irgend eine günstige Bedeutung, ich war eilig und agil. (Dtg.: Beide Novellen Else, Traumnovelle, spielen in diesen Traum hinein.)

9. 1. Träume u. a. Ich soll zum Vizebürgermeister von Wien gewählt werden. Bin im Rathaus, aber in kurzen Pepitahosen und blauem Rock. Endlich sagt mir jemand, ich müsse doch

lange Hosen nehmen. Ich eile wohin(?), irgendwie spielt der innere Burghof hinein, wieder im Rathaus, der erste Vizebürgermeister, früher Bürgermeister (ich bin 2. Vize-Bürgermeister) sagt mir auf meine Frage: Sitzungen seien am 23. u. 24. jeden Monats. (Weihnachten denke ich.) Von ½11 (Generalprobenbeginn vis-à-vis Burgtheater) bis spät Abend; ich bedenke unbehaglich, wie ich mich gegenüber antisemitischen Pöbeleien benehmen soll. Der erste V. B. sieht entfernt Stadtrat Speiser ähnlich (den ich im Burgth. kennen lernte). Im Rathaus hängt über einem Seitengang, wie Aufschrift zu einem Department grosse Tafel »Horthy« (der ungarische Verweser). In einer grossen Vorhalle ein älterer Herr mit Zigarre, sowie ein Mädchen. Der Traum so lebhaft, dass noch in den ersten Sekunden des Wachseins der Gedanke meiner Vizebürgermeisterschaft mich bedrückt.–

Vorher träume ich, dass ich in einer Hauptstrasse mit O. und Ruth Lindberg (sie ist vor Wochen nach Schweden gereist, ihr Vater starb) Landpartie. Ich bin mit R. L. vorn,– freue mich auf eine Waldlandschaft, die wir passieren werden,– Erinnerung an eine andere vor langer(?) Zeit geträumte Landschaft – O. zurückbleibend hat mit einer Frau Hartinger(?) zu sprechen, wir kommen in eine Sackgasse, irgendwie Wieden (wo R. L. wohnte)– Freihaus (auch hier ein Blick in einen vor einiger Zeit geträumten Garten) – doch nein, rechts geht die Gasse ab,– in meiner Börse sind unbegreiflicherweise weniger Kronen und Mark als ich vorher gehabt;– dann ein Zimmer (Sanatorium) im Bett (unsichtbar) eine Frau,– Olga?– vor oder nach Entbindung. Louis Mandl ist da, jünger und stattlicher als ich ihn zuletzt gesehen. (Dtg.: ?? Hätten wir das dritte Kind gehabt?!)

10. 1. Träumte heute Nacht (zum ersten Mal glaube ich) von W. G. Er sass, oder ich? am Klavier, bei uns im Salon – es handelte sich darum, an welche Stelle in einem Konzert seine

Komposition zu stellen sei, die ich vorteilhaft plaziert wünschte; ich war für die Mitte, doch war ich gegen die Violinsonate, die für mich mit zu peinlichen Erinnerungen verbunden sei. (Ich sprach mit niemandem – er war vielleicht gar nicht da.)

12. 1. Träume von heute Nacht: Mit den Kindern Semmering,– Heini bemerkt: Zu Karolyi müssen wir den anderen Weg gehen; Bergstrasse, aber nicht Semmering erinnernd. In einem Dorfwirtshaus mit Paulsen; er will Medardus – nein, wegen schlechter Vorstellung Weites Land – Elmhorst hat einen Touristen schlecht gespielt (ich sehe ihn vor mir an einem Wirtshaustisch) – jemand Assistent, ungefähr Dr. Ratislav, meldet Paulsen, dass im Nebenraum (ungefähr Ambulatorium, als wäre Paulsen auch Kehlkopfarzt) (Dtg.: Direktor, Vater-Ersatz!) einem Patienten ein (Inhalations-?) Apparat ins Gesicht explodiert. P. gibt mir den Auftrag, man möge dem Patienten (ungefähr) Zyankali geben (als Medikament). (Dtg.: Versuche von Reuter seinerzeit Poliklinik.) Bin in einer Loge, erzähle Anderen etwas von Lili, was?, scherzweise, sie geniert sich, weint, ich küsse sie zärtlich;– bin allein in der Loge, die Andern (Schluss der Vorstellung) irgendwo (um zu gratulieren?), Bühne, Mäntel hängen und eine Anzahl Schlüsselbunde; mich wundert die Nachlässigkeit, ein Bund gehört mir, ich probiere – der eine Schlüssel passt zu meinem (unwirklichen) Kasten, der irgendwie in der Loge steht.

22. 1. Traum von gestern: Ich äussere mich über Hölderlins Empedokles (den ich wirklich eben lese) meinem Sinne nach etwas ketzerisch, was ich auch betone,– zu wenig Gestalt – ich rede auf einem Schiffsverdeck;– erhalte daraufhin einen Brief von Arthur Kaufmann, der mir's verweist. Träumte heute Nacht, dass Heini an meinem(?) Schreibtisch sässe im Schlafrock, etwa als wäre er mein Vater und mich interpel-

lierte wegen V. L.; ich erklärte ihm, es sei harmlos, aber er hatte dann eigentlich H. K. gemeint.

26. 1. Traum. Bin in Berlin? oder München. Art Theaterfoyer, will Sitze nehmen – zuerst für einen Samstag Vormittag ein Tedeum (? Sollte neulich zu Braunfels Tedeum gehen) – auf der Tafel steht: »Der letzte Sitz« 15 Mark, ich kaufe ihn, was mir etwas nobel vorkommt; dann für eine Shakespeare-Vorstellung Mass für Mass??, die leider nicht Abend, sondern Nachmittag stattfindet, Moissi hat sich irgendwie schlecht benommen.(Dtg.: Meine Ansicht von ihm!) – Ein Herr, Direktor Bellak von der Länderbank, aber er ist irgendwie im Traum Sekretär von Reinhardt oder dergleichen – geht ziemlich wichtig herum, ich sage ihm, dass ich schon gestern gehört, wie klug er sich in dieser Sache benommen. Er ist magerer als in Wirklichkeit. (Dtg.: Er ist sehr dick – neulich kam ich mir nicht höflich genug gegen ihn vor und mache es nun im Traume gut.) Gehe über einen grossen Platz – Stufen rechts in Ellenlänge führen zu Säulen hinauf – ganz vage Beziehung zu irgend einem Genueser Platz. Ich weiss, dies ist die andere Seite von dem Theater, das neu gebaut wird. (Dtg.: Vielleicht Neubau Teplitz.) Dann Bahnhof-Perron Paris, erwarte meine Leute – der Zug fährt ein;– vielmehr ich sehe nur das Coupé;– darin meine Schwester (oder Tochter), Heini oder Julius, meine Mutter (nicht O.),– und mein Vater. Dieser bleibt düster sitzen, grüsst mich nicht – wie zerfallen mit der Welt, sehr müd und alt, die Haare unordentlich, besonders am Nacken. (Wie ich sie Früh manchmal an mir ärgerlich sehe, weil solche Details mir das Alter bewusst machen.) Endlich steigt er aus, wir entfernen uns Alle. (Dtg.: Das Ganze Erinnerung an mein Abholen der Meinen in Chur 1914.) Wir sind nun Alle wieder in dem Theater, das eigentlich ein Hotel, in einem schmalen Gang, von wo das Foyer sichtbar. Jemand sagt, dass irgendwas praktisch sei in Hinsicht auf Lili: sie könne hier allein auf uns warten oder so ähnlich.–

(Die düstere Erscheinung meines Vaters blieb mir sehr deutlich, Deutung offenbar, dass mir die Reise nach Baden-Baden zu weit sei (dessen Entfernung ich oft mit der nach Paris fast gleich setze) – dann meine Allgemeinstimmung.

15. 2. Träume u. a., dass ich mit Heini in irgend einer fremden Stadt in einer Buchhandlung bin. Ich finde einzelne Bände von einem grossen französischen Roman. (Dtg.: lese Zola, die von Lucy Jacobi übersetzte ›Nana‹, mit mässigem Behagen.) Ärgere mich (er heisst Madame A. und ein Frauenname). Äussere zu Heini: Sowas kann doch nur bei Heller vorkommen. (Er ist zugleich sichtbar, aber mit langem, weissem Bart, entfernt und unhöflich.) Man denke sich z. B., dass man in einer Pariser Buchhandlung von Schillers Geisterseher nur einige lose Bände fände. Dann lese ich einen Brief an mich von Gusti Glümer; eine Seite, am Schluss heisst es (ungefähr): »Es geht Ihnen sehr gut, wie man hört, die Weiber sind hinter Ihnen her.« Und dann eine Zeile für sich: »Baum blühe!« – (V. L. telefonierte mir neulich aus Edlach, sie blühe.) (Die Deutung wurde durch einen folgenden (oder vorhergehenden) Traum noch klarer.)

17. 2. Traum, dass mir Dr. de Koos (der endlich in meine Tantiemen-Forderung, Burggastspiel Liebelei eingewilligt) mir 10.000 holl. Gulden schickt für Vorträge aus meinen Werken, dazu vier Seiten lange Liste.

19. 2. Traum von O. Dass sie sich irgendwie durch mich gekränkt fühlt.– Dann oder früher? von H. K., sie macht mir Vorwürfe wegen Untreue;– plötzlich sind wir im Prater zwischen Buden, sie noch verstimmt, ich erhebe mich, fliege im Schlafrock, über ihr, ziehe sie zu mir herauf, worauf der Traum einen erotischen Charakter annimmt. (Dtg.: Gott und die Bajadere, Lektüre von Nana.)

22. 2. (Edlach) Traum: Dass Heini am Tisch (etwa meiner Eltern Speisezimmer) auf meinem Schoss sitzt (sich an mich klammernd – etwa Vampyr (Dtg.: Hans Müller Stück!), irgendwas Heiteres sagt, ungefähr als wäre ich Schwarzkopf oder etwas von ihm, ich weise ihn nicht deswegen, sondern darum zurecht, weil er mich immer unterbricht, öfter mit schlechten als mit guten Witzen. Dann bin ich Alserstrasse, Ecke Langegasse. (Dtg.: Doppelnovelle: Die Maskenleihanstalt! Zugleich nah von V. L.'s Wohnung.) – Könnte noch beim Optiker Fritsch mein Glas holen (tatsächlich ist der Optiker Fritsch in der Nähe, indess habe ich tatsächlich mein Weitglas in der Währingerstr. in Reparatur. Dtg.: Ich will klar sehen!). Es fällt mir ein, da ich so früh in Wien bin, könnte ich noch C. P. telefonieren und sie besuchen.

1. 4. Heute Traum von einer Art Reichsstrasse, Auen zur Donau, freue mich, dass es eine Parkanlage geworden und des Blicks die jenseitigen Ufer hinauf. Neulich Traum von einem grossen Hund, stecke meine Hand in sein Maul, frage (wen?), ob er nicht doch beisse;– er hat mich zwar gern, aber hat doch Tendenz dazu scheint's; man(?) beruhigt mich;– in der Nähe, so gut wie unsichtbar, ein kleiner, weisser Hund.

2. 4. Träume drei hintereinander. Zuerst ein Angsttraum – irgendwer oder -was bedroht mich (in welcher Weise unklar, vielleicht nur geistig) – endlich so sehr, dass ich an meinem Pult stehend mit gebeugtem Kopf meinen Stock schwinge oder schützend vor mich halte. (Den Stock, den mir vor mehr als 30 Jahren honorariter Lola Beeth geschenkt und den ich nie trage, früher oft.) Ich schreie oder weine – so laut, dass (wie mir noch im Traum scheint) Lili aufwacht, auch weint und Vater ruft;– ich schon wach rufe Lili (sie hat nichts gehört), schlafe wieder ein.– In einem Zimmer mit Heini, der mir sagt, er kränke sich über mich, was mich so bewegt, dass ich auf die Kniee stürze(?) – dann träume ich, dass ich mit

Hugo vor dem Stadtbahnhof Währingerstr. vorbeigehe und er mir irgendwelche, ich glaube, auf meine Lebensweise bezüglichen Vorwürfe macht. (Deutungen: Zum ersten Traum: Die letzten Gespräche über Okkultismus, zum zweiten: meine Gespräche mit Heini über Lili, zum dritten: dass ich neulich von Hugo erzählte, wie er mir auf einer Schweizer Reise 98 meine Verschwendung (Bambusflasche zu 4 Francs) zum Vorwurf machte.)

7. 4. Traum: Heini soll den Fritz in Liebelei spielen. Ich erfahre, dass O. die Christine spielen soll – doch fürchte ich Gegendemonstrationen wegen ihres Benehmens gegen mich. Dann auf der Bühne vorn links, an einem Tisch eine Schauspielerin, einen Brief schreibend, nicht etwa als Stück gesehen, sondern als wäre dies ihre Art; sie blinzelt zugleich einem oder zwei Herren zu, die gegenüber quasi auf der Galerie oder in einem anderen Hotel sitzen.

14. 4. Vm. Frau Barjanski, die an meinem Wachskopf nach wochenlanger Pause weitermodellirte und mir von einer momentanen Ehekrise erzählte. (Mein Traum von ihr heute Nacht; der Tisch an ihrem Divan,– das Kästchen (etwa Ordinationskästchen) das ich öffne – und das Manuscripte? von ihr enthält – ich will nicht, dass sie glaube, ich hätte spionirt und schließe es schnell.) –

16. 4. Träume von einer Art orientalischen Küste, von der ich mit Bertha Brevée abfahren soll;– sie ist nach einem grossen Erlebnis, ich denke, sie muss schonend behandelt werden – wähle daher –!– Virginia möglichst licht (auf dem Schiff) für sie aus, merke, dass ich eine Havanah-Virginia erwischte,– sie soll es nicht merken.– Sie sieht irgendwie aus wie – Jeanette.

17. 4. Pressburg. Traum von gestern: Dass B. B. mir ihr Stück vorliest – u. zw. in dem grossen Maria Theresia-Bett (das sie

neulich in der Hofburg gesehen). Zuerst wende ich allerlei ein – endlich schweige ich, sie ist erfreut – da merkt sie, dass ich eingeschlafen bin.

29. 4. Traum: Mit den Kindern? in Schönbrunn – schönes Blumenparkett, will zum Hietzinger Tor – dort im Park eine italienische Barockkirche; bin verwundert, dann verstehe ich's – war ja immer da, steige die Stufen hinauf (das Ganze coulissenhaft), drinnen ein grosses Wandgemälde – viele Figuren, etwa Mönche, aber ganz verwischt, uralt – darüber in die Köpfe hineingemalt ein riesig grosser französischer? Generalskopf, der aber bald mit dem linken Aug, bald mit dem rechten zwinkert, die Mundwinkel, die Schnurrbartspitzen bewegt – es erscheint mir kitschig;– durch andere Türe fort – Hotelgang, sobald ich ihn passiert, wieder auf der Schönbrunner Seite gleich in meinen Garten, aber eigentlich meine »Hietzinger Sommerwohnung«.– Will in Schränke etc. was räumen,– aber Wucki lässt Reinemachen, ich bin empört, beklage mich (zu wem?), dann kommt Wucki und entschuldigt sich.

30. 4. Zu bemerken die häufigen Fliegeträume der letzten Zeit.

8. 5. Schlafwagen Wien – Berlin. Traum von einem Schiff; ich und eine Reisende oder Sklavin? Ein Kapitän war da,– ich oder ein Fremder – irgendwie arabisch; er (oder ich?) sprach zu Heini, als wollte er ihm (wofür) eine verspätete Strafe androhen. – Dann von H. K.

12. 5. Kopenhagen. Traum sehr deutlich von meinem Vater. H. K. sich früh morgens aus meinem Zimmer durch andere (es ist etwa Burgringwohnung) vorsichtig ins Speisezimmer stehlend, um von hier zu verschwinden. Ich weiss, dass der Vater sehr unzufrieden damit,– ohne es zu sehen (auch die Mutter?).

16. 5. Kopenhagen. Traum heute Nacht. (Dtg.: Im Reiseführer stand von den Särgen der Könige, die in den Pfeilern der Roskildenkirche aufrecht stehen, so dass man sich vorstellen könne, die Häupter der Könige trügen das Dach; ich hatte es aufgefasst, als seien die Steinbilder der Könige reliefartig angebracht und suchte vergeblich.) Ein Saal, etwa Kirche – rings in Nischen riesig, Thronsessel, auf denen (lebendig) kostümiert irgendwelche hervorragende Personen sitzen,– sehe eine, etwa wie Reimers (Shakespeare, Burgth.) – ein Sessel frei, unklar für wen bestimmt, ich komme in Frage, aber ein Artikel von Stefan Grossmann (ich sehe die Zeitung) greift mich an und die Sache ist zweifelhaft.

22. 5. Stockholm. Traum. In der Währingerstrasse mit Kolap. Bin erfreut, dass ich beim Heimkommen so wenig Briefe gefunden, sie etwas indigniert. Dann überlege ich, ob ich abends(?) mit C. P. zusammen sein könnte – schon am ersten Abend – schwer; die Eltern würden sich kränken (ich sehe Papa in der alten Burgringwohnung vor mir).

25. 5. Berlin. Doras Traum. Meine Beerdigung. Ich hätte gewünscht, dass alle Frauen erscheinen, mit denen ich Beziehungen gehabt. Sie war erstaunt über die Masse, dann entstanden peinliche Rangstreitigkeiten über die Reihenfolge, in der sie meinem Sarge folgen wollten.

Traum von heute Nacht. Ich sollte in einem Stück auftreten und zwar neben Eva (wer?) als Adam nackt, was mir peinlich war;– auch bewies ich (wem?) die Unmöglichkeit, sah mich dann aber doch so.

27. 5. Berlin – Wien, Schlafwagen. Traum: Vorlesung in Dänemark. Ich lese Hirtenflöte vor – merke, man hat mir den Anfang gestrichen. Ich überlege, wie ich es nun mit dem Schluss machen soll;– neben mir reden laut Klenau mit noch jemandem,– ich ergreife die günstige Gelegenheit und erklärte,

dass ich die Vorlesung abbreche. Auch Sophus Michaelis ist im Traum, dessen Novellensammlung ich eben zu lesen angefangen.

7. 6. Traum, dass der kleine Franzl L. mich immer wieder, halb im Scherz, an Händen und Füssen zerkrallt und zerbeisst. Ich wälze mich endlich vor Schmerz und Angst vor dem Boden; seine Mutter macht ihm, wie ich um Sukkurs schreie, gelinde Vorwürfe. Eigentlich aber ist es ein kleiner Hund und jemand sagt mir, ich müsse mich doch jedesfalls mit Pasteur impfen lassen. Ich wache dann nicht ganz ohne Absicht auf. (Dtg.: Ich sprach neulich (auch zu L.'s), dass meine Hundeträume aufgehört hätten;– Erzählungen V. L.'s über ihren Mann; ein Artikel über Hundswut, den ich vor ein paar Tagen las.)

13. 6. Gösing. Traum: Burgtheaterprobe zu einem Stück von Heinrich Mann; sehe den Schluss, irgend ein Abschied, französische Revolution, etwa Frau Lewinsky als alte Marquise. Ich empfinde es als sentimental; muss aber doch weinen;– schiebe mich durch Parkettreihen, um Salten zu vermeiden, damit er mich nicht wieder auffordert mit ihm nach Pressburg zu fahren (was ich anfangs nächster Woche tun soll); erfahre (von wem?), dass die jugoslawische Krone 15 Millionen steht (Dtg. aus der vorhergehenden Nacht); (Dtg.: Mann, Madame Legros).

Weiterer Traum: Jarno will den Ruf des Lebens zur Verfilmung; Frage nach den Bedingungen. Er: Die werden Ihnen jedesfalls recht sein, 176 Millionen, was im Traum nur 4 Millionen weniger war als 200; ich bestehe auf Perzenten, das Ganze spielt sich im Volksgarten ab(?).

2. 7. Baden-Baden. Traum in der ersten Nacht hier. Ich spreche Dr. Lichtenstern in einem Hausthor etwa Garnisongasse; ob er

bald nach Venedig zu seiner Frau fahre; er bejaht, aber deutet mit Thränen in den Augen an, daß bald Scheidung erfolgen werde. Ich erwidre, daß ich aus Erfahrung wisse, wie bitter dergleichen sei, dass es aber doch das beste.

18. 7. Träume, dass Heini von Napoleon zum Tod verurteilt war, aber begnadigt wurde; ich frage Heini, wie er in der Nacht vorher geschlafen, er sagt: »Ganz gut.« Ich bin empört über Napoleon und erkläre, dass er absolut kein grosser Mensch sei! (Dtg.: Medardus-Film! Identifizierung Heinis mit Medardus. Meine Erbitterung gegen Napoleon: Ärger über die albernen Sachen im Film;– Antipathie gegen das Vallentin'sche Napoleonbuch – endlich meine tatsächliche Auffassung, dass Napoleon ein unendlich bedeutender, aber absolut kein grosser Mensch gewesen ist.)

4. 8. Salzburg. Traum. (Zum ersten Mal) von K.

20. 8. Celerina. Viel geträumt, u. a. von einem Gemeinderat, etwa Blumenfeld geheissen, erscheint ein höhnischer (antisemitischer) Nekrolog über Sonnenthal; – aber ein Flötist in seinem Trio heisst Pisko,– ich sage zu Richard und Salten: »Ich werde vor sein Fenster gehen und hinaufrufen: »Sie vergessen, dass P. auch ein Jude ist.«« Ich gehe einige Schritte, das Fenster im Währinger Rathaus steht offen, aber auf halbem Wege kehre ich um. S. sagt: »Sie hätten es tun sollen, es wäre von unberechenbarem Vorteil für Sie (etwa im Sinne: für Ihre Stimmung, Ihr Selbstgefühl) gewesen«; dann eine Bergbahn, in einem Coupé Heini und ich; Olga in einem andern. An einem Coupéfenster als unsere Magd, die (vor zwei Jahren verstorbene X. (Name entfallen) die ein Zeichen macht, als wäre noch Zeit; nämlich für etwas mit dem Gepäck;– es steht mit O.'s Übersiedlung im Zusammenhang und ich verstehe nicht ihre Gleichgültigkeit.– Dann in der Stadt, Bücherladen, etwa Lechner, aber Schokolade drin, es fällt mir ein:

Weihnachten. Ich habe Kolap noch nichts gekauft. Aber es ist ja erst Juni;– die Schulerstrasse spielt hinein, wo ich die Ulrike Woytich hinversetze, die ich eben lese. Jemand sagt: »Erwerbsteuer habe zehntausend Perzent Zuschlag«, ich berechne, dass ich dreissig Milliarden zahlen muss und lache.

1. 9. Celerina. Gegen Morgen viel geträumt. (Oft Zahnschmerzen wegen Knirschens.– Wohl die ungewohnt reichliche Nahrung.) Manches, dass ichs vor Grauen oder Aberglaube nicht aufschreibe. Dann: mein offener Hängekoffer – steht in irgend einer Wohnung Universitätstrasse (etwa gerade so weit von Frankgasse wie jene Häuserreihe Währingerstrasse, die immer in meinen Träumen wiederkehrt). Lege (in meine schwarze Mappe) die Tagebücher hinein, denke, ich habe eine glückliche Zeit verbracht, werde es gern lesen, muss es verbergen (irgendwie vor Vater). Irgendwer zeigt mir (als gleichsam im Tagebuch enthalten) Bilder von Träumen. Eines: links eine Landschaft, rechts Schiff auf hoher See, in der Mitte eine weibliche Figur mit einem Täschchen, darin ist, wie mir der Erklärer sagt und als charakteristisch für Traum bezeichnet, ein Bukett für den Friedhof, das sie vergeblich sucht. (Dt.: sehr vielfach: Das Schiff auf hoher See: Prinz Arduins Schiff ›Verführer‹. Das Gesamte, etwa das Bild, von dem Johanna im ›Einsamen Weg‹ spricht. (Nachricht, dass dieses Stück czechisch aufgeführt werden soll.) Die Figur, resp. das Gesicht ähnelt dem Titelbild eines französischen Romans, den ich mir gekauft ›Les deux rives‹.) Dann Josefsplatz, auf einer Bahre, es soll aber ein Bett sein, wird gegen den Schweizerhof zu eine Art mumifizierte Leiche getragen, was aber mit Tod und dergleichen nichts zu tun hat, eher mit Burgtheater,– der Kopf sieht Schott ähnlich (was mir bewusst ist), zwei Frauen, ältere, sind irgendwie beteiligt (Ulrike und Anastasia Woytich). Auf der Währingerstrasse (Versorgungshaus etwa) spricht jemand zu mir, dass Hartmann um elf Uhr Vormittag Theater spielen müsse, wie übrigens alle pensionierten oder verstor-

benen Burgschauspieler (quasi Ersparungsmassregeln);– ich gehe neben der Bleibtreu (die ähnlich, aber doch anders aussieht), sage, wie schrecklich die Vorstellung ›Weites Land‹ trotz Korff war. Man könne eben nur am Burgtheater spielen –; wenn man nur an die Bleibtreu denke;– und versichere sie zugleich, dass ich total vergessen habe, sie gehe neben mir – was aber eine Unwahrheit ist.

4. 9. Schuls-Tarasp. Traum. Alma Mahler lädt mich ein, geht vorher Oper, wo Première einer Oper von W. G. stattfindet, lädt ihn aber nachher nicht ein. Neulich träumte ich, während ich Pianino spiele, schmiegt sich ein kleiner weisser Elefant, wie ein Hund, mir zu Füssen.

12. 9. Lochau. Träume u. a., dass Dr. Karolyi mit einer langen Nadel in meinen Zahn sticht, was mich (nach vorheriger Angst) gar nicht schmerzt und sagt: »Der Nerv ist eben tot.«

O., der ich meinen Traum erzähle, meint, er sei leicht zu deuten. (Sie meint offenbar, es schmerzt nicht mehr.)

13. 9. Lochau. Traum. Eine ›Liebelei‹-Probe; ich sage zum jungen Reimers, der den Fritz spielt (was tatsächlich), er möge seine Schlussworte »zu Ende« deutlich sprechen (er steht irgendwie tiefer wie im Orchester), damit ich sie, der die Schlussgeste hat, höre; ich stehe auf der dämmerigen Bühne, in der Mitte an einem Tisch, habe etwas mit trockenen Blumen oder einem Salzfass zu tun.

Dann träume ich, dass wir Lisl erwarten,– weiss vag, dass sie tot ist, aber hoffe, dass ihr Kommen die Wirrnis zwischen mir und Olga löse.

24. 9. Traum von O. (wie manchmal in der letzten Zeit) auf Reisen. Erst mit Heini im selben Zimmer? Olga zu mir zärt-

lich,– ich erwache im Traum aus dem Traum, weine in der Empfindung, dass O. im Nebenzimmer; träume weiter; nun kommt O. wieder, empfinde ihre Berührung – Hand auf meiner Stirn, ganz körperlich (wie in Träumen vor zwei Jahren), weiss, dass es kein Traum,– und erwache wirklich.

2. 10. Träume. Ein Saal oder eine Riesenloge. Ich sitze vorn seitlich bei einer unhübschen Dame;– rückwärts in einem Bett liegt V. L.; ein blonder Herr mit Brille sitzt daneben; sie spricht lebhaft mit ihm. Dann sitze ich mit ihr, an einem Tischchen, gegenüber offenes Fenster, ein unbekannter kranker Mann liegt im Bett; Dr. L. steht neben uns und V. L. sagt, wie eine Gelegenheit ergreifend, ungefähr: »Eine solche Viertelstunde musst du uns täglich gestatten.« – Plötzlich drüben, neben dem Mann, eine Frau und ein Kind; die Frau lehnt das Fenster zu.

21. 10. Träumte, dass ich in einer Hotelhalle wartete,– der Portier sagte mir, Dr. Lichtenstern wäre schon dagewesen nachfragen, ob telefoniert worden sei;– zugleich sehe ich, quasi als Dr. L. Kainz dort stehen.

28. 11. Träumte heute, dass ich in einer Art Kurort zwei Bergstöcke kaufen will, in einem Kiosk;– irgendwie geheimnisvoll, denn ich lasse C. P. hinter mir zurück; dann merke ich, es sind nicht Bergstöcke, sondern ein zopfartig auf zwei Stäben gewundenes schmales Stöckchen und eine kurze Reitpeitsche; ich will sie (auch im Geheimen) umtauschen;– die Verkäuferin soll morgen Früh auf Urlaub gehen;– ich sitze auf einer Hotelterrasse, am Meer, vor einem Pianino? Sonne; eine Dame mit Kind, der ich Platz räumen will, – dann kommt die Verkäuferin in hochgeschlossenem schwarzen Kleid, vornehm, irgendwie ein Gemisch der Aurelie in meinem Stück und H. K., ich trage ihr meinen Wunsch wegen der Stöcke vor, mit der Bemerkung, dass wir uns ja nie wiedersehen werden.

1. 12. Traum von V. L., die sich zärtlich und ermutigend benimmt; doch in einer Atmosphäre von Freudlosigkeit. Sie sagt: (ungefähr) »Ist es nicht merkwürdig, dass wir trotzdem nicht glücklich sind?« Darauf ich: »Ich wollte Ihnen eben auch sagen, dass ich melancholisch bin.« Das Ganze begibt sich in irgend einem Zusammenhang mit dem Wiedner Theater, als befänden wir uns in den dortigen Bureauräumen. (Dtg.: Meine Übellaune im Gespräch gestern mit C. P., telefonische Klagen von V. L., mein Brief an den Verlag Karczag.) Ich habe (im Traum) Schwierigkeiten, wegen C. P. ein Rendez-vous zu bestimmen, hätte Montag Nachmittag eine Besprechung in Filmsachen. Darauf V. L.: Ich dürfe jetzt keine anderen Verpflichtungen haben. Dann: Früh morgens in einem Hotelzimmer auf Reisen, mit C. P.(?) – Eine andere (beide unsichtbar) ist zu Besuch da;– Klopfen; ich im Schlafrock auf den Flur (kleine Halle), dämmrig; Scofield Thayer ist mit Manuscripten oder Verträgen da, zur Unterschrift;– er ist jetzt Portier in einem Nachtlokal, hat aber, wie er selbst erwähnt, einen goldenen Knopf in der Mitte der Mütze. (Dtg.: Brief von Thayer wegen seines Verlages.) Dann: an einem Roulettetisch;– ich habe tausend Kronen in Friedenswährung verloren,– schwanke, ob ich noch setzen soll,– die beiden Sätze verlor ich auf Schwarz, will rot setzen, da merke ich,– indem der Croupier eine halbe Semmel aufhebt, dass schwarz kommt. Ich könnte noch setzen, aber scheue vor der Unehrlichkeit zurück,– der Croupier beziffert meinen Verlust auf 1032 Kronen; ich sage ärgerlich: »Warum nicht einfach 1000?« Der Croupier hat einen Vollbart, die übrigen (wenigen) Mitspieler bleiben unsichtbar. (Dtg.: Die Lektüre der Dostojewsky'schen Briefe über sein Spiel in der Neuen Freien Presse.)

21. 12. Träume: Eine Art Theaterstück, das zugleich Wirklichkeit; eine Frau in einem kleinen Zimmer, ein (unsichtbarer) Mann, irgendwas Mörderisches ist vorgefallen, Dolchstich er oder sie?– Sie hat plötzlich den Rücken nackt durch

zerrissenes Kleid. Es ist etwa die Wilke. (Dtg.: Heini sagte gestern, dass man ihr vielleicht die Irene Herms geben würde.) Irgendwie steht C. P. mit dem Vorfall in Zusammenhang, sie darf aber nichts wissen, ich gehe mit ihr in trübem Wetter eine Strasse, Vorort Wien, hügelig,– uns zugewendet, reliefartig zwei Häuser, das eine ein Gasthof, Zum braunen Hirschen, roter Ziegelbau, ich sage zu C. P., wie sehr dieser Gasthof verändert. (Gestern Restauration Brauner Hirsch!) In der Mitte der Strasse eine Art Schlot, aber nur eine Wand, die zusammenklappt wie eine Dekoration. Es ist irgendwie die Spinnerin am Kreuz.

26. 12. Gestern in unruhiger Nacht bei völligem Wachsein distinkte Bilder, die zwischen Vorstellung und Halluzination stehen und bis zu einem gewissen geringen Grad meinem Willen unterliegen. So erschien mir für eine Sekunde – bildete sich vor meinen Augen, ein Barockaltar mit allen Details;– wohl beeinflusst durch den Weihnachtseindruck der Währingerkirche.

1924

1. 1. Traum. Unklar – von einem düsteren Streit mit O.,– gingen durch einen Hof in unsere quasi im Hinterhaus gelegene Wohnung,– im Hof sassen, standen an der Mauer einige Leute, darunter Schönherr, vielleicht auch seine Frau, die sich absichtlich (diskret) abwandten.

2. 1. Träumte in verflossener Nacht von einem zum Gersthofer Gürtel versetzten Kino, das aber nur als unvollendeter Zirkus dastand. (Häufiger Traum von dieser Gegend, die im Traum aber immer verändert aussieht.)

3. 1. Träumte vom Krankenhaus,– in einem Saal lagen auch Pestkranke,– ich war Arzt und sehr besorgt mir die Hände nur sorgfältig zu waschen; und verwundert, dass ich noch nicht krank geworden. (Das Hospital irgendwie Dekoration des ersten Kapitels des neuen Romans, den ich weiter schreiben will;– Pest: ich sagte neulich, wir hätten ja eine Art Pestepidemie (Influenza) durchgemacht.)

Dann träumte ich von der Meistersingerouverture, ich dirigierte aus einer Partitur ins Leere, war aber innerlich der Musik gewiss;– sah dann etwa die Dekoration des ersten Aktes – Beckmesser war schlank und edel, umarmte Sachs oder Stolzing, Symbolisch hatte jeder(?) einen (drei?)fach aufgeschnittenen Rettich in der Hand, die Schnittflächen mit Salz bestreut; auch eine Gruppe zu Dritt,– von rückwärts, umschlungen, wie Botticelli-Figuren war zu sehen, etwa in der Mitte ein weisser Engel und rechts und links Beckmesser(?) und Sachs. Das Ganze in Beziehung zu der (nicht durchaus sichtbaren) Kirche. (Dtg. Kolaps Entzücken über die letzte Meistersinger-Aufführung;– ihre Bemerkung: »Wiedemann mache aus dem Beckmesser eine tragische Figur«,– die Botticelli-Figuren: Bilder in Meier-Graefe; die Rettiche?– wohl sexuale Bedeutung.)

6. 1. Traum. Ich soll in ein Absteigquartier zu M. R., die vor bald 25 Jahren starb; gehe aber statt dessen (oder vorher) in eines, wo ich H. K. in einer Art Alkoven zu Bett finde. Sie stürzt sich so gierig auf mich, dass mir graut, was ich benütze, um aufzustehen, umso mehr als im Zimmer eine Gesellschaft (irgendwie bourgeoishaft) sich befindet, ohne sich übrigens um uns zu kümmern oder uns zu sehen. Es gelingt mir nicht mich ordentlich anzukleiden,– so dass ich in sehr derangierter Toilette dastehe. Übrigens ist nun eine unbeträchtliche, uninteressante Frau da, steht mir gegenüber am Tisch – plötzlich liegt rechts neben mir auf dem Fussboden H. K., nackt, irgendwie einer Sphinx ähnlich (wie schon in einem früheren Traum). Die Frau wendet sich indigniert ab und verlässt das Zimmer, ich, ziemlich empört, gehe gleichfalls. Durch viele Zimmer, teilweise Gesellschaftsräume, wie in einem Kuretablissement Baden-Baden,– mir fehlt der Schlüssel zum Absteigquartier,– aber ich werde ihn schon haben,– es ist ja ein Traum,– ich trete ins Freie, Abend, etwa Stefansplatz, Café Europe – es ist ½9, um ½8 habe ich Rendez-vous – und meinen Pelz habe ich oben vergessen. Also zurück, durch verschiedene Räume, in einen Theatersaal, der ist dunkel, ich kann nicht weiter, Vorhang unten,– rechts durch eine Art Vorgang, Blick in einen langgestreckten, tageshellen Garten, vielmehr einen glatten Rasen mit Vase oder dergleichen;– überdies sehe ich rechts, das gehört zur Bühne, rückwärts wie in einer Galerieloge, kostümierte Musiker, ja, die gehören zum Stück. Ich muss einen weissen Sessel, zusammenklappbar, in die Wohnung resp. zu H. K. bringen, halte ihn in der Hand, warte ab, bis es wieder hell wird, der Sessel knarrt, eine mir unsichtbare und doch als ärmlich gekleidete Person bewusste Frau ruft mir aus dem Dunkel eine Mahnung zu;– sie bezieht sich vielleicht darauf, dass ich irgendwie auf dem Vorhang, wie auf fluktuierenden Eisengittern stehe, schwanke, in Gefahr bin emporgezogen zu werden;– aber es ist ja alles ein Traum;– ich muss doch endlich zu M. R.;– ich spreche mit

Paula B.-H., die zu mir in Kenntnis meiner Untreue, und in Bezug auf C. P. sagt: »Ihre Freundin kränkt sich«;– ich sehe (ohne dort zu sein) das Haus, wo M. R. auf mich wartet,– wie unangenehm, ich habe keinen Schlüssel, muss also läuten;– das Stiegenhaus fast wie in einem Hotel, von Galerien umgeben, das Ganze rötlich, bürgerlich gehalten. Auf dem Weg zu dem Haus, werde ich in widerlicher Weise von geilen Hunden verfolgt, die ihre Brunst mir nachlaufend zwischen meinen Schenkeln zu stillen suchen. (Dtg.: Viel Todessymbolik in diesem Traum: M. R., die mich um ½ 8 erwartet (sie starb um diese Stunde);– die unsichtbare Frau, die aus dem Dunkel ruft;– der Vorhang, der mich emporziehen will;– H. K. als Sphinx;– und weniger verdeckt das Erotische und nackt-Sexuale mit auffallender Abwehrbetonung.)

10. 1. In einem Hotel auf Reisen. Ich wohne mit Lili und Olga; Abreise von mir steht für übernächsten (nicht nächsten) Tag bevor, was mich irgendwie beruhigt. Olga und Lili liegen zärtlich umschlungen auf dem Sofa. Während O. nicht da, sagt mir Lili: »Könnte ich nicht noch 14 Tage hier bleiben und Ski fahren oder nach Darmstadt fahren?« Ich rege mich sehr auf, sage, wir können das Geld nicht so hinaushauen; sinke hin, atemlos, mit einem zum Teil simulierten Anfall.– O. wieder herein, geht schwarz gekleidet (Dtg.: der Wechsel Aurelie im 3. Akt); dem 20 Jahre alten Bild auf meinem Pult ähnlich; O. sagt zu Lili: »Du hast ja deine Mutter genug«; worauf Lili (jünger als in Wirklichkeit): »Meine Grossmutter in Wien hab ich eh genug, aber meine Mutter kann ich nie genug haben....« Ich soll packen oder dergleichen, bin in Unterwäsche ohne Talar;– O. ins Nebenzimmer ohne schlafen zu gehen,– dann steht die Türe zum nächsten Zimmer (wo andere Gäste wohnen) offen, und die Nachbarsdame steht beim Nachtkastel, offenbar beschäftigt einen Ring O.'s zu stehlen. Sie erblasst und verschwindet ins Nebenzimmer, das auch ganz erleuchtet. O. ihr nach, ich bleibe gespannt

stehen, die Frau steht an einen Tisch gelehnt. O. kommt zurück,– eine lange Person, die Tochter jener Frau, breitet schützend über die Diebin die Hand, resp. umarmt sie;– die Türe schliesst sich; O. weist mir den Brillantring, den sie also zurückerhalten. (Sie hatte nie einen – die Gräfin W. sprach gestern von Grete Kainz, die den einen berühmten Brillantring noch nicht verkauft habe.–) O. sieht ganz anders aus, gross, in einer gelblichen Tracht, fast wie Schwesterntracht.–

Vorher träumte ich, dass ich Rad fahre, sehr geschickt, die Tasche unter einem Arm, durch Häuser,– statt in eine Toreinfahrt (wie ich glaube) – in eine Höhle – dann in einem Hof herum, der nah der Mauer ein abgründiges Loch hat, ich vermeide geschickt, drehe das Rad unter mir öfters im Kreis um seine Achse, wundere mich, dass O. und Lili meinetwegen so wenig ängstlich sind.

11. 2. Traum von einem Wald. Am Rand stehen Gusti und M. G.; viel jünger und grösser, ich habe sie anfangs nicht erkannt und sage es. Sie stehen etwas abgewandt und gleichgültig. Ferner träume ich, dass ich in einem Amt, etwa Passbureau zu tun wegen Pässen für die Kinder. (Gespräch gestern mit Lili ob sie ev. mit Heini nach Grado will.) – Irgendwelche Schwierigkeiten – ich sitze auf einem Sessel. Eine (nicht recht erkennbare schlanke) Beamtin feuchtet meine Brust mit Alkohol oder dergleichen aus einer Flasche an. Ich wundere mich, dass sie meine Herzschmerzen, die ich selbst nicht verspüre, erkannt hat. Habe am Morgen tatsächlich Herzweh (leichten Grades). (Dtg.: Beziehung auf Trennung von den Kindern;– ferner auf Ratschläge Kolaps wegen Medikament.)

27. 2. In die Träume verfolgt durch Schwierigkeiten mit dem ›Verführer‹. (Ein Schlüssel zum Safe, den ich nicht finden kann.)

9. 3. Gestern ein Traum von verschiedenen Einkäufen, die Lili gemacht, darunter eine Art Aquarium; ein paar Goldfische fallen heraus, zappeln auf dem Tisch;– ich weise sie an, die Tierchen anzufassen, wundere mich, dass es sie nicht graust.

Heute ein Traum, dass eine Art wütender Katze, sehr klein, in einem Hof umherrast, Salten erfasst sie mit einer Art Harpune, um die sie sich dreht und in umherspritzendes Blut und Fleisch zerfällt, wovon S. mehr beschmutzt wird als ich. Er scheint mir gefährdet. Ich steige oder fahre vier Stock hinauf,– dort oben, im Deutschen Volkstheater wohnt Salten nämlich, irgendwie atelierhaft;– ich will ihn warnen; plötzlich beim Wagen einsteigend erkläre ich ihm, er müsse sich jedesfalls im Pasteurinstitut impfen lassen (und frage mich, ob ich nicht auch). Trotz dieses sehr peinlichen und mehr noch widerlichen Traums schlief ich 7 Stunden und wachte ohne Kopfschmerzen auf.

17. 3. Traum: Mit C. P. zum Raimundtheater, habe Sitze vergessen (wie wirklich schon einmal). Der Garderobier (Kassier) moros; Heini findet Direktor Beer nicht;– ich trotzdem ins Theater, setze mich auf irgend einen Parkettsitz, C. P. auf einen andern weiter rückwärts. Aufführung eines Stücks in unklar barocker Dekoration; Inhalt nicht erinnerlich – grosser Applaus – verlasse meinen Sitz, spreche am Orchester Dr. Beer, der mich fragt, ob auch Frl. P. (ganzer Name) da sei. Weist mir zerstreut irgend einen eben leeren Sitz ein Teller mit Glas darauf, ich nehme Platz; mein Winterrock ist fort, dafür finde ich einen weiten schwarzen Mantel, den ich umwerfe; das Stück geht weiter;– u. a. ein ungeheurer schwarzer Käfig zu sehen, der zugezogen wird (Dtg.: Rote Mühle von Molnar, Kinoelemente); C. P. sitzt weiter rückwärts, übel gelaunt;– Riesenerfolg – zwischen Logen und Parkett gelehnt ein Schweizer Offizier, blonder Schnurrbart, macht mich aufmerksam, dass ich einen **schweizer** Offiziersmantel trage;

man sei sehr streng in dieser Hinsicht. Ich erkläre, er sei gegen meinen Winterrock vertauscht, er höflich; ich möchte mich später zu ihm bemühen, er notiert etwas; neben ihm verschwommen steht ein grösserer Offizier. Wieder auf meinen Platz. Neben mir eine ältere Frau aus dem Volk, anfangs mit Kind im Arm; sie sagt irgend etwas Abfälliges über den ›Reigen‹ zu mir, und auf eine Bemerkung von mir: »Sind Sie vielleicht der **Sch.** vom Reigen? Warum schreiben Sie solche (Epitheton?) Sachen.« Zwei unsympathische Herren neben mir hören zu. Auf der Bühne irgend eine Riesendame wie aus Papier maché, die hingelegt wird, ihr Gesicht zerplatzt, sie spricht aufgeregt, was irgendwie komisch. Schluss des Stücks. Ich schlinge den Mantel um meinen Arm, um nicht als Dieb verhaftet zu werden. In irgend einem Moment war ich auch ohne Rock in Hemdärmeln;– suche einen weniger belebten Ausgang, gerate in eine Art Nebenschiff,– das Ganze hat Kirchencharakter; treffe den Grafen Lanckoronski (den ich neulich beim Bundespräsidenten sah, bei welcher Gelegenheit ich zu Hans Müller von L.'s Klerikalismus und seinem im ›Bernhardi‹ verwendeten Ausspruch sprach: »Es gibt Dinge, an die man nicht rühren darf.«). An einem Billeteur durch Glastür vorbei, ziemlich allein ins Freie; es ist ein mittelalterlicher Platz, der sich nach unten senkt; kalt, ich fürchte mich zu erkälten. Hier kann ich wohl den Mantel umnehmen: am unteren Ende des Platzes scheint mich C. P. zu erwarten, da kommen zwei mittelalterliche Ritter, wollen wohl C. P. ermorden; aber da ich einerseits merke, dass es nicht C. P. ist, andererseits das Ganze unwirklich ist und zum Theaterstück gehört, wende ich mich ab und erwache.

10. 4. Träume, dass ich über breite Stufen von höher gelegenem Stadtteil unter drohendem Gewitter zu dem am Meer gelegenen Kai eile, mit Regenschirm, das aufgeregte Meer wogt über dem Kai; ein Schiffsunglück, unklar, zwei Menschen, die ich eigentlich nicht sehe, dem Ertrinken nahe;– ich

fühle es als unlauter dies als Schauspiel zu betrachten, höre (unkörperlich) wie einer zum andern (der ihn oder den er retten wollte) vor endgültigem freiwilligen Sturz ins Meer zuruft: »Los zum Tod!«

12. 4. Traum von Heini und Lili, die im Bad in einer Wanne nachtmahlen. Ich sehe auch einen kleinen See, der mir zum Baden zu klein vorkommt;– O. ist irgendwie in diesem Traum und eine sehnsüchtige Zärtlichkeit nach ihr.

14. 4. Traum: In einem Flussbad mit Lili, die ganz klein auf dem Arm (Erinnerung an Brioni);– ich will sie durch den **seichten** Fluss weiterschreitend an eine entfernte seeartige Ausbuchtung bringen, wo O. ist. Lili sagt (ungefähr): »Warum denn? Du sollst mich nur hinbringen, wenn ich es selbst verlange.«

20. 4. Unter vielen Träumen einer von der Oper, dass ich nach einer Vorstellung höchst jugendlich wie fliegend über die Treppe hinunterschwebe.

25. 4. Traum neulich von O.,– u. a. daß sie irgendwo an einem Tisch sitzend mir unwillig die linke Hand entgegenstreckt.

Träumte heute u. a. eine Art Bühnen-Variété – ein Chor von sechs Personen steht vorn (Dtg. Sechs Personen suchen einen Autor);– rechts als Zweite Olga – sehr dick und ordinär aussehend, Rücken stark decolletiert; neben ihr Ecke Wilhelm Gross – im Kostüm eines Torero. (Ich sehe sie im Traum zum ersten Mal zusammen.) (Dtg.: O Spanien!) (Die Figur der Choristin in meiner neuen Novelle.) Sie wirft sich auf die Knie (in ihrer Rolle) und fängt laut zu singen an. Heini neben mir sagt: »Wie dick die Mutter geworden ist.« (Dtg. Gestrige Bemerkung der Frau Kasch. über O. nach C. P.)

1. 5. Träumte von einer Reise, mit O. an einem wundervollen Gebäude vorbei, das ich erst von der Seite als Kirche erkannte. Ich sagte zu O.: »Nur Architektonik ergreift mich zu Tränen« und so war es auch beinahe. Nicht wahr, fragte ich, »das nennt man gotisches Barock?« was sie bestätigte.– Dann sass ich in einem Zug unter französischen Soldaten oder selbst französischer Soldat, um einzurücken oder so ähnlich, an einer Station geschah irgendetwas, auf mein Schicksal Bezügliches – alles unklar.

16. 6. Traum, es sei Krieg; irgendwie die Frauen beteiligt, auch meine, die übrigens niemandem gleichsieht, ein schwarzes, kleines Wesen; Gefahr, die Stadt belagert, ich auf dem Bett sitzend, mühe mich vergeblich meine Toilette zu beenden, mich an der Flucht zu beteiligen; es gibt für die Frauen keine Rettung;– höre irgend ein Heulen (mein Ohrengeräusch), leere, aber irgendwie fluchtschwarze Strassen,– all dies ganz vag, erwache, schreie.

29. 6. Baden-Baden. Traum: von einer Versteigerung, die in unserer Wohnung Burgring 1 stattfindet; in jedem Zimmer Leute (vage Erinnerung Buddenbrooks. Film),– im Salon an der Wand Herren in Schwarz, ein wohlbeleibter Herr (etwa Liliencron-ähnlich) mit einem Pianino beschäftigt, über die Tasten rutschend, kauft es wohl, erklärt mir etwas.

25. 7. Träume. Mit Zweig und Wertheimer in einem Wirtshausgarten (etwa Türkenschanzpark oder auch Prater). Eine Hakenkreuzergesellschaft, die uns oder wenigstens W. aus krakehligen Gründen schon erwarten. Sie stehen vom Tisch auf – Zweig und ich warten weiteres nicht ab, fliehen (tun aber harmlos) um das Wirtshaus, durch den Garten, rückwärts über ein Bretterpodium hinab, fast unter einem Wagen (Bierwagen);– der Kutscher ist einverstanden, ich liege fast unter einem Pferd,– es haut mich mit dem Huf aufs Schien-

bein (C. P. erzählt mir gestern, wie ihr Sohn Harry im Krieg neben Pferden geschlafen und von Hufen gehaut worden war). Nun komme ich irgendwie hervor und fliege im Bademantel (der Fliegetraum sehr oft!) die Hartäcker-(Friedhof-)strasse –! (Dtg.: Fräulein Else, Schluss: »Ich fliege«) hinunter, kaum ein Meter über dem Erdboden, irgendwelche Verfolgende (scherzend) zupfen am Mantel und kitzeln mich an der Fusssohle. Ich liege dann auch im Bademantel (doch sonst nichts an, während vorher Gewand unter dem Mantel) – wie schlafend, neben mir redend (wie am Wegrand) drei(?) junge Leute, einer Rambald – über Billie Tandler, ich höre nicht was – eine junge Dame, Schauspielerin oder dergleichen, im Traum weiss ich den Namen, die sich auch hier ausstrecken will, stützt sich nicht absichtslos auf meinen Schenkel, ich stelle mich weiter schlafend, sage aber auch was.– Dann in einer dunklen Strasse mit C. P. (wie gestern nach Stefanskeller);– wir suchen Hotel – auf der Treppe (es wirkt wie ein Privathaus); eine korpulente Dame – C. P. verliert einen Schuh auf der Treppe, die Dame lacht;– wir treten in die Wohnung ein; durchs Vorzimmer in ein grosses Schlafzimmer mit einigen Betten, die alle besetzt sind. Rechts in einem grossen Bett liegen, nicht nebenaneinander, sondern quasi bergab, zwei Männer, völlig gleich aussehend, blass, mit rötlichen Bartcotelettes, schlafend, sowohl an dekadente Aristokraten, als ein wenig an den Bocher erinnernd, den gestern Morris Schwartz spielte. C. P. schnürt sich seitwärts vor einem Bett die Schuhe auf. Ich erkläre, dass wir natürlich weggehen; die zahlreiche Bedienung, Kellner und dergleichen ist sehr höflich und lässt uns ruhig gehen; einer (unsichtbar) bemerkt allerdings, man sei nicht verpflichtet jedem Paar ein Zimmer für sich allein zu geben. Wieder auf der Strasse schlägt mir C. P. vor ins Hotel »Orgelputzer« zu gehen. (Dtg.: Gestern sprach sie, als wir vorbeigingen, vom Hotel Habsburg, wo sie mit ihrem Mann ein paar Tage gewohnt habe;– Orgel – »Orgie«; Putzer – den ich ihr gestern scherzhaft gab oder ihre Neigung für Putz.) Ich bemerke, dass ich eine halbe Flinte bei mir habe – der Griff zerbrochen. (Dtg.: Der **Koffer** beim Reparieren wegen der gebrochenen Holzteile;– wohl auch sexuale Bedeutung!) – Ich fürchte, man wird mich für einen Dieb halten. Wir sind nun wieder in jener früheren Wohnung;– es ist leerer, nur die Bedienung viel und unruhig – irgendwer, ein Gast(?) sagt mir: »Sie gefallen mir besonders gut«;– hinter Glas (Kassa, Buffet) die Kassierin im Gespräch mit jemandem, er sitzt neben ihr, der zuerst Herzl oder einem geringeren Juden ähnlich sieht, dann aber Richard ist; er wiederholt irgendwas zum Xten Mal, was sein Gegenüber zur Verzweiflung bringt. Ich und C. P. gehen wieder; ein Dirnchen mit zwei Herren kommt; der eine sichtlich verlegen, stellt sich versiert und äussert heiter etwas über das braune Bett drin. »Damals, wie ich allein war«;– der Andere gross, gelbe Seidenplastronbinde; sieht etwa dem Komiker König ähnlich;– der Klavierspieler kommt (sieht aus wie gestern der Begleiter im jüdischen Theater) »Für wen spielen Sie eigentlich?« fragt wer;– vor der Türe fällt mir ein: gewiss hat man mir die Brieftasche gestohlen – richtig fehlt sie;– ich knie vor der Haustür,– da liegt Portemonnaie und Schlüsselbund;– ich werde wohl auch die Brieftasche haben,– es ist hoffentlich ein Traum – und zwinge mich zu erwachen.

10. 8. Celerina. Träume von heute Nacht: Fahre von der Sternwartestrasse 71 nach Haus – das nun irgendwie Cottagesanatorium – etwa im Fiaker meines Vaters. (Der Kutscher Frank, der noch vor meinem Vater starb); plötzlich (Nacht), in der Gegend des Janowitzerhauses (gestern sprach Lili davon, dass Frau J. sie nicht gern hätte) – zwei vermummte Gestalten zu mir in den Wagen – eigentlich nur eine, rechts, offenbar Raubanfall,– ich rufe: »Halloh, wer ist da? Halloh!« und erwache.– Später träume ich, dass ich das Hauptbuch der Intendanz vor mir habe (Dr. Eckmann zeigt mir's?), die Stücke mit den längsten Titeln (das Buch ist in Kolonnen eingeteilt)

werden am besten bezahlt – ich sage: »Ich werde mein neues Lustspiel einfach ›Oh‹ nennen, da wird das Burgtheater ein gutes Geschäft machen.« (Das ›Oh‹ wohl auch durch O. bedingt.) – Ein Mensch mit Schnurrbart in Hemdärmeln steht da, bedankt sich bei mir, dass ich ihm eine Rolle gegeben, in der er drei Leute hinauszuschmeissen habe; ich (ironisch): »Die hab ich extra für Sie geschrieben.« – Der Mann könnte der Schauspieler Leicht sein, der zugleich Praterwirt ist, im ›Fliederbusch‹ spielte und der neulich widerrechtlich (unter falschem Titel) ›Anatols Hochzeitsmorgen‹ aufführte;– auch sagte ich innerlich zu O. nach dem gestrigen Gespräche über Lili: »Euch macht Ihr's leicht, mir macht Ihr's schwer.«

11. 8. Celerina – Nächtliche Zahnweh (Pressen!); dann Traum, von Auernheimer, der als Zahnarzt, unfreundlich mich untersucht und zum Extrahiren räth. Dann, in einer Art Pfeifenfutteral, oder Geigenfutteral – ein fischdünnes weibliches Wesen, unklar, ob todt oder schlafend; unnatürlich klein und gebrechlich und irgendwie unappetitlich; als wäre sie schon sezirt. (Gespräch mit Dora!)

24. 8. Luzern. Traum. In irgend einem Zimmer (auf Reisen, mit wem? Olga?), ich will meinen Vater sprechen, der gekränkt ist – er ist daneben; in einem (Gasthaus?-)Garten;– drei oder vier Herren an einem Tisch; das ist er ja, graumeliertes, dichtes Haar, nein, der nicht; da sitzt er, aber er schläft tief. Ich bin auf Vorwürfe gefasst;– nun bin ich an einer Donaubrücke,– mit H. K., die sich ärgert, weil ich ein blondes Mädchen (vorübergehend) ihr ähnlich finde;– ich will in einen Zug steigen, nach Paris; suche ihn;– Schneehaufen zwischen den Geleisen – endlich steht der Zug da, ich steige ein (mit Heini?).

1. 9. Lugano. Traum: Ich bin irgendwo mit O., in der Fremde?– Neben uns stehen Richard und Leonie Guttmann(?) O.

spricht mit mir in einer Weise, dass Richard mich fragt, ob wir denn wieder zusammen leben würden. Ich: »Keine Ahnung; aber Sie kennen doch ihre Art.« Sie redet weiter so;– ich ergreife ihre Hand und sage: »Ich will ja wieder mit dir zusammenkommen;– aber in einer tieferen schöneren Weise als in einer Ehe möglich;– es war ja die Sehnsucht meines Lebens, dass du mich endlich verstehst.– Was ich erlebt mit dir, das war ja auch nicht Betrug, es war etwas, was man mit Worten nicht nennen kann;– aber wo einem alle Fasern des Herzens (ungefähr) bluten, wenn man's je erlebt hat.« Und ich weine bitterlich. Sie: (ungefähr) »Du hast am Ende auch nichts anderes gemacht als ich, du hast es nur geschickter angestellt.« – Und fort ist sie,– irgend eine Strasse (an einem See, aber zwischen Häusern) verschwunden,– ich rufe ihr nach: »Olga« im Gefühl, dass sie mir nun für ewig entschwunden ist. Ich will, dass Leonie ihr folge, bin so erschüttert, dass ich schluchzend erwache.

6. 9. Träume: Über einen Platz, in einer fremden Stadt(?) mit Olga, die sich hysterisch auf den Boden wirft, in hellem(?) Kleid daliegt). Ich rede ihr zärtlich »Schatz« zu, aufzustehen.– Sitze mit Andern um einen Tisch, etwa Freyung, Schottenkirche nah, träume im Traum allerlei, war in diesen Träumen auch auf den Boden gestürzt, schüttle den Kopf in epileptoider Art hin und her, erwache (im Traum) und erzähle dem Nebensitzenden (was?), einer dick, wie ein deutscher Student, sagt: »Sie hätten's bemerkt, wie ich geträumt.« – Ich bin dann in einer phantastischen Badeanstalt, fahre im Boot einen Fluss (wie in unterirdischem Palast) hinab – eine Stromschnelle droht – böse Absicht gegen mich,– irgend jemand (Wer?) fährt mit mir, durch Wand getrennt;– ich halte mich an einer Säule fest; das Boot klemmt ich zwischen zwei Säulen ein. Gerettet zurück;– an einem Bassin vorbei; da badet u. a. Irene Auernh. in einer Art türkischem Kostüm mit nackten Brüsten und bemerkt selbst etwas Harmloses dazu. (Dtg.:

I. A.'s Geschichte von dem Tscherkessen in Aussee). Ich kehre noch einmal um, bin in Gesellschaft (mit wem?), um sie genauer zu betrachten. Dann eile ich in ein Hotel, innere Stadt, etwa Wandl, nur sehr glänzend (Schweizer Hotel), um mein Gewand zu holen; dunkle Einfahrt, dann grosser Gesellschaftsraum; eine alte Dame zieht mich in ein Gespräch;– dann grössere Gesellschaft, Aristokraten, einer Graf Lanckoronski, alles in Dämmerung. Eine elegante Dame: Sie kennen uns nicht –? Ich sitze neben ihnen; eine hübsche, üppige Frau lässt sich von mir handgreifliche Zärtlichkeiten erweisen. Ich wundere mich, dass alle es so hinnehmen;– sie animiert einen Andern neben ihr sitzenden (unsichtbar) Cousin (Dtg.: Else! Cissy, Paul) ihr schön zu tun, bemerkt sehr erregt: »Ich bin doch so schön«; eigentlich aber sei sie ihrem Mann treu. Ich fort, etwa Wipplingerstrasse, aber wie fremde Stadt, durch eine Art Tandelmarkt, italienisch, Nacht, denke an die Frau im Hotel – wie seltsam! Es war doch bestimmt kein Traum! – es droht mir Gefahr, Arme umklammern mich von rückwärts, ich befreie mich; ich sehe nach rückwärts, ein Kellner, Ausschlag im Gesicht, steht da, wie recht hatte ich doch ein Attentat zu befürchten – er sieht bös aus, hat eine Flinte in der Hand. Stufen hinab, Glastür, die ich zerschmettere, da es ja doch ein Traum – in freier Luft, es ist die Hohenstaufenstrasse (Erinnerung an R. F. 97?).– Ich atme auf, juble laut, singend, wovon ich erwache. (Solche Verfolgungsträume sind stets von leichten Darmintoxikationen bedingt – und ich weiss immer voraus, wenn sie mir drohen. Auffallend diesmal der erotische Einschlag.)

15. 10. Traum gestern: Dass (Cottagegasse) ein Haus für mich gebaut wird; meines hab ich verkauft. Eigentlich seh ich nur den eingeplankten Bauplatz;– viel zu klein, wie ein Sarg, denk ich – neben mir für Richard ein nur wenig grösseres; ich frage mich – wohin die Bibliothek –? und überlege, wie ich das frühere Haus zurückkaufen könnte.

27. 10. Ein Traum heute Nacht: Bahnhof, etwa wie Westbahnhof. Aber es ist etwa Frankfurt; der Zug vor der Abfahrt, ich stehe neben dem Geleise; Olga und Lili sind im Coupé; ich wünschte, sie zeigten sich am Fenster; aber sie bleiben verborgen; der Zug fährt ab;– es ist Früh, fünf, ganz dunkel nun und leer der Perron;– es liegt vor mir eine schwarze Saemischleder-Tasche;– gehört sie Olga –? und den Perron verlassend – was soll ich so früh in der dunklen noch schlafenden, trüben, fremden Stadt tun,– und sehe mich irgendwie durch die leere Halle ins Freie schweben. Dann bin ich irgendwie im Hotel, oder auf einem Platz, wieder Frankfurt – erinnerlich ist mir nur etwas von roten Möbeln.

13. 11. Träumte von einem Spaziergang mit Heini oder Julius;– er wollte eine Reise machen, da die Eltern jetzt wo(?) wären;– da war O. irgendwie auch meine Mutter, es war eine vollkommene Verwirrung.– Neulich hatte ich einen erotischen Traum von Otti S. Ich fragte mich woher;– es war einfach die verspätete Revanche für 1895.

Neulich nach langer Zeit eine Gefühlshalluzination. Tasthalluzination besser;– ich hielt ein (mein?) Kind im Arm, fühlte es deutlich und beglückt – halb wach – so wie ich noch vor etwa zwei Jahren solche Tasthalluzinationen bezüglich O.'s hatte. Ganz etwas anderes als lebhafte Träume; denn sie treten ohne eigentlichen Schlaf ein und sie sind nur charakterisiert durch das körperliche überzeugende,– das sich von Realität überhaupt nur dadurch unterscheidet, dass es nach wenigen Sekunden verschwindet und dann die Täuschung erkannt wird.

18. 11. Ich begebe mich mit Frau Wohlgemuth (wie selbstverständlich) auf einen Ball,– irgend ein sehr grosses Privathaus,– etwa unsere Burgringwohnung, wir kommen spät, an Buffets (die fast leer sind) vorbei;– endlich nehmen wir an einem Tisch Platz (nachdem ich mich grundlos gegen eine

abschliessende Tür gestossen). (Dtg.: Das neulich diktierte Aphorisma von der angelehnten Tür.) – Ich will nachsehen, ob ich Geld genug, weiss es übrigens so;– wir sitzen nun in einer Ecke auf einem Sofa, am gleichen Tisch uns gegenüber Gräfin Wydenbruck mit Baron Rothschild (er ist seit Jahren tot, war ihr Liebhaber); er sieht etwa einem russischen Grossfürsten ähnlich; hat eine schwarze Binde über einem Aug – oder sie?– (Dtg.: Die Fürstin im ›Verführer‹, Wohlgemuth spielt darin die Aurelie; ausserdem ist aber auch eine Analogie zwischen dieser Aurelie und der Nonne in der ›Doppelnovelle‹ zu verspüren.– Ich weiss im Traum nichts von meinem Stück, nichts von meiner Novelle.) –

Frau Wohlgemuth hat eine Champagnermarke »Mortel« gewünscht – darum hatte ich nachgesehen, ob ich genug Geld habe. (Dtg.: Mortel – sterblich – eventuell Erinnerungen an die ›Überfahrt‹, das Totenschiff;– Selbstmord Aureliens, auch von einem Schiff aus;– Cognacmarke Martell –.) Wir sitzen nun an einem andern Tisch (die beiden Paare kümmern sich nicht um einander, ich sehr absichtlich) der quasi entzweigeschnitten ist, so dass ich mit Frau W. an einer Art gedecktem Bügelbrett sitze.– Der Schaum des Champagners ist lau,– Frau W. vermutet, es ist nur Asti spumante. (Dtg.: Artikel in der N. R. über Deutsche, die in Italien Champagner trinken »es war wohl nur Asti spumante«.) Der Traum ist irgendwie unterbrochen;– ich sage mir, es muss doch wahr sein – sonst könnte ich nicht dort durch den Türspalt den Sacherkoch in weisser Küchendress sehen,– ich bin also wirklich bei Sacher;– und ich nehme auch ganz deutlich die verschiedenen Physiognomien der roten (etwas operettenhaft) Gardisten aus, die im Saal (es ist eine Art Burgsaal) quadrillenhaft sich bewegen;– ich bin nun wach, aber wie gelähmt – nun träume ich gleich weiter, nach lautem Aufschrei.– Die W. tritt mir entgegen – ich umfasse sie ganz verzweifelt – »das kann doch nicht nur ein Traum sein!« Sie zärtlich mit ihrer wohllautend dunklen Stimme: »Warum soll ich denn ein Traum sein?« Ich: »Wenn es also kein Traum war, so rufe mich morgen an oder komme zu mir.« Sie umschlingt mich zärtlich;– sie steht nun irgendwie in einer Ecke, und drüben ist etwa die Schreyvogelgasse (Novelle!);– ich aber liege auf einem Divan, am Fussende ein kleines dickes Kind, Kind der W.; oder meins?, es redet aber wie erwachsen und teilt mit (der W.?), dass die Bonne (›Therese‹!) – es ist gedacht aus Pflegegründen, aber doch nicht in der Ordnung – es an einer gewissen Stelle berührt oder gepudert habe. (Dtg.: Das Pudern Lili: »Du bist ja noch ein Kind.«) Auch ich liege im Hemd da, etwas unanständig entblösst, was kaum erotische Bedeutung hat. Erwachend zweifle ich ungewöhnlich lang, ob es nicht doch Wahrheit gewesen sein könnte und schreie – oder spreche laut.

Die besondere Lebhaftigkeit des Traums könnte auch durch meine Absicht Freud zu besuchen bedingt sein. (So wie ich ungewöhnlich viel träumte, als ich 1900 seine ›Traumdeutung‹ las.)

22. 11. Traum. Gesellschaft bei uns (ich und O.). Die Wohnung indifferent, am ehesten Burgring;– drei Leute eingeladen;– nach dem Nachtmahl sollen noch drei kommen, etwa Mimi, Vicki, Kaufmann;– aber es kommen immer mehr – auch mir Unbekannte;– ich bin empört, auch dass O. mir nichts gesagt;– auch ein Hugo Schwer (mit schwarzem Vollbart), so hiess, glaub ich, vor Jahren wirklich ein antisemitischer Kritiker;– ich setze mich an einen Tisch;– O. mir vis-à-vis, quasi um mich zu versöhnen: »Du hast ja nichts« und gibt mir Roastbeaf, Schinken Sauce tartare – ich esse, aber danke nicht;– dann stelle ich mich, quasi ironisch jenem Herrn Schwer (der jetzt bartlos) vor. Er, ohne mich zu regardieren: »Schwer«, sieht wieder fort, mein Unwille steigt;– ich schwinge, irgendwie schwebend, hinter O.'s Sessel eine Bierflasche über einer andern, die ich nicht gleich nach Wunsch treffe, endlich Krach und ungeheurer Lärm. Ich sitze nun in einem Theater;– auf der Bühne (marionetten-

haft) irgend ein kostümierter Mensch singend: »Es ist ¾ 12 (jener Krach früher war offenbar der Glockenschlag), nun beginnt bald der Spuk« – (in der Art eines italienischen Rezitativs.) – Ich lache so heftig, dass die mir rechts analog auf dem Ecksitz der ersten Reihe sitzende Dame mitlacht und ich lachend erwache.

28. 11. Mein Traum gestern: Am Telefon eine erstickte Stimme: »Hier K.« (V. L.'s Schwägerin). Ich frage, was geschehen? V. habe sich mit Veronal vergiftet.

4. 12. Träume u. a. von Josef Redlich, der mir, unsympathisch wirkend, sagt, er wolle den Sommer auf dem Semmering verbringen. Er wundert sich, dass es mir unbekannt, sein Bruder Fritz Redlich (der vor wenigen Jahren Verstorbene) besitze oben die schönste Villa.– Ich versuche sie mir vorzustellen;– wandle dann traurig in einem Park irgendwie der Czartoryskipark und finde einen Reim: »Von der Einsamkeit kannst du wenigstens verlangen, dass sie dir zärtlich streichelt die Wangen.« – Ich weiss aber, dass das eigentlich eine Übersetzung aus dem Französischen und fühle mich verpflichtet bei Veröffentlichung die Quelle zu zitieren.

16. 12. Träume: Bin in einer Art Ballsaal;– gegen Schluss des Balles – was vorher war, unklar – in einem Fenster (etwa wie zur Eschenbachgasse hinab frühere Burgringwohnung – wie immer öfter in der letzten Zeit) – Alma – wir hatten uns den ganzen Abend absichtlich nicht um einander gekümmert,– ich muss doch jetzt hin,– sie kühl, reserviert, wie ich aber ihre Hand, ihren Arm zärtlich küsse, wird auch sie fast zärtlich, streichelt meine Lider, was aber hypnotisierend auf mich wirkt – ich bin etwas verstimmt darüber, lasse es nochmals versuchen – und öffne nur mit allergrösster Mühe die Augen – nun aber wirklich;– es ist mir zugleich, als stünde wer an meinem Bett und warte mein Erwachen ab –; die

Schlafzimmerlampe brennt noch, ich war während des Lesens eingeschlafen.

Träume weiter: Fahre nach Pötzleinsdorf – Sommer – die Strasse Gersthof abgesperrt (Polizei) – etwa wie Fronleichnam;– eine Weile warte ich;– dann denke ich: zu Fuss gehen;– ich habe dem Chauffeur dreiundzwanzigtausend Kronen zu geben – finde die tausend Kronen nicht.– Der Chauffeur sagt: »Bei der früheren, der Streckentaxe hätten Sie das Doppelte zahlen müssen.« Ich sage: »Nein, wir sind ja noch nicht in Pötzleinsdorf, erst in Gersthof«, gebe ihm aber nobel drei Zehntausender [Inflationszeit].– Gehe statt oben – eine Art Serpentinenweg führt hinauf – unten;– Strasse verengt sich – eine Art Riesentourniquet – von der Mittelstange ein Strick herunter, an den ich mich hänge – ich war eben auf einem Rad gesessen – um im Kreise herumzuschwingen; es macht mir Vergnügen, und der kleine Hund, der, an einer Stahlkette, mich fangen will, kann mir nichts tun;– nun – als wäre dies der Eingang gewesen – bin ich in einer kleinen Villa – das (kaum sichtbare) Stubenmädchen, meinen Irrtum nicht verübelnd, führt mich durch einige Zimmer,– ich fliege übrigens (wie jetzt so oft im Traum) – jetzt ist wohl die Hausfrau da;– in eine Art Vorkammer, ein Schrank – ich fliege in gleicher Höhe, es ist mir (physisch) nicht leicht hinunterzusteigen – ich nehme aus dem Schrank einen Kleiderhaken, was eine Art Höflichkeit ist, und lege ihn hin.– Ich mache die Bemerkung: »Der kleine Hund (draussen) wird Sie kaum vor Einbrechern schützen« – da gruppieren sich auch eine Anzahl anderer Leute, gross und liebenswürdig, wie neugierig um mich. Von der Haustüre über einige Stufen, zu beiden Seiten umbuscht, zur Gartentür, hinter dem Gehecke links die drei Kinder (erwachsen) des Hauses, quasi neugierig, zwei junge Herren? ein Mädchen? – fragen mich, wie ich schon draussen nach irgendwas. Ich erwidere etwas unhöflich: »Sie sind alle getötet«, was aber irgendwie ein übel ausgelegter Scherz ist, die Kinder fassen auch die richtige, mir unbekannte Bedeutung. Ich spaziere weiter, gerate wieder unversehens in ein Haus, einen Vorraum, jemand fasst mich um die Schulter sehr bekannt an – (es ist Hansi Landesberger – jetzt Frau Nemetschke, Gertys Mutter) Reflektor auf der Stirn, ich weiss, sie leitet die laryngologische Klinik.– Ich bin angenehm erstaunt, hieher geraten zu sein. »Lauter Abenteuer«, sage ich (Dtg.: Die Traumnovelle!) – als wären schon viele vorhergegangen. Der Ambulatoriumsaal geräumig und leer (vielleicht an ein Londoner Spital 1888 erinnernd), ich fühle mich heimatlich, und sage es auch;– liege nun mit Hansi (die in schwarzem Schwimmanzug) auf breitem Divan,– ohne erotische Bedeutung,– da fällt mein Blick durch zwei offene Türen (Zimmer dazwischen) in einen Raum, wo sich die jungen Damen an- und auskleiden; es ist nämlich eine Turnschule und Hansi Chef;– vorher noch spricht Hansi von Fräulein Else und sagt: »Das (Vergiftetsein?) stelle ich mir nicht angenehm vor«;– dann merkt sie, dass ein grosses Mädel nackt drin steht.– Ich erkläre, das mache mir gar nichts, wende mich demonstrativ weg;– sehe aber dann gleich wieder eine andere, sehr schöne nackt (ziemlich entfernt von mir).– Hansi ruft ärgerlich hinein: ›Carmen‹, aber man kümmert sich, vielleicht absichtlich, nicht drum. Ich sage schon früher zu Hansi: »So eine amüsante laryngologische Klinik habe ich noch nie gesehen« und lache herzlich. Und dann: »Sie gönnen mir aber auch gar nichts.« Sie darauf: »Ich bin zu alt zum Gönnen« – ich darauf: »Zum Gönnen kann man gar nicht alt genug sein« und lache laut. Ein Herr macht sich mit Hansi irgendwie zu schaffen (wir liegen immer noch auf dem Divan) – wundere mich, dass er nicht eifersüchtiger – es ist nämlich der Gatte Nemetschke (er heisst wirklich so), ältlich, grauer Schnauzbart, zeigt sich ziemlich brünstig – dann mit den Armen an ihr, drückt er seinen Zustand mit den Worten aus: »Manometer hundert«; ich denke: »goische Geschmacklosigkeit«.

1924

Hansi äussert ungefähr, ihr wäre eine geringere Manometernummer lieber; ich sage (oder denke nur), dass mich N. an die Szene in der Revue erinnert, wo Karlweis die Sinnlichkeit Treumanns kopierte, erwache laut lachend.

1925

21. 1. St. Moritz. In der Nacht öfters erwacht. (Leichte Grippe.) Träumte viel. U. a. dass in meinem Hause im Keller ein Brummen hörbar u. zw. von Bären, die ich hier aufbewahre. (Dtg. Neulich Bern, Zwinger.) Es war irgendwie rührend;– es erschien dann im Freien eine Art von Fabeltier wie Rhinozeros mit Flügeln, was auch ergreifend war.– Dann erschien ich als Arzt in einem Hotel, war gerufen worden – Paul Hammerschlag(!) sass unten, neben (unsichtbarem) Portier, quasi Direktor,– und wurde antelefoniert von Patienten oben,– wegen Honorars, und ich wusste nicht, was ich verlangen sollte.

27. 1. St. Moritz. Allerlei Träume. U. a. wegen einer Autopartie mit Lichtensterns nach »Maggiore« (Locarno, doch kann ich den Namen nicht finden) – suche durch Dörfer und unterirdische (Bazar-?)Gänge irrend das Auto;– nehme dann, an einem Wirtshaustisch Abschied, küsse Franzl aufs Haar, das nun weiss wird, weil mein Schnurrbart gepudert war;– im Burgtheater Hamlet, in meiner Bearbeitung, die ich aber nicht kenne, wird aufgeführt. Ein Herr Falk spielt den Hamlet. (Dtg. Name des Direktors in der ›Grossen Szene‹.) Ich eile ins Parkett, Generalprobe, mein Platz – in den letzten Reihen –; später bin ich mit zwei Herren auf der Suche nach einem Herrn, der mit P. anfängt. Ungern begebe ich mich in die Vorhalle eines Stundenhotels auf der Wieden (das ich nie betreten), Herr P. wird zu meiner Befriedigung gleich gefunden;– ich wirke irgend detektivistisch. (Dtg. Las eben Frank Heller; ferner Situation aus der Traumnovelle.)

25. 2. Gleich nach dem Einschlafen Gedankenflucht im Halbtraum;– der Schluss war irgend ein Lokal (Schenke) – mit vielen Menschen;– aber maskenhaft; bärtig, ich denke: Wie seltsam, dass ich alle diese Gesichter schaffe, jedes vom andern verschieden;– ohne dass eins einem wirklichen Menschen

entspricht. (Keiner redet.) Endlich, abgewendet von den Andern, nehme ich Einen bei den Schultern und rede ihn an: »Ich träume und rede doch zu Ihnen, obzwar Sie gar nicht existieren und Sie mich doch nicht verstehen,– und ich Sie selbst gemacht habe,– ich ändere Ihr Gesicht (quetsche es, haue den Schädel an die Wand, modelliere es neu wie Kautschuk) – und ich rede weiter zu Ihnen und Sie leben nicht – es ist so schrecklich in seinen Träumen mit sich allein zu sein.« (Die Empfindung ist wahrhaft schmerzlich in diesem Traum.)

4. 3. Traum: Bin mit H. K. im Auto auf Ausflug;– in einer Art Autobus Alma und Werfel vorbei, vor denen ich mich an meinem Auto verberge; als die Gefahr vorüber, spaziere ich mit H. K. längs einer Art von Teich weiter, in einen Wald, bin überrascht von der schönen Gegend, so nah von Wien, die ich nicht gekannt.

9. 3. Traum von O. (was?) – ich träume oft und meist unklar von ihr. Dann von einem Tagebuch oder Brief von Max Leitner (Steffis Onkel), in dem er sich beklagt, dass wir (O. und ich) dem Grab Steffis nicht sorgfältige Pflege angedeihen lassen. Vormittag Urbantschitsch. Ich erzählte ihm den Traum und deutete ihn dahin, dass mir die Komprommitierung Steffis durch seinen Roman nicht recht sei.

29. 4. Traum von heute Nacht: In irgend einem Saal getrennt von Andern stehe ich mit Frl. Wagner, einer mir persönlich unbekannten Schauspielerin, die in ›Liliom‹ Erfolg hatte und auch mir (ohne Erotik) gefiel. (Offenbar tritt sie für Fräulein Wagener ein, die die Beatrice spielt und als Gilda mir gefiel.) – Sie sagt mir: »Ja, ich habe Ihnen schon oft ins Blaue hinein geschrieben.« Wir sind besonders zärtlich miteinander und sie sagt: »Ah, nach dir kommt keiner.« – Wir werden getrennt – habe ich geträumt –? Es war so deutlich – nein, es kann kein Traum gewesen sein.– Blicke auf mir, andere Schauspielerin-

nen undeutlich, Herr Rub (vom Burgtheater): »Wir haben Sie beobachtet, Ihr Gesicht drückte alles aus. Was haben Sie denn geträumt?« Ich schäme mich; Frl. W. ist plötzlich wieder bei mir und fragt zärtlich: »Bin ich schuld?« Ich bin froh, »ich dachte schon, ich hätte nur geträumt.«

3. 8. Traum, in dem ich O.'s trotziges Wesen schwerer empfinde als je im Wachen. (Vielleicht angeregt durch die Stelle in der ›Traumnovelle‹, wo Albertine das von gewissen Gefühlen in ihrem Traum behauptet.) – Wir hatten einen Streit (worüber?), ich fühle mich seelisch zerrüttet, und bewusst, dass wir schon geschieden sind;– wache auf und der Traum setzt sich dann wieder fort; wir fahren in einem Auto, ich beim Chauffeur, halten vor einer Villa; dann enge, quasi italienische Gasse, O. geht mit Frisch, (im Traum aber war es Kaufmann) herum (Lugano!),– ich weiss, sie verleumdet mich bei ihm;– ich habe ein widerliches Zahngeschwür (im Traum), an einer Küste, sehe aber nur eine riesige weisse Schiffswand, Kronprinzenkajüte,– mit grossen Fenstern, sage: »Wenn das wahr ist, was sie (O.) über mich sagt, so haue ich mir zwei Ohrfeigen herunter und schmeiss mich (aus der für mich bestimmten Kajüte) ins Meer«;– dann will ich mit meinem Vater über O. sprechen.

Neulich Traum: Ich erhalte eine Photographie; ich in ganzer Figur, etwa 20jährig, auf dem gleichen Bild mit mir Kopf von Onkel Karl (gest. 89) und Onkel Anton (zur selben Zeit), nur Karl deutlich zu sehen;– eine junge Dame schickt mir das Bild, sie hat mich im Burgtheater gesehen, gleich erkannt und dieses Bild in ihrem Album gefunden. (Dtg. Arthur Klein erzählte mir neulich, dass er in einem alten Album allerlei Bilder von mir und der Familie »lauter Sch.'s« gefunden.) Ich fahre wegen dieses Bildes in die Zirkusgasse zu meinen Grosseltern, eine Dame, um zu chauffieren, springt rittlings auf den Wagen auf den Sitz, verletzt sich dabei und schreit.

3. 9. Celerina. Traum u. a., dass Bassermann etwa ›Snob‹ studiert;– grosses Zimmer, ich ihm gegenüber;– er fragt mich im Stil seiner Rolle, was für ein Wappen ich habe. Ich darauf scherzhaft: »Ich bin doch kein Wappier.«

2. 10. Traum. Ich liege auf einem Perron, zwischen zwei Geleisen, mit Absicht, ohne zu wissen warum, und ohne Angst. Ich weiss, dass Züge von beiden Seiten kommen werden. Wie es geschieht, rettet sich gewissermassen Hajek in den einen,– als wenn er in einer Gefahr gewesen wäre und ich wundere mich über seine Unvorsichtigkeit.

6. 11. Zu Tisch O. Ihre Träume von mir. (Ich hatte heute einen von ihr mit einem tiefen Schmerzgefühl von ihr scheiden zu müssen. Was ich wie den Traum überhaupt nicht erwähnte.) Der immer wieder sich (auch heute oder gestern) wiederholende Traum, dass ich aus meinem Mund gelbe (Bernstein-) und weisse Krystalle nehme, mir immer wieder sage: »also, es zeigt sich, dass es doch kein Traum ist.« Im letzten wies ich die hübschen durchsichtigen Krystalle (mit eingebrannten Zeichnungen?) vor. Der Traum früher unaesthetisch und unangenehm hat sich allmählich in seinem Wesen verändert.

24. 11. Traum. Ich bin zuhause, erwarte 1-2 Gäste,– andere Räume eigentlich,– es kommt noch ein Ungeladener (wer?), dann **Stefan** Zweig, sehr lebhaft, mit Überzieher;– auch nicht geladen,– und so immer mehr, unklar, was für Leute,– nur ein Herr mit schwarzem Vollbart bleibt mir im Gedächtnis. Ich denke: woher alle diese Ungeladenen?– Sollte O. ohne mein Wissen?– Ich gehe in den Sälen herum, bedenke ärgerlich, dass kein Essen; ziehe mich aus der Gesellschaft in ein Nebenzimmer zurück mit Frl. S. (doch es ist Frau Rung im Aussehen), Zusammensein doch ohne eigentliche erotische Betonung. Leute an der Türe, ich verstecke mich unter dem Sessel neben dem Bett;– Leute herein (wer? physiognomie-

lose Komparserie),– erfreut über die Entdeckung, gratulierend, ungefähr Montmartre- und Bohème-Stimmung. Ich wieder in den gefüllten Sälen. Lili fehlt mir. Wo ist sie? Gehe durch einen Saal, wo auf weissen Porzellanschüsseln ärmliches Geflügel; einige essen, aber man (wer?) ironisiert. Ah, Lili wird oben sein, wo doch auch getanzt wird – es ist ein grosses öffentliches Gebäude –; ich trage zwei Paar Stutzen und Strumpfbänder in der Hand, die ich nicht zu verlieren trachte; eine unhübsche Dame in Ballkleid hält mich auf, nachdem ich unvorsichtigerweise sie unzüchtig berührt. Es ist ungefähr »Wespe« (eine Dame, die ich vor 30 Jahren auf einer Redoute kennen gelernt und die tags darauf bei mir war, die ich wegschickte und die mir sagte, es ist eine Unverschämtheit). Sie folgt mir und ich schleudere sie fort. Sie fällt in einer **Art** Vorsal hin wie tot, ich weiss, sie verstellt sich, von der Stiege aus sehe ich, wie sich die Sache weiterentwickelt, auch Herzueilende merken: sie spielt Komödie.– Ich hinauf, Musik;– ein Gang mit vielen Türen; eine offen – ein langer Mensch als Hellebardier kostümiert,– es ist der Tanzlehrer; Knaben auch kostümiert, wenige, nein, Lili ist nicht hier;– die Tanzschule heisst »Harn«.– Ein Knabe zeigt mir auf meine Bitte den Weg zur Hauptstiege; es ist die Akademie der Bildenden Künste,– grosse Feststiege (anders als die wirkliche) – Leute auf den Treppen (Fest),– in einem parkettierten Saal eine Dame, Baronin, auf mich zu, erfreut mich zu sehen, will mich ihrem Sohn vorstellen, so sitze ich zu meinem Ärger mit diesen Zweien (mir unbekannten) und noch einem Paar(?) an einem Tisch, erhebe mich aber gleich, will nachhause, ganz in der Nähe, Kärntnerring (wo ich vor mehr als 30 Jahren gewohnt),– muss mir im 3. Stock etwas holen;– also rasch hinab, trete aus dem Gebäude, grosser Platz, 2 Uhr Nachts, Schneefall, bin in Smoking, muss laufen, um mich nicht zu verkühlen,– ein unhübsches Dirnchen hält mich auf (die Stutzen habe ich verloren) – ich will sie abwehren – sie immer zudringlicher, also, ich soll ihr wenigstens

Geld leihen,– ich suche, von ihrer Umklammerung behindert, nach meiner Geldbörse, sie zischelt mir ins Ohr: »Feigling« und dann (oder vorher): »Sei vorsichtig« (als könnte es mir schaden mit ihr gesehen zu werden). Ich erwache. (Dtg. Am stärksten spielen Motive der Traumnovelle hinein, ferner die Tanzstunden Lilis, dann meine Empfindungen während V. L.'s gestrigem Bericht;– mein Gespräch über Frl. S. mit O., ihre Verteidigung durch mich;– der Hellebardier ist aus einer gestrichenen Stelle des ›Weihers‹; die Akademie der Bildenden Künste bezieht sich auf Molls Bilder, von dem ich mit O. sprach.) Später träumte ich auch von Bildern, die Moll mir zeigte, besonders eines (Landschaft), das er über 20 Mal übermalt (wie er mir im Traum sagte). Während ich mit der Baronin etc. in jenem Traum am Tische sass, wieder das peinliche Gefühl im Mund, als bildeten sich Konkremente und sofort mein Gedanke: Also es ist doch kein Traum, und ich wachte mit trockenem Munde auf.–

1. 12. Traum von O. Man sagte mir, sie wolle nun wieder in Wien leben;– was mich heftig bedrückt (erster Traum dieser Stimmung;– in allen andern von O. eher Sehnsuchtsstimmung).

5. 12. Traum;– ich fahre durch irgend eine Gegend, die ich nicht zu kennen glaube;– dann mit O. durch dieselbe, sie erinnert mich ungefähr, es sei Teplitz, worauf ich es erkenne.

9. 12. Ein Traum heute Nachts von einer günstigen inneren Einstellung zu O.;– erinnerlich nur, dass im Nebenzimmer G. Klavier spielte, was sie ihm quasi wegen der Störung für mich verwies. Er verbarg sich quasi vor mir, was ich lächerlich fand.

1926

2. 1. Alpdrucktraum mit Schreien, erwachte in einem andern Traum, lag zu Bett im gleichen Zimmer mit Fulda; er beugte sich über den Kopfrand meines Bettes; ich hatte ein schlechtes Gewissen gegenüber ihm, da ich für sein spanisches Theater noch nicht gedankt,– sagte, dass ich schon zwei Stücke gelesen (in Wirklichkeit nur eines, was ich auch im Traum wusste) – entschuldigte mich, dass ich ihn durch mein Schreien aufgeweckt, fragte ängstlich, was ich im Traum eigentlich gesprochen;– er wollte es nicht sagen, ich drang in ihn und erwachte, worauf ich bis zum Morgen gut schlief.

7. 1. Ein Traum, den ich gestern von H. K. hatte, wiederholte sich gesteigert; wir lagen auf einer Art Paradebett und ich wusste, dass es eine Art öffentlicher Apotheose sein sollte. Mir war es peinlich und ich wollte mir einen Stellvertreter verschaffen,– ich fand (oder holte mir) von wo? den Schauspieler Onno, der sich in irgend einer düsteren, aber leidenschaftlichen Art einverstanden erklärte. (Dtg.: Ich wünsche mir Onno als Darsteller für den alternden Dichter Sylvester Thorn. H. K. wünscht mit mir ins Theater etc. zu gehen und ich zögere es hinaus.)

1. 5. Las Palmas. Traum von V. L.: Ich sass mit ihr und ihrem Gatten und es wurde ernst geredet, zukunftshaft. (Zweiter Traum von ihr; zwei auch von H. K., alle etwas duftlos. Von C. P. nicht geträumt.)

3. 5. Las Palmas. Wie immer viel Träume. Gestern von einem Schiff, klein, in dem ich mit Professor Wiesel fahre. Heute: Ich tanze mit V. L. in der Nähe des Donaukanals, nahe Ferdinandsbrücke auf der Fahrbahn. (Erinnerung an ihre Demonstration in Wien, auch im Traum die gleiche.) Dann träume ich Erkrankung ihres Gatten – Kanüle (wie Herr Meno, der

Gatte der schönen Sardinierin, die mich mit Otto König besuchte und von dessen Sekretär mir V. L. erzählt hatte).

Träume, dass Lili Scharlach; ein Arzt;– später ein anderer in Finanzbeamtenuniform;– ah, der Krieg, denke ich; er ist der Sohn des Kinderarztes Monti, Kollegen von Papa, dessen Todestag gestern war. Ich spreche von seinem Vater,– frage ihn, ob er noch immer die Abschuppungszeit für die gefährlichste halte, er: »Man sei davon ab, jetzt aber wieder zurückgekommen.« Lili (auch Olga) sind bei mir; ich bin empört, dass Lili mit dem Scharlach unter Leute gehe, schicke sie zurück. Bin dann in der Reichsbrückenallee, Prater, dann etwa in den Donauauen, eine Art Überschwemmung. Meereswellen und das Jacques-Buch ›Uruguaystrom‹.

Von C. P. träumte ich (vorgestern) dass sie mit mir, Alma M. und Grethe Kainz soupiren wollte und empört war, als ich erklärte; ich würde mit O. und den beiden Damen essen.–

14. 5. Berlin. Träume von Polgar, Eisenbahnzug; freue mich, ihn persönlich kennen zu lernen, sage ihm, dass Lili seine Sachen liest. (Dtg.: Dass ich gestern Huberman sprach, ihm sagte, Lili sei bei allen seinen Konzerten gewesen,– ferner wirklich Sympathie Lilis für Polgars Schriften.) – Im Wartezimmer von Papa (ganz anders),– auch er sichtbar sich die Hände waschend;– äussere mich mit Unbehagen über meine komplizierten Beziehungen;– V. L. am Tisch (mit Anderen?) schweigt absichtlich.

20. 7. Traum. Mit C. P. fremde Stadt. Sollen heiraten; suche den Tempel, waren vorher schon bei einer Art Vorrituale in einem andern Tempel;– C. (halb scherzhaft): »Wir haben doch nur Salzwasser getrunken«; an einer Art Stadtpark vorbei;– der Gedanke, heiraten zu müssen, so ärgerlich, dass ich (absichtlich) aufwache.–

Träume ferner, dass ich Herterich erinnere, bei der nächsten ›Medardus‹-Vorstellung nur ja ganz sicher die (neulich gestrichene!) Schenken-Szene zu spielen;– er kann nicht, weil auf der anderen Seite der Coulissen eine Dekoration für ein am gleichen Abend im Akademietheater zu spielendes Lustspiel gemalt ist.

18. 8. Zermatt. Traum von Felix S.– Wir begegnen uns irgendwo auf Reise –, es werden leichte und nicht absolut aufrichtige Worte über unser mässiges Verhältnis gewechselt. Es ist Zollvisitation, die Koffer von S. Vorhänge auseinander,– es werden Tierfigurinen, fast lebensgross, z. B. schwarzes Schaf mit Wolle,– auch andere – was? – herausgenommen; Schmuggel,– wie hier üblich. Es wird auch kein Aufhebens gemacht.

21. 8. Zermatt. Gestern ein Traum, dass ich bald auf einem Schiff von Bären verfolgt werde;– dann Hotel,– ich bin unordentlich (Trikot) gekleidet; werde in einem Tanzsaal hämisch betrachtet; finde den Zimmerschlüssel nicht oder habe Nummer vergessen,– zurück;– auch F. S. spielt irgend eine Rolle, ich erwache schreiend.

23. 8. Zermatt. Träume, dass ich (auf Reisen) mit C. P. in ein Hotel komme;– vor meiner Türe steht Olga,– die wartet; sie zu mir: »Ich habe geglaubt, du hast mich vergessen.« – Ich: »Was fällt dir ein?« Und küsse sie herzlich. C. P., die aber eigentlich Olga ist und so ausschaut, mit einem Kind (die jüngere Lili?) an der Hand, wendet sich, irgendwie einverstanden, nach mir um.

31. 8. Interlaken. Träume heute Nacht u. a.;– ich mit C. P. in einem Gersthofer Restaurant – Devrients Stimme aus einem Nebenraum. Worte nicht erinnerlich – sehr laut. Sich irgendwie über Mangel an Respekt beklagend. (Etwa wie der alte

Casanova in Dux dem Bedienten gegenüber.) C. P. (die aber auch O.) zu jemandem ihre Empörung äussernd, dass Devrient, der einst so Grosse so behandelt wird.– Ein Herr an unserem Tische – sich entschuldigend, doch eher legitimierend; ob wir denn nicht sähen, er sei Steuereinnehmer; und zeigt irgend ein Emblem auf seinem (Jagd-)Rock; auch einen Schock Briefe und Dokumente; eine Art Kollege mit Schnurrbart tritt zu ihm.– Dann von kleinen Hunden, die mich ankläffen und die ich mit Papierkugeln verscheuche, ein grosser Tisch, auf dem eine Art Welttheater, ganz undeutlich,– Figuren? Zeichnungen, aufgestellt sind. Zwischen den einzelnen Figuren? schlängelt sich ein Pferdchen durch;– Heini oder C. P. bestellen mir, ich solle Sonntag zum Zahnarzt; wenn ich wieder so brav halte wie neulich, könne er den Zahn fertig machen;– ich sehe den Zahnarzt in seinem Ordinationszimmer vor mir,– in der Erscheinung Herterichs, ärgere mich wegen Sonntag, will lieber spazieren gehen. (Dtg.: Devrient hätte in den Schwestern seinerzeit den Santis – das Altersbild des Casanova spielen sollen;– Herterich (gestern Neues Wr. Journal) hat es als Ehrenpflicht des Burgtheaters erklärt den ›Gang zum Weiher‹ zu spielen. Die kläffenden Hunde: die Rezensenten, über die ich gestern mit Dora sprach;– die Papierkugeln: meine Aufzeichnungen über ›Kritik und Fälschung‹.)

14. 9. Traum. Inhalt vergessen, aus dem ich mit heftigen Krämpfen der ganzen linken Seite (ohne Schmerzen) erwachte, die sofort weg waren.

27. 11. Neulich ein Traum, in dem ich geteilt in zwei gleiche vollständige Ichs, in obszöner Art auftrete;– ich hatte nie in meinem Leben einen ähnlichen gehabt. (Dtg.: Vielleicht »Barbette«, der als Frau auftretende Akrobat im Apollotheater.)

21. 12. Neulich ein Traum: Ich mit C. P. in einem ziemlich leeren grossen Gasthofsalon (Silberner Brunnen) an einem

Tisch. Plötzlich wie ein verdunkelnder Schatten über den Tisch gebeugt Felix Dörmann; drohend, als wäre er der einstige Geliebte C. P.'s. Ich weise ihn fort. Statt seiner nah an mich rückend ein blonder feister, bartloser junger Mensch, Haare in die Stirn. (Etwa Oscar Wilde.) Seine zudringliche Nähe peinlich – ich sehe: hohe Lackstiefel und eine Art Bauernrock – eine Frau also, merke ich.– Sie sagt: »Je veux voir, si vous êtes vraiment si sympathique et charmant(?) comme on dit.« – Ich versuche zu fliehen, sie ergreift mich hinten am Hosengürtel, hebt mich in die Luft,– ich bin froh, dass ich fliegen kann, aber sie hält mich fest – peinlich – aber glücklicherweise wenig Leute da.– Plötzlich steht es schon in der Zeitung – vielmehr auf einer blauen Karte (wie die pneumatischen Karten einst waren) ungefähr: »Niemand wird wegen dieses Vorfalls Herrn A. S. auch weiterhin seinen Respekt versagen.«

1927

8. 1. Traum. Vor einer Gesellschaft bei uns privat – aber doch auch öffentlich – Wo sind meine Strümpfe? Ich suche in einer Kommode – gewiss Lili. Sie – irgendwie von O. gerufen: »Ich habe ja nur 29 (Paar) genommen.« Ich höchst ärgerlich; für mich sind defekte schwarze Strümpfe da – ich bin im (braunseidenen) Schlafrock; immer vergebliche Versuche die Toilette zu vollenden – Leute, – wer? – Nun ist es eine öffentliche Veranstaltung in irgend einem öffentlichen Gebäude; ich stehe im Gedränge von einlasssuchenden Weibern, zerquetscht, ohne Atem – plötzlich fast allein – leeres, museales Stiegenhaus – im Hemd; kann also nicht hinein irgendwie durch O.'s Schuld; – da kommt (oder ist unter andern späten Gästen da) Paul Marx, quasi kostümiert, eine Art (Astrachan-)Mütze – ich beschwöre ihn, er soll mir sofort O. herbeischicken, dann bin ich wieder allein – O. erscheint quasi aus der Tiefe der Bühne. Es sind zwei lange Gänge (wie in einer Grottenbahn – siehe gestriges Kino), sie kommt links eilig erregt – ich frage sie, wo sie mein Gewand habe. Nun ist sie erregt – ab in eine Art Zollhaus(?) oder Polizeistation – mir verschwindend. Ich stehe in einer Art Vorraum, wie Parteienverkehr; unter andern steht ein Frauenzimmer da, jemand hebt ihre Röcke, schlägt sie auf den Hintern, sie dreht sich lachend um, was mich wundert. Stehe nun unten, wie auf der Strasse, vor dem Gebäude, in dem O. ist; ein boshaft aussehender Offizial, wie Kaiser Franz Joseph aussehend, fast so gross, dass er das sehr schmale Stiegenhaus ausfüllt, ist höhnisch – mit mir ? – Da erscheint eine Art Amtsdiener, wie eine Episodenfigur einer Posse, etwa Moser, schlampig, angeheitert, Kappe schief, Pfeife. – »Sie können mir vielleicht helfen«, sage ich und erkläre ihm, dass O. oben ist, nicht herunterkommt. Er unterbricht immer, ich ungeduldig, heisse ihn schweigen; er ist ungehalten und bemerkt: »Das hätten Sie nicht sagen sollen«; – es bedeutet etwa – dass O. sich in Gefahr befindet, oben umge-

bracht zu werden von einer Schmugglerbande etwa. Ich immer noch im Hemd: »Ich kann doch so nicht nachhause fahren.« Erwache und spreche laut die Worte: »Das ist der sonderbarste Traum, den ich je gehabt habe.« (Er war es nicht durch den Inhalt, aber durch die Intensität und Stimmung.)

9. 2. Gegen Morgen Traum. Heini und Lili (undeutlich), mit Andern aus der Gittertür, mit Rucksäcken, wie auf die Wanderschaft hinaus; üppiger Frühlingstag (als wären die Baumwipfel verwachsen); ich am Fenster, sehr bedrückt, denn es ist der Abschied – gewissermassen definitiv;– dann im Auto mit meinem Vater (und Andern?), eben einbiegend, wie in die Hubertusallee (Berlin, wo Michaelis wohnen), aber es ist doch das Cottage, wir fahren – zu wem? Ich erkenne die Strasse an einer grossen Villa;– wir steigen aus, aber zu meiner Verwunderung machen wir noch nicht den Besuch. Es ist zu früh, ich gehe mit meinem Vater die Strasse noch zurück. Er missbilligt meinen zerknitterten Anzug. Ich halb scherzend sage, wenn es in mir innerlich ungeordnet aussähe, sei ich auch äusserlich schlampert, breche in Tränen aus wegen meiner Einsamkeit, der Vater beruhigt mich, weist auf V. L. hin;– allerdings, schränkt er ein, habe Hajek neulich gesagt, mit L.'s könne es nicht gut ausgehen; Dr. L. habe in der letzten Zeit einen zu unerhörten Aufstieg genommen. (Der Besuch soll wohl bei L.'s erfolgen.) Plötzlich liegen Abrechnungen da, Heini sieht sie durch, ist ungehalten über die Unordnung. Wieso kommt da eine Verrechnung über die ›Lebendigen Stunden‹ her? Ich weise darauf hin, sie seien von 1925.

(Deutung.) Die tiefere liegt klar zutage. Die Rucksäcke aus dem ›Landsknecht‹, die wegwandernden Geymanns,– der Aufstieg L.'s: wir sprachen neulich darüber;– der Besuch: Frau L. jetzt in Edlach; der zerdrückte Anzug: Unzufriedenheit mit einem Teil meiner Garderobe; die Abrechnungen: Bilanz u. s. w.

1927

22. 2. Traum. Burgtheater. Sitzend an eine Coulisse gelehnt nahe aneinander ich und Frau Mayen, die ich allmählich erkenne. Wangen zärtlich aneinander. Sie: »Haben Sie gar keine Angst vor mir?« (Das bezieht sich zugleich auf ihren Schnupfen und darauf, dass sie die Frau von U., der mir mein Verhalten zu seinem Steffi-Roman übel nimmt.) Ich: »Keine Angst. Übrigens finde ich ja Ihren Gatten toll.« Sie widerspricht sehr mild; wir sind – vom Burgtheater aus – an einer absteigenden etwas engen Strasse, italienisch-salzburgerisch; Frau M. mit ihrem Gatten, der aber jetzt Richard Specht ist, hinter mir: Ich solle nicht weiter,– die Strasse sei durch die Kirche am Ende abgeschlossen. Ich glaube es nicht recht; doch es stimmt. Die Gasse ist blockiert, immerhin gehe ich in die Kirche (von rückwärts), irgendwelcher Büroraum, ein Diener oder Sakristan, dann in die dämmerige vage Kirche und durchs Tor vorn heraus, über eine Stiege, die in den Park führt, etwa Schönbrunn. Auf der Stiege, von Kindern umgeben, ein mir Unbekannter, etwa Wächter oder Detektiv, Vollbart, altitalienisch, schwarzer Mantel? **höflich-hinterhältig**, will mich quasi nicht fortlassen,– vielleicht – halb scherzend habe ich etwas mitgenommen aus der Kirche, unklar; ich wohl etwas beunruhigt, erwidere ablehnend, bin aber froh, da er sich nun (zu den Kindern?) wendet, in den Park zu verschwinden. Rechts an ungeheueren Glasfenstern? vorbei, etwa wie im Neapler Aquarium, ohne an dergleichen zu denken,– hinter jedem Glas ein grosser Saal mit Marmorboden; ich mit Lili(?), in einem Saal verschiedene Rokokogestalten; im nächsten zwei Reihen eng auf Stühlen einander gegenübersitzender, in weissen Tüll gekleideter Frauen. Ich habe zugleich die Empfindung, dass ich alles das geistig mit einigem Effort erschaffe. Nun weiter wohl ins Schloss; jedenfalls stehe ich in einem eher armseligen Zimmer, zugleich Dekoration;– ich spiele den Hamlet, der König ist auch da mit der Königin; er wünscht, dass wir ein Verhältnis haben, dazu steht auch das (armselige) Bett da. »Es wird Euch niemand stören.« Er un-

deutlich, sie der längst verstorbenen Schauspielerin Schmittlein ähnlich, etwas köchinnenhaft, hat die Bluse ausgezogen und löst sich die Miederbänder; ich bin empört über die Zumutung, fliehe – es ist zugleich wirklich und das Stück – über freiliegende Stiegen wieder in einen Park,– die Königin empört ans Fenster, mit verzerrtem Gesicht: »So stirb« und schiesst mir nach. Ich unter Bäumen irgendwie verborgen, werde getroffen oder auch nicht, falle oder auch nicht;– fliehe jedesfalls weiter, bin nun in einer Art Vortrags-, oder Konzert- oder Schulsaal; auf dem Katheder an Professorsstelle ein Schuljunge; es ist eigentlich ein Stück, und wo wir sind, die Bühne; der Hauslehrer des Schuljungen, etwa Romberg, sitzt seitlich auch auf dem Katheder, im Überzieher und frühstückt (Würste?), was ich unmanierlich finde. Das Ganze, im theatralischen Sinn, ist komisch. Nun kommt die Mutter des Jungen – es ist die Mutter des Hamlet – oder die gleiche Schauspielerin, bürgerliche Mutter, lächelt mich sehr freundlich an, ich bin ein anderer Schuljunge, auch auf dem Katheder, spiele vielmehr diese Rolle und, die Gelegenheit benützend, in absichtlicher Kindersprache (die Worte vergass ich) erkläre ich, dass ich nun nachhause gehe;– die Kathederstufen hinab; die Mutter sieht mir nach, lächelnd;– durch die Tür (gleich seitlich), durch Gänge, den Ausgang suchend – endlich an der Türe – Portier –? merke ich, dass ich den Pelz nicht habe, den ich bei der grossen Kälte brauche;– zurück. Breiter Garderobengang, im Hintergrund ein galonierter Hoflakai mit Kaiserbart: »Ah, wie kommt denn der Dr. S. hieher?« Aber er ist vielleicht ein Schauspieler, der den Lakai spielt. Ich froh ihn zu treffen, ohne recht zu wissen, wer er ist. »Sie werden mir zu meinem Pelz verhelfen können.« Wo mag er sein? Im Zuschauerraum? Auf einem Sitz? – Da kommen andere (nicht viele) Schauspieler aus den Garderoben. Rokokoherren, einer, der mit mir spricht, ist Marr;– einer hängt sich plötzlich zu intim in meinen Arm: er ist in Zivil, fragt, ob ich schon die Änderungen der (Schluss-)Szene gemacht; ja, es ist geschehen. (Ich erzählte neulich C. P. von den Änderungen ›Literatur‹, die ich in letzter Stunde gemacht.) Der Schauspieler ist teils der Maler Born (mit dem ich neulich telefonisch lange sprach), teils der Tenor Ziegler (den ich neulich in der Oper ›Macht des Schicksals‹, darauf im Opernrestaurant gesehen hatte und der mich grüsste,– erst später erinnerte mich O., dass ich ihn irgendwo persönlich kennengelernt habe), teils Walden, der längst verstorbene. Er bedauert, dass er nach dem ersten Akt nichts zu tun habe – er gehe eben von der Probe nachhause und bedauere, dass ich nicht früher dagewesen.– (Im ›Nachfolger‹ gestern Dialogstelle, dass Franzi nur im ersten Akt des neuen Stücks zu tun hat.)

17. 3. Traum. Alserstrasse (wie so oft Krankenhausgegend), eilig, an einem Laden vorbei,– ja richtig – muss mir hier Bleistifte kaufen.

(Dtg.) (Der überflüssige Kauf neulich durch Frau v. Klimbacher.)

Gehe hinein. Älterer Verkäufer, bekannter Herr – (jetzt eben weiss ich, dass es der Trafikant vom Kiosk war, der im Vorjahr starb); ich denke: der ist doch jünger als ich und ist alt. Ich komme mir noch nicht alt vor!– Ich verlange meine gewöhnlichen Kohinoor B.– Nicht vorrätig. Ich frage nach den Unterschieden. Er weist mir einen auffallend dicken Bleistift vor; der Verkäufer sagt: durch das Spitzen gehe etwa 25 % verloren; ich sage: »Liess sich das nicht verwerten, so wie der Dichter Abfälle von Erlebnissen verwertet aus seelischer Ökonomie?«

5. 4. Gestern Traum von V. L., wie vor Jahren von O. – und jene Lebhaftigkeit, dass, schon halb wach, ich mir sage: diesmal unmöglich ein Traum.

8. 6. Träume gegen Morgen: In der Burg (Schönbrunn?) beim Kaiser Franz Joseph (im dunklen Sacco – Trauer?), grosser

Saal,– auch andere Leute, wenige; zeige dem Kaiser eine illustrierte Zeitung, wo mit anderen Bildern auf gleicher Seite eines, das einen offenen Balkon zeigt, auf dem der Kaiser mit Kronprinz Rudolf als Knaben. Kaiser will Vervielfältigung des Bildes;– ich schlage vor zu vergrössern (wir gehen in dem Saal immer herum); ich entferne mich, um den Wunsch des Kaisers weiterzugeben,– will einem (bestimmten?) Journalisten schreiben – oder ihn sprechen; entwerfe innerlich einen Brief, in dem zu oft »Majestät« vorkommt. Ich (**wir** – aber wer?) in einer Art Landauer die Reichsstrasse, etwa bei Inzersdorf, mir vis-à-vis H. K., aber unhübsch, die Hässlichkeit des Kinns fällt mir auf.

(Dtg.) (V. L.'s tödliche Verletzung vor einigen Tagen.) Es sind an der Strasse zwei kleine Sternwarten – ich lobe besonders die eine, die eben sichtbar wird – ein schlanker Turm, oben glänzende Metallkuppel, aber zugleich eine offene Plattform, kreisrund mit weissgedecktem Tisch, an dem jemand, der Astronom, schreibend sitzt. (Er kann allein sein, oben essen und zugleich arbeiten.) H. K. nicht mehr im Wagen, ich blicke nach rückwärts, rufe,– sie, die eben in eine Seitenstrasse eingebogen, guckt wieder, sichtlich erfreut um die Ecke, schleppt irgend einen persischen Teppich nach oder steht der mit dem Wagen in Zusammenhang? (Dtg.: Geschenke für Lili, V. L. auch wollte ihr einen Teppich kaufen.)

An einem Haus rotiert in mässiger Höhe eine Art Doppelschwert, wie Windmühlflügel hin und her; ich denke, wie unvorsichtig: das könnte ja Autofahrern den Hals abschneiden oder die Augen zerstören. (Deutung liegt allzu nahe.) – Ich bin in einer Eisenbahn. Ein Kontrollor (in Zivil), zur Antwort (auf was?) erwähnt er etwa: »Nun jetzt, wo wieder der Krieg bevorsteht« (anders!) – Es entsetzt mich so, dass mir übel wird (ähnliche Empfindung wie bei der Todesnachricht, als R. L. sie mir überbrachte.) Weiss, dass die Andern das Furchtbare nicht verstehen, empfinde geradezu die kommende Vernichtung durch Gas etc. (Dtg.: Gespräch neulich, als Alma und Friedell da waren.) – Ein (mein?) steifer Hut, immerwährend verbuckelt durch Draufsitzen oder dergleichen. (Dtg.: Der schwarze steife Hut, den Franzi seinem Vater und mir zeigte zum Leichenbegängnis.)

26. 6. Träume, dass ich mit C. P. an einem Haus, Eckhaus, vorbeigehe;– weiss, dass V. L. hier wohnt, sehe hinauf in den vierten(?) Stock; ob sie nicht heruntersehen wird – obwohl ich weiss, dass sie tot ist. (Dtg.: Dass ich zu P.'s Fenster hinaufsehe, wenn ich sie mit dem Auto hole.) Vor dem Haus ein kleines Taxi; ich denke – Dr. L.? und schon ist das Auto mit Dr. L. und Franzl voraus. An der nächsten Strassenecke steigt Dr. L. aus,– meinetwegen; ich stelle ihm C. P. vor. »Sie kennen sie schon.« Aber er erinnert sich nicht recht, reicht ihr die Hand;– Franzl steht, lehnt an einer Strassenlaterne. (Dtg.: Der Baum, an den das Auto stiess, in dem V. den Tod fand.) Ich bin dann im Speisezimmer der Burgringwohnung (die wir 1893 verliessen nach Vaters Tod) – komme im Pyjama (das ich nie trage!), mit eleganter bauschiger Seidenkravatte; Lili ist da, noch drei(?) Damen, sitzen um den Tisch, eigentlich sehe ich keine. Eine ist Lotte Horn; ich eigentlich unangenehm berührt oder in Verlegenheit sage: »Ich falle auf die Knie vor Ihnen, meine Damen« (und tue es). »Da bekommt jede Dame ein halbes Knie.«

18. 7. Um 3 aus einem alpdruckhaften Traum erwacht: Rendezvous mit H. K. Mit ihr in einem kleinen Raum;– sie hat ein Vorbeugungsmittel gegen Lyssa mit;– zuerst eine Salbe(?) in die Haut einreiben, dann jene andere, das eigentliche Schutzmittel. Ferner hat sie ein Glasgefässchen mit ganz kleinen Silberpillen, die ich für das Mittel halte. Sie sind es nicht. Ich durch ungeschickte Hantierung mit dem Stoppel verursache das Entlaufen einiger dieser Pillen und versuche sie wieder hineinzustopfen.– Der erste Teil der Be-

handlung ist vorbei – (wie?), den zweiten will ich doch lieber von einem Arzt vornehmen lassen;– fort, Strasse, Gersthof, lieber kein Auto; Tram,– um sieben etwa habe ich Rendezvous mit C. P. H. etwas gekränkt – bin allein in der Tram – steige beim Carltheater aus – will mir einen Wagen nehmen – einerseits Rendezvous mit C. – und zwar nach einer Besprechung im Ministerium. Aber wann und wo? Anderseits um einen Arzt aufzusuchen – denn ich empfinde es plötzlich als höchst leichtsinnig, dass ich jenes zweite Mittel noch nicht angewandt, fühle quasi schon Symptome,– als wenn ich ein Lehrbuch vor mir sähe. Bin in einem grossen überfüllten Hörsaal, wie Urania. Von oben herunter die Stufen mein Neffe Hans: »Was machst du da, Onkel Arthur?« – Mir kommt der Einfall, er könnte die Behandlung übernehmen. Er ist befremdet, dass ich so unvorsichtig war,– ist bereit, aber im Zimmer des Custoden.– Kleines Gemach gleich hinter dem Hörsaal – ich begebe mich hinein, höre aus dem Hörsaal Unruhe – Hans soll in Vertretung des verhinderten Chefs(?) Vortrag halten, weigert sich anfangs [er ist jetzt im Rothschildspital stellvertretender Chef]. Dann bereit;– jemand berichtet mir, er habe humorvoll begonnen: »Selbst Dr. A. S. würde heute –« und nun irgend etwas über Chemie. Indes tritt eine riesig lange, allzu einfach gekleidete Frau, irgendwie Doktorin, Laborantin herein. (Mässig an die Hofrätin Eisenmenger erinnernd.) Kennt mich wohl; sie zeigt mir zwei Photographien. Beide von Gletschergebirgsgegenden (gestern Abend zeigte ich u. a. zwei ähnliche Aufnahmen von Heini) mit (ungefähr) der Bemerkung – das sei doch das Wichtigste (oder Schönste) Besteigungen und dergleichen.– Indes bin ich immer besorgt, C. P., die offenbar irgendwo vergebens auf mich wartet, käme in meine Wohnung und man würde ihr dort mitteilen, ich sei mit H. K. fort,– vielleicht wird sie sich's aber überlegen, in der Befürchtung O. dort zu finden.– Ich erwache in Schweiss gebadet.

28. 7. Traum. Der Kanzler Seipel zu Füssen meines Bettes. (Feister und renaissancehafter als in Wirklichkeit.) Rechts neben mir mein Vater; ich wohl Rekonvaleszent? – doch spielt nichts derartiges hinein. Ich rede mit dem Kanzler, weiss nicht mehr, was. Dann spreche ich über Gott und Seele;– **äussere mich** scharf, etwa in dem Sinn, dass man das Wort Gott zu vieldeutig anwendet. S. verlässt wortlos das Zimmer. Mein Vater erklärt mir das irgendwie und lacht zu laut; bald erscheint Seipel wieder, als wäre er nur wegen seines (tatsächlichen) Diabetes hinausgegangen. (Dtg.) Als Ganzes Todestraum. Quellen im Einzelnen: Professor Bernhardi (Szene Pfarrer – Bernhardi); Julius hat Seipel seinerzeit behandelt,– meine Aphorismen über Gott – Seipel als seinerzeitiger Redner gegen ›Reigen‹, jetzt im Parlament gegen die Sozialdemokratie etc.

4. 8. Traum. H. K. bei mir. Andere Wohnung als meine – plötzlich ist irgendwer da, die Mama, Heini,– ich wundere mich, nicht angenehm berührt. H. K. nun ganz angekleidet, sitzt am Klavier, singt (ich höre es eigentlich nicht), begleitet sich; auch Lili ist da;– Türen stehen offen,– Leute;– ich sehe etwa im vierten Zimmer fern in der Türe O. im Profil.– Wie, sie gibt eine Gesellschaft, ohne mich gefragt zu haben? Vorher schon fragte ich Lili, ob Mutter heute Abend zu mir käme. Lili sagt nein;– immer mehr Leute, schattenhaft, einige deutlich, etwa die alte Jenny Mayer (die ich neulich Bahnhof Payerbach gesehen); in einem **Cabinet** ist Garda Kaufmann – wie, schon in Gesellschaft, obwohl der Mann erst kürzlich gestorben?– Sie ist grau, irgendwie bräutlich gekleidet, mit einer Art Myrthenkranz, kommt auf mich zu, streckt mir die Hand entgegen, sagt irgend etwas, ist ein wenig unheimlich. Ich durchstreife, um H. K. zu suchen, andere Zimmer, überall Leute (schattenhaft), im letzten Zimmer richten zwei **Dienstmädchen** unbekümmert Ehebetten her, vorher schon in einem andern Zimmer liegt Lili etwas undezent

überquer in einem braunen Kleid auf einem Sofa, kugelt sich vor Lachen: »Du weisst nicht, warum ich lache?« – Ich beschliesse das Haus zu verlassen, H. K. wird wohl unten auf mich warten. Eine Dame (welche) soll singen und hat Angst; vorher noch, während H. K. singt, sitzt Gisa hinter ihr, mit altmodischem Hut, wie auf der Photographie in meinem Zimmer;– ich sagte zu H. K.: »Sie machen Sensation, Fräulein«,– in ein anderes Vorzimmer; dort hängen Mäntel. Einen befrackten Diener frage ich: »Wo hängt mein Überzieher.« Ich bin nämlich der Hausherr;– er hat ein Tablett in der Hand und nickt verständnisvoll, in einem Seitengang des Vorzimmers stehen zwei Herren, Bekannte, einer, kleiner mit einem Schnurrbart, der seitlich blau ist, macht eine scherzhafte Bemerkung über mein Fortgehen, ich sage, ich liebe so grosse Gesellschaften nicht,– ich kann weggehen, auch wenn sie in meinem Hause stattfinden;– in der Türe, wie ich fortgehe erscheinen neue Gäste, zwei Damen, eine etwa Frau Lewinsky, das Stiegenhaus ist fremd – ja, der andere Ausgang, hinab, sehr geräumig,– ich finde das Tor nicht, bin in einer Art Postamt ohne Menschen, irre weiter, wieder derselbe Raum, aber nun eine Art eleganter Schankraum, weisse Kellner, einer nimmt eine Flasche Champagner, steckt sie einem Andern in den Mund, wie um ihn zur Besinnung zu bringen,– ich suche weiter, gerate wieder in einen Saal, wo Gesellschaft;– vorher aber liege ich im Bett, weiss, dass ich träume (drei Worte unleserlich) Fieber, es gelingt mir nicht, aufzuwachen. In dem neuen Raum ist eine Art Ausgang, ein Fenster, nein, ein Balkon – gegenüber einer riesigen byzantinischen Kuppel,– zu meiner Rettung nehme ich eine Champagnerflasche, will sie hinabschleudern, um Lärm zu erzeugen,– sie fällt in irgend einen gepolsterten Raum, all das ist künstlich. Zwei oder drei ältlich-junge Damen im Ballkleid stehen beim Fenster. Ich sage ihnen: »Sie existieren nicht, ich träume Sie nur«,– sie machen so sonderbare Gesichter, so dass ich zu zweifeln beginne. Dann sage ich ihnen: »Sie spielen ausgezeichnet, aber

Sie existieren doch nicht.« Ich schreie es geradezu, um meine eigenen Zweifel zu besiegen und wache endlich von meinem Schreien auf. (Dtg. Die Flucht des Helden in Melvilles ›Taipi‹ spielte in den Traum hinein.)

6. 8. Traum, dass V. L. am Leben; ich sehe sie (wo?) etwa links von mir in einer Art einfachem Samtkleid und sage ihr etwa: »Sie erleben das Merkwürdige, dass ich Ihnen erzählen kann, welchen Schmerz mir Ihr Tod verursacht hat.« Ich war sehr beglückt und nicht übermässig erstaunt.

13. 8. Campiglio. Träume, in denen immer meine schwarze Manuscriptentasche verloren und doch da war.

14. 8. Campiglio. Träume meine Aphorismen sind gedruckt, Korrekturen auf schlechtem Papier; ganz konfus bis zur Unverständlichkeit, die Papiere zerrissen;– die einzelnen Aphorismen (Papierschnitzel, wie ich weiss) im Obersschaum auf kleinen Kuchen, die, wie ich sehe, von einem Kellner in schwarzem Frack mit Coteletten eben auf einem Tablett serviert werden sollen – quasi in einem Refektorium den Mönchen des Klosters. Ich fische einige der Zettel heraus, gegen den Willen des Kellners, erstens, weil die Aphorismen unverständlich sind und dann, weil sie sich zur Lektüre für Mönche nicht eignen.– Dann in irgend einem Raum ein oder zwei Kinder. O. ist da und gerührt – (über die Kinder). Ich wundere mich, dass es zwei sind, sind denn die Eltern (irgendwie frühere Bedienstete von uns) verheiratet? Das eine Kind, ein schwarzes Mädel (einem hier im Hotel ähnlich) sitzt mir wie auf einer Schülerbank, gleich mir, gegenüber, über das Tischchen strecke ich ihr die Hand entgegen, fasse ihre: »Wie heisst du?« Sie: »Rosa.« Ich, ein wenig höhnend: »Rosa.. Rosalia« und denke bei mir: Warum eigentlich diese antisemitische Betonung, ich hab es doch gar nicht nötig.

31. 8. Gardone. Traum. Ich fahre allein Auto aufs Land, etwa Mödlinger Gegend; dann auf dem Rad,– das Auto vor mir, weiter; eine Art Restaurant, bauernhofartig, in einem Hof merke ich, die Lenkstange ist irgendwo auseinander, ich steige ab, das Auto wird schon zurückkommen, wenn der Chauffeur – es ist der Unterchauffeur von Stefenelli – merkt, dass ich ihm nicht folge. Bleibe beim Rad; da liegt ein anderes, Motorrad, dem es irgendwie schädlich, dass ich an meinem probiere, ein Hausknecht ist unhöflich (Dtg.: Mein Streit mit dem Portier!), nimmt dann das Motorrad, schleppt es mit anderen Sachen in einem Riesensack, Klavierform, weg. Das Tor tut sich auf. Im Überzieher, mit hochgeschlagenem Kragen, kommt ein Herr, Schauspieler, merkt meinen Unfall. »Der Höfer wirds schon machen« – eigentlich ist das er selbst, der Schauspieler Höfer (seit Jahren oder Jahrzehnten nicht gesehen) – er verschwindet wieder, aber niemand kommt. Draussen, in der Landschaft, steht Friedell, mit zwei anderen (schattenhaft) redend, hängt mit Theater zusammen, bemerkt mich nicht, ich will das Rad irgendwo einstellen, aus dem Hof, über eine Art Stiege, bröckelnd, vor mir zwei junge Burschen (auch mit Rad?), rechts ein schadhafter Drahtzaun vor Abgrund, ich bin in Gefahr, es gelingt mir, das Rad und mich hinauf zu bringen. Durch eine Tür wieder ein Hof mit Mägden etc., Sonntag, Gasthof;– ich wende mich an die Wirtin, ob nicht eine Magd mein Rad in ihr Zimmer einstellen könnte. Sie: »Glauben Sie, die Leute haben heute Zeit?« Dann, mich erkennend: »Ah, Sind Sie nicht der Herr Schn.?« (Dtg. Geändertes Benehmen des Direktors hier.) Wohl auf ihr Geheiss beschäftigen sich schwarzgekleidete Kellnerinnen mit meinem Rad, eine besonders, die aber das benützt, sich höchst aufreizend zu mir zu benehmen, ich wehre ab, ich erkläre, dass ich mit meiner Geliebten im Wald ein Rendezvous habe,– Lärm, Bauernmusik – plötzlich in einem Zimmer;– ich will den Schalter meiner Nachtkastellampe drehen; draussen im Hof (unsichtbar) wird der Pfarrer von

Kirchfeld gespielt. Ich höre einen etwas sagen, zum Stück gehörig, quasi für den Pfarrer eintretend, und beifälliges Volksgemurmel. Ich immer vergeblich am Schalter bemüht, auch eine Bäuerin, vielmehr eine Mitspielerin,– eigentlich liege ich im Bett und darum ist es so schwer;– und eigentlich bedeutet der Schalter und die Vergeblichkeit des Bemühens etwas im Stück,– es sind nämlich die Kreuzelschreiber, und es bedeutet, dass die Frauen sich ihren Männern versagen; das Ganze ist so unendlich komisch, dass ich laut lache und davon erwache. Ich weiss, dass ich den Schalter der Bettlampe nicht drehen kann, weil ich geträumt habe. Nun drehe ich (durch das Moskitonetz) wirklich auf.

2. 9. Gardone. Traum von V. L.: dass durch ihren Tod auch alles andere seinen Glanz verloren – wer sprach es aus? Jedenfalls war sie im Traume sichtbar.

12. 11. Vor wenigen Tagen ein Traum: Ich gehe zu meiner Hinrichtung. Links begleitet mich Kolap, rechts weniger deutlich O. oder C. P. durch einen breiten Gang, etwa wie eines Gymnasiums, eigentlich ohne Angst, jedoch ziemlich deprimiert.

1928

17/2 Immer viel, aber undeutliche Träume; heute ein deutlicher: In einem Wirtshaus, alt, innere Stadt, mit H. K. und einem andern weiblichen Wesen (nachdem ich zuerst sie bei »Hartmann« erwartet (wo ich nie mit ihr war) und dann in der innern etwas histor. wirkenden Stadt gesucht) – wir essen; da kommen maskirte Leute (Fasching) – über eine Stiege herein, quasi in Gruppen;– auch einige Kinder, ein junges Mädchen führt sie, spricht einige Worte; ich fordre sie auf, Platz zu nehmen – im Zahlen werden wir unterbrochen, und gehen. Ich sitze mit H. K. in einem Auto, es hält in der Sternwartestr.,– aber es ist eine ländliche Gegend; die Begleiterin steigt aus;– draußen wartet Frau Dr. Hirschler (belanglose Bekannte, seit Jahren nicht gesprochen, neulich begegnet Votivpark) – aber sie und ein Herr steigen nicht ein. Aus der Mansarde meines Hauses (erhöhter als wirklich) fragt mich Schwägerin Helene, ob ich Nachricht von Lili; ich denke, es ist etwas besondres, bin erregt, frage Helene, was – ? verstehe ihre Antwort nicht recht, H. K. sagt mir, dass Lili bitte, zwei Schilling in ihre Sparkasse zu legen (Deutung: dass sie mich um Zuschuss für Heizmaterial gebeten) – wir fahren weiter und H. K. constatirt befriedigt, dass wir allein sind. Ich erinner mich, dass wir nicht gezahlt und bitte sie, morgen auf dem Weg in die Bank die Zeche zu zahlen, das Wirtshaus ganz nahe; sonst seien wir Zechpreller. Sie: »Aber nur heut.« – Wir, vielmehr ich allein (aber doch mit ihr) zu Rad durch einen Thorbogen, in ein unbekanntes Wirtshaus, Garten, am Fluss – rückwärts ansteigende (Wein-)Hügel; bäurisches Publicum, wenige, im Dämmer auf einer Art Holzveranda; ich finde das ganze sehr reizvoll,– H. K. ist verschwunden, ich gehe hin und her, erwarte sie und erwache.–

16/4 Stella d'Italia.– Traum; aus unruhigem Schlaf erwacht … ich komme von der Reise (früher als erwartet), telef. C. P., will mit ihr Kino; sie ist schon mit Kolap verabredet, geht aber »natürlich lieber mit mir«;– ich bin mit ihr und Kolap in ihrer (etwas veränderten) Wohnung; zwei Frauen, darunter eine Schneiderin warten (sichtbar) im Nebenzimmer, sie zu ihnen, ich spreche (was?) mit Kolap – – bin Wieden, nah einem Kino (etwa wie Franzenskino, wo neulich mit H. K.) – habe Billets genommen, gehe mit H. K. fort – irgend eine Frau mit drei Hunden, weiße, einer abgeplattet – wie kunstgewerblich, H. K. beschäftigt sich mit ihnen, ich sage, jetzt keine Zeit dazu, Durchhaus, etwa Freihaus, ich und sie durch zwei verschiedene Gänge, verfehlen uns draußen, ich zurück, eine Frau zu einem Kind (unsichtbar) – erzählt, dass wir uns verfehlt haben;– da steht eine Art Fascist, ärgerlich im dämmerigen Hof,– der ist es eigentlich, der vergeblich wartet, Arnoldo klärt mich auf, es sei eigentlich ein Soldat – ich laufe, um H. K. zu erreichen, etwa Elisabethbrücke; ein P. im Bau, doch benützbar, aber wie heraus; ein Arbeiter läßt mich über lehmige Erde herunterrutschen, lobt seine Zuvorkommenheit, ich gebe, eilig kein Trinkgeld (Deutung dass ich Scrupel hatte, ob ich dem Steward für den Kajütentausch nicht zu wenig Trinkgeld gab) –, ich suche Auto (es ist wieder Wieden), mit Askonas, Kolap,– und meinem Bruder oder Sohn, irgend ein Beamter befestigt ein gelbes Fähnchen an ein Auto, ich frage, ob Quarantaine (neulich gelbe Fahne an einem Schiff) – nein, bedeutet andres; wir steigen ein, im Bösendorfersaal (der nicht mehr existirt) ein schönes Kino, in das wir wollen, Fliegerkino (das wirklich existirt),– ich habe mit H. K. Rendezvous, sie wird mich dort erwarten; ich entferne (oft wiederholter, jetzt schon lang nicht, Traum) aus meinem Mund Zähne, vielmehr Stückchen Bernstein und andre hübsche Minerale, auch eine teigige marmorirte braune Masse, aus der ich einen Elefanten knete, mit Hilfe meines Vaters (– in den nun Julius und Heini zusammengeschmolzen) – ich weiss nun, dass ich diese Metallsachen doch nicht träume, sondern dass ich das doch wirklich erlebe, es ist ein singulärer Fall, mein Vater wird ihn in der Gesellschaft der Aerzte vorstellen;– wir nahen uns dem Kino, steigen aus, und ich bin besorgt, wie ich meine Begleitung – die irgendwie mit C. P. zusammenhängt, H. K.

erklären soll; Kolap beruhigt mich, dass sich ja H. K. um dergleichen nicht kümmere – ich solle nur sehr laut und fröhlich sein.

22/4 Traum: ein Auto saust längs eines Abhangs, ohne die Steilheit und Gefahr zu merken, zwei Insassen; ich sehe, wie das Auto ins Meer stürzt – aber das Auto ist nur ein Motorrad, und der Absturz geht wie mit der Zeitlupe vor sich – die zwei jungen Männer überkugeln sich ganz langsam in der Luft, in Todesangst, die ich weiss,– sie versinken beide ins Wasser, der eine taucht noch einmal empor, dann versinkt auch er; der Eindruck ist besonders erschütternd; ich spreche mit jemandem (Heini? Julius?) über die Unmöglichkeit der Rettung.– Später träum ich noch, dass mir eine Reihe ganz gesunder Zähne ausfallen.–

23/4 Konstantinopel. Traum: Jessner in einer Conditorei, er reicht mir, der ich mich ablehnend verhalte, die Hand, ich gratulire ihm zu einem Kind, das er eben bekommen.–

26/4 (St. d'I.) Traum.– Mit Julius (oder Heini) auf einen Dampfer im Hafen, etwa »Stella« (niemand sichtbar außer uns), ganz eng, in einen Winkel; wollen baden, schwimmen; lieber zuerst über das Schiff daneben (beide eigentlich armselige Dampfer), aber wir kommen nicht drüber, passiren einen hügeligen Park, um ins freie Meer zu kommen, gerathen in eine Art Feuerwehrfest, können uns den engen Pfad nicht durchdrängen, zurück, dann einen steinigen Weg, die nackten Füße schmerzen, über eine Art ganz kurze Brücke, einen Parkweg, es ist Triest, vor, hinter uns, Leute, ich Schwimmanzug, Bademantel und Überzieher, Heini (Julius) ist wohl da, aber irrelevant,– ein kleiner Herr mit Cylinder?,– ein Mädchenpensionat, ganz wenige, eine ein Buch in der Hand, ich neugierig, sehe: »Laube« auf dem Einband, dränge mich ein wenig an sie;– weiter, enger gewölbter Gang, nur einer hinter dem andern Platz, was altes, doch eigentlich ist es Neubau, weitet sich, Vorhalle zu Kirche, der Diener indignirt schließt die Flügeltüren,– hinter denen viele Menschen gedrängt, Gottesdienst, Feier, Einweihung,– ich bleibe (wie andre) heraussen, rechts daneben Sakristei, Lili ist darin (in ihrem schwarzen einfachen Kleid), eine (unsichtbare) Dame zeigt ihr was, u. zw. – einen gestickten Kirchenstoff, der ein Emblem, etwas religiöses vorstellt; ich möchte nicht, dass Lili länger in der Sakristei bleibt; wende mich, in der Vorhalle, an einen Herrn von früher, er möge mir Lili herausschicken;– der Herr ist aber ein andrer,– dunkle Lakaien- und Kirchendienertracht; Mantel, schwarzer Schnurrbart, er sagt »ja es ist wirklich schon zu viel«, ich finde seine Aussprache jüdisch, nun ja es gibt Christen, die jüdeln, denke ich,– er nimmt den Mantel ab, versorgt ihn umständlich in einem Fach unter einem gläsernen (Heiligen?)Schrein, (aufwärts gerichtete sarkophagartige) – reibt sich die Hände (wie es ähnlich Sampò macht) – und verschwindet in die Sakristei.–

16/6 Ischl. Traum: dass ich einen Vortrag halten soll, Goethe Gedichte, die Schubert componirt hat (zur Jubelfeier); das Podium schwer erreichbar, ich probire, ganz rückwärts, Stufen quasi unter dem Podium selbst; Werfel hilft mir, indem er mich hinaufschupst. Ich stehe dann oben, eine Art Schulzimmer, lese, kenne die Gedichte nicht, habe mich nicht vorbereitet, es sind nur 6, 7 Gedichte, wie füll ich die Zeit aus? – es geht zu Ende, ich bin etwas beschämt; Heini (oder Julius) sagt ein paar freundliche quasi aufmunternde Worte.– Ich bin dann in einem undecidirten Raum; Siegfried Geyer mit einer Art Landkarte, die aber, als Gegenstück zu meinem Diagramm eine Eintheilung des Bewußtseins enthält. Er zeigt mir eine gelb oder blau umgrenzte Partie (mit Flüssen und Städten) als Bewußtsein, rechts davon das Unterbewußtsein (Deutung: neulich bei Haltestelle seh ich S. Geyer und Frau; es fällt mir auf, dass er ein Gespräch vermeidet, wie in schlechtem Gewissen); ich sage ihm, dass die Karte nicht richtig,– zwischen Bewußtsein und Unterbewußtsein gibt es viele Schichten, allmälig Übergänge, ich trage anschließend vor, wie Lectüre auf den Menschen wirke, anders auf den genießenden naiven, anders auf den kritischen, bei jedem gingen die

Ideenassociationen anders: bei naiven zu ähnlichen Geschehnissen etc., beim Kritiker vor allem zu andern Büchern ... so red ich noch eine Weile, nicht S. Geyer ist da, sondern Georg Brandes, der in einer kleinen Einfahrt steht, ich entschuldige mich – dass ich schon ¾ Stunden spreche;– Georg Br. redet nichts (ohne dass es mich überrascht); dann sitzt plötzlich auf einer Garten- oder Schulbank – Lou Salomé, schwarz, hager, Brille?, sieht aus wie eine Amerikanerin hier im Hotel;– sie sagt, ob ich nicht wisse, dass sie mit Georg Br. bös sei.

19/6 Ischl.– Traum: Burgtheater, ein röm. Stück wird gespielt (Shakespeare?) links gegen die Coulisse eine nackte Sklavin; ich denke: warum thut das Herterich? Die Sklavin, nachdem sie etwas gesprochen (in die Coulisse) fährt in einen Pelzmantel. Herterich (als Bote oder Sklave, doch Hauptrolle, braunes Landstreichercostume) tritt auf, spricht etwas düstres; ich finde es anständig, dass er, als Direktor, einen Sklaven(?) spielt, ein andrer Schauspieler, röm. Costüm etwa, Bassermann, geht ab, ins Parket, d. h. in die Tiefe;– (ich denke, wie kommt er (und ein andrer) wieder auf die Bühne zurück?) – Dann bin ich Ring, etwa gegenüber Imperial (ziemlich oft geträumte Gegend), stehe mit Trebitsch, soll abreisen – oder er? – mein Zug 11.25 – es ist schon ein paar Minuten nach 11 – (Vormittag, aber dunkel), Tr. spricht oder fragt, Aussig,– als Station;– drüben ein Gepäckauto – soll ich auf der Bahn vorher Karte lösen, oder zuerst nach Hause, Koffer holen. Besser; erwache.

1/7 Zu Hause sehr müd von Champagner, auf dem Divan eingeschlafen;– ein etwas schauerlicher Traum;– in der Küche, in der Muschel unter der Wasserleitung hat O. wegen Kopfschmerzen ihr Haupt gebettet; ganz Profil, geschlossene Augen, von Wasser übergossen, wie eine Todte; ich spreche zu ihr, in Mitleid.–

5/7 Unter andern Träumen: Ich sage zu Alma: Schade dass ich Sie nicht früher kennen gelernt – Sie waren die einzige Frau, für die ich ein Verbrechen hätte begehn können;– und das hätt ich gern einmal erlebt. Sie hört mit einem geschmeichelten fast glücklichen Gesicht zu, ungewiss ob ich oder sie zu alt.–

8/8 Neulich ein Traum: Olga auf einem Kahn hingestreckt – See oder Meer? Oder Schwimmanstalt – ?; ich weiss, sie ist operirt oder wird,– und muss sterben;– sie sagt (zu wem?): Was wollt Ihr denn. Ich weiss ja, dass ich noch drei Wochen zu leben habe. (Aber es war im Traum viel.)

9/8 Träumte von Lili. Sie sollte ein amerik. Duell haben – mit irgend wem nach einem Streit beim Kartenspiel. Sie ist irgendwie da, blass, unreal, traurig und stumm – sieht am ehesten einer in ein schwarzes Kleid gewickelten Mumie gleich, säulenhaft, schief, im Raum, der keine Charakteristika hat… Ich und Olga zittern um sie;– ich sage ihr: Wenn du dich erschießt, wird dein Gegner zum Tod verurteilt. Bin aber überzeugt, sie zurückhalten zu können, habe Angst, dass bei ihrem Ehrgefühl doch ihr Entschluss nicht auf die Dauer verhindert werden kann – und denke, dass man sie nicht immer bewachen kann.–

10/8 Traum: eine fremde Stadt?, ich in einem Hotelzimmer (unbestimmt) mit V. L., zärtlich,– soll bald zu Hause, resp. in anderm Hotel sein, um ½ 3 mit Familie,– abreisen. Habe auch noch zu packen.– Verlasse V. L., die noch bis morgen dableibt,– finde den Weg nicht, irgendwie Bahnhofsnähe, grüne Vorstadt, frage einen Burschen, der weist mir den Weg;– Art Burgthor; schief, abwärts Weg wie in einen Hof (eine Konstantinopel Erinnerung?) – bin im Zimmer, will Hängekoffer packen, kaum ½ Stunde Zeit, Schwierigkeiten, komme nicht zurecht; O. ist deutlich da, jünger, etwas provinciell, heiter;– auch Heini aber kaum sichtbar,– ich schlage vor, erst nächsten Tags zu reisen, O. lehnt ab, ich könne ja morgen nachkommen;– es fällt mir ein, dass ich dann heute V. L. noch sehen könnte.

20/8 Hohenschwangau. Traum: In einem Zimmer, halb mein Salon, halb der Salon Burgring;– es kommt, quasi zur Condolenz oder doch in Zusammenhang damit ein Verwandter, Stephan Schey (den ich nie gekannt habe doch existirte einer dieses Namens), gross, nicht sehr elegant, schwarzer Vollbart, schwarzes Lüstersacco, ich sage ihm du, ohne Überzeugung, da wir uns ja nie gesehn haben; Lili kommt herein, etwa 11 jährig, ziemlich pausbäckig, kurze Haare; sie setzt sich auch zu uns, an den Tisch (jetzt ganz unser Salon Sternwartestr.), fragt ungefähr, ob sie jemand zu Frau Dr. Menczel hinüber begleiten könnte, meint eventuell diesen Hr. Schey – ich mache irgend eine harmlos scherzhafte Bemerkung; sie etwas gekränkt, weint, ich ziehe sie an mich, wir sind beide voll Zärtlichkeit, sie hat die Hände um meinen Hals, und ich fühle glückselig ihre Thränen an meiner Wange. Ich erkläre dem starr bleibenden Hr. Schey; sie genire sich, weil sie einen Selbstmordversuch gemacht habe (was ich als eine Art von Kinderei erzähle).– Dies war ein Traum gleich nach dem Einschlafen;– gegen Morgen träume ich, dass ich diesen Traum O. und Heini? erzählen wolle;– ich fange an,– O. ist zerstreut;– mit irgend was anderm beschäftigt, Heini hat die Sache von Stephan Schey ungeduldig gemacht;– ich bin tief verletzt über die Gleichgiltigkeit, gehe weg,– noch allerlei undeutliches;– dann bin ich in der Gegend des Schwarzenbergplatzes; aber zugleich eine Art Feldweg, Weinberg,– aufwärts rutschig;– O. ist bei mir, quer, einen andern Feldweg einschlagend, drei oder vier Mädchen? in Traueranzug mit Mutter ebenso;– nun erzähl ich O. jenen Traum, weiss jetzt, dass Lili fort, und weine bitterlich an O.s Hals, wie früher Lili an meinem.

22/8 Hohenschwangau.– Traum … Irgend wer, gross, dunkel, Überzieher, [wie im leeren] Raum theilt mir mit, die Probe beginne erst ½9;– Brahm (Otto) sei krank; ich merke, dass er verloren;– sein Neffe Hans werde ihn vertreten;– es ist mir recht, dass die Probe später (etwa wie Schulanfang). Es ist der ›einsame Weg‹; im Traum Weg ins freie;– ich habe es ganz neu und gut umgearbeitet;– möchte mich (ohne Polemik) gegen die Bassermannsche Bearbeitung (die jetzt immer gespielt wird) wehren. Ich radle am Ring, sehr schnell und geschickt;– es ist erst 10 Minuten vor acht Morgen (aber Abendbeleuchtung) – ich seh es auf einer oeffentlichen Uhr (wie niedrer Thurm),– fahre Ring, wo es zum Schwarzenbergplatz geht (häufige Traum-Localisirung),– dann bin ich in der Gegend des Kriegsministeriums (nicht sichtbar); ein ungeheuer hoher Sockel, grau, auf dem (unsichtbar – und über die Höhe der Traumbühne sozusagen) wohl ein Monument etwa für gefallene Soldaten; der Sockel umgeben von einer Kette, Raum zwischen Kette und Stein sehr eng,– wie konnte Lili hier durchfahren, sie ist schon außen, mit Rad, weißgekleidet, ich weise sie sehr mild zurecht, dass es doch verboten;– sie replicirt etwas unwirsch.– (Ich will nicht deuten.)

5/9 Traum. Irgend eine Ceremonie mit der in schwarz gekleideten O.;– sie fragt, ob wir nun wieder verheiratet sind; ich verneine;– sie wirft was ich ihr gegeben,– ich dachte ein goldner Ring (Hamsun Landstreicher) – es ist aber der Theil eines schwarzen Schuhleistens ... Ich sage ungefähr, schmerzlich bewegt ...: Fängt das Mißverstehn schon wieder an. Sie bleibt starr;– wir sind an einem See,– Heini, Lili – die ihre Wange fest an O.s Wange presst;– Spaziergang – nah einem kaum sichtbaren Hotel; der Weg, zum Ufer hin, kothig, dann Glatteis, brüchiges Eis;– ich voraus, such eine Art Landungsteg, ein Schiff zu besichtigen;– kann die Meinen nicht mehr finden,– Heini ruft mich,– ich kann ihn unmöglich entdecken.–

12/9 Traum. In irgend einem großen Saal (Luxushotel) Spielsaal. Lili ist da; auch O. und Heini? – ich weiss, dass Lili, wie voriges Jahr übermorgen sterben (oder sich umbringen) muss,– sie selbst weiss es nicht, ich denke nach, ob es auf irgend eine Weise zu verhindern sein wird,– unmöglich, bin verzweifelt –

20/9 Traum: Ich weiss, ebenso wie O., dass Lili in 8 Tagen sich umbringen wird – das steht seit einigen Wochen fest: ich bin verzweifelt, sage O.: Sie will ja eigentlich gar nicht;– man könnte ihr abreden. (Zugleich sehe ich sie, ernsten Gesichts, etwas schief im Raum, mit Zöpfen glaub ich;– sie sagt irgend was, das sich auf die Unumstößlichkeit ihres Entschlusses bezieht.) Ich sage zu O.: Vielleicht hilft es etwas, wenn ich sie auf den Knieen beschwöre – was O. bezweifelt – und – liege endlich thatsächlich auf den Knieen von ihr – ohne sie zu sehen.

4/10 Neulich ein Traum: dass ich mit Pulay, der wichtigthuerisch dastand bei Freud bin,– um mir (ungefähr) den Schmerz um Lili wegnehmen zu lassen, und Freud mir sagt, auch er habe eine Tochter verloren (wie wirklich der Fall).

6/12 Traum O.;– in 2 Ehebetten nebeneinander;– ich weine; in Erbitterung über unsre Beziehung (wie vor 10 Jahren) – sie will trösten, sagt aber sofort etwas abfälliges – über S. Fischer (was aber eigentlich ungefähr C. P. bedeutet) – ich wende mich neu erbittert ab.–

14/12 Träumte von Lili und Heini, dass ich mit ihnen an einem Tische sass, und Lili lachte sehr. Dann träumt ich, dass ich ein Stück schriebe, die Heldin hieß »Lili Adieu« – – und ich überlegte, ob ich sie »Lili Lebewohl« nennen solle? Aber es waren eigentlich drei junge Mädchen Heldinnen des (Volks-?)Stücks. (Deutung – allzueinfach;– aber die Details: – Es gibt eine Operette »Adieu Mimi« – nun hatt ich gestern einen Brief von Mimi Z., in dem sie von »Lilis Tod« spricht – eine Wortfolge, die mich über die Wahrheit hinaus erschüttert,– dann: die drei »Jungfrauen« in der Kom. der Verf.; die drei Schauspielerinnen im Th. R.;– und in diesem soll, dem Plan nach, F. S. (resp. Claudius Dobold) ein Volksstück schreiben.)

1928

28/12 Berlin. Traum, dass im »Zug der Sch.« eine Person vorkommt, die ich den »Vermeider« nenne, was Kapper mißverständlich zu meinem Aerger für sehr gut hält.

1929

14/1 Traum (nach schlechtem Befinden gestern Nm.) – dass ich (auf Reisen?, in Bewußtsein, dass Lili nicht mehr da) mit Heini und O. in einem Zimmer –; kränke mich, dass Heini in einer unbeträchtlichen Sache, die sich auf Radio bezieht unwirsch erwidert, und sage – das kommt aus einer tiefen Feindseligkeit, worauf O., entfernt stehend, schwarzes Kleid, mir etwas sagt; ich betone ärgerlich, sie solle lauter reden, sie wisse ja, ich höre schlecht, sie darauf; lauter: »Die Sache ist die, ich bin edel, und du bist es nicht.« Was mich erbittert.

16/1 Wieder der Traum, dass ich weiss Lili will sich in einiger Zeit umbringen;– ich kniee an ihrem Bett, (Divan?),– Morgen;– auch O. ist vorhanden, im Bett;– ich flehe sie an, es nicht zu thun;– wage es nicht recht;– sie ist kühl; als verstände sie nicht oder wollte nicht verstehn;– wie ich sie küsse,– ist sie deutlich abwehrend;– ich erwache – froh, dass es ein Traum und erst in der Sekunde drauf weiss ich, dass… was schon geschehn ist. (Ich sah gestern viele ihrer Bilder, wegen Rahmungen etc.)

28/1 Traum: Rendezvous mit C. P.,– vor dem Carltheater;– sollen ½8 Kino,– es ist 7, kann noch in die Rotensterngasse, wo das Kino (einstige Wohnung O.!) – laufen, zwischen Schneehaufen Praterstraße, schmaler, schwieriger Pfad – (im Schnee sind lebendige Kopfreliefs (aus Schnee), einer Schildkraut – ich trete darauf, er greift scherzhaft nach meinem Bein, ich ergreife den Schnee-Arm und schleudre ihn davon, so dass er zerstäubt –) –; im Kino, sitze zweite Reihe, irgend was wird gespielt; der Besitzer, physiognomieloser Jude kommt zu mir; ich sage, dass ich noch Billets zu lösen habe; »das können Sie gleich bei mir« – er gibt mir auf zehn Gulden 5 heraus; ich verlasse das Kino, im Vorraum auf einem Sessel Schildkraut; der Besitzer sagt mir: Wissen Sie dass sich der jüngere Sohn Sch.s verlobt hat; ich denke mir: was geht mich das an, habe Eile, es ist schon ½ 9 (auf einer Uhr) – laufe abkürzend durch die Cirkusgasse;– suche die Gasse wo C. P. wartet – weiss nicht wie sie heißt, etwa Matthaeus Müller Gasse;– gerathe in ein Hotel (etwa National) verlasse es wieder;– in eine dunkle Kirche;– jemand (nicht zu mir) – der Ausgang sei bei jenem Portal;– ich finde es, da eben eine Frau es durchschreitet (eine Drehtür),– finde mich in einem Hotel, denke: vornehm,– es hat eine eigne Kirche – durch eine Halle, die in einer Art Landungsplatz mündet (wie in Venedig), ein Kellner folgt mir: »Herr Doctor kennen sich doch in Zeitungen aus« ich ungeduldig: – Schreiben Sie mir, was Sie wünschen;– mein Ehrenwort, dass ich Ihnen antworte, jetzt hab ich keine Zeit; er: sich entschuldigend: – »Ich habe heute meinen Tick«;– ich laufe durch eine Gasse (quer auf der Taborstraße –) wie soll ich fragen, wenn ich den Namen nicht weiss;– erwache wie mit einem Haar in der Kehle.

15/2 Traum: Vorlesung Hugo – er liest – u. a. Lieutenant Gustl – quasi im Freien, ich bin später rückwärts auf einer Art Wiese – wenige andre Leute verstreut. (Die vielen Wurzeln dieses Traums …) Meine Vorlesung Freiwild 1. Akt Feber 97 im Bösendorfer-Saal (an der glaub ich auch Hugo theilnahm) – meine Begegnung neulich mit ihm beim Freiwild Film;– der Brief von Frl. Boner, wegen Gustl Aufführung etc.–

22/2 – Traum: Anruf aus Berlin (während ich zu Bett!) – ein Steuer(?)beamter ruft an, ob ich einen Brief an eine Bank gesandt, wegen irgendeiner Transaction (irgendwas mit Hypotheken); ja;– er ist auch schon da, Herr mit blondem Schnurrbart und Zwicker, gibt mir quasi Rath nach meiner Frage: Was würden Sie an meiner Stelle machen;– aber eigentlich benützt er nur die Gelegenheit mich kennen zu lernen;– ob die von mir gewünschte Transaction erlaubt –? Er: Eigentlich nicht … (Sinn: ich aber könne es mir erlauben) – ich begleite ihn zur Thür – Vorzimmer wie Burgring 1;– ein Herr, ältlich kammerdiener-

und pompfunebererhaft wartet;– ich höflich – warum er nicht auch hineingekommen sei –

Neulich träumte mir, Horch, in seiner dramaturgischen Function, um rasch zu sein, mit Schlittschuhn über eine gefrorene Fläche;– dann über den gleichen See schwimmend, um überall (– Berlin und Wien?) zuerst am Platz zu sein.–

1/4 Ostermontag.– Traum, dass Lili, Kind mit kurzen Zöpfen im Bett liege, krank; Arzt, der anfangs Dr. J. Pollak, später (der Advokat) Dr. Hoffmann, constatirt, 39.1;– aber sie setzt sich auf und scheint reconvalescent;– ich habe aerztlich? anderswo, Mariahilferstr. zu thun;– denke: »auch« dieses Kind verlieren, würd ich nicht überstehn – sehe mich quasi völlig vernichtet vor mich hinstarren.–

19/4 Hatte heut Nachts von Elis. geträumt: sass mit ihr im Kaffeehaus;– rother Plüsch; ein Herr Dir. Klein daneben,– aber nicht Dir. Klein ähnlich, eher dem Schriftsteller Donath und Herald; sie lehnt zärtlich traurig ihre Wange an meine, küsst mich sanft-traurig mit Thränen; sagt diesem Klein ungefähr, er dürfe nicht eifersüchtig sein, beim Theater sei das nicht möglich, er erwidert irgend etwas? logisches.

8/6 Heut Nachts hatt ich geträumt; ein kleiner Hof an andre grenzend, etwa Frankgasse, wo ich gewohnt;– ich stehe am Fenster parterre, als wohnt ich dort; im Hof, auf Karren(?) sechs Packete, drei gelbe Mappen, drei andre;– wie zur Übersiedlung hergerichtet;– doch seh ich Polizei damit beschäftigt – die saisiren will, weil herrenlos … ich schreie hinaus – dass es mir gehöre – meine Stimme (tonlos?) wird nicht vernommen;– dann in irgend einem Raum, amtlich, die Packete, Beamte; ein höflicher –; auf und ab eine Art Finanzbeamter in Uniform;– ob nichts steuerbares oder dgl. in diesen Packeten;– ich versuche zu überzeugen, dass all dies privat, Manuscripte, etc. – lese plötzlich laut aus einem Tagebuch Lilis vor, was? – und schluchze laut, etwas zu pathetisch. »Und dieses Wesen hat sterben müssen«,– was den (vornehmren) Beamten einigermaßen überzeugt.–

8/7 – Ein Traum heut Nacht: Bei S. Fischer; an der Wand ein großes Bild, auf dem Divan ein (liegendes?) Kind, danebensitzend die Mutter (keine Physiognomien) – – entweder das Kind oder die Mutter ist Lili;– an der Wand gegenüber, ein ungefähres Pendant, aus der Fischer Familie (etwa die Tochter und die letzte Enkelin) – – ich bin sehr ergriffen und weine bitterlich.– Dann sprech ich mich mit Bewunderung aber Antipathie über Döblin aus (der auch sichtbar ist und mit dem ich rede) – erwähne zu Fischer, dass ich noch nie mehr als 10 Seiten seiner Romane lesen konnte, ebenso wie Hugo (beides ist wahr).– Gestern träumt ich, dass ich auf dem Grabe Lilis kniete – es waren eigentlich nur Blumenbeete auf grünem Rasen, und ich weinte sehr.

1/8 Heute u. a. geträumt; sitze an einem Tisch mit Maupassant und einem indiff. Herrn, M. erzählt etwas; plötzlich redet die neben mir sitzende Tina Trebitsch drein, über was ganz andres; M., indignirt, schweigt; da hört Frau T. – ev. kann es auch C. P. Schwägerin sein, zu reden auf.–

Dann »träum« ich, Heini bei mir, dass Lili todt – und weine bitterlich.

1/10 Um 6 auf meinem Liegefauteuil einschlafend wunderbare Musik – wußte, es wären nur die subjekt. Geräusche;– doch beglückten sie mich;– ich träumte zugleich – es sei 6 Uhr früh und ich könnte mich nochmals niederlegen;– denn ich ging in einem dunkeln Hotelzimmer auf und ab. Im Zimmer daneben wußt ich O.;– die Thür zum Balkon war offen – draußen unsichtbar ein Stubenmädchen (»Gretchen«?),– und die Nacht. Dann stand auch die Thür zu einem kleinen Zimmer offen –

der kleine Waschraum vom Burgring ...– Während der (orchestralen) Musik wußt ich zugleich, dass ich sie eigentlich componirt.–

9/12 Viele Träume immer, bei sehr gutem Schlaf; die ich im allgemeinen nicht so deutlich erinnere wie in frühren Jahren. Heute Nacht: dass ich Stiege etwa Spöttelgasse hinabgehe;– oben stehen Kolap,– Lili –?, und eine oder ein dritter; ich habe Nachmittag eine Luftfahrt mit sicherm Hinabstürzen vor, Selbstmord – oder Hinrichtung; die andern wissen es, auch ich, dass sie es wissen – aber wir dissimuliren; ich wende mich lächelnd nach ihnen um.

1930

1/1 Berlin. Wie gewöhnlich gut geschlafen. Gegen Morgen Träume unklar, wie fast immer. Holländerinnen im Auto spielten hinein, und ein Brief, den O. schreiben wollte.

4/1 Doch hatt ich von Elis. B. geträumt; in ihrem gestrigen Costume – Zärtlichkeit – doch im Nebenzimmer, nicht ungefährlich Hofrat P.!– (Gemengt das gestrige Stück;– und das Erlebnis.) –

11/1 Berlin. Traum: Bin bei Suz. quasi in Paris zu Besuch. Doch es ist mein Elternhaus. Bin verstimmt; Suz. berührt, rückwärts gehend, zur Beruhigung meine Hand. Ihr Mann. Ich frage nach seinem Befinden;– er klagt über Schnupfen; sieht unrasirt aus. Ich gehe durch die Milchgasse, in der dort wirklich befindlichen Blumenhandlung, wie Greißler, kaufe ich ein geschmackloses Alpenblumenbouquet (Dtg.: Paula Schmidls Spende!), will es wenigstens zertheilen, um's Suz. zu schenken; in der Handlung stehn meine Mutter – und meine Schwester.–

7/4 Traum (sie werden wieder lebhafter).– Auf dem Land,– Hotel?– Wald, Meer in der Nähe.– Zimmer,– in dem meine Mutter (oder O.?),– Heini (oder Julius) und Suz. – etwas erregtes Gespräch (worüber?) Mutter irgendwie indignirt, dass alle? zugleich Toilette machen, geht;– ich bleibe bei Suz. allein; ihr zärtliches Gesicht. Dann fort, muss vor dem Frühstück Zeitung holen – Schmale Straße wie ins Dorf;– in der Trafik oder davor fällt mir ein, heut Dinstag, also nur Wiener Montagsblätter oder nichts:– zurück;– habe nicht meinen eignen Stock in der Hand;– vielleicht wird der Besitzer mich für einen Dieb halten;– peinlich,– eil gegens Ufer – im Frühstückzimmer des Hotels wird gewiss Suz. (jetzt V.L.) sein;– unendliche Sehnsucht schmerzensvoll nach Lili, möchte mit ihr an einem Waldrand liegen;– am fragmentarischen Ufer Wellengang, ein Schiff – ?,–

dann Zimmer, wo Georg Brandes – (wie viel Todte in diesem Traum) mit niederm Cylinder (Dtg.: im Theater gestern ein Mitspieler mit einem schlecht sitzenden Cylinder) – 3(?) andre Herren;– es ist in Holland,– ich muss noch hinab, den Schriftsteller »Lange« besuchen,– drei Häuser platzartig geordnet (etwa der Platz, wo ich in Amsterdam einen Agenten besucht hab),– wo wohnt Lange;– frage einen Greißler, der weiss es nicht… Sonderbar!– –

30/4 Neulich Traum: In einem indifferenten Zimmer, zugleich dort eine indifferente Wärterin oder dgl.;– ich entblößter Oberkörper; gleichbedeutend mit Vorbereitung zu Hinrichtung;– die Thüre öffnet sich;– Helene (meine Schwägerin) tritt ein; ich: gut, dass du kommst, um 12 findet meine Hinrichtung statt. Dann fällt mir ein;– Todesstrafe ist ja abgeschafft;– es kann doch nicht eine vollzogen werden, die unter der Monarchie verhängt wurde;– warum flieh ich nicht; dann aber lebenslängliche Kerkerstrafe – ?–

– Ferner ein Traum; dass ich mit Suz. (die sich aber zuweilen in C. P. verwandelt) im Vorraum eines Kino, sie verliere; finde;– dann erwartet sie mich (Wieden) unter dem Thor einer Schule u. s. w.

Traum von heute: In einem Spitalszimmer(?) kahl, – am Bette von Suz.; sie wird morgen hingerichtet – ich bin verzweifelt; sie ruhig; der Priester, eine Art Landpfarrer, bäurisch kommt, ich sage ihm, ob er nicht noch warten könne – erst vier Uhr früh;– er entfernt sich; Suz. sagt, ich hätte indess auf dem Gang hin und her gehen können;– man werde mir das Vorgehen wieder übel nehmen (Dtg.: Bernhardi – das Spital irgendwie das Venezianer Spital – Lili –) –; dann Kirche, was auch im Zusammenhang mit der Hinrichtung;– eher große Kapelle; der Altar, eher Podium erhöht; Priester im Ornat;– ihm gegenüber die Verurtheilte, nun O. – schwarz gekleidet, wie auf einem Heiligenbild – doch erinnert, ganz ins decente, der schwarze Faltenwurf an »Lolalola, im blauen Engel –« –; ganz rückwärts, dem Ausgang nahe stehe ich mit Suz., oder O. – und ich frage mich, warum ich nicht ein Begnadigungsgesuch eingereicht – Suz. sagt: noch Zeit – ihre Ruhe irritirt mich; ich bin tief erregt, knieend;– streiche über ihre weißen Atlasaermel: ich entwerfe das Telegramm: Au président – demande immédiatement (anfangs immer impitoyable (Dtg.: dass ich in der Übersetzung der derniers masques von Suz. das »à plaindre« bemängelt und sie es durch »pitoyables« ersetzt hatte)) – pardon pour écrivaine S. Cl. – condamnée à mort presque innocente – ganz deutlich;– nun in einer Art Garten;– Suz. und Begleiterin, etwa eine »Mademoiselle«,– ein niedres Landhaus (etwa Ruf des Lebens, das ich neulich vornahm) – ich weiss, man muss durch das Haus und durch unterirdische Gänge zur Post;– bin mit einem Herrn, schwarzer Vollbart, im Tunnel;– Suz. und Fräulein unerträglich langsam nach;– die Tunelle breit, hoch, gebogen;– uns entgegen Offiziere mit Damen;– es ist etwa ein Balkanstaat;– einige Offiziere, wie zum Hohn, oesterr. Cavallerieuniformen; einer trägt eine in der Hand – wie ein Maskenkleid, Dragoneruniform;– ich wundre mich;– vorbei;– hier theilt sich der Gang;– ist verlegt, wie mit Eisenbalken, dort eine Stiege hinauf, dort hinunter – wo ist das Amt,– ja: hier, am einen Ende, ein langer Tisch, dahinter ein paar Beamte;– ich frage den lächelnden Herrn mit schwarzem Vollbart, ob er nicht (wegen meiner schlechten Schrift) die Depesche schreiben wolle;– wo ist Suz.,– eilt sie noch immer nicht;– da kommt sie ganz als O., mit dem »Fräulein« eine unterirdische Stiege herauf,– wie aus einer Toilette;– eigentlich als ginge sie das ganze nichts an;– wenn die Begnadigung erfolgt, denke ich, wird alles sein, wie ein böser Traum;– dann erwach ich wirklich;– zuerst noch unter dem Eindruck dass sie verurtheilt ist – dann aufathmend, dass alles wirklich ein Traum.

17/7 Schlafwagenträume: Gustav bemerkt tadelnd ... es gebe jetzt so schöne Spielzeuge ... z. B. Liliput – warum ich das nicht

1930

Lili kauf. Ich etwas aegrirt – er wisse wohl, dass es nicht Knikkerei sei. Dann: ich will Remarque meine Entrüstung über die Angriffe schreiben, denen er ausgesetzt; er drückt seine Indifferenz aus.–

28/7 St. Moritz: Traum (nach unruhiger Nacht) ich fahre (mit Heini) in der Bahn an einem Friedhof vorbei, Dämme, und empfinde es schmerzlich, dass ich nie meine Biographie lesen werde –

1/8 Traum heut Nacht: In meinem Haus, Garten – Suz. und ihre mir noch unbekannte Schwester (wie brieflich thatsächlich schon verabredet). Die Schwester dunkel, fast Trauer, sieht etwa aus, wie ich mir Denise H. vorgestellt (die ganz anders aussieht).– Auch C. P. ist da – allgemein schlechte Stimmung, und ich freue mich, dass sie nächstens ohne C. P. da sein werden.–

16/8 Furchtbarer Traum. Dass Lili testamentarisch einen Herzstich verfügt;– ich dagegen – es sei ja nun, nach Monaten zu spät;– Olga besteht;– ich bleibe außerhalb der Todtenkammer;– weil ich ja weiss, dass die Verwesung schon fortgeschritten;– höre einen Aufschrei O.; mit Schaudern.–

30/8 Marienbad. Wüste Träume nach Übelbefinden und Hypochondrien(?) – Von einer Operation, oder Recidiven (unklar, was);– gleich darauf von einer unhübschen Wärterin (in schottischem Kleid, wie einst M. G.; ohne es zu wissen), mit stark sexuellem Einschlag und Widerstand.– Dann, in einem Wagen – mit der jungen M. G.,– durch Straßen Wieden!,– sie sehr entreprenant; wir etliche Mal an Sicherheitswachleuten vorbei, vor denen sie sich in meinem Schoss verbirgt.–

1/9 Traum heut Nacht. Übern Ring mit Gustav; in die Gartenbaugesellschaft (jetzt Kino), eine Art Menagerie im Traum;– riesige ausschlagende Fabelpferde veranlassen mich durch eine angelehnte Bretterwand ins Freie;– schmaler Längsgang;– ein phantastisches (fuchsartiges) Thier kratzt, beißt mich; ich mahne die Einlassfrau, mich zu befreien;– sie sagt mir, wenn das Thier mich in den kleinen Finger beiße, solle ichs zurück beißen; dann sei keine Gefahr;– sie ruft das Thier »Muzibubus«;– meine Hände verwundet und zerkratzt; ich erwache schreiend, lache aber zugleich über den Namen.–

8/9 Marienbad. Sonderbar erot. Traum; Frau im Garten, die mir, da ich sie sehe, einen Polster oder dgl. ins Gesicht wirft; dann mit mir sehr zärtlich (wie zum Bad) einen Weg geht, etwa Vöslau (wenn auch gar nicht ähnlich).

9/9 Marienbad. Traum; dass ich dem Architekten Sieber eine Rechnung von 3 Millionen 200.000 zu zahlen, und außerdem noch 3 Millionen (wem?) schuldig. Lache, da Zahlung undenkbar. (Deutung: die Nachricht der großen Reparaturen im Hause;– Byron biographisches.) Dann, im Hause von Hugo, der schon todt – Dämmerhaft, Gerty in Trauer;– ich hab um ½ 10 zu thun, Abreise oder dgl.– Spreche – dann mit Hugo, der das Stück von Unruh vertheidigt, zu meinem Aerger, ich spür das opportunist. Verhältnis zu Reinhardt; Hugo lobt die Grundidee des Stücks – ungefähr: Beschmutzung des Reinen durch Oeffentlichkeit etc.

14/9 Ein Traum, dass ich mit einigen (wem?) 3 oder 4 (Familie – ?) bei Tisch sitze, mit einem plötzlichen wütenden Magenschmerz in Ohnmacht falle oder zurücksinke, oder sterbe;– ich versuche es einigermaßen zu dissimuliren, erwache gleich (ohne jeden Schmerz).–

4/10 Neulich geträumt, dass ich en fam.;– wohl mit O., Heini und Lili – am Tisch sitze. Lili fünfjährig – kaum der wirklichen ähnlich; ich verspreche ihr auf ihren Wunsch sie zum ›Götz‹

mitzunehmen, den sie neulich gelesen;– sie sitzt auf meinem Schoss und schlingt die Arme um meinen Hals.– (Dtg.: Heini spricht nächstens in einer Neuinszenirung Götz Worte als Motto;– vielleicht auch, unterirdische Zusammenhänge mit dem mir z. Th. widerlichen Lawrence Roman.–)

Heute, mit Halsweh erwachend (das kalte Theater gestern!) – träum ich, dass mein Vater, von einem mediz. Congress oder dgl. rückkehrend, mit einem dort (etwa München) diagnosticirten Kehlkopfcarc. wiederkommt; ziemlich gut und jung aussehend, ich mehr berührt als er.– Auch Lili ist wieder in diesem Traum, diesmal in der Gestalt der Schauspielerin Geßner (neulich in Olympia) –

30/10 Gegen 3 mit heftigem Kopfschmerz aufgewacht. Traum, unklar,– im Traum tiefer Schmerz und Ausbruch in Gedenken an Lili.–

10/11 – Traum von C. P. geträumt: Neulich dass sie mit mir Ausland reise, Paß vergessen, ich wüthend – – in der Eisenbahn will sie herausspringen; ich halte sie zurück, sie merkt aber, dass ichs nicht ernst meine und sagt mirs. Heute träumt [ich] ähnlich von einer Fahrt im Wagen: ich abgewendet, und sie will hinaus.

11/11 Im Schlafcoupé träum ich, dass ich Tennis spielen soll,– (mit wem?). Merke, mein rechtes Bein lahmt ein wenig;– wills überwinden – ich habe ja mein Rakett – will spielen – sehe, dass ich nur ein Stück Holz in der Hand habe.– Erwache 3 Uhr,– und dann noch oft bis 7.–

12/11 Berlin. Nach 5 Stunden Schlaf wieder auf, viel geträumt – von Arnoldo, Poldi M.; einer ansteigenden Straße.

30/11 Zu C. P., mit ihr Dornbach;– spazieren Neuwaldegger Park. Ihr Traum (nach dem gestrigen Gespräch bei Tolnai; über die Parfumerie am Graben mit dem Plakat »Auf jüd. Kunden wird verzichtet«…) – dass sie empört die Besitzerin morden wollte, wovon ihr ihr Sohn abräth;– dann fällt ihr ein, dass sie eigentlich – Dora M. umbringen wollte.

1931

2/1 – Recht mäßige Nacht. Gegen Morgen ein unklarer Traum, in dem ich einen französ. Pass brauchte, um zu Menczels (an die Riviera?) zu gelangen.–

24/2 – Träume ziemlich viel, aber selten deutlich;– auch fehlt mir die Energie zu notiren. Heute: ich mit Heini – oder Julius im Prater, wo der Luxuszug für Paris durchfahren wird;– eine Partie Wurstelprater; eine Bude eigentlich Wohnung, ich denke und wundre mich, dass man direct aus einem Wohnzimmer in den Zug steigen kann. Ich habe Haßpastillen bei mir, sie heißen Haïdin;– kleiner Zug (wohl an die Liliputbahn im Prater gemahnend) hält; wir steigen ein;– auch Olga (?) ist mit;– ich freue mich, dass wir (Heini, resp. Julius) im Speisewagen essen werden, sitze mit ihm etwas gedrängt auf mäßig bequemen Fauteuils,– weiss dass der Zug um 7 Uhr morgen Abend in Paris sein wird;– wie werd ich das nur machen, um mich ungestört mit Suz. zu treffen – ? – ich werde jedenfalls bleiben, wenn die Kinder schon fort sein werden.

8/3 Träume, wieder einmal mit besondrer Deutlichkeit. In einem Saal;– auf zwei Clavieren spielen Richard Strauss und Richard Wagner (dieser unpraecis),– phantasiren eigentlich (etwa wie ich öfters mit Heini Mahler-Symph. improvisirt habe), – ich betheilige mich, auf einem der Claviere, mit einem Finger spielend, nicht immer richtig;– Heini ist da und sagt mir etwa: Du bist musikalisch, aber du spielst falsch;– ich höre auf;– dann spielt plötzlich Heini – am gleichen Clavier wie Strauss, anders gestellt, so dass Str. eigentlich auf dem Deckel spielen müßte (was mir weiter nicht auffällt). Dann (ohne dass ich Applaus höre) dankt Strauss für den Beifall, der eigentlich Heini gilt und applaudirt selbst. (Deutung: Brief Heinis und Olgas über seine Mitwirkung Agamemnon;– sein ev. Gastspiel bei Beer etc.;– die Verträge Strauss Hofmannsthal, die Gerty mir übersandte.) –

Dann in eine Hall,– ich Smoking, oder auch Bahnhof,– eine Art Diener (des Hotels), oder Beamter begleitet mich mit einer kleinen Laterne, auf den Perron, der ungefähr Zürich heißt, aber eine Station der Untergrundbahn Berlin ist;– dann wieder Hotel, ich auf einem Gang, soll zum Essen, es ist der erste Stock,– unerfreuliche Stiegen (Deutung: Neulich im Concerthaus, wo mir die nicht ganz geschickte Architektonik der Seitenstiegen auffiel), da ruft einer hinter mir – es ist mein (vor ein paar Jahren verstorbner) Vetter Gustav Frid;– eine andre Stiege; er springt, ein Geländer unterspringend hinab, in einen Hof;– das ist nichts für mich;– wieder hinauf,– das ganze wie ein complicirter Bahnhof,– Lastenraum;– Halle – die eigentlich eine Ausstellung ist, wie in Rotunde,– ich kaufe mir einen kleinen Schinken, gehe mit dem herum, schäle die Haut ab, beginne zu essen;– ein uneleganter großer Mensch mit schwarzem Vollbart,– Besucher oder Arbeiter wischt irgend einen Besen oder dgl. unbekümmert an meinem eleganten Anzug am Rücken und an den Beinen ab, ich wüthend haue ihm mit dem Schinken über den Schädel, – er wird sich rächen, weiss ich;– und schon (ohne besondres Aufsehn ringsum) kauere ich auf dem Boden; er hat eine Spritze mit Benzin oder dgl. gefüllt, und, während ich mein Gesicht verhülle, ruinirt er mir mich von allen Seiten anspritzend, meinen Anzug, ich überlege, dass ich noch 2 andre (im Koffer) mithab, und denke zugleich, dass all das zu unsinnig und doch wie ein Traum sein kann, worauf ich erwache. –

23/3 Neulich Traum. Herm. Bahr krallt sich alpdruckhaft über mich gebeugt in meine Hand;– Schmerzen im Daumenballen links (wo ich eine kleine Erosion hatte –) – ich wimmre und flehe.–

Heute Traum;– bin mit Suz. (auf Reisen – ?) – zeige ihr den Punkt auf Landkarte; es ist Paris, aber doch nicht Paris, eher in der Schweiz;– wir haben offenbar über die Route nach Haus (Wien –) oder ? nach Paris Differenzen; ich sage ihr: bedenke doch was es für mich bedeutet mit dir in Paris zu sein, und habe fast Thränen in den Augen, bin selbst beschämt über meine Sentimentalität;– zeige ihr die Linie: wenn wir nach Wien wollen, müssen wir ja nach Osten;– Suz. bleibt starr.–

25/3 Traum: dass ich ein etwa fünfj. Mäderl, mit schwarzem Samtmantel (Schulkind) zu einer Thür geleite, die quasi auf den Bahnhof führt; sie soll zu Bruno Walter fahren: ich lasse sie allein stehen; bin dann »zu Haus mit O.«, fühle mich quasi schuldig, dass ich das Kind dort allein stehn gelassen;– Olga ist unbewegt, es ist ja ihr Kind aus erster Ehe;– ein Stiegenhaus spielt noch eine Rolle, unklar.– (Deutung: u. a. – wie gestern die Thür bei Suz. eingeschnappt, während Rose Marie bei mir stand etc.) –

Von gestern ein Traum: Suz. wohnt etwa auf dem Semmering;– ich soll oder will hinauf; es wird aber spät; also schon im Dunkel, aber im Schnee wird man doch sehn – dann bin ich mit Jul. (oder Heini) und noch wem etwa auf dem Weg. Serpentinen wie Pinkenkogel; ich liege in Überzieher auf dem Rücken und gleite, immer an der Böschung vorbei, zu Thal; bequemste Art, und gefahrlos,– warum machen's die andern nicht auch so.–

26/3 Traum: Mit Aslan die dämmrige Dreihufeisengasse (ungefähr) hinab, schlage ihm vor, zwei Cyclen meiner Stücke zu geben, zuerst die Stilstücke, erinnre ihn, wie gut er als Herzog in Beatrice gewesen.–

16/4 Z. N. Suz.– Ihr Traum, den ich notire. Les ihr frühe Träume aus meinem Tgb. vor.

15/5 Semmering. […] Abds. Meiereiweg.– Eine junge Frau mit Kind, auf einer Bank hält mich auf – »Herr – S. –?« Dann erzählt sie mir, dass sie vorige Nacht von mir geträumt; ihre kleine blonde Tochter bestätigt es; sie erzählt später (da ich ihr auf dem Rückweg wieder begegne) dass sie früher in Agram gelebt u. s. w. – ihr Kind Keuchhusten gehabt u. s. w.–

18/7 Gegen Morgen sehr lebhafter Traum. In einem Zimmer (wie vor Jahren) – dort Director Beer, und ein paar Dramaturgen. Er in braunem Loden-Regenmantel, etwas ordinär. Ich, mich selbst ironisirend rede von der Umständlichkeit meines Einpackens, Schlafröcke – »ich muss doch einen grünen und einen rothen mithaben« (denke an meine neuen Sammtschlafröcke);– ich habe heute den Doctor im ›Spiel der Sommerlüfte‹ zu spielen;– es ist Juli; Ferien eigentlich;– ich frage, wer denn die Gusti spiele, da die Ullrich ja schon in Berlin sei (was stimmt) man sagt mir – die »Jerger« (ich erinnre mich, die hab ich ja neulich in ›Gestern und heut‹ gesehn (es gibt keine Schauspielerin dieses Namens im Volksthe.));– auf dem Tisch liegt ein Maschinenmanuscript von Heini, ein Artikel irgendwie gegen Beer; Beer (ohne zu sehn) wills einfach einstecken; ich verbiet es;– es ist 9 Uhr; um ½ 10 Vormittag fängt das Stück an; ich hab einen dunklen Saccoanzug an;– keine Möglichkeit im Theater mich umzukleiden, kann ich mir etwa eine gestreifte Flanellhose anziehn; die ich mithabe;– die Zeit drängt;– plötzlich hab ich Angst;– ich kann ja die Rolle nicht;– und den Souffleur hör ich nicht – ich sage lieber ab;– Heini ist da – ich müsse spielen – hab es ja Beer versprochen;– C. P. ist auch da;– ich wundre mich, dass sie zu Beer nicht erwähnt, dass sie ihm gestern wegen der Corday geschrieben (was der Fall ist), und sag es jetzt selbst. Meine Angst wegen des Auftretens nimmt zu – bis ich aufwache, unverhältnismäßig beglückt, dass es nur ein Traum.

21/7 Semmering.– Träume viel: Heut wieder Verlust der Manuscriptentasche als Abschluss eines Traums, dass ich mit Heini im Hotel Esplanade Berlin, das im Traum Bristol heißt und ganz anders aussieht Zimmer bestellt habe; man weist mir ein ganz kleines düstres an, an das 3 ebenso kleine Badezimmer stoßen;

ich conferire mit einem Direktor;– Leute angestellt; er wie ein Ministerialdirector – ich nenne meinen Namen, gehe sonst ins Hotel Eden, ich erwäge, ob ich ihn bestechen soll – wo ist Handtasche und Mscrpt.tasche –; ich erwache absichtlich.–

18/8 Gmunden. [...] Der Traum von heut Nacht; u. a. ich, mit Heini und Schinnerer in Regen, Triest – (Kleider gestohlen) – von See zu See laufend.– Endlich ein Ort und See »In der Praegnanz« – Vorhang verhängt das Bad. Dämmerung.– Ich stürze mich ins Wasser; Schwimmen etc.– Ein schönes Wesen, (die junge Dame, die sich mir gestern vorgestellt als absolvirte Akademieschülerin, Verehrerin, Handelsangestellte, und deren Lieblingsrolle die Helene in Medardus wäre) – ich schwimme zu ihr; Zärtlichkeiten mit stark erotischer Betonung.–

19/8 Gmunden. [...] Nm., auf dem Bett liegend Traum: ich mit O., Heini, Lili um einen Familientisch. Lili blaues Tuchkleid, 15jährig,– ist sie denn nicht todt?– Ihr ernster Blick an mich. Ich halte ihre Hand – frage O. – »Könnt Ihr mir schwören, dass ich nicht träume – ?« O. beruhigt mich – Lilis Tod war geträumt, dies ist Wirklichkeit; ich weine vor Glück und wache noch in Thränen auf.–

24/8 Gmunden. Nacht mit bösen Träumen.

28/9 Auf dem Fauteuil eingeschlafen;– ein angstvoller Traum: auf einer Art Markt- Hafenplatz etwa Paris;– ich bin mit Suz.; sie reist von »Le Contrai«, ein Hafen, ab, u. zw. die [Nord]Küste,– nach Konstantinopel (Deutung: sie besucht gerade heut Nachm. eine Bekannte, die zu Gladys nach K. fährt) – ich will, im großen Fahrplan nachsehn, wann das Schiff geht; find es nicht recht, bin mißtrauisch berührt von Suz.s relat. Interesselosigkeit – wann fährt sie? wann kommt sie wieder;– wir sitzen an einem Tischchen im freien; gegen rückwärts ein Hotel, in dem sie gewohnt hat; plötzlich läuft sie davon: hier kommt (ich seh sie nicht) die

Frau (das Mädchen?), mit der sie gewohnt hat;– sie sagt, dass Suz. ihr noch 20 Gulden (ungefähr) schuldig;– ich darf es absolut nicht zahlen (Deutung: die Differenz zwischen Ditta und O.;– und die Lecture gestern Abends, Schluss des dummen Romans von Alice Berend, Amerikareise etc.) – und Suz. stürzt davon;– ich glaube das ganze nicht – es ist nur Flucht vor mir... und wache, wie nach einem düstern Erlebnis auf.

10/10 Gegen 8 kommt Suz;– nach dem Nachtm. les ich ihr aus meinen ›Träumen‹ vor; es fällt mir auf, wie oft M. R. als die Entschwundene in meinen Träumen erscheint. – Sie nimmt sich eine große Anzahl von meinen Photographien mit.– Ich führe sie nach 11 heim.–

Anhang

Zu dieser Ausgabe

Grundlage der Edition ist ein Typoskript in Schnitzlers Teil-Nachlass im Deutschen Literaturarchiv Marbach im Umfang von 428 Seiten im Format 17,1 × 20,8 cm, mit einzelnen handschriftlichen Zusätzen, zumeist von Schnitzlers Hand. Das Konvolut ist fortlaufend paginiert und in zwei Teile unterteilt. Die beiden Flügelmappen, in denen es aufbewahrt ist, wurden von Schnitzler eigenhändig mit dem Titel ›Träume‹ versehen.

Dieser Text ist eines der Tagebuch-Exzerpte, die Schnitzler seiner Sekretärin Frieda Pollak in die Maschine (eine ›Underwood‹, auf einer Photographie des Arbeitszimmers ist das zu erkennen) diktierte. Andere sind z. B. die sogenannten ›Charakteristiken‹, versammelte Tagebuchstellen zu einzelnen Personen, aber auch Reise- oder Lektüre-Notate. Das Diktat der ›Träume‹ scheint in den Jahren 1921 bis 1931 erfolgt zu sein; darauf deuten vereinzelte Datierungen auf dem Typoskript hin.

Die Sekretärin, die seit 23. 9. 1909 engagiert war, kam für gewöhnlich an drei Tagen der Woche ins Haus und nahm das Diktat entgegen. Sie arbeitete daneben auch für andere Autoren, wie Richard Beer-Hofmann und Jakob Wassermann. Bald nahm sie allerdings im Hause Schnitzler eine besondere Vertrauensstellung ein, und Schnitzler erwähnt sie explizit in einem Zusatz zu seinem Testament, der mit 31. 7. 1924 datiert ist, als befugt, eine Abschrift seines Tagebuchs anzufertigen.

Die Konstellation, unter der das Typoskript der ›Träume‹ entstand, hatte Konsequenzen. So konnte Schnitzler an manchen Stellen ganz offensichtlich seine eigene notorisch schwer zu entziffernde Schrift nach mehreren Jahren nicht mehr lesen. An anderen Stellen hat Frieda Pollak sich vermutlich verhört oder etwas getippt, das ihr sinnvoll erschien, aber mit dem tatsächlichen Text nicht übereinstimmt. Und schließlich gibt es Stellen, die Schnitzler aus Diskretion oder Taktgefühl ausgelassen hat. Substantielle Abweichungen des Diktats vom Tagebuchtext sind in den Anmerkungen nachgewiesen. Fehlende Buchstaben, Wortteile oder Worte, die für den Sinnzusammenhang notwendig sind, werden getreu dem Tagebuch ergänzt. Handschriftliche Zusätze werden in den Text integriert und durch *Kursivierung* kenntlich gemacht. Fehlerhafte Schreibungen von Orts- und Personennamen werden korrigiert. Die Interpunktion bleibt weitestgehend unangetastet. Fehlende Satzpunkte werden ergänzt, fehlende Klammern geschlossen. Doppelte runde Klammern, die kommentierende Zusätze Schnitzlers kennzeichnen, sind durch eckige Klammern ersetzt.

Die Textherstellung zielt auf größtmögliche Vollständigkeit. Deshalb sind Träume, die im Tagebuch vorkommen, aber im Typoskript – aus welchen Gründen auch immer – fehlen, ergänzt. Sie sind, ebenso wie ergänzte Wörter, in serifenloser Schrift gesetzt. Fremde Träume, die von Schnitzler in das Corpus aufgenommen wurden, bleiben Bestandteil des Textes.

Das Diktat bricht mit Ende 1927 ab, wohl weil man nur bis zu diesem Punkt gekommen war. Die Träume des Tagebuchs von 1928 bis 1931 werden im vorliegenden Band, wiederum in serifenloser Schrift, ebenfalls ergänzt. Während sich Frieda Pollak einer modernisierten Orthographie bediente, behielt Schnitzler lebenslang die in der Schule gelernte alte Orthographie bei, deshalb findet man in diesem Band beides. Die eckigen Klammern in diesen ergänzten Partien haben eine andere Funktion als die im Traum-Typoskript; sie kennzeichnen einerseits Text-Auslassungen, andererseits zweifelhafte Entzifferungen des Tagebuch-Originals.

Im Anmerkungsteil wird versucht, reale Hintergründe zu rekonstruieren. Die Problematik, dass der Traum seine eigene Realität hat, muss dabei immer mitgedacht werden und macht einen solchen Kommentar zu einer besonderen Herausforderung. Ist ein Namensträger im Traum auch tatsächlich die Person hinter diesem Namen? Sind Ortsangaben für bare Münze zu nehmen? Die Angebote, die die Anmerkungen und das kommentierende Namenregister liefern, sind daher in manchen Fällen lediglich ein Assoziationsbehelf. Offensichtlich fiktive Namen werden im Register nicht ausgewiesen.

Peter Michael Braunwarth zeichnet für Text, Anmerkungen und Register; Leo A. Lensing für das Nachwort. Die Edition wurde gemeinsam konzipiert und in enger Zusammenarbeit ausgeführt.

Abkürzungen

AuB	Arthur Schnitzler, ›Aphorismen und Betrachtungen‹, hg. von Robert O. Weiss, Frankfurt am Main 1967
B II	Arthur Schnitzler, ›Briefe 1913-1931‹, hg. von Peter Michael Braunwarth, Richard Miklin, Susanne Pertlik und Heinrich Schnitzler, Frankfurt am Main 1984
D I, D II	Arthur Schnitzler, ›Die Dramatischen Werke‹, hg. von Heinrich Schnitzler, Frankfurt am Main 1962, 2 Bände
E I, E II	Arthur Schnitzler, ›Die Erzählenden Schriften‹, hg. von Heinrich Schnitzler, Frankfurt am Main 1961, 2 Bände
EuV	Arthur Schnitzler, ›Entworfenes und Verworfenes‹, hg. von Reinhard Urbach, Frankfurt am Main 1977
JiW	Arthur Schnitzler, ›Jugend in Wien. Eine Autobiographie‹, mit einem Nachwort von Friedrich Torberg, hg. von Therese Nickl und Heinrich Schnitzler, Wien – München – Zürich 1968
Tgb	Arthur Schnitzler, ›Tagebuch 1879-1931‹, unter Mitwirkung von Peter Michael Braunwarth, Susanne Pertlik und Reinhard Urbach hg. von Werner Welzig, Wien 1981-2000, 10 Bände

›Tagebuch 1879-1892‹, Wien 1987
›Tagebuch 1893-1902‹, Wien 1989
›Tagebuch 1903-1908‹, Wien 1991
›Tagebuch 1909-1912‹, Wien 1981
›Tagebuch 1913-1916‹, Wien 1983
›Tagebuch 1917-1919‹, Wien 1985
›Tagebuch 1920-1922‹, Wien 1993
›Tagebuch 1923-1926‹, Wien 1995
›Tagebuch 1927-1930‹, Wien 1997
›Tagebuch 1931 und Gesamtverzeichnisse 1879-1931‹, Wien 2000

Anmerkungen

23. 10. 1875
sie käme zu mir Franziska (›Fännchen‹) Reich, Jugendliebe des dreizehnjährigen Schnitzler.

24. 10. 1875
Gauermann und Saurüben fiktive Traumnamen.
Volksgarten Park zwischen Hofburg und Burgtheater, eröffnet 1823 und 1862 bedeutend erweitert.
neuen Bellaria die Bellariarampe, Teil der alten Bastei, die die innere Stadt umgeben hatte, war vor kurzem geschleift worden. Nun erhielt dieser Teil des Volksgartens den Namen Bellaria.
Schluss fehlt auch in den fragmentarischen Aufzeichnungen ›Aus frühern Tagebüchern‹ (vgl. Tgb 1931, S. 619-637) bricht das Notat an dieser Stelle ab.

6. 5. 1880
Krankenhaus das Allgemeine Krankenhaus, gegründet 1784 durch Josef II., Zentrum der Wiener Medizinischen Schule.
Seziersaal eine von Schnitzlers frühesten literarischen Arbeiten, entstanden 1880, trägt den Titel ›Frühlingsnacht im Seziersaal‹.

27. 2. 1882
Eugen Brüll Cousin von Schnitzlers Jugendfreund Emil Brüll.
wohlgelaunt Tgb: wohlgemut.

25. 2. 1891
M. G. Marie Chlum (Bühnenname Glümer), Schauspielerin, die 1889 als Patientin in seine Praxis kam und mit der ihn mehrere Jahre hindurch eine Liebesbeziehung verband. Auch nach ihrer Trennung blieb Schnitzler bis zu ihrem Tod in Kontakt mit ihr. Züge Marie Glümers finden sich in der Figur der Schauspielerin Irene Herms in ›Der einsame Weg‹ (1904).
Rose Fr. nicht eruiert.
Fensterpolster Fensterkissen, zur Wärme-Isolierung.

4. 4. 1891
Rosa St. Rosa Sternlicht, eine Freundin Schnitzlers, die seit 1888 mit dem Pädiater Carl Hochsinger verheiratet war.

8. 7. 1891
Richard T.   Richard Tausenau, Jugendfreund Schnitzlers.

15. 7. 1891
meine sz. Verurtheilung seinerzeitige.

27. 9. 1891
Suggestivtheater der Wunsch nach einer intimen Bühne lag zu dieser Zeit in der Luft und führte zur Gründung mehrerer ›Kammerspiele‹. Etwas Derartiges dürfte gemeint sein. Man bemühte sich, »das Unsichtbare auf die Bühne zu bringen«, wie es in einem Buch zu Maurice Maeterlinck heißt.

9. 11. 1891
Stadtpark   Park im englischen Landschaftsstil, errichtet 1862 zwischen Parkring, Johannesgasse und Heumarkt im 1. Wiener Gemeindebezirk.

27. 5. 1892
Kleopatra   Eleonora Duse gastierte im Februar 1892 erstmals in Wien. In der Rolle in Shakespeares ›Antonius und Kleopatra‹ zeigte sie sich in Wien allerdings erstmals am 2. 4. 1900. Vgl. auch den Traum vom 9. 12. 1919.
Carltheaters   auf dem Grundstück des ehemaligen Leopoldstädter Theaters 1847 in Rekordzeit errichtet (nach Plänen August Sicard von Sicardsburgs und Eduard van der Nülls). Schnitzler hatte Kindheitserinnerungen an dieses traditionsreiche Wiener Theater im 2. Wiener Gemeindebezirk, an dem zahlreiche Nestroystücke und Offenbach-Operetten erstaufgeführt worden waren. Seine Großeltern mütterlicherseits wohnten in dem weitläufigen Gebäude des Theaters. Es wurde Ende des Zweiten Weltkriegs ausgebombt und 1951 völlig abgetragen.

16. 10. 1892
Grillparzerstrasse   Schnitzler hatte am Vortag eine Wohnung in der Grillparzerstraße 7 im 1. Wiener Gemeindebezirk bezogen.
Loris   Pseudonym des 17-jährigen Gymnasiasten Hugo von Hofmannsthal, den Schnitzler im Februar 1891 im Kaffeehaus kennengelernt hatte und dessen Talent er sofort erkannte.
Vöslau   Kurort, ungefähr 35 km südlich von Wien.
Baden   Kurort, ungefähr 26 km südlich von Wien, mit einer Straßenbahn (der ›Badner Bahn‹) von Wien aus erreichbar.

Else Else Markbreiter, Schnitzlers Cousine.

8. 11. 1892
Währingerstrasse im 9. und 18. Wiener Gemeindebezirk.
Spielschulden das Tgb verzeichnet häufig Pokerpartien zu dieser Zeit.

28. 12. 1892
meiner Pantomime ›Der Schleier der Pierrette‹ (1892). Die Mischform aus Tanz und stummem Drama stieß bei den Autoren von ›Jung-Wien‹ auf ein neues Interesse.

7. 5. 1893
Volkstheaters 1889 als bürgerliches Gegenstück zum kaiserlichen Hofburgtheater gegründet, in einem repräsentativen Gebäude der Theaterarchitekten Helmer und Fellner, mit großem Zuschauerraum.

14. 5. 1893
Fisolen österr. für: grüne Bohnen.
Hippocrene in der griechischen Mythologie die Quelle der Musen auf dem Helikon.

7. 9. 1893
Schillermantel unklar, gemeint ist vermutlich ein Mantel, wie ihn Friedrich von Schiller auf den populären Abbildungen trägt.
biete ihm die Hand Tgb: küsse ihm die Hand.

8. 9. 1894
der deutschen Einigkeit … mit einer Pickelhaube entspricht den populären allegorischen Abbildungen der ›Germania‹, meist dem Niederwalddenkmal bei Rüdesheim nachgebildet, wie sie auf bunten Postkarten verbreitet wurde.

26. 9. 1894
Im Tgb sind die beiden Träume unter diesem Datum deutlicher voneinander abgehoben. Der erste Traum beginnt mit den Worten »Neulich Traum:« und der zweite mit »Heute träumt ich,«.
Gerichtsverhandlung vier Tage zuvor war Bertha Silbiger wegen Beihilfe bei der Tötung ihres Neugeborenen zu einer Kerkerhaft verurteilt worden. (Vgl. ›Neue Freie Presse‹ 23. 9. 1894, S. 7.)

Maria Stuart ›Maria Stuart‹ (1800). Schnitzler hatte am 6. 9. 1894 eine Vorstellung von Schillers Drama, mit Adele Sandrock in der Titelrolle, besucht.

Judith gemeint ist die biblische Judith, die den abgetrennten Kopf des Holofernes als Kriegsbeute heimbringt.

Tasse österr. für: Tablett.

Stefansplatz Platz vor dem Stefansdom, im 1. Wiener Gemeindebezirk.

mit Sp. wahrscheinlich Sputum, Auswurf.

Kirchenamt Gebäude am Stefansplatz, in dem die kirchlichen Behörden der Erzdiözese Wien residieren.

21. 11. 1894

›*Warte*‹ Aussichtspunkt.

Burgtor das 1824 eröffnete Äußere Burgtor, errichtet von Peter Nobile, das den Heldenplatz vor der Hofburg zur Ringstraße hin abschließt.

Oper das 1869 eröffnete Gebäude der Wiener Hofoper (heutige Staatsoper), errichtet nach Plänen der Architekten August Sicard von Sicardsburg und Eduard van der Nüll.

Augustinerstrasse zwischen Hofburg und Oper, im 1. Wiener Gemeindebezirk.

Hofreitschule das 1729-35 von Johann Bernhard Fischer von Erlach errichtete Gebäude der Winterreitschule der Spanischen Hofreitschule, in der Augustinerstraße.

30. 4. 1895

Unendlicher Seelenschmerz Tgb: Unsäglicher Seelenschmerz.

viel grösser Tgb: unendlich grösser.

14. 4. 1896

Ring Ringstraße, die den 1. Wiener Gemeindebezirk, die ›Innere Stadt‹, kreisförmig umgibt.

gebrochen Tgb: zerbrochen.

Fritz Lobheimer männliche Hauptfigur in Schnitzlers Schauspiel von 1895 ›Liebelei‹.

Café Kremser 1880 vom Cafétier Karl Kremser am Kärntnerring 8 eröffnet.

Kärntnerring 12 Adresse der Familie Schnitzler ungefähr ab 1868.

Burgtheater das 1888 eröffnete neue Burgtheater, 1874-88 nach Plänen Gottfried Sempers und Carl von Hasenauers errichtet.

›*Liebelei*‹ Schnitzlers Schauspiel hatte am Burgtheater am 9. 10. 1895 seine Uraufführung.
›*Heinrich V.*‹ Historie von William Shakespeare (ca. 1599).

11. 7. 1896

Sverre Sigurdssøn Schiff, mit dem Schnitzler im Juli 1896 eine Skandinavienreise unternahm.

Espern in der Handschrift schwer leserlich, womöglich ist Asparn gemeint, ein Ort im Weinviertel, nördlich von Wien.

Chantant Café chantant, musikalisches Kabarett-Kaffeehaus, besonders in Paris.

Hotel Kreuz vermutlich das Hotel goldenes Kreuz, Wiedner Hauptstraße 20, im 4. Wiener Gemeindebezirk, nahe von Marie Glümers Wohnung.

ein offizielles Wort im Tgb steht: ein obsc. [obszönes] Wort.

22. 1. 1897

Giselastrasse im 1. Wiener Gemeindebezirk (heute: Bösendorferstraße), Giselastraße 11 war für einige Zeit Schnitzlers Adresse, Rückseite des Hauses Kärntnerring 12 (vgl. 14. 4. 1896).

blauer Cheviot ein Tweed-Gewebe.

20. 9. 1897

Frau R. F. Rosa Freudenthal, geb. Peretz, die Frau eines Berliner Rechtsanwalts, die Schnitzler in der Sommerfrische in Bad Ischl kennengelernt hatte.

Oskar St. der Arzt Oskar Stoerk, mit dem Schnitzler bekannt war.

23. 3. 1898

Ohrenkrankheit eine progressive Otosklerose, verbunden mit Tinnitus, die Schnitzler bereits seit seinem 33. Lebensjahr zu schaffen machte und eine starke Schwerhörigkeit zur Folge hatte.

19. 7. 1898

Fusch an der Großglocknerstraße, beliebter Ort für die Sommerfrische.

29. 8. 1898

Mailand Schnitzler war am Vortag aus der Schweiz kommend in Mailand eingetroffen und reiste danach noch nach Bologna, Padua und Verona.

28. 5. 1899

meiner armen Toten Marie Reinhard, Schnitzlers Geliebte, die am 18. 3. 1899 an einer Blutvergiftung sehr plötzlich gestorben war.
im selben Monat Tgb: in 1 Monat. Die Ziffer dürfte als ›s‹ missdeutet worden sein.

31. 7. 1899

Spittal Spittal an der Drau, Bezirksstadt in Oberkärnten. Schnitzler befand sich seit Mitte Juli auf einer Sommerreise, die ihn nach Kärnten und Südtirol führte.

10. 2. 1900

Hotel Metropole am Franz-Josephs-Kai, im 1. Wiener Gemeindebezirk, ein sehr renommiertes Hotel.

18. 2. 1900

Louvre im Tgb sind Louvre und Hutkaufen durch ein Komma getrennt. Louvre taucht wahrscheinlich im Zusammenhang mit Marie Reinhard im Traum auf, da Schnitzler 1895 gemeinsam mit Reinhard mehrere Wochen in Paris zubrachte.
Simon Leopold Simon, der Eigentümer jenes Hauses auf der Tuchlauben 22 im 1. Wiener Gemeindebezirk, in dem Schnitzler ein Absteigquartier gemietet hatte. Im Tgb ist erwähnt, dass Simon diese Tatsache herumerzählte und dass Schnitzler die Wohnung kündigte, auch weil er im Wiener Adressbuch diese Adresse angeführt fand (Tgb 16. 1. und 20. 1. 1900). Der Eintrag ist tatsächlich in ›Lehmann's Allgemeinem Wohnungs-Anzeiger‹ von 1900, in den Nachträgen (›Veränderungen während des Druckes‹, Bd. 2, S. XLII) zu finden.
Mariahilferstrasse im 6./7. und 15. Wiener Gemeindebezirk. Große Einkaufsstraße.

21. 2. 1900

Rodaun südlicher Vorort Wiens, seit 1938 Teil des 23. Wiener Gemeindebezirks. S. auch 7. 11. 1922.
französischer Wald unklar; möglicherweise Traumlandschaft. Allerdings trägt eine Grünfläche am Rande des Lainzer Tiergartens, der nahe Rodaun und Mauer liegt, den Namen ›Napoleonwald‹.
von unerhörter Schönheit Tgb: von ungeheurer Schönheit.

3. 3. 1900

Karlsburg Bertha Karlsburg. Nichts Näheres eruiert, vermutlich eine Schauspielerin.
Jeanette Jeanette Heeger, eine Freundin Schnitzlers.
Tuchlauben Straße im 1. Wiener Gemeindebezirk. S. 18. 2. 1900, Anm. zu Simon.

26. 3. 1900

wie im Traumdeutungsbuch Sigmund Freud, ›Die Traumdeutung‹. Im November 1899 in Wien erschienen, vordatiert auf das ›epochale‹ Datum 1900. Bezieht sich auf folgende Stelle im V. Kapitel ›Traummaterial und Traumquellen‹: »Für den, der den Rock des Kaiser getragen hat, ersetzt sich die Nacktheit häufig durch eine vorschriftswidrige Adjustierung. ›Ich bin ohne Säbel auf der Straße und sehe Officiere näher kommen, oder ohne Halsbinde, oder trage eine carrirte Civilhose‹ u. dgl.«
unter den Linden zentrale Prachtstraße in Berlin.

1. 4. 1900

Ragusa ital. für: Dubrovnik. Schnitzler befand sich seit Ende März auf einer Schiffsreise in der Adria.

4. 4. 1900

Kajüte von Spalato nach Fiume Spalato, ital. für: Split; Fiume, ital. für: Rijeka.
indem sie ein Kind kriegt am 7. 9. 1897 war das gemeinsame Kind von Marie Reinhard und Schnitzler tot zur Welt gekommen. Dieses einschneidende Erlebnis spiegelt sich in Schnitzlers Roman ›Der Weg ins Freie‹ wider.

5. 4. 1900

Abbazia ital. für: Opatija.
Ballplatz die alte Bezeichnung für den Ballhausplatz, im 1. Wiener Gemeindebezirk, zwischen Hofburg und Kanzleramt. Vgl. 25. 11. 1921.
Volksgarten (meine Novelle!) der Park grenzt an den Ballhausplatz. In ›Frau Berta Garlan‹, woran Schnitzler gerade arbeitete (Arbeitstitel ›Jugendliebe‹), einer größeren Erzählung, die sehr viel mit Schnitzlers Jugendliebe Franziska Reich zu tun hat (s. 23. 10. 1875), ist der Volksgarten ein wichtiger Schauplatz (vgl. E I, S. 453, 461, 474, 479, 489f.).

Gerichtsverhandlung nicht eruiert, um welchen Kriminalfall es sich handelt.
Ithaka unklar; es gibt in der Odyssee keine Stelle, an der von einer Verführung des Odysseus durch Schuhe die Rede ist.
Freuds ›Traumdeutung‹ s. 26. 3. 1900.

6. 4. 1900
Franzensring Teil der Ringstraße im 1. Wiener Gemeindebezirk, zwischen Parlament und Universität, seit 1919 mehrfach umbenannt, heute Dr. Karl Lueger-Ring und Dr. Karl Renner-Ring.

30. 9. 1900
Mauer südlicher Vorort Wiens, heute ebenso wie Rodaun Teil des 23. Wiener Gemeindebezirks.
wo O. und Liesl Tgb: wo das Kind geboren wurde. Gemeint ist damit die Geburt von Heinrich Schnitzler (s. 17. 1. 1904).

18. 3. 1901
Schwester der Toten Caroline Burger. Die Schwester Marie Reinhards war in Graz verheiratet, mit dem Direktor der ›Riunione Adriatica‹-Versicherungsgesellschaft, Rudolf Burger, einem Bruder von Friderike Zweig (s. 12. 7. 1919).

26. 3. 1901
Nizza Schnitzler befand sich auf einer mehrwöchigen Reise, die ihn über Nizza, Genua, Rom nach Florenz und Bologna führte.

1. 4. 1901
M.-Gasse Maysedergasse, im 1. Wiener Gemeindebezirk, auf Nr. 6 befand sich Marie Reinhards elterliche Wohnung.
von meinen früheren Geliebten eine hs. Korrektur im Typoskript, aus ›M.‹ (vermutlich für: Marie Reinhard) wurde ›meinen früheren Geliebten‹.
von D. gemeint ist Olga Gussmann, die sich in dieser Zeit eines Pseudonyms oder Bühnennamens bediente: Dina Marius.

16. 4. 1901
ausgemacht österr. für: verspottet.
Vater trunken gemeint ist der Vater von Olga und Lisl Gussmann, Rudolf, ein Handelsagent.

15. 11. 1902
Agram anderer Name für Zagreb.

24. 11. 1902
Gentzgasse im 18. Wiener Gemeindebezirk (Währing), Wohnsitz von Olga Gussmann nach der Geburt des gemeinsamen Sohns.

3. 12. 1902
Hugo ... Hans Schlesinger Hugo von Hofmannsthal war seit 1901 mit Gertrude Schlesinger verheiratet; der Maler Hans Schlesinger war sein Schwager.

1. 1. 1903
Englischer Malerei Richard Muther, ›Geschichte der englischen Malerei im XIX. Jahrhundert‹ (1894).
der Sensenmann auf S. 329 ist ein Gemälde von Henry Herbert La Thangue abgebildet, ›Der Mann mit der Sense‹ (1896), das Muther so beschreibt: »[...] ein stilles Gärtchen vor einem einsamen Bauernhaus. Auf einem Stuhl, in weisse Kissen gebettet, liegt schlafend ein krankes Kind, von der Mutter ängstlich betrachtet. Und am Zaun, wie zufällig, steht ein Bauersmann mit der Sense, im Begriff, hereinzugehen: der Tod.« (S. 329f.)
Kegel auf dem Billard Kegelbillard, Variante des Billards, bei der auf einem Carambole-Tisch fünf kleine Kegel aufgestellt werden.
auf 900, mache einen Hunderter schlecht es gibt Spielvarianten, bei denen mit Fehlerpunkten gerechnet wird.

5. 1. 1903
Kommerse offizielle Feiern, vor allem bei Studentenverbindungen. Schnitzler gehörte keiner Burschenschaft an. Die von ihm in JiW beschriebene antisemitische Stimmung an der Wiener Universität gipfelte 1896 im ›Waidhofener Beschluß‹ deutschnationaler Verbindungen, die allen Juden die Satisfaktionsfähigkeit absprach.
Scheidung! Ludwig Fulda ließ sich gerade von seiner Frau Ida, geb. Theumann scheiden, die den Komponisten Eugen d'Albert heiraten wollte.

6. 2. 1903
Lehrbuch der Ohrenheilkunde nicht eruiert.

mein Leiden vgl. 23. 3. 1898.
›Hysterie‹ Josef Breuer und Sigmund Freud, Studien über Hysterie (1895).
Gomperz der Otologe Benjamin Gomperz behandelte Schnitzler wegen seiner Ohrenkrankheiten bereits seit 1894. Er war seit 1892 Leiter der otologischen Abteilung am 1. öffentlichen Kinder-Krankenhaus und ab 1907 Professor an der Universität Wien.

22. 5. 1903

in Amerika weilenden Edmund Markbreiter, der Bruder von Schnitzlers Mutter, hatte als Rechtsanwalt Mündelgelder unterschlagen und sich durch Flucht in die USA einer Strafverfolgung entzogen (er starb 1909 in New York). Das Erlebnis fand Eingang in Schnitzlers Novelle ›Fräulein Else‹ (1924).
bevorstehender Trauung Schnitzlers Heirat mit Olga Gussmann fand am 26. 8. 1903 in Wien statt; Trauzeugen waren Richard Beer-Hofmann und Gustav Schwarzkopf.

3. 7. 1903

Urban Grandier im Pitaval Pitaval ist die Bezeichnung zahlreicher Sammlungen berühmter Kriminalfälle (nach dem Juristen François Gayot de Pitaval); Urban Grandier war ein Priester, der in seinen Schriften den mächtigen Kardinal Richelieu angegriffen hatte. Er wurde wegen Hexerei 1634 in Loudun auf dem Scheiterhaufen verbrannt.

3. 9. 1903

das Jüdische an der Christine bei Schnitzler findet sich keinerlei Hinweis auf eine jüdische Herkunft der Christine Weiring. Karl Kraus macht mit dem Pluralwort Christinen/Christinnen ein Wortspiel (›Schnitzler-Feier‹, ›Die Fackel‹ 351-353, 21. 6. 1912, S. 86).
Lessingtheaters Mirjam Horwitz war zwar in Berlin engagiert, aber nicht am Lessingtheater, sondern am Schillertheater.
Hamburger Stadttheater Friedrich Schik war Dramaturg am Deutschen Schauspielhaus in Hamburg, nicht am Stadttheater.
Elisabethdenkmals vermutlich ist die ausladende Denkmal-Anlage für die 1898 in Genf ermordete Kaiserin Elisabeth im Wiener Volksgarten gemeint. Schnitzler konnte zu diesem Zeitpunkt allerdings lediglich den Entwurf von Friedrich Ohmann kennen,

der 1903 öffentlich ausgestellt war, denn das Monument wurde erst in den Jahren 1904-07 errichtet. Vgl. Tgb 10. 10. 1907: »Sah mir im Volksg. das Elisabethdenkmal an.«

Grillparzer? am anderen Ende des Volksgartens befindet sich das 1889 enthüllte Grillparzer-Denkmal von Carl Kundmann und Carl Hasenauer.

17. 1. 1904

Semmering Pass zwischen Niederösterreich und Steiermark, 984 m, wegen der Nähe zu Wien ein sehr beliebtes Ausflugsziel, erschlossen 1854 durch die Semmeringbahn des Carl Ritter von Ghega.

Motocycle Schnitzler brachte allen modernen Transportmitteln große Aufgeschlossenheit entgegen (dem Fahrrad, ebenso wie dem Auto oder dem Flugzeug), aber er besaß selbst weder ein Motorrad noch ein Auto.

Die Brühl Gegend südwestlich von Wien, in Hinterbrühl war am 9. 8. 1902 Schnitzlers Sohn Heinrich zur Welt gekommen.

Türkenschanzpark Parkanlage im 18. Wiener Gemeindebezirk, eröffnet 1888 und 1910 erweitert. Seit 1981 befindet sich im Türkenschanzpark ein Arthur-Schnitzler-Denkmal (von Paul Peschke).

meinem dritten Einakter ›Die letzten Masken‹, aus dem Zyklus ›Lebendige Stunden‹ (1902).

Tor und Tod Der Tor und der Tod, Versdrama (1894) von Hugo von Hofmannsthal.

23. 1. 1904

Ringstrasse s. 14. 4. 1896.
Burgtheaters s. 14. 4. 1896.
zu paralysieren aufzuheben, zu eliminieren.

12. 2. 1904

Frankfurt – Köln (Erinnerungen) Schnitzler war 1887 erstmals in Frankfurt am Main, damals von einem medizinischen Kongress in Wiesbaden aus anreisend.

13. 4. 1904

Ofen? … Pest? Die beiden Stadtteile Buda (deutsch: Ofen) und Pest, die 1873 zu Budapest vereinigt wurden. Schnitzler hatte in Budapest mehrere Verwandte.

Frau Medelsky ... Frank Lotte Medelsky war seit 1896, Eugen Frank seit 1898 am Burgtheater engagiert. Sie waren verheiratet. S. 28. 10. 1918.

16. 5. 1904

Palermo Schnitzler befand sich seit 1. 5. 1904 auf einer Reise, die in Fiume und Abbazia ihren Ausgang nahm und ihn über Rom und Neapel nach Sizilien führte. Er hielt sich in Palermo, Syrakus, Taormina und Messina auf, bevor er in den letzten Maitagen die Heimreise antrat.

Renz Ernst Jakob Renz war ein Berliner Artist und Zirkusdirektor, mit Unternehmen in Berlin, Wien, Hamburg und Breslau. Seine Spezialität waren Pantomimen, Revuen und Ausstattungsstücke.

geschiedene Frau Lang Tgb: geschiedene Frau, lang.

Frau Dr. H. Bertha Hammerschlag, geb. Breuer, eine Tochter Josef Breuers. Sie war mit dem Bankier Paul Hammerschlag (s. Traum vom 21. 1. 1925) verheiratet.

Sternberg am 4. 5. 1904 besprach Julian Sternberg in der ›Neuen Freien Presse‹ (S. 10) die Wiener Erstaufführung von Gerhart Hauptmanns ›Die Weber‹.

Neue Freie Presse Wiener Tageszeitung, erschienen 1864 bis 1939. Einflussreichstes Blatt der Donaumonarchie und der Ersten Republik.

16. 9. 1904

Lueg Sommerfrische-Ort am Wolfgangsee.

30. 9. 1904

operiert werden soll Hermann Bahr litt unter Arteriosklerose und Herzproblemen.

6. 10. 1904

Paul Goldmanns letztes Gedicht nicht eruiert.

4. 11. 1904

Asperngasse im 2. Wiener Gemeindebezirk, nahe dem Prater. Rudolph Lothars Adresse zur Zeit seiner näheren Bekanntschaft mit Schnitzler in den neunziger Jahren war Asperngasse 5.

12. 1. 1905

›*Kapitän Dodero*‹ ›Capitan Dodèro‹, Novelle (1865) von Anton Giulio Barilli.
Kaiser Josefstrasse im 2. Wiener Gemeindebezirk, 1920 in Heinestraße umbenannt.

24. 6. 1905

Wollzeile im 1. Wiener Gemeindebezirk.
das Kind Heinrich Schnitzler (s. 17. 1. 1904, Anm. zu Die Brühl).
zu Hugo geäussert Tgb: zu Hugo's (gemeint ist das Ehepaar Hofmannsthal).
›*Charolais*‹ ›Der Graf von Charolais‹, fünfaktiges Trauerspiel (1904) von Richard Beer-Hofmann.

26. 6. 1905

›*Neue Ehe*‹ Arbeitstitel von Schnitzlers am 12. 10. 1905 uraufgeführter Komödie ›Zwischenspiel‹.

3. 7. 1905

Reichenau Sommerfrische-Ort an der Rax, südwestlich von Wien, im Semmering-Gebiet. Schnitzler war schon als junger Mann regelmäßig hier gewesen. Im Juli 1900 schrieb er in Reichenau in wenigen Tagen seine Novelle ›Lieutenant Gustl‹.

21. 7. 1905

Bodenbauer Hochschwab Alpengasthof Bodenbauer auf dem mehr als 2 200 m hohen Hochschwab in der Obersteiermark.
Die Komödie ›Zwischenspiel‹.

22. 7. 1905

Dr. Foisthaler fiktiver Traumname; im Tgb: Voisthaler.
Voisthaler Hütte Berghütte in der Hochschwabgruppe.

27. 9. 1906

Philipp Schey Philipp Schey Freiherr von Koromla stammte aus dem ungarischen Güns und brachte es in Wien zu großem Vermögen und durch seine philanthropischen und mäzenatischen Aktivitäten zu hohem Ansehen. 1859 geadelt, 1871 in den Freiherrnstand erhoben. Urgroßonkel Schnitzlers.
Wergenthins die Brüder Clemens und Georg von Franckenstein können als Vorbilder der Brüder Georg und Felician von Wergen-

thin in Schnitzlers Roman ›Der Weg ins Freie‹ (1908) gesehen werden.

Meixner kein Hotelier dieses Namens belegt, vermutlich eine Traum-Fiktion.

Moische Israel zwei Tage zuvor hatte ein Verwandter, Sandor Rosenberg, Schnitzler Details der Familiengeschichte erzählt: »Über unsere Familie, die Schey, die Sandor bis in die Mitte des 17. Jahrhunderts zurückverfolgen kann; mein (unser) Ur-Ur-Ur-Urgroßvater wurde 101 Jahre alt.–« Ob mit diesem Urahn Moische Israel gemeint ist, ist nicht belegt.

9. 12. 1906

eines Nachdrucks wegen Schnitzlers Erzählung ›Um eine Stunde‹ erschien erstmals in der Weihnachtsbeilage der ›Neuen Freien Presse‹ vom 24. 12. 1899. Der Nachdruck erfolgte in ›Wiener Bilder‹ 12, Heft 1 vom 2. 1. 1907.

31. 12. 1907

VII. Symphonie ihres Gatten Symphonie Nr. 7 h-Moll (uraufgeführt 1908 in Prag) von Gustav Mahler. Schnitzler zählte zu den ersten Bewunderern Mahlers.

1. 1. 1908

Unter dem Datum vom 1. 1. 1908 sind drei Träume zusammengefasst, die im Tgb zum 31. 12. 1907 und zum 1. und 2. 1. 1908 gehören.

Goethe Über seine Schriften Hans Gerhard Gräf, Goethe über seine Dichtungen, 9 Bände (1901-14).

Napoleonbriefe ›Napoleon-Briefe‹ (1906), hg. von Hans Landsberg.

Wiesbaden Schnitzler hielt sich erstmals 1887 anlässlich einer Naturforscher-Versammlung in Wiesbaden auf, von der er für die medizinische Wochenschrift seines Vaters berichten sollte.

Hotel du Parc Wiesbaden, Wilhelmstraße 36, errichtet 1881/82 von Eduard Mecklenburg.

Moltke-Harden-Prozess die Verfahren, die der Flügeladjutant Kaiser Wilhelms II., Kuno Graf Moltke gegen den Herausgeber der ›Zukunft‹, Maximilian Harden 1907 führte, waren die ersten Prozesse in einer Serie innerhalb der Eulenburg-Affäre, die das wilhelminische Deutschland jahrelang beschäftigte. Harden hatte die Homosexualität einiger enger Berater des Kaisers öffentlich *gemacht*, weil er deren seiner Meinung nach dilettantische Außenpolitik auf diese Weise bekämpfen wollte.

Kursalon im Stadtpark, errichtet 1865-67. Johann Strauß Sohn gab dort Konzerte.

Komödie aus 1840 es dürfte Hofmannsthals Fragment gebliebenes Prosalustspiel ›Silvia im Stern‹ gemeint sein, das 1959 aus dem Nachlass erstmals veröffentlicht wurde. Es spielt allerdings früher.

Allenstein die Zeitungen des 1. 1. 1908 hatten vom Mord an dem Major Gustav von Schoenebeck berichtet. Unter dem Verdacht zur Anstiftung zu dieser Tat war seine Frau verhaftet worden.

Lewinger es könnte sich um den Börsensensal Leopold Lewinger handeln, der ebenso wie Schnitzlers Vater aus dem ungarischen Nagy-Kanizsa stammte. Er starb Ende Januar 1908 in Wien.

Meran vermutlich während seines Meran-Aufenthalts 1886, als Schnitzler wegen Verdachts auf Tuberkulose zur Kur nach Meran geschickt wurde und dort die Hoteliersgattin Olga Waissnix aus Reichenau an der Rax kennengelernt hatte.

aus Operngründen Olga Schnitzler strebte eine Karriere als Sängerin an.

wie der Vater Georgs im Roman auf der ersten Seite des Romans findet sich die entsprechende Reminiszenz Georg von Wergenthins an seinen verstorbenen Vater.

Neuen Rundschau der Vorabdruck von Schnitzlers Roman ›Der Weg ins Freie‹ in der Zeitschrift des S. Fischer Verlags ›Neue Rundschau‹ begann im Januar 1908. Die Buchausgabe folgte im selben Jahr.

Burgring und Spöttelgasse im 1. und im 18. Wiener Gemeindebezirk, beides zu verschiedenen Zeiten Wohnadressen Schnitzlers.

Lunzer (Komiker) offensichtlich eine Verlesung. Im Tgb heißt es ganz eindeutig Lueger. Und statt ›leiten‹ steht in der Handschrift ›leiden‹ (vgl. die Abbildung auf S. 290). Das kommentierende ›(Komiker)‹ ist erst nachträglich eingefügt, offenbar weil Schnitzler mit dem Namen in diesem Kontext selbst nicht zurechtkam. Der Christlichsoziale Karl Lueger war von 1897 bis 1910 Wiener Bürgermeister (s. Traum vom 1. 1. 1903). Der Name des Schauspielers Eduard Lunzer ist nirgendwo im Tgb erwähnt.

28. 4. 1908

Riva Schnitzler befand sich seit zwei Tagen auf einer Reise zum Gardasee, nach Südtirol und München.

*Seite aus dem Tagebuch, 1. 1. 1908,
»Traum der Neujahrsnacht« (vgl. S. 40f.);
Deutsches Literaturarchiv, Marbach*

seine Bemerkungen dazu vgl. Tgb 4. 2. 1908: Er sagt über einen Roman, dessen 2 erste Theile (Jänner-, Feberheft) er gelesen: sehr lebendige Gestalten. Dann (zögernd) ... »Aber es hat mir erst recht leid gethan, dass ich's nicht im Manuscript gelesen ... es sind stilistische (Fehler?) Mängel, Härten (erinner mich des Worts nicht) – wie sie natürlich bei einem so großen Werk nicht zu vermeiden sind.–«

28. 6. 1908

Seis Spaziergänge zum nahe gelegenen Völser Weiher regten offenbar zum 3. Akt der Tragikomödie ›Das weite Land‹ an, mit deren Plänen sich Schnitzler zu dieser Zeit in Südtirol beschäftigte.

21. Januar sein Todestag der 27. Januar war Mozarts Geburtstag, sein Sterbetag der 5. Dezember.

Ureteren mediz.: Harnleiter.

15. 1. 1909

Gödöllö Stadt mit Schloss im ungarischen Komitat Pest.

Salten Felix Saltens Naheverhältnis zu den Habsburgern sorgte mitunter für Spott, so spricht Karl Kraus von ihm als ›Erzschmock‹ (›Die Fackel‹ 445-453, 18. 1. 1917, S. 42).

22. 1. 1909

Weimar Schnitzler hatte Weimar im August 1906 besucht.

Tagebuch das Tagebuch, das Schnitzler von seinem 17. Lebensjahr bis zwei Tage vor seinem Tod kontinuierlich geführt hat. Es umfasst im Manuskript nahezu 8000 Seiten und in der zwischen 1981 und 2000 erschienenen gedruckten Ausgabe zehn Bände.

Don Carlos-Kostüm Kostüm des Don Carlos in Schillers gleichnamigem Stück (1787).

5. 4. 1909

wieder im Burgtheater die Inszenierung der Uraufführung vom 9. 10. 1895 stand bis zum 15.9. 1910 in wechselnder Besetzung auf dem Spielplan, in insgesamt 42 Vorstellungen. Bis 1972 gab es danach noch vier weitere Neuinszenierungen.

Weiring ... Fritz Figuren in ›Liebelei‹.

13.7.1909
Edlach Ortsteil von Reichenau an der Rax; Kurort im Semmering-Gebiet. Schnitzler hielt sich von 1.7. bis 21.8. hier auf. Sterbeort Theodor Herzls (1904).
Frankgasse? im 9. Wiener Gemeindebezirk. Frankgasse 1 war Schnitzlers Adresse zwischen 1893 und 1903.
Observer 1904 gegründetes Zeitungs-Ausschnitte-Büro, dessen Dienste Schnitzler regelmäßig in Anspruch nahm.
›*Tag*‹ seit 1900 im Berliner A. Scherl Verlag erscheinende Tageszeitung.
Plattenbruder österr. für: Bandenmitglied.
weisse Piquéhöschen Piqué: waffelartiges Baumwollgewebe.
Unbewusstes verkehrtes Zitat aus ›*Medardus*‹ ›Der junge Merdardus‹, dramatische Historie in fünf Akten und einem Vorspiel (1909); vgl. Vorspiel, 2. Szene, Medardus – Etzelt: »Denn ich weiß, was heut geschah, das ist ein Anfang, Etzelt – kein Ende.« (D II, S. 64.)
Léons Frau oder Tochter der Journalist und Schriftsteller Victor Léon machte sich vor allem als Librettist für Johann Strauß Sohn und Franz Lehár einen Namen. Seine Tochter Lizzy heiratete den Tenor Hubert Marischka und starb sehr jung im November 1918.
wenn doch die Götterdämmerung ist Schnitzlers Verwunderung, dass Frankfurters diese Vorstellung von Wagners ›Götterdämmerung‹ versäumen, hat mit der großen Verehrung zu tun, die gerade vom jüdischen Bürgertum diesem prononciert antisemitischen Komponisten entgegengebracht wurde.
einen Nebenraum Tgb: das P-oir (Pissoir).
Bahrs ›*Rahl*‹ *und* ›*Drut*‹ ›Die Rahl‹ (Roman, 1908) und ›Drut‹ (Roman, 1909), die ersten beiden Titel eines auf zwölf Gesellschaftsromane hin angelegten Zyklus.

1.1.1910
Tramfahrt Tram, Tramway: Straßenbahn. Ein Straßenbahnnetz gab es in Wien seit ca. 1896, 1903 fuhr die letzte Pferdebahn.
Votivkirche 1856-79 nach Plänen Heinrich von Ferstels erbaut, zum Dank für die Errettung des Erzherzogs Ferdinand, Bruder Kaiser Franz Josephs, nach einem Attentat 1853.
Ruf des Lipitsch Tgb: des Ligitsch. Beide Varianten repräsentieren im Traum Schnitzlers Drama ›Der Ruf des Lebens‹ (1906).

4. 2. 1910

seinerzeit Schnitzler war im April/Mai 1897 mit Marie Reinhard in Paris, als sie das gemeinsame Kind erwartete.

Rue Scribe im 9. Pariser Arrondissement. Ob Schnitzler während seines Pariser Aufenthalts hier wohnte, ist nicht belegt.

24. 2. 1910

Semmering s. 17. 1. 1904

Onkel Felix der jüngste Bruder von Schnitzlers Mutter lebte in London.

Place de la Liberté Phantasieadresse.

15. 5. 1910

Herzogin Wallenstein Olga Lewinsky spielte am Burgtheater die Rolle in Teil II und III von Schillers ›Wallenstein‹-Trilogie zwischen 1890 und 1900.

Monogramm L. S. nicht zu dechiffrieren, womöglich kontrahiert aus den Anfangsbuchstaben von ›Lewinsky‹ und ›Schnitzler‹.

Lob Alfred Polgars Schnitzlers Ansicht über Polgar war gespalten. Einerseits erkannte er den herausragenden Stilisten an, andererseits nahm er ihm manches Ressentiment übel, das er dem Kreis um Karl Kraus und Peter Altenberg zuordnete. Vgl. die detaillierte Darstellung dieser Beziehung durch Ulrich Weinzierl, ›Wien, Jahrhundertwende. Der junge Alfred Polgar‹, in: Alfred Polgar, ›Sperrsitz‹, hg. von Ulrich Weinzierl, Wien 1980, S. 197-253.

31. 5. 1910

Territet Kurort am Genfersee. Schnitzler befand sich seit 18. 5. auf einer vierzehntägigen Schweizer Reise.

11. 7. 1910

Liszt-Rhapsodie Franz Liszt hat fünfzehn Ungarische Rhapsodien komponiert.

Csardas Csárdás, der ungarische Nationaltanz im 2/4-Takt.

eine Spur unangenehm evtl. wegen des Gleichklangs von ›dreifaches W.‹ und ›dreifaches Weh‹.

16. 7. 1910

Spöttelgasse s. 1. 1. 1908.

Schenkenszene 2. Szene des Vorspiels zu ›Der junge Medardus‹

(s. 13. 7. 1909): Kleines Wirtshaus in den Donauauen (D II, S. 49-64).

Sekretär Rosenbaum Richard Rosenbaum war ›literarisch-artistischer Sekretär‹ (Dramaturg) des Burgtheaters, danach leitete er den Donau-Verlag.

Ebeseder kein Maler dieses Namens bekannt. Möglicherweise liegt eine Verwechslung mit Alois Ebeseder vor, der ein Geschäft für Malerbedarf in der Babenbergerstraße 3 im 1. Wiener Gemeindebezirk betrieb.

Festrede Alfred von Berger, der Burgtheater-Direktor, stand im Ruf, ein sehr bereitwilliger Festredner zu sein.

›*Weite Land*‹ Schnitzlers fünfaktige Tragikomödie wurde am 14. 10. 1911 zugleich an neun namhaften Bühnen uraufgeführt.

Schreibmaschinistin vor dem Engagement Frieda Pollaks als Sekretärin (23. 9. 1909) hatte Schnitzler verschiedene Schreibbüros beschäftigt.

blaugestreifter Blouse Tgb: blau weißgestreifter.

Traumulus Tragische Komödie von Arno Holz und Oskar Jerschke, uraufgeführt am 24. 9. 1904 am Berliner Lessingtheater. Dessen Leiter ab 1905 war Otto Brahm, der zahlreiche Schnitzler-Stücke in Berlin erstmals aufgeführt hatte und der für seine sparsamen, wortbezogenen Inszenierungen berühmt war.

prackt ihn auf den H. prackt: österr. für: schlägt; H.: Hintern.

17. 7. 1910

Arthur Kaufmann der aus Jassy in Rumänien stammende Jurist und Privatgelehrte Arthur Kaufmann zählte zu Schnitzlers engstem Freundeskreis. Er ist neben Richard Beer-Hofmann in Schnitzlers Testament zum Berater in literarischen Nachlassfragen bestimmt. Er war ein außerordentlicher Schachspieler. Vgl. Olimpiu G. Urcan und Peter Michael Braunwarth, ›Arthur Kaufmann. A Chess Biography 1872-1938‹, Jefferson 2012.

Kahlenbergbahn nach der Errichtung eines Hotels auf dem Kahlenberg wurde eine Zahnradbahn von Nußdorf über Grinzing auf den Kahlenberg gebaut (eröffnet 1874, eingestellt 1920).

Virgl(?) Berg bei Bozen.

Wilten(?) Prämonstratenser-Stift südlich von Innsbruck.

Ankerhof Gebäudekomplex am Hohen Markt im 1. Wiener Gemeindebezirk, benannt nach der Versicherungsgesellschaft ›Anker‹, der Eigentümerin.

Achten (Neunten?) Symphonie Nr. 8 Es-Dur, uraufgeführt am

12. 9. 1910 in München. Die 9. Symphonie wurde posthum am 26. 6. 1912 uraufgeführt. In zahlreichen Beschreibungen der Münchner Uraufführung der 8. Symphonie werden Schnitzler und Stefan Zweig als Gäste angeführt. Tatsächlich war aber lt. Tgb an diesem Abend Zweig bei Schnitzler in dessen Wiener Haus zu Gast.
um diese Zeit nicht mehr Mahler demissionierte als Hofoperndirektor im Mai 1907.
Fackel es gibt in der ›Fackel‹ keine derartige Stelle.
Gentzgasse, Haltestelle Lazaristengasse im 18. Wiener Gemeindebezirk, nahe der Sternwartestraße, wo Schnitzler seit Juli 1910 ein Haus besaß.
sie ist ernst Tgb: ernst, weiblicher als sonst – (die zweite Beschreibung hat Schnitzler Frieda Pollak nicht diktiert).

20. 7. 1910
Wald, Wiese, weg Tgb: Wald-Wiesenweg.
Fräulein Krammer nicht eruiert.
Himmel Am Himmel, Teil des Wienerwalds unterhalb des Cobenzl, im 19. Wiener Gemeindebezirk.
Closetfrau Tgb: Cl-Frau.

19. 8. 1910
Rotenturmstrasse im 1. Wiener Gemeindebezirk, führt zum Stefansplatz.
Isartal in München und Umgebung traf Schnitzler mehrmals mit Heinrich Mann zusammen, mit dem ihn eine große gegenseitige Wertschätzung verband. Vgl. das auf Schnitzler bezügliche Kapitel in Heinrich Manns Autobiographie ›Ein Zeitalter wird besichtigt‹ (1946).
Brief Heinrich Manns verschollen; die Korrespondenz mit Heinrich Mann im Nachlass Schnitzlers beginnt mit einer Karte Heinrich Manns aus Bad Tölz vom 22. 8. 1910, in der von einem Treffen im Herbst die Rede ist.
Dank für die Puppe Olga Schnitzler fertigte für mehrere Freunde und deren Kinder Puppen an.
Dänemark Schnitzler hatte 1906 eine Dänemark-Reise unternommen.

25. 8. 1910
Partenkirchen Schnitzlers Schwägerin, Lisl Steinrück, lebte in

Partenkirchen und Schnitzler hielt sich von 20. bis 26. 8. dort auf. Die Schwester Olga Schnitzlers war mit dem Schauspieler Albert Steinrück verheiratet.

9. 1. 1911

Wien der Wienfluss, der in Rekawinkel (westlicher Wienerwald) entspringt und in den Donaukanal mündet.
Hütteldorf westlicher Stadtteil Wiens.

23. 4. 1911

Lied der Leonore aus Tasso zu Goethes ›Torquato Tasso‹ (1790) existiert keine Beethovensche Musik, freilich gibt es andere Goethe-Vertonungen (Schauspielmusik zu Egmont op. 84, ›Meeresstille und glückliche Fahrt‹ op. 112).
nicht werde hören können s. 23. 3. 1898.

31. 12. 1911

Bild bei Frau Rosé wahrscheinlich handelt es sich bei dem Photo, das Schnitzler bei Justine Rosé, der Schwester Gustav Mahlers, gesehen hatte, um das Bild von 1878, das von Alfred Roller mit der Legende versehen wurde: »G. M. als Abiturient des Wiener Konservatoriums« (Alfred Roller, ›Die Bildnisse von Gustav Mahler‹, 1922).
Anatol Einakterzyklus von Schnitzler (1893).
Neuen Freien Presse s. 16. 5. 1904.
Berliner Tageblatt Berliner Tageszeitung, erschienen 1872 bis 1939. Neben der ›Vossischen Zeitung‹ eine der wichtigsten Berliner Zeitungen.
nur auffallend lebhafte Träume Tgb: immer auffallend lebhafte Träume.

9. 2. 1912

Akademische Gymnasium 1553 gegründet (ältestes Wiener Gymnasium), heute noch bestehende Höhere Schule am Beethovenplatz im 1. Wiener Gemeindebezirk. Neben Schnitzler waren auch Peter Altenberg, Richard Beer-Hofmann und Hugo von Hofmannsthal hier zur Schule gegangen.
Technik Technische Hochschule (heute Technische Universität), am Karlsplatz, gegründet 1815. Ungefähr 10 Gehminuten vom Akademischen Gymnasium entfernt.

23. 3. 1912

Separatabdruck ›Traumdeutung und Menschenkenntnis‹, in: ›Jahrbuch für psychoanalytische und psychopathologische Forschungen‹ (Jg. 3, 1911), S. 568-87. Ein Jahr später veröffentlichte Sachs in ›Imago‹ (Juni 1913) eine Studie über ›Die Motivgestaltung bei Schnitzler‹, 1924 das Buch ›Gemeinsame Tagträume‹.

›*Traumdeutung*‹ s. 26. 7. 1900

24. 3. 1912

Meissl Meissl & Schadn, Hotel-Restaurant am Neuen Markt im 1. Wiener Gemeindebezirk. In dessen Speisesaal erschoss am 21. 10. 1916 der Sohn des österreichischen Sozialistenführers Victor Adler, Friedrich Adler, den Ministerpräsidenten Karl Graf Stürgkh.

Er macht alles gut s. 23. 3. 1912, Anm. zu Separatabdruck. Auf S. 569f. ist vom Traum »einer gebildeten Dame« die Rede, in dem »die Anspielungen aufs Sexuelle sehr leicht zu verstehen« seien.

Hotel Höller Burggasse 2, im 7. Wiener Gemeindebezirk, neben dem Volkstheater.

jenes Stücks vermutlich handelt es sich um Siegfried Trebitschs Komödie ›Gefährliche Jahre‹ (1913) und den Einakter ›Von ewiger Liebe‹ von Felix Salten aus dessen 1916 uraufgeführtem Zyklus ›Kinder der Freude‹.

in Hamburg Marie Elsinger, Schnitzlers Freundin in den Jahren 1898/99, war nun als Schauspielerin in Hamburg engagiert. Schnitzler war ihr im November 1911 dort wieder begegnet.

ein gewisser Rank vgl. Otto Rank, ›Der Künstler. Ansätze zu einer Sozialpsychologie‹ (1907), ›Die Lohengrinsage‹ (Diss., 1911) und ›Das Inzest-Motiv in Dichtung und Sage. Grundzüge einer Psychologie des dichterischen Schaffens‹ (1912).

7. 6. 1912

Pfarrers-Szene zentrale Szene im 4. Akt von Schnitzlers Komödie ›Professor Bernhardi‹ (1912), in der die Weltanschauungen des katholischen Priesters und des jüdischen Agnostikers aufeinandertreffen. Der Satz ist in dieser Form in der endgültigen Fassung des Stücks nicht mehr enthalten.

Schwender Schwenders Kolosseum, ein Vergnügungs-Etablissement, mit Restaurant, Theater, Kegelbahn in der oberen Mariahilferstraße im 15. Wiener Gemeindebezirk.

6. 7. 1912

einem Herrn Seit Tgb: einem Herrn ›Seit‹. Die Anführungszeichen deuten darauf hin, dass der Name irreal ist.

hinsichtlich Estes der österreichische Thronfolger, Erzherzog Franz Ferdinand von Österreich-Este erfreute sich wegen seines schroffen Wesens nicht gerade großer Popularität.

›russischer Reis‹ ein Milchreis mit Rosinen, Mandeln und Rum.

portugiesischen ebenfalls eine Reis-Süßspeise, bei der der Reis in Weißwein gekocht wird und mit Zimt und Zitrone aromatisiert.

perorieren laut und nachdrücklich reden.

›Letzten Masken‹ s. 17. 1. 1904. Gemeint ist der Dialog zwischen den beiden Assistenzärzten in Schnitzlers Einakter. Halmschlöger erzählt, ein Patient habe ihn gebeten, einen alten Freund an sein Krankenbett zu holen. Tann erwidert: »Na, und du gehst hin? Ja, sag', bist denn du ein Dienstmann?« (D I, S. 726)

Gelsenstich Gelse, österr. für: Stechmücke.

Frau mit dem Dolch ›Die Frau mit dem Dolche‹, der zweite Einakter im Zyklus ›Lebendige Stunden‹ (1902).

Derby Schnitzler war in seinen jungen Jahren häufiger Rennplatzbesucher.

Totalisateur Stelle, bei der die Wetteinsätze abgegeben werden.

17. 9. 1912

Figur aus Andrejew Schnitzler las gerade Leonid Andrejews Drama ›Studentenliebe‹ (1906). 1903 veröffentlichte der Wiener Verlag sowohl Schnitzlers ›Reigen‹ als auch Leonid Andrejews Novelle ›Im Nebel‹.

Parte österr. für: Traueranzeige. Tgb: Karte.

Josef von Josefsthal ... Moos von Mooshausen fiktive Namen.

22. 10. 1912

Extramädel untergeordnete, zusätzliche Hilfskraft in der Küche oder im Haushalt.

Jause österr. für: Zwischenmahlzeit.

Ballplatz s. 5. 4. 1900.

Dämmerlicht unklar, was diese handschriftliche Einfügung zu bedeuten hat, möglicherweise nur eine atmosphärische ›Szenenanweisung‹.

Rout Abendempfang.

Statthalter bis zum Ende des Ersten Weltkriegs hatte die niederösterreichische Statthalterei mit Sitz in Wien umfangreiche

Kompetenzen, zu denen u. a. auch die Ausübung der Zensur gehörte. Statthalter zu diesem Zeitpunkt war Richard Graf Bienerth-Schmerling.

Zensurbeirat der Staatsanwalt Franz Josef von Cischini übte die Funktion des Zensors innerhalb der Statthalterei aus. Schnitzlers Komödie ›Professor Bernhardi‹ (uraufgeführt am 28. 11. 1912 in Berlin) blieb bis zum Ende der Monarchie von der Zensur verboten und konnte erst nach Ende der Monarchie, am 21. 12. 1918, erstmals in Österreich gespielt werden.

Professor Sauer vermutlich der Literarhistoriker August Sauer, der seit 1892 eine Lehrstuhl in Prag innehatte.

Statthalterin Bienerth die Frau des Statthalters, Anka Gräfin Bienerth-Schmerling.

Atlaskleid Atlas, Gewebe mit besonders glänzender Oberfläche.

früher viel mit Hypnotisieren Schnitzler hatte sich in den Studienjahren intensiv mit Therapieansätzen mittels Hypnose und Suggestion befasst (vgl. seine Publikation ›Über funktionelle Aphonie und deren Behandlung durch Hypnose und Suggestion‹ in der ›Internationalen Klinischen Rundschau‹, März/April 1889). Im Anatol-Einakter ›Die Frage an das Schicksal‹ aus demselben Jahr ist die Hypnose ebenfalls thematisiert.

Herren(?)gasse in der Herrengasse 13 im 1. Wiener Gemeindebezirk befand sich das Niederösterreichische Landhaus, Sitz der Statthalterei.

Stehparterre im Burgtheater befanden (und befinden) sich im hinteren Teil des Parterres mehrere durch Geländer voneinander abgeteilte Reihen von billigen Stehplätzen, das sogenannte Stehparterre.

Korffs kleines Auto vorgestern Schnitzler hatte den Schauspieler Arnold Korff zu Gast gehabt (Tgb 19. 10. 1912 »will vom Burgtheater weg, ist zurückgesetzt, ich soll ihm Weites Land, Medardus übergeben, er übersetzt es ins englische, gastirt damit in England und Amerika, verdient Millionen, auch für mich.– Dann hin und her zwischen Größen- und Kleinheits-Wahn, er, als erster Schauspieler muß auch Regisseur sein, hat kein Geld, nur 700 Kr. Monatlich bleiben ihm, dabei wartet sein Auto vor der Thür«).

Ringelspiel österr. für: Karussell.

Knock about Artist, Clown, mit stark körperbetonter Komik.

Apollotheater Varieté-, Unterhaltungstheater im 6. Wiener Gemeindebezirk, eröffnet 1904. 1929 in ein Kino umgewandelt.

rückwärts österr. für: hinten.
Apache Großstadtganove (besonders in Paris).
Die Geräusche in meinen beiden Ohren s. 23. 3. 1898.
Posamentierschnüren Borten, vor allem bei Polsterungen und Gardinen.
Bankettszene aus Wallenstein in ›Die Piccolomini‹ (2. Teil von Schillers Wallenstein-Trilogie), 4. Akt, 4. Szene.
Portrait Sonnenthals als Wallenstein Schnitzler vermerkt am 21. 10. die Lektüre des Briefwechsel Adolf von Sonnenthals (zwei Bände, 1912, hrsg. von Hermine von Sonnenthal, im Bd. 1 nach S. 340 findet man dieses Bild). S. auch 20. 8. 1923.
Kürass Brustharnisch.

25. 12. 1912

Urnen(?)halle Brahmbegräbnis Schnitzler hatte am 1. 12. (nicht am 28. 11., das war Brahms Todestag) in Berlin bei der Trauerfeier für Otto Brahm einige Abschiedsworte gesprochen.
Bösendorfersaal Konzertsaal im Palais Liechtenstein in der Herrengasse 6-8 im 1. Wiener Gemeindebezirk, 1872 vom Klavierfabrikanten Ludwig Bösendorfer eröffnet und für seine makellose Akustik berühmt. Der Saal wurde ein Jahr nach diesem Traumnotat, am 9. 11. 1913 ein letztes Mal für ein Konzert genutzt und danach demoliert.

26. 12. 1912

vor mehr als 20 Jahren Alexander Wilheim, verheiratet mit der Schwester von Schnitzlers Vater, war am 29. 02. 1888 im Alter von 48 Jahren in Budapest gestorben.
wie Bernhardi würde er sich nicht benehmen in ›Jugend in Wien‹ charakterisiert Schnitzler seinen Vater als Repräsentanten der »kompakten Majorität«, anders als Bernhardi, der für seine Überzeugung auch harte Konsequenzen in Kauf nimmt.

30. 12. 1912

Brioni Insel an der kroatischen Adriaküste. Schnitzler verbrachte dort sowohl im Sommer 1912 als auch im Sommer 1913 mit seiner Familie mehrere Wochen.
Radkostüm Mitglieder des Wiener Bicycle-Clubs waren einem strengen Dress-Code unterworfen. Genaue Beschreibungen betrafen sowohl den Touren-Dress als auch den Gala-Dress des

ordnungsgemäßen Radfahrers. Schnitzler war ab 1893 leidenschaftlicher Radfahrer der ersten Stunde.
Spaziergang gegen Tgb: Spaziergang (im weitern Traum) gegen.
Pötzleinsdorf Stadtteil Wiens, 18. Wiener Gemeindebezirk.
auf der Wieden Bezeichnung für den 4. Wiener Gemeindebezirk.
Werkel österr. für: Leierkasten.
Vogelfänger bin ich ja Lied des Papageno aus Mozarts ›Zauberflöte‹, die im Freihaus auf der Wieden 1791 ihre Uraufführung hatte.

2. 1. 1913

Tante Suppé die Schwester von Schnitzlers Mutter hatte einen Sohn des Operettenkomponisten Franz von Suppé geheiratet. Ihre Tochter Else war mit dem Musikhistoriker Otto Keller verheiratet. Deren Tochter Margarethe bediente sich bei ihren schriftstellernden Versuchen des Pseudonyms ›Sinclair‹.

4. 1. 1913

Leichenzug eines Greises die Filmaufnahmen vom Begräbnis Tolstois im November 1910 waren vermutlich auch in Österreich in den Kinos zu sehen.
Kostüme Laffraye Max Paulsen hatte in der Uraufführung von Schnitzlers ›Der junge Medardus‹ (s. 13. 7. 1909) am Burgtheater (24. 11. 1910) die Rolle des Laffraye, einen der Begleiter des Legitimisten Marquis von Valois, gespielt.
Virginia preiswerte Zigarrensorte.
Inkonveniente Unpassende, Unangebrachte.
Schwarzenbergplatz im 1. Wiener Gemeindebezirk.

12. 1. 1913

Semmering s. 17. 1. 1904.

25. 1. 1913

Feuerbursch Bedienter, der für das Einheizen der Öfen zu sorgen hatte.
Prix-Hut das Herren-Moden-Geschäft Josef Prix, Hoflieferant, befand sich am Graben 11 im 1. Wiener Gemeindebezirk.
Herrn Kadisch nicht eruiert.

26. 1. 1913
Korrepetitorin Klavierspielerin, die mit Sängern Partien im Detail einstudiert.
Brief gestern Brief des Jugendfreunds Eugen Deimel vom 10. 1. 1913 (vgl. Heinz P. Adamek, In die Neue Welt ... Arthur Schnitzler – Eugen Deimel Briefwechsel, Wien 2003, S. 181ff.).
Felician Bruder der Hauptfigur in Schnitzlers Roman ›Der Weg ins Freie‹. Vgl. 27. 9. 1906.
die rechte, lederne Hand Tgb: die recht lederne Hand.

22. 2. 1913
Zuckerkandl Übersiedlung die Familie des Urologen und Chirurgen Otto Zuckerkandl war innerhalb des 1. Wiener Gemeindebezirks von der Elisabethstraße 5 in die Reichsratstraße 13 (unmittelbare Nähe zur Universität) gezogen.
Wilhelm Herzog Schnitzler hatte den Schriftsteller und Publizisten am 7. 2. 1913 in München kennengelernt.
›*Das Unvergängliche hier wird es ein Gleichnis.*‹ vgl. den Chorus mysticus in Goethes ›Faust II‹ (V. 12104ff.): »Alles Vergängliche / Ist nur ein Gleichnis; / Das Unzulängliche, / Hier wird's Ereignis; / Das Unbeschreibliche, / Hier ist's getan; / Das Ewig-Weibliche/Zieht uns hinan.«

28. 2. 1913
seinem Schicksal gemeint ist wohl Burckhards Herzschwäche.
Ortler mit ca. 3900 m höchste Erhebung Südtirols.
uzt österr. für: neckt, verspottet.

8. 3. 1913
Schönbrunn kaiserliche Sommerresidenz im Stile Versailles im Westen Wiens.

5. 4. 1913
Ecke Porzellan- Liechtensteinstrasse Porzellangasse, Liechtensteinstraße, im 9. Wiener Gemeindebezirk.

9. 4. 1913
Bezirksarzt Feuermann Episodenfigur in ›Professor Bernhardi‹ (im 2. und im 5. Akt). Vgl. D II, S. 362ff. und S. 443f.

25. 5. 1913
Pasteur Louis Pasteur entwickelte u. a. eine Schutzimpfung gegen Tollwut.
Raimund der Dramatiker Ferdinand Raimund hatte sich 1836 nach einem Hundebiss aus Furcht vor Tollwut das Leben genommen.

22. 6. 1913
Fensterpolster s. 25. 2. 1891.
Robert-Gastspiels im Deutschen Volkstheater fand den ganzen Juni hindurch ein Gastspiel des ›Münchner Ensembles‹ unter Leitung von Eugen Robert statt, mit Roberts Frau Ida Roland und Albert Steinrück als Zugkräften. Gespielt wurden Stücke von Bahr, Wedekind, Sternheim und Sem Benellis ›Mahl der Spötter‹.

25. 6. 1913
Redoute Ball, Maskenball.
Woche? Illustrierte Wochenzeitung des Berliner Scherl-Verlags, erschien zwischen 1900 und 1944.
Fannis letztem Stück gemeint ist ›Fanny erstes Stück‹ (Komödie, 1911) von G. B. Shaw. Schnitzler hatte das Stück am 18. 9. 1912 als Gastspiel des Berliner Kleinen Theaters in Wien gesehen.

26. 6. 1913
Eschenbachgasse im 1. Wiener Gemeindebezirk.

1. 7. 1913
mit Hinblick auf das Klavierspiel Tgb: mit Hinsicht.

3. 7. 1913
Wiener Linie (im alten Sinn) bezieht sich wohl auf den Linienwall der bis zu seiner Demolierung (ab 1873) Stadt und Vorstadt Wiens voneinander trennte, sein Verlauf entspricht ungefähr dem heutigen Gürtel.
Scharlach Heinrich Schnitzler war im Juni 1913 an Scharlach erkrankt, weshalb die Eltern eine Schweizer Reise abbrachen und nach Wien zurückkehrten.
›Reise um die Erde‹ fiktiv; es ist kein solches Werk von W. Fred belegt.

8. 7. 1913
Herr Kohn nicht eruiert.
als Ballettmädel im Abschiedssouper Lina Woiwode hatte die Annie im ›Abschiedssouper‹ in einer ›Anatol‹-Aufführung im April 1911 im Schauspielhaus München (mit Gustav Waldau als Anatol) gespielt.
in Ihrem Artikel vermutlich Alfred von Winterstein, ›Psychoanalytische Anmerkungen zur Geschichte der Philosophie‹, in: Imago Jg. 2, April 1913, S. 175-237.

14. 8. 1913
Hinterbrühl s. 17. 1. 1904.
Radetzky – Samuely der Weg vom Hotel Radetzky in Hinterbrühl zur nahen Kaltwasser-Heilanstalt des Dr. Isidor Samuely.

30. 8. 1913
Selzthal in der Steiermark, Bahnknotenpunkt der Südbahn.

24. 9. 1913
Poker Reminiszenz an Schnitzler häufiges Pokerspielen in Studenten- und Assistenzarzt-Zeiten. S. 8. 11. 1892

1. 10. 1913
Neuhaus Ort im Wienerwald, nahe Baden. Von der Jahrhundertwende bis zum Ersten Weltkrieg mondäner Kurort.
Hazard Glücksspiel.
Lilis Begräbnis Schnitzlers Tochter Lili war am 13. 9. 1909 zur Welt gekommen. Dies ist einer von mehreren Träumen, in denen Schnitzler lange vor dem Suizid seiner Tochter am 26. 7. 1928 diese im Zusammenhang mit Unglücksfällen, Beerdigung etc. sieht.
Badwaschler österr. für: Bademeister.
Geldtassen Tabletts für die Spieleinsätze.

3. 10. 1913
Zirkusgasse im 2. Wiener Gemeindebezirk, Adresse von Schnitzlers Großeltern Philipp und Amalia Markbreiter. S. 27. 5. 1892.

8. 10. 1913
Steffi Stefanie Bachrach. Tochter des Bankiers und Börsenmaklers

Julius Bachrach, der sich 1912 das Leben genommen hatte. Gehörte zum engsten Kreis Olga und Arthur Schnitzlers. Auch sie beging im Mai 1917 Selbstmord. Vgl. den biographischen Artikel über sie in Tgb 1917-1919, S. 399.

R. O. Rudolf Olden. Schnitzler kannte den späteren Rechtsanwalt und Publizisten bereits seit 1911. Vgl. den kurzen Abriss über Olden in Tgb 1917-1919, S. 403ff.

17. 11. 1913

Medardus s. 13. 7. 1909. Eine Aufführung in Prag ist nicht belegt.

Eger Paul Eger war zu diesem Zeitpunkt Intendant des Darmstädter Hoftheaters. Von einer Schnitzler-Inszenierung ist nichts bekannt. Das Tgb vom 26. 12. 1914 spricht allerdings ebenfalls von Egers Idee, den ›Jungen Medardus‹ zu bearbeiten und aufzuführen. Schnitzler zeigte sich abgeneigt. Eger bat Schnitzler Ende 1913 darum, ihn bei seiner Kandidatur für die Direktion des Burgtheaters zu unterstützen.

Apollotheater s. 22. 10. 1912.

7. 12. 1913

Schragen österr. für: hölzernes Gestell, Holzbock.

Glissandi gleitende Veränderungen der Tonhöhe.

16. 12. 1913

Appendix-Operation Entfernung des Blinddarms.

den Einsamen Weg zu überlassen das Aufführungsrecht für Schnitzlers Stück ›Der einsame Weg‹ von 1904. Das Tgb hatte bereits am 8. 9. 1913 ein Gespräch mit dem Münchner Intendanten Basil festgehalten, in dem es um den ›Einsamen Weg‹ ging und Schnitzler hatte notiert, dass Erich Ziegel das Aufführungsrecht innehätte.

Südtirol Südtirol war sehr oft Reiseziel für Schnitzler.

25. 12. 1913

Manuscript meiner Novelle ›Flucht in die Finsternis‹ (1931).

eine Art Friedhof der seit dem Mittelalter rund um den Stefansdom im Zentrum Wiens bestehende Friedhof war bereits 1783 aufgelassen worden.

30. 12. 1913

Dr. Kuranda und Frau vermutlich der Herausgeber der Reisezeit-

schrift ›Globus‹, Dr. Ludwig Kuranda, und seine Frau Hermine, geb. von Urban.
Cobenzl Aussichtsberg im 19. Wiener Gemeindebezirk, benannt nach dessen zeitweiligem Besitzer Philipp Johann Graf Cobenzl.
Meistersinger Richard Wagners ›Meistersinger von Nürnberg‹, die von Schnitzler mit großem Abstand am häufigsten gesehene oder auf dem Klavier gespielte Oper. Vgl. Tgb 25. 12. 1914: »Es bleibt eines der wenigen makellosen Meisterwerke der Welt.–«
Plafond (Zimmer-)Decke.

10. 1. 1914

Adlerplatz (Aumannplatz) im 18. Wiener Gemeindebezirk (Währing), am oberen Ende der Währingerstraße, zunächst nach dem Gasthof zum schwarzen Adler, seit 1903 nach einem Pfarrer benannt, der dem Bezirk sein Vermögen hinterließ.
dédaigneuses verächtliches, hochmütiges.

1. 3. 1914

Weingartenschen Buches Tgb: Weingartner; keine der beiden Namensvarianten lässt sich eindeutig einem bestimmten Autor oder Titel zuordnen. Freilich gibt es vom ›konzertieren‹ musikalische Assoziationen zu dem Pianisten Paul Weingarten oder dem Dirigenten Felix von Weingartner.
Ama die Mutter von Stefanie Bachrach (s. 8. 10. 1913), Eugenie Bachrach, geb. Leitner, wurde im Freundeskreis »Jenny« oder »Ama« genannt.

21. 4. 1914

Franz Josefs Kaserne Franz-Joseph-Kaserne, nach der niedergeschlagenen Revolution von 1848 geplant, 1857 eröffnet, zwischen Dominikanerbastei und Franz-Josephs-Kai im 1. Wiener Gemeindebezirk gelegen, 1900/01 demoliert. Auf dem Areal errichtete u. a. Otto Wagner das berühmt gewordene Gebäude der Österreichischen Postsparkasse.

27. 4. 1914

Josefsplatz im 1. Wiener Gemeindebezirk, benannt nach Josef II., dem Habsburger, mit dem Schnitzler sich am intensivsten beschäftigte. Er plante viele Jahre hindurch, ein Drama über diesen Monarchen der Aufklärung zu schreiben.

Praterstrasse im 2. Wiener Gemeindebezirk. Marie Schey, die 1899 verstorbene Schwägerin von Schnitzlers Großmutter, wohnte Praterstraße 54. Im Haus Praterstraße 16 war Schnitzler 1862 zur Welt gekommen.
Paul Apels Traumspiel ›Hans Sonnenstößers Höllenfahrt‹ (Komödie, 1911), für das Stück erhielt der Autor im Jahr 1912 den Bauernfeldpreis.
ganz in der Nähe Die elterliche Adresse von Olga Schnitzler war in der Rotensterngasse 31 im 2. Wiener Gemeindebezirk.

1. 6. 1914
Tutzing am Westufer des Starnberger Sees. Schnitzler hielt sich in der ersten Juniwoche dort auf, um seine Schwägerin Lisl Steinrück zu besuchen.
Nachtwache Schnitzler hatte sich Ende Mai in Amsterdam aufgehalten und u. a. auch das Rijksmuseum besucht, wo sich das 1642 entstandene großformatige Gemälde befindet.
Heilgehilfen Steiner nicht eruiert.
regardiert beachtet.
bekanntlich ermordet das Attentat auf den österreichischen Thronfolger in Sarajevo am 28. Juni 1914 hatte die Kriegserklärung Österreich-Ungarns an Serbien zur Folge und wurde damit zum Auslöser des Ersten Weltkriegs.

7. 8. 1914
Celerina Schnitzler und seine Familie befanden sich seit 18. Juli 1914 auf einer Schweizer Reise. Seit 23. 7. wohnte man in Celerina im Engadin. Der Kriegsausbruch Anfang August zwang Schnitzler zur Rückkehr nach Österreich.
Hotel Imperial repräsentatives Hotel im ehemaligen Palais Württemberg an der Ringstraße beim Schwarzenbergplatz, seit der Weltausstellung 1873 als Hotel genutzt und auch heute noch das offizielle Hotel für Staatsgäste.

22. 8. 1914
Ischl Schnitzler war am Vorabend hier eingetroffen und blieb die letzte Augustwoche.
Vöslau s. 16. 10. 1892.
Sils Maria im Schweizer Engadin, von wo Schnitzler eben kam.

23. 8. 1914

Matzleinsdorferstrasse alte Bezeichnung für den im 5. Wiener Gemeindebezirk verlaufenden Teil der Wiedner Hauptstraße.

Zentralfriedhof der große kommunale Friedhof an der Simmeringer Hauptstraße im 11. Wiener Gemeindebezirk, der am 1. 11. 1874 eröffnet worden war. Das Grab von Schnitzlers Eltern befindet sich ebenso dort wie jenes von Marie Reinhard (s. 1. 4. 1900).

13. 9. 1914

Schaumkoch mit Nudeln Süßspeise aus der österreichischen Küche, mit Eischnee, meist im Wasserbad zubereitet.

zur Sandrock gerufen mit Adele Sandrock, der Uraufführungsdarstellerin in seinen Stücken ›Das Märchen‹ (1893) und ›Liebelei‹ (1895) hatte Schnitzler eine stürmische Liebesaffaire. Inzwischen lebte sie in Berlin in bescheidenen Umständen. Schnitzler erlebte ihre zweite große Karriere als komische Alte des deutschen Tonfilms nicht mehr. Vgl. Renate Wagner, ›Dilly. Geschichte einer Liebe in Briefen, Bildern und Dokumenten‹, Wien 1975.

im ›Graesler‹ gemeint ist die Stelle am Beginn des 8. Kapitels von Schnitzlers Erzählung ›Doktor Gräsler, Badearzt‹ (1917), als Gräsler von einem längeren Auslandsaufenthalt in seine Wohnung zurückkehrt: »Und als Gräsler die Wohnung zum zweiten Mal durchmaß und zum Schlusse das dem Hof zu gelegene Gemach der verstorbenen Schwester betrat, seufzte er leise auf;– ein wenig mit Rücksicht auf die seit Jahren das Haus betreuende Setzersgattin, die ihn durch die Wohnung geleitete« (vgl. E II, S. 152).

Hausbesorgerin österr. für: Hausmeisterin.

superarbitriert superarbitrieren: etwas in höherer Instanz entscheiden. Hier wohl: vom Militärdienst befreien.

Katzentischel österr: für: kleinen Beistelltisch, meist für Kinder.

O Bankos blutiges Gespenst Anspielung auf Shakespeares ›Macbeth‹ (1611), in der Bankettszene des 3. Akts erscheint dem König Macbeth der Geist des ermordeten Banquo. Zugleich soll eine theatralische, pathetische Sprechweise charakterisiert werden.

Vorlesepläne Schnitzler las am 8. 10. 1914 für wohltätige Zwecke (zugunsten der Freiwilligen Rettungsgesellschaft und des Waisenhilfsfonds) in der Wiener Urania aus eigenen Werken.

24. 9. 1914
Carambol Variante im Billard mit drei Kugeln.
Bessarabien Landschaft in Südosteuropa am Schwarzen Meer, heute Moldawien und Ukraine.
beim Roten Kreuz möglicherweise handelt es sich um einen Entwurf, der im Nachlass unter dem Titel ›Krankenhausgeschichte‹ erhalten ist und erst posthum veröffentlicht wurde (Vgl. EuV, S. 415-18).
2. Teil Medardus eine Fortsetzung der Historie ›Der junge Medardus‹ war nicht ernsthaft geplant.

10. 11. 1914
Commedia dell'arte italienische Volkskomödie, Stegreiftheater mit festem Typen-Arsenal, Blütezeit im 17. und 18. Jahrhundert.
zu der Perückendame Tgb: zu der fragenden Perückendame.
Fischer-Brief Samuel Fischer hatte am 25. 9. 1914 an Schnitzler geschrieben und u. a. bemängelt: »Es ist schade, dass sich die Österreicher, wie es scheint, auch jetzt nicht auf der Höhe der Situation zeigen.« Schnitzler reagierte fünf Tage später mit einem ausführlichen Schreiben, in dem er von Österreich als dem Land sprach, das sich »wenn auch gewiß nicht in Dingen der äußeren und inneren Ordnung (im allerweitesten Sinn), wohl aber an Begabungsfülle und seelischer Spannweite mit dem Ihrigen messen darf.«
Medarduskritiken in mehreren Kritiken der Berliner ›Medardus‹-Aufführung (Premiere am 24. 10. 1914 im Lessingtheater) war der gebrochene Titelheld als nicht heroisch genug kritisiert worden. Im ›Berliner Tageblatt‹ zum Beispiel bemängelte Fritz Engel, »daß das Schauspiel Schnitzlers nur gerade ein verhallendes Echo dessen ist, was jetzt außerhalb der Theatermauern dröhnend an unser Ohr schlägt«.
Leutnant Gustl auch Schnitzlers 1900 veröffentlichte Novelle war von militärischen Kreisen als scharfe Kritik interpretiert worden und hatte zur Aberkennung seines militärischen Rangs als Reserveoffizier geführt.
Seiler(gasse) im 1. Wiener Gemeindebezirk. Die Klammer um den Wortteil ›Gasse‹ könnte erfolgt sein, weil es ebenfalls im 1. Bezirk auch den Straßenzug ›Seilerstätte‹ gibt und sich Schnitzler nicht mehr ganz sicher war.

1.12.1914

Tressler ein Militärdienst des Burgschauspielers Otto Tressler ist nicht belegt.

Wimmerl österr. für: Pickel, Pustel.

Ich führe ihn auf den Gang Tgb: ich [setze] ihn.

9.12.1914

Es handelt sich bei diesem Traum wie auch bei einzelnen anderen, die von Schnitzler in die Sammlung aufgenommen wurden, um einen, der ihm erzählt wurde. In diesem Fall von der Pianistin Vera Specht-Schapira. Vgl. Tgb 9.12.1914.

Traumbuch nicht eruiert. In den Lotto-Kollekturen wurden populäre Broschüren mit Deutungsmustern bestimmter Traumsymbole vertrieben, bei denen bestimmten Objekten Zahlen zugeordnet wurden, die dann als ›eindeutige‹ Gewinnzahlen bestimmt werden konnten (z. B. ›Kleines Illustriertes Egyptisches Traumbuch mit Lotterie Nummern‹).

15.12.1914

kleiner als sonst, dünner Tgb: kleiner als sonst, jünger.

vor ihm gekniet Tgb: vor ihm geknixt.

24.12.1914

Tiergarten Ortsteil von Berlin-Mitte.

150 Kr., resp. 75 fl. 150 Kronen, respektive 75 Gulden. Bei der Währungsreform 1892 wurde in Österreich-Ungarn der Gulden (Abkürzung fl. für: Florin) durch die Krone abgelöst. Er blieb bis 1900 gültiges Zahlungsmittel im Tauschverhältnis 1:2. Der Wert einer Krone von 1900 entspricht ungefähr 3 Euro.

25.12.1914

moderne Bibliothek gemeint ist die 1908 gestartete Reihe ›Fischers Bibliothek zeitgenössischer Romane‹. Monatlich erschien ein neuer Titel in einer Startauflage von 15.000 Exemplaren. 1914 erschien Thomas Manns Novellenband ›Das Wunderkind‹ in dieser Reihe.

3500 Exemplare Tgb: 3100.

10.1.1915

zwei Sitze österr. für: zwei Eintrittskarten.

ein Scherz Tgb: eine Schey. Gemeint ist also offenbar eine weibliche Verwandte. Die Familie Schey war mit der Familie Schnitzler verschwägert.

Casanova-Erinnerung Schnitzler las seit Herbst 1914 die Erinnerungen Giacomo Casanovas in der sechsbändigen Ausgabe von Heinrich Conrad (1907-13). Aus dieser Lektüre erwuchsen zwei Werke Schnitzlers, die Novelle ›Casanovas Heimfahrt‹ (1918) und das Versdrama ›Die Schwestern oder Casanova in Spa‹ (1920).

Novelle! die Novelle, an der Schnitzler zu diesem Zeitpunkt arbeitete, war ›Flucht in die Finsternis‹.

Pola, Parlamentskonzert unklar; im Tgb findet sich kein Hinweis auf einen derartigen Auftritt Olga Schnitzlers. Pola war der österreichische Marinehafen in der Adria.

»Ohrengeräusche« s. 23. 3. 1898.

Rezidiv mediz.: Rückfall.

16. 1. 1915

Kabinett österr. für: kleines Zimmer.

unser Kaiser Kaiser Franz Joseph I. war zu diesem Zeitpunkt fast 85 Jahre alt.

Ordinationszimmer österr. für: Praxis.

19. 1. 1915

peroriere s. 6. 7. 1912

Pandekte Sammlung von Texten zum römischen Recht.

Kämpfe in den Karpaten zwischen Dezember 1914 und März 1915, eine der verlustreichsten Schlachten des Ersten Weltkriegs.

sphygmographisch mediz.: den Pulsschlag aufzeichnend.

Pelotten gepolsterte Manschetten, z. B. zur Blutdruckmessung.

Rennweg im 3. Wiener Gemeindebezirk.

22. 1. 1915

Novelle vgl. Kapitel 4 von ›Flucht in die Finsternis‹: »Ein frisch gefülltes Glas Champagner stand vor ihm. Er trank es in einem Zug aus – mit Lust, fast mit Begier […] Indes war die ganze Rechnung schon von August Langer beglichen worden, Robert bedankte sich mit humoristischer Übertriebenheit und empfahl sich.« (E II, S. 915f.).

›Weg ins Freie‹ Luxusausgabe von Schnitzlers 1908 erschienenem Roman.

Eschenbachgasse s. 26. 6. 1913. Die Gasse ist allerdings nicht nach Wolfram von Eschenbach benannt, sondern nach dem Freiheitshelden gegen Napoleon Jakob Eschenbach, der als Eschenbacher in Schnitzlers Napoleondrama ›Der junge Medardus‹ Eingang gefunden hat.

sang ihn bei uns der Wolfram von Eschenbach in Richard Wagners ›Tannhäuser‹ war eine Paraderolle von Artur Fleischer. Es existiert eine alte Plattenaufnahme seiner Interpretation des Lieds an den Abendstern.

Briefe neulich Franziska Reich (s. 23. 10. 1875) lebte inzwischen in Bielitz (Schlesien).

Erdbeben Avezzano die Abruzzengemeinde Avezzano wurde am 13. 1.1915 durch ein Erdbeben völlig zerstört. Das Unglück forderte 9000 Menschenleben.

Seilerstätte s. Anm. zu Seiler(gasse) 10. 11. 1914.

Mehlmarkt auch Neuer Markt, im 1. Wiener Gemeindebezirk.

Residenzklub Club nach englischem Muster, seit 1896 im Residenzhof Seilerstätte 16 im 1. Wiener Gemeindebezirk untergebracht. Schnitzler erwähnt den Club auch in seiner 1924 erschienenen Novelle ›Fräulein Else‹. (E II, S. 330)

Steckkamm Tgb: Stechkamm. Nadlerwerkzeug, um Löcher in das Papier zu schlagen.

Patrontasche Tasche, meist aus Sohlenleder, in der Soldaten ihre Munition mit sich trugen.

Negedy eine Dialogstelle im 1. Akt von ›Fink und Fliederbusch‹ zwischen den beiden Journalisten Obendorfer und Füllmann: »Ah, der Satan! Hat er noch das Verhältnis mit der Negedy?«. (D II, S. 571)

Novelle bezieht sich wiederum auf ›Flucht in die Finsternis‹.

4. 4. 1915

Burgringwohnung die elterliche Wohnung Schnitzlers, Burgring 1 im 1. Wiener Gemeindebezirk.

Situation in der Novelle vgl. Kapitel V von ›Flucht in die Finsternis‹: »nach einem leichten Zögern umarmte er ihn, worauf sie beide etwas verlegen waren.« (E II, S. 918).

10. April Johann Schnitzler kam am 10. 4. 1835 im ungarischen Nagy-Kanizsa zur Welt.

vor ihrem Tod fehlt im Tgb.

September London Felix Markbreiter war am 15. 9. 1914 in London gestorben.

Novelle Krokodilledertasche gemeint ist ein Tagtraum am Ende von ›Flucht in die Finsternis‹, wo die Hauptfigur Robert viele Schreiber sieht,»deren Federn mit ungeheurer Eile über das Papier fuhren, mit der freien Hand aber warfen sie die Bogen in offene Reisetaschen, die sich immer selbsttätig auf- und zuschlossen, schnappend wie Krokodilmäuler«. (E II, S. 983)

Prosektorium Prosektur, der Raum innerhalb eines Krankenhauses, der für Obduktionen bestimmt ist.

Lüstermantel Lüster, glänzender Stoff, der insbesondere für Schuluniformen Verwendung fand.

Nietzsche-Briefe vermutlich die 1909 von Elisabeth Förster-Nietzsche edierten ›Briefe an Mutter und Schwester‹ Friedrich Nietzsches.

7. 4. 1915

Schauflergasse im 1. Wiener Gemeindebezirk, führt entlang der Hofburg vom Ballhausplatz zum Michaelerplatz.

23. 4. 1915

Bruder des berühmten der Techniker Paul Clemenceau, Bruder des französischen Ministerpräsidenten Georges Clemenceau, war mit der Schwester von Berta Zuckerkandl verheiratet.

Enchanté de faire votre connaissance erfreut, Ihre Bekanntschaft zu machen.

5. 5. 1915

Semmelbrösel Paniermehl.

Pilsenetzer Bierhalle Bierlokal im Souterrain des Hotels Regina nahe der Votivkirche im 9. Wiener Gemeindebezirk.

neue Stellung am Burgtheater Gustav Schwarzkopf, ein sehr alter Freund der Familie Schnitzler, war unter der Burgtheaterdirektion Hugo Thimigs (1912-1917) zu einer Art Chefdramaturgen avanciert.

in antisemitischen Blättern im Tgb 22. 4. 1915 ist davon die Rede, dass ›Anatol‹ in einer Kritik als ›Galanterieware‹ abgetan worden sei.

28. 5. 1915

Geronimo der Name des Schiffs (der im Traumdiktat fehlt) ist wohl angeregt durch Schnitzlers Erzählung ›Der blinde Geronimo und sein Bruder‹ (1900), die gerade in einer illustrierten Ausgabe zugunsten der Kriegsblinden neu erschienen war.

18. 8. 1915

Ischl den ganzen August hindurch befand Schnitzler sich zur Sommerfrische in Bad Ischl. Zuletzt verbrachte er noch zwei Tage in Salzburg vor der Rückkehr nach Wien.

29. 8. 1915

klaube klauben, österr. für: einsammeln.

30. 8. 1915

Komödie der Worte der Einakterzyklus mit den Stücken ›Stunde des Erkennens‹, ›Große Szene‹ und ›Das Bacchusfest‹ hatte am 12. 10. 1915 zugleich in Wien, Darmstadt und Frankfurt am Main Uraufführung.
Ormin … Eckold Dr. Rudolf Ormin, Dr. Karl Eckold, Figuren im Einakter ›Stunde des Erkennens‹.
Schottengasse im 1. Wiener Gemeindebezirk.

10. 9. 1915

Kameliendame Schnitzler hatte das Stück, das Alexandre Dumas Sohn nach seinem erfolgreichen Roman geschrieben hatte (1852), bereits mehrfach gesehen.
meinen Vater wohl eine vertraute Anrede zwischen Stefanie Bachrach und Schnitzler.
mit dem Buchhändler Heller Tgb: über den Buchhändler Heller.
die Casanova-Novelle s. 10. 1. 1915.
Beethovengasse im 9. Wiener Gemeindebezirk; Schnitzlers Schwester und Schwager Gisela und Markus Hajek lebten in der Beethovengasse 6. Sie hatte er am Vortag besucht.
Gyges ›Gyges und sein Ring‹, Tragödie (1856) von Friedrich Hebbel.

2. 10. 1915

L. Lemberg im damaligen Galizien, wo Stefanie Bachrach als Militär-Krankenschwester eingesetzt war.

9. 10. 1915

Homburg gemeint ist das hessische Bad Homburg vor der Höhe. Olden war 1912/13 dort ansässig.

Bleibtreu in Stunde des Erkennens Hedwig Bleibtreu hatte in der Wiener Aufführung am Burgtheater die Rolle der Klara Eckold gespielt.
Wichsleinwandumschläge österr. für: wachsimprägnierte Schutzumschläge.
Kleiderstock österr. für: Garderobenständer.
St. Georg nicht eindeutig lokalisierbar.
Velden Badeort am Wörthersee in Kärnten.

17. 10. 1915
Liebelei s. 14. 4. 1896.

20. 11. 1915
Ein sehr seltsamer Tgb: ein sehr wollüstiger.
Rathaus, Universität die beiden Gebäude an der Wiener Ringstraße sind benachbart, das Rathaus (errichtet 1868-83, nach Plänen Friedrich Schmidts) und die Universität (errichtet 1877-84, nach Plänen Heinrich von Ferstels).
keinerlei gemütliche Betonung gemütlich hier im Sinne von: das Gemüt betreffend, emotional, affektiv.

23. 11. 1915
Thermophor Wärmeflasche.
Königssee Gebirgssee bei Berchtesgaden.
Monte Baldo Bergrücken der Gardasee-Berge.
Riva Riva del Garda, Ort am nördlichen Ufer des Gardasees.
Badner Kurpark Kurpark in Baden bei Wien, s. 16. 10. 1892.
Côtelettes Koteletten, seitliche Haare an den beiden Gesichtshälften.
ich besorge österr. für: ich bin besorgt.
bevorstehender Besuch über einen geplanten Besuch des während der Kriegsjahre in Zürich lebenden Ferruccio Busoni in Wien ist nichts zu eruieren.

1. 12. 1915
Mizi Rosner Schauspielerin, mit der Schnitzler in den Jahren 1888-91 befreundet war.
Jagdschloss als Bordell Tgb: für Bordell.

1. 1. 1916
Augustinerstrasse s. 21. 11. 1894.

vor fast 17 Jahren s. 1.4.1900.
Josefsplatz s. 27.4.1914.
Albrechtsrampe Rampe vor dem Palais des Erzherzog Albrecht, in dem sich auch dessen ererbte umfangreiche graphische Sammlung befindet (›Albertina‹).
Alt Wien gemeint ist damit das biedermeierliche Wien, wie es Schnitzler in seiner Historie ›Der junge Medardus‹ auf die Bühne gebracht hatte.
Hofbibliothek die k. k. Hofbibliothek befand sich am Josefsplatz.
Statthalterei s. 22.10.1912.

3.1.1916
Dr. W. der Schriftsteller und Psychoanalytiker Fritz Wittels.
Carovius im Gänsemännchen Figur (»ein Kleinbürger mit entfesselten Instinkten«) in Jakob Wassermanns Roman ›Das Gänsemännchen‹ (1915).
»der Nero unserer Zeit« Zitat aus dem Roman (S. 68).

4.1.1916
Esplanade Promenade am Ufer der Traun in Bad Ischl.
kristallklarer Himmel Tgb: krystallblauer Himmel.

12.1.1916
Bellaria s. 24.10.1875.
Weisse Krise inhaltlicher Zusammenhang unklar; gemeint ist die Direktionskrise am Deutschen Volkstheater in Wien, dessen Direktor von 1905-1916 Adolf Weisse war.
gelbes Büchel von Bahr möglicherweise ›Himmelfahrt‹, Roman (1916), der wohl Ende 1915 bei S. Fischer erschien und, wie andere Werke Bahrs zu dieser Zeit, einen gelben Einband hatte. Vgl. Tgb 17.4.1916: »Bahrs Himmelfahrt ausgelesen. Katholisirender Roman; ein unleidliches Geschwätz.«

13.1.1916
Ihr neues Stück unklar, vielleicht wusste Kaufmann, dass Schnitzler zu dieser Zeit an der Komödie ›Fink und Fliederbusch‹ arbeitete.
auf den Gefehlten österr. für: auf den Falschen.
siehe Zwischenspiel in Schnitzlers dreiaktiger Komödie vermutet der Komponist Amadeus Adams, dass ihn seine Frau mit dem Fürsten Sigismund betrüge. Sie hat aber lediglich diesen Anschein erweckt, um ihren Mann wieder enger an sich zu binden.

Spiel wird zur Wirklichkeit das Ineinanderfließen von Wahrheit und Illusion ist tatsächlich ein oftmaliges Schnitzlersches Thema, das ihn in die Nähe Luigi Pirandellos rückt.

25. 1. 1916

Revolutionshochzeit Verfilmung des gleichnamigen Schauspiels von Sophus Michaelis durch August Blom (1915).

Voltaire! ... meine Novelle ›Casanovas Heimfahrt‹. Schnitzler hat der Novelle eine ›Anmerkung‹ hinzugefügt: »Ein Besuch Casanovas bei Voltaire in Ferney hat tatsächlich stattgefunden, doch alle in der vorstehenden Novelle daran geknüpften Folgerungen, wie insbesondre die, daß Casanova sich mit einer gegen Voltaire gerichteten Streitschrift beschäftigt hätte, haben mit der geschichtlichen Wahrheit nichts zu tun.« (E II, S. 323).

Poppers Buch Josef Popper (Pseudonym ›Lynkeus‹), Voltaire. Eine Charakteranalyse in Verbindung mit Studien zur Ästhetik, Moral und Politik (1905).

27. 1. 1916

Radetzkybrücke Brücke über den Wienfluss, die den 1. Wiener Gemeindebezirk (Innere Stadt) mit dem 3. Bezirk (Landstraße) verbindet.

Leopoldstadt der 2. Wiener Gemeindebezirk, traditionell besonders stark von Juden besiedelt (was dem Bezirk den Beinamen ›Mazzes-Insel‹ eintrug). Schon im 17. Jahrhundert hatte hier ein Ghetto bestanden.

Fabri im ›Verführer‹ der Name taucht in ›Komödie der Verführung‹ (1924) nicht auf. Möglicherweise eine Figur in einer Vorstufe, die später eliminiert wurde.

Heinis Blätter Heinrich Schnitzler, zu diesem Zeitpunkt dreizehnjährig, war offenbar von den Kriegsereignissen stark beeindruckt. Zum Geburtstag hatte er seinem Vater 1915 Zeichnungen von der Torpedierung der ›Lusitania‹ geschenkt.

Abschiedsvorstellung der Mildenburg am 23. 1. 1916 beendete Anna Bahr-Mildenburg als Klytemnästra in Richard Strauss' ›Elektra‹ ihr Engagement an der Wiener Hofoper, am 17. 2. 1916 fand ihr erstmaliges Auftreten als Schauspielerin statt (in Hermann Bahrs ›Der Querulant‹) im Rahmen einer Vorstellung, die von der Journalisten- und Schriftsteller-Vereinigung ›Concordia‹ organisiert wurde.

Flims Ort im Kanton Graubünden in der Schweiz.

Lunz Lunz am See, im Mostviertel (Niederösterreich).
Baden s. 16. 10. 1892.

3. 2. 1916
Billroth Schnitzler hatte bei Theodor Billroth, dem weltberühmten Chirurgen und Freund von Johannes Brahms, studiert. Ein Schulkamerad Schnitzlers, Otto Gottlieb (s. 4. 9. 1922), heiratete eine Tochter Billroths und nahm den Namen seines Schwiegervaters an.
Todesnachricht der Schriftsteller Vincenz Chiavacci, Schöpfer zahlreicher volkstümlicher Wiener Figuren, war am 2. Februar an den Folgen einer Diabetes-Erkrankung gestorben.

5. 2. 1916
Zirkus- oder Weintraubengasse Zirkusgasse s. 3. 10. 1913; Weintraubengasse, ebenfalls im 2. Wiener Gemeindebezirk, Seitengasse der Praterstraße.
Korallenkettlin von Dülberg ›Korallenkettlin‹, Drama (1906) von Franz Dülberg. Das Stück spielt »in einer deutschen Stadt gegen Ende des Mittelalters«. Drei Straßenmädchen treten auf, die »Geld winnen mit Minnen«.
Grosseltern s. Anm. zur Zirkusgasse 3. 10. 1913.
Harlan ›Jahrmarkt in Pulsnitz‹ (1914), ›ein dionysischer Schwank in drei Akten‹ von Walter Harlan. Das Tgb vermerkt am 31. 1. 1916 Schnitzlers Besuch des Stückes. Die Figur ist wohl der bramarbasierende Schaubudenbesitzer.
das O. vor 3 Jahren kaufte das Tgb verzeichnet die Episode am 7. 10. und 15. 10. 1912; eine kleine Malteserhündin ›Dolly‹ war angeschafft und schon nach einer Woche als unerzogen wieder zurückgesandt worden.

20. 2. 1916
meine Fahrt mit ihm Schnitzler hatte seinen Großvater Philipp Markbreiter 1892 in den Wochen vor dessen Tod auch ärztlich betreut.
Unmensch-Erinnerungen ›Unmensch‹ war der Arbeitstitel von Schnitzlers Novelle ›Der letzte Brief eines Literaten‹.

7. 3. 1916
Atlaskleid s. 22. 10. 1912.

Capottehut Capotte, Capote: einfacher Hut mit unter dem Kinn
 gebundener Schleife.

10. 3. 1916

Tennis ab 1905 verzeichnet das Tgb regelmäßige Tennispartien
 Schnitzlers. In seinem Stück ›Das weite Land‹ hat Schnitzler
 Tennispartien auf die Bühne gebracht. Und auch in der Novelle
 ›Fräulein Else‹ wird Tennis gespielt.
Cottage Sanatorium Privatsanatorium für zahlungskräftige Patienten, das 1907/08 von Rudolf von Urbantschitsch errichtet
 worden war, der das Haus auch leitete.
von U. erzählen Rudolf von Urbantschitsch und Stefanie Bachrach
 hatten eine Liaison. Schnitzler hatte bereits Urbantschitschs
 Vater, den angesehenen Otologen Viktor Urbantschitsch, gekannt.
Sternwartestrasse das Sanatorium (Sternwartestraße 74) befand
 sich nur wenige Schritte von Schnitzlers Haus in der Sternwartestraße 71 im 18. Wiener Gemeindebezirk entfernt.
sie lässt ihre Hand aus der meinen Tgb: sie löst ihre Hand.
Novelle oder Fabel von Tolstoi nicht eruiert.

16. 3. 1916

Mariahilfer Gürtels der Mariahilfer Gürtel verläuft zwischen
 dem 6. und dem 15. Wiener Gemeindebezirk.
Cocain salzsaures Kokain wurde zur Anästhesie der Schleimhaut
 eingesetzt.
dem neuen Adrenalin die chemische Synthese des menschlichen
 Hormons wurde 1904 erstmals beschrieben.
im neuen Buch Peter Altenberg, ›Nachfechsung‹ (1916).
stimmt nur für Klimt in einem aphoristischen ›Splitter‹ in ›Nachfechsung‹ heißt es: »Unsere modernen Genies in Musik und
 Malerei (Gustav Klimt ausgenommen) sind lauter Leute, die
 viel können und wenig sind.« (S. 276); in der Skizze ›Hodler‹
 (über den Schweizer Maler Ferdinand Hodler) steht: »Seine
 Bilder hat er *verkauft, geehrt* ist er worden, und selbst Klimt
 hat gesagt: ›Peter, das *ist* einmal einer!‹« (S. 326).
Hadersdorf westlicher Vorort von Wien, seit 1938 Teil des 14. Wiener Gemeindebezirks.
Themis in der griechischen Mythologie Göttin der Gerechtigkeit.

5. 4. 1916
Kohlmarkt im 1. Wiener Gemeindebezirk.

15. 5. 1916
Paillerons ›Maus‹ vor Jahrzehnten Schnitzler hatte das Lustspiel ›Die Maus‹ von Edouard Pailleron am 11. 9. 1891 im Volkstheater gesehen, mit Bertha Hausner in der Rolle der Marthe de Moisand.

28. 5. 1916
Ischl Schnitzler hielt sich von 27. 5. bis 4. 6. in Bad Ischl auf.
Augustinerstrasse s. 21. 11. 1894.
Schweizerhof in der Wiener Hofburg.
Josefsplatz s. 27. 4. 1914.
Restaurant Sonnenschein koscheres Restaurant in Bad Ischl, betrieben von Samuel Sonnenschein.
Herrn Lemberger nicht eruiert.
zweite Novelle die erste Novelle, an der Schnitzler zu dieser Zeit arbeitete, war ›Der Sohn‹, aus der heraus sich der Roman ›Therese. Chronik eines Frauenlebens‹ (1928) entwickelte.
›Wahnsinn‹ Arbeitstitel von Schnitzlers Novelle ›Flucht in die Finsternis‹ (1931).

24. 7. 1916
Nasenfutteral Maulkorb.
Hütteldorf s. 9. 1. 1911.
Pasteur unklar, ob hier Louis Pasteur gemeint ist oder allgemein der Gang zur Tollwut-Schutzimpfung. Vgl. 25. 5. 1913.

5. 8. 1916
lieber wie mich österr. Form der Komparativkonstruktion.
kralle österr. für: klammere.

20. 8. 1916
Frau Wilbrandt ... mit ihrem Gemahl Paul Heyse die Burgschauspielerin Auguste Wilbrandt-Baudius war mit dem Schriftsteller Adolf von Wilbrandt verheiratet, nicht mit Paul Heyse.

31. 8. 1916
A. A. Altaussee. Schnitzler verbrachte den ganzen Sommer von Anfang Juli bis Mitte September dort.

6. 9. 1916

Koberl abschätzige Bezeichnung für einen Judenbuben, vom häufigen jüd. Vornamen Jakob.

katholischen Snobismus Tgb: katholis.[ierenden] Snobismus, wie ihn Schnitzler vor allem bei Hermann Bahr und auch bei Hugo von Hofmannsthal zu beobachten glaubte.

Loserabstieg Loser, Hausberg in Altaussee, 1 838 m hoch.

Martha Stross die Schriftstellerin Marta Stross, geb. Karlweis, die in zweiter Ehe mit Jakob Wassermann verheiratet war. Albert war dessen 14-jähriger Sohn aus erster Ehe.

Kalksburg in Kalksburg, südlich Wiens, befand (und befindet) sich eine von Jesuiten geführte Privatschule mit Internat.

Hugos Brief an Kralik das Tgb zitiert am 5. 9. 1916 aus einem Brief Hofmannsthals an Richard von Kralik-Meyrswalden, in dem Hofmannsthal seine Absicht erklärt, die von ihm herausgegebene ›Österreichische Bibliothek‹ »nicht clericaler, aber katholischer« zu gestalten.

Baron Oppenheimer Felix Hermann Baron Oppenheimer, der Herausgeber der ›Österreichischen Rundschau‹. Wegen rassistischer Verfolgung nahm er sich im November 1938 das Leben.

Komponist der Liebelei? der aus Mähren stammende Komponist František (Franz) Neumann hatte 1909 Schnitzlers ›Liebelei‹ als Oper vertont (uraufgeführt in Frankfurt am Main am 18. 9. 1910).

18. 9. 1916

Sie verstehen nicht, was Ehre s. die Anm. zu Kommerse, 5. 1. 1903.

18. 10. 1916

meiner Burgringwohnung Tgb: meiner Jugendwohnung Burgring. S. 4. 4. 1915.

28. 10. 1916

gestern im Concert Schnitzler hatte am Vorabend ein Orchesterkonzert im Großen Musikvereinssaal unter dem Dirigenten Max von Schillings besucht, mit der Pianistin Vera Specht-Schapira als Solistin.

an ihrem Todestag s. 1. 4. 1900.

3. 11. 1916

Vorlesung meiner Novelle Schnitzler hatte am 1. 11. seiner Frau

Olga, Stefanie Bachrach, Marianne Giustiniani und Victor Zuckerkandl seine Novelle ›Flucht in die Finsternis‹ vorgelesen.
›*Der Verfolgte*‹ einer der Arbeitstitel von ›Flucht in die Finsternis‹.

17. 11. 1916

Schwager von Fräulein Pollak Berthold Glück, er war mit Frieda Pollaks Schwester Anna verheiratet.
furchtbare Krankheit vermutlich ist eine Syphilis-Infektion gemeint.
Wilhelm König Jugendfreund Schnitzlers; er war am 11. 7. 1916 gestorben.
Paralytikers Paralyse, das Endstadium einer Syphilis-Erkrankung.
Babenbergerstrasse im 1. Wiener Gemeindebezirk, Verbindung zwischen Burgring und Mariahilferstraße.
Reitallee zu beiden Seiten der Ringstraße befanden sich je zwei Baumreihen (Platanen und Götterbäume), mit einer Geh- und Reit-Allee. Das großzügige Konzept ging auf Pläne Ludwig Försters, August Sicard von Sicardsburgs und Eduard van der Nülls zurück.

18. 11. 1916

Hängt der Mittag schwül entfacht diese Verse sind im Nachlass nicht ermittelt.
Salzburg Bahr war 1912 von Wien ins Schloß Arenberg nach Salzburg übersiedelt.
Lido-Mantel in der Illustrierten ›Die Woche‹ war 1908 eine Photographie erschienen, die Hermann Bahr im langen Bademantel am Strand des Lido von Venedig zeigte, wie er von einem italienischen Maler porträtiert wurde. Auch in der ›Fackel‹ erschien ein Photo Bahrs in dieser Kostümierung (›Die Fackel‹ 381-383, 19. 9. 1913, S. 33).

20. 11. 1916

Morphium umgangssprachlich für das Opiat Morphin. Der Traum nimmt das Geschehen vom Mai 1917 vorweg, als Stefanie Bachrach sich mit einer Überdosis Morphium das Leben nahm.

29. 11. 1916
Trafik österr. für: Tabak- und Zeitungsladen
Prinz Eugen-Strasse im 4. Wiener Gemeindebezirk, nahe dem von Prinz Eugen von Savoyen erbauten Schloss Belvedere.

8. 12. 1916
Poliklinik Wiener Allgemeine Poliklinik, 1871 gegründetes Krankenhaus, Standort war ab 1892 ein Gebäude Mariannengasse 10, im 9. Wiener Gemeindebezirk. Zu den Mitgründern der Poliklinik zählte Schnitzlers Vater.
Akademische Gymnasium s. 9. 2. 1912.
das neue Anatomische Institut in der Währinger Straße 13, im 9. Wiener Gemeindebezirk. 1886 anstelle der alten Gewehrfabrik errichtet, die durch einige Jahrzehnte mehrere Institute der medizinischen Fakultät beherbergt hatte.

9. 12. 1916
Pierrot-Kostüm Schnitzler hat Mitterwurzer tatsächlich in einem Pierrot-Kostüm auf der Bühne des Burgtheaters gesehen. Er besuchte zweimal im Jahr 1895 Vorstellungen von Theodor Herzls ›Tabarin‹ (nach Catulle Mendès), in denen Mitterwurzer die Titelrolle spielte.
Robert und Bertram die vielgespielte Posse ›Robert und Bertram‹ (1859) des Schauspielers und Autors Gustav Raeder.
Dumas Memoiren das Tgb 1916/17 vermerkt mehrfach die Lektüre von ›Mes Mémoires‹ (1852-56) von Alexandre Dumas Vater.
Rauchfangs österr. für: Schornsteins.

10. 12. 1916
›Beatrice‹ ›Der Schleier der Beatrice‹, Versdrama (1898) von Schnitzler. Das Stück wurde im Burgtheater erst 1925 aufgeführt.
Wilke Schnitzler scheint von Gisela Wilkes schauspielerischen Fähigkeiten nicht viel gehalten zu haben. Vgl. Traum vom 28. 10. 1918.
Dramaturg am Burgtheater Gustav Schwarzkopf war in der Direktionszeit Hugo Thimigs zuerst inoffiziell, dann auch offiziell Chefdramaturg (›Literarisch-artistischer Sekretär‹). S. 5. 5. 1915.
gigerlhaft österr.: wie ein Geck.

einen Brummell nach dem stilbewußten Freund des englischen Königs Georg IV., George Bryan Brummell, auch ›Beau Brummel‹ genannt.

29. 12. 1916

vierjährige Landesberger die 1912 geborene jüngste Tochter des Generalrats der Anglo-Bank Julius Landesberger von Antburg.
Pyramidon Schmerzmittel, das 1897 auf den Markt kam.

6. 1. 1917

Salmannsdorf zu diesem Zeitpunkt Teil des 18. Wiener Gemeindebezirks. Der Name geht auf die Türkenbelagerung Wiens 1683 zurück (Solimansdorf).
ihrem indes verstorbenen Mann tatsächlich starb Samuel Fischer am 15. 10. 1934.
geweilt Tgb: verweilt.
Bernstorff die erste berufliche Station des deutschen Diplomaten Albrecht Graf Bernstorff war die eines Attachés der deutschen Botschaft in Wien. Im Sommer 1916 lernte er in Altaussee Schnitzler, Hofmannsthal, Wassermann kennen.
gehe weg Tgb: sehe weg.

4. 2. 1917

den Kaiser seit November 1916 war Karl I., der Großneffe Kaiser Franz Josephs I., dessen Nachfolger auf dem Thron der Donaumonarchie. Er war verheiratet mit Zita von Bourbon-Parma.

16. 2. 1917

Wachau Donaulandschaft in Niederösterreich, zwischen Melk und Krems.
Algier Schnitzler hielt sich im Mai 1914, an seinem 52. Geburtstag, in Algier auf.
Genua Schnitzler bereiste Genua erstmals 1901.
Frau Gl. Unklar; möglicherweise ist die mit Schnitzler seit 1887 bekannte Stefanie Glogau gemeint.

19. 2. 1917

Schottentor eines der Tore der ursprünglichen Wiener Stadtmauer, 1860 abgetragen. Die Bezeichnung hielt sich für diesen Bereich der Ringstraße, bei der Universität.
Paul Wilhelm der Feuilletonist und Schriftsteller Wilhelm Dwora-

czek, der das Pseudonym Paul Wilhelm benutzte, war am 25. 11. 1916 in Wien gestorben.

21. 2. 1917

dem Rathaus? gegenüber geträumte Topographie; dem Rathaus gegenüber befindet sich das Gebäude des neuen Burgtheaters. S. 14. 4. 1896.

Sektionschef hoher Ministerialbeamter, entspricht dem deutschen Ministerialdirektor.

Bernhardi … Flint … Hofrat Figuren in Schnitzlers Komödie ›Professor Bernhardi‹ (1912). Die Figur des opportunistischen Ministers Flint ist nach Schnitzlers Aussage im Tgb dem Justizminister Franz Klein nachgezeichnet. (Vgl. Tgb 12. 8. 1916.)

Nachklang! Arbeitstitel der Autobiographie, die den Titel ›Leben und Nachklang – Werk und Widerhall‹ erhalten sollte. Das Manuskript blieb Fragment und erschien posthum 1968 unter dem Titel ›Jugend in Wien‹, herausgegeben von Therese Nickl und Heinrich Schnitzler.

9. 3. 1917

Polizeidirektion am Schottenring 11, im 1. Wiener Gemeindebezirk.

um vier Tgb: für ½ 4.

16. 3. 1917

Südbahnwirt Dangl der Direktor des Südbahn-Hotels am Semmering, Josef Dangl, bekleidete lange Zeit auch das Amt des Bürgermeisters der Gemeinde Semmering.

Elmau Schloss Elmau in Oberbayern, zwischen Garmisch-Partenkirchen und Mittenwald, erbaut 1916 von dem Theologen Johannes Müller als ›Freistätte persönlichen Lebens‹.

28. 3. 1917

Arthur Kaufmann und Richard Beer-Hofmann die beiden Freunde, die Schnitzler wohl am nächsten standen. In seinem Testament bestimmt er sie zu Beratern seines Sohnes in Fragen des literarischen Nachlasses.

Zwischenspiel s. 26. 6. 1905. Die Komödie über die Eheleute Amadeus Adams und Cäcilie Adams-Ortenburg. Am 29. 3. hatte am Burgtheater eine Neuinszenierung des Stücks Première.

13. 4. 1917
neuen Direktor Max von Millenkovich (als Autor benutzte er das Pseudonym Max Morold) war von 10. 4. 1917 bis 7. 7. 1918 Direktor des Burgtheaters.
Haderlump österr. für: Taugenichts. Schnitzler hatte 1913 erfahren, dass Adam Müller-Guttenbrunn ihn und Karl Schönherr bei der Finanzbehörde angezeigt und für beide Autoren viel zu hohe Tantièmen-Einnahmen angegeben hatte.
schimpft über mich Max von Millenkovich war deutschnational und antisemitisch. Ab 1930 war er Wiener Korrespondent des ›Völkischen Beobachters‹.

19. 4. 1917
Franz Josefsbahnhof im 9. Wiener Gemeindebezirk, 1871/72 nach Plänen von Adalbert Ullmann und Anton Barvitius errichtet, Endstelle der Verbindung Wien – Prag.

13. 5. 1917
jüdischer Freiwilliger Kriegsfreiwilliger.
kaschuliert kaschulieren, österr. für: schmeicheln, schöntun.
Fliederbusch-Reminiscenzen Plot von Schnitzlers Komödie ›Fink und Fliederbusch‹ (1917) ist, dass ein Journalist unter verschiedenen Namen für zwei opponierende Zeitschriften schreibt und den Konflikt so sehr anheizt, dass er sich schließlich selbst zum Duell fordern muss.

15. 5. 1917
heissen Westzimmer Schnitzler legte sonst auf seinen Reisen stets darauf Wert, ein nach Osten gelegenes Zimmer mit Morgensonne zu haben.

22. 5. 1917
Wildente ›Die Wildente‹, Schauspiel (1884) von Henrik Ibsen.
zu Ehren Sauers der Schauspieler Oscar Sauer war berühmt für seine Ibsen-Rollen (in ›Die Wildente‹, ›Hedda Gabler‹, ›Gespenster‹) innerhalb des Ensembles von Otto Brahm (zuerst am Deutschen Theater, dann am Lessingtheater Berlin. Vgl. Schnitzlers begeisterte Erinnerungen in: ›Oskar Sauer. Ein Gedenkbuch 1885-1916‹, Berlin 1916.
›*Stadt Segelfoss*‹ ›Die Stadt Segelfoß‹, Roman (1915) von Knut Hamsun, deutsch von Pauline Klaiber. Schnitzler las das Buch

zwischen 15. und 27. 5. 1917. Im 8. Kapitel des Romans wird erzählt, wie eine reisende Schauspielertruppe das Theater der Stadt Segelfoß in Besitz nimmt.
ihr Mann daneben Tgb: ihr Mann douchend.
Holmengraa Tobias Holmengraa, die Hauptfigur in Hamsuns Roman.

23. 7. 1917
Hofbibliothek s. 1. 1. 1916.
allerhand Leute Tgb: allerlei Leute.
»Bahrd« (»Bardeleben«) Anspielung auf den Jenenser Anatomen Karl von Bardeleben.
Minoritengegend Gegend rund um die Minoritenkirche im 1. Wiener Gemeindebezirk.
Grafen und Gräfin Hartau fiktive Namen des Traums.
Gitter und Tisch aus der Casanova-Novelle s. 10. 1. 1915. Das Gitter vor Marcolinas Fenster wird mehrfach erwähnt in der Erzählung; ebenso spielt ein Tisch immer wieder eine Rolle, sei es die Tafel, an der Casanova mit Marcolina bekannt wird oder der Spieltisch.
Weilen Alexander Weil von Weilen war Literarhistoriker an der Universität und Kustos der Hofbibliothek. Am 3. 7. hatte Schnitzler die Bibliothek besucht und war von Weilen durch Räume und Bestände geführt worden.
Frau Anninger die Familie des Industriellen Otto Anninger war benachbart zu Schnitzler im Währinger Cottage-Viertel. Sie wohnte in der Lannerstraße 36 im 19. Wiener Gemeindebezirk. Die Töchter der beiden Familien hatten gemeinsamen Unterricht.

14. 8. 1917
Ich weiss und weiss es nicht Tgb: weiß oder weiß es nicht.
Direktor des Lloyd Albert Frankfurter war Generaldirektor des ›Österreichischen Lloyd‹, der 1833 gegründeten größten Reederei der Donaumonarchie.
Luftangriff auf Frankfurt a. M. am 12. 8. 1917 hatten Flieger mehrere Bomben auf Frankfurt abgeworfen. Es gab vier Tote und zahlreiche Verletzte.

12. 9. 1917
Hauptmann Schindler fiktiv; eine Traum-Figur.

Ich besorge österr. für: ich bin besorgt.
Pilsenetzer s. 5. 5. 1915.

9. 10. 1917
Grabstein von Steffi vgl. Tgb 30. 6. 1917 »Stephis Grab. Weisser Stein, nur ihr Vorname in ihrer Schrift.«

29. 11. 1917
›*Der tolle Tag*‹ Schnitzler war die Beaumarchais-Bearbeitung der Komödie ›Der tolle Tag‹ durch Josef Kainz bekannt, deren Burgtheater-Aufführung er 1911 gesehen hatte.
um ½ 11 hinaus Tgb: ½ 12.
Sofienalpe Sophienalpe, Alm im Westen Wiens (477 m), benannt nach der Mutter Kaiser Franz Josephs, Erzherzogin Sophie.

15. 1. 1918
Landesgerichtsstrasse im 1. und 7. Wiener Gemeindebezirk.
Waisenhausgasse im 9. Wiener Gemeindebezirk, hieß seit 1913 Boltzmanngasse. Der aus Den Haag stammende Karel Frederik Wenckebach lebte seit 1915 in Wien und wohnte zu diesem Zeitpunkt in der Boltzmanngasse 12.
Morphin zu zwei Gramm Alkaloid des Opium; eines der stärksten Schmerzmittel. S. auch 20. 11. 1916.

12. 2. 1918
Grosseltern, Zirkusgasse s. 3. 10. 1913.

26. 3. 1918
1809er Kostüme bezieht sich auf die Zeit der napoleonischen Besatzung Wiens, wie sie Schnitzler in ›Der junge Medardus‹ auf die Bühne gebracht hatte.
Frau Pinkus der Name Pincus oder Pinkus war so häufig, dass eine eindeutige Identifizierung in diesem Fall nicht möglich ist.
Papierangelegenheit infolge der kriegsbedingten Mängelwirtschaft hatte der Fischer Verlag unter Papiermangel zu leiden und konnte zahlreiche Bücher nicht in ausreichender Menge nachdrucken. Schnitzler argwöhnte, dass in dieser Situation besonders die österreichischen Autoren des Verlags benachteiligt würden.
meine Novelle nicht ganz eindeutig zu identifizieren. Schnitzler beschäftigte sich aber zu dieser Zeit hauptsächlich mit ›Casanovas Heimfahrt‹.

Schaubühnenhefte ›Die Schaubühne‹, seit 1905 von Siegfried Jacobsohn in Berlin herausgegebene Zeitschrift, deren Titel genau zu diesem Zeitpunkt in ›Weltbühne‹ geändert wurde, um zu signalisieren, dass das Themenspektrum über Fragen des Theaters nun weit hinausgehe.

Aphorismen von Polgar s. 15. 5. 1910. Polgar veröffentlichte in dieser Zeit regelmäßig Kritiken zu Wiener Theaterpremièren in der ›Schaubühne‹.

Phosphan Phosphane, Phosphor-Wasserstoff-Verbindungen, sind extrem giftige Substanzen, die zur Ungeziefer-Vernichtung genutzt werden.

überspannt affektierten Anarchisten Fritz Gross vgl. Tgb 6. 1. 1918 »Zum Thee Gerty v. Landesberger und der kleine Groß. Sehr revolutionär – und bereit alle Consequenzen zu ziehn und zu leiden. Etwas unklarer Kopf, aber klug; sympathisch und vielleicht ein Herz.« Fritz Gross war Wiener, lebte in den Jahren nach dem Krieg in Berlin, engagierte sich für die Kommunisten und emigrierte nach London. Er starb in Hammersmith bei London am 7. 10. 1946 (und nicht, wie vielfach zu lesen ist, 1947).

27. 4. 1918

Kiew Arthur Kaufmann stammte aus Jassy (Rumänien) und war über seine Mutter mit der sehr wohlhabenden Familie Brodsky in Kiew verwandt. Er hielt sich in diesen Wochen in Mariazell (Steiermark, ca. 90 km südwestlich von Wien) auf (vermutlich, weil die Lebenshaltungskosten dort niedriger waren als in Wien) und hatte Schnitzler gebeten, als Adressat für diese Mehl-Lieferung zur Verfügung zu stehen.

2. 5. 1918

Alserstrasse, Krankenhausgegend das Allgemeine Krankenhaus (s. 6. 5. 1880) befand sich in der Alserstrasse im 9. Wiener Gemeindebezirk.

Paul Goldmann der Journalist und Kritiker zählte zu Schnitzlers ältesten Bekannten, bei Goldmanns Onkel Fedor Mamroth hatte Schnitzler erste Veröffentlichungen in dessen Zeitschrift ›An der schönen blauen Donau‹. Mittlerweile lebte Goldmann in Berlin, und es war eine gewisse Distanz in die einstige Freundschaft gekommen. Goldmann betätigte sich im Krieg als eifriger Propagandist (›Gespräche mit Hindenburg‹, 1916).

21. 6. 1918

Tabakkarte Freitag der 21. 6. 1918 war ein Freitag, vermutlich wurden die Rationierungskarten für Tabak immer ab Freitag ausgestellt. Das Tgb vermerkt allerdings am Dienstag, dem 25. 6. den Gang zur Behörde wegen der Tabakkarte. Zahlreiche Tgb-Notate weisen Schnitzler als Raucher von Zigarren und Zigaretten aus, auch wenn er fast auf keinem Photo rauchend zu sehen ist.
Kaiser Josef-Plan s. 27. 4. 1914.

24. 6. 1918

Ich bedaure Euch sehr in diesen Tagen wurden Trennungsabsichten in Schnitzlers Ehe erstmals virulent.

8. 7. 1918

erste Arztenswohnung Burgring Schnitzler hatte neben der elterlichen Wohnung unter dieser Adresse (Burgring 1, im 1. Wiener Gemeindebezirk) kurzfristig auch eine eigene Wohnung. Das Wiener Adressbuch weist ihn allerdings nur im Jahr 1890 separat aus. Vgl. Tgb 28. 3. 1922, wo von der einstigen Arztenswohnung im 2. Stock des Hintertrakts die Rede ist.
Nachklang Lolotte eine der Damenbekanntschaften, von denen die Autobiographie erzählt (JiW, S. 255). Schnitzler erinnert sich, dass er in dem Hotelzimmer, in dem er sich mit ihr traf, eine Perle verlor, die aus der Fassung seines Rings brach.

29. 7. 1918

Bürgermeister der christlich-soziale Richard Weiskirchner war von 1912 bis 1919 Wiener Bürgermeister.
Bocher-Hut bocher, jidd. für: Talmud-Schüler.

11. 8. 1918

Leopoldstadt s. 27. 1. 1916.

22. 8. 1918

Minnie B. Hermine Benedict hatte am 20. 8. Graf Herbert Gotthard Schaffgotsch geheiratet. Schnitzler war mit ihrer Familie seit Jugendtagen gut bekannt. Die Figur der Else Ehrenberg in seinem Roman ›Der Weg ins Freie‹ trägt Züge von ihr.

24. 9. 1918

Schafberg (welcher?) Schnitzler war vertraut mit dem Schafberg in Wien, einer Erhöhung des Wienerwalds, der die Grenze zwischen dem 17. und 18. Wiener Gemeindebezirk bildet, und dem Schafberg im Salzkammergut (1782m), an der Grenze zwischen Salzburg und Oberösterreich. Außerdem kannte er von seinen Reisen ins Engadin den Schafberg bei Pontresina.
Roseggers Tod Peter Rosegger war am 26. 6. 1918 gestorben. Er war 1913 – ebenso wie ein Jahr nach ihm Schnitzler – für den Literaturnobelpreis vorgeschlagen gewesen.
Fortifikationshöhe militärische Befestigung, Wehrbau.
Davit und Franke im August hatte der Prozess gegen zwei Raubmörder im Hotel Bristol, den aus Mailand stammenden Emo Davit und den Wiener Kurt Franke, großes Aufsehen erregt. Vgl. ›Neue Freie Presse‹ 5. 8. 1918, S. 4ff.

6. 10. 1918

seit Jahren Schweiz der Wiener Ludwig Bauer war viele Jahre hindurch als Leitartikler für die Basler ›National-Zeitung‹ tätig. Er starb 1935 in Lugano.
Zirkusgasse zwei s. 3. 10. 1913.
bulgarischen Gesandten tatsächlich befand sich die bulgarische Gesandtschaft in der Gußhausstraße 2 im 4. Wiener Gemeindebezirk. Die Zeitungen hatten am 27. September gemeldet, dass englische Truppen mit der Invasion Bulgariens begonnen hatten. Dieser wichtige Bündnispartner Österreich-Ungarns war also geschlagen.
touchiert berührt.
mittelst österr. (umgangssprachlich) für: mittels.
Praterstrasse s. 27. 4. 1914.
Komödiengasse im 2. Wiener Gemeindebezirk.

9. 10. 1918

Malowan Malowan & Franz, Herrenmodengeschäft (Hoflieferant) mit Geschäften auf der Tuchlauben 7 und am Opernring (zu dieser Zeit Kaiser-Karl-Ring) 23 im 1. Wiener Gemeindebezirk.
Berecz Karl Berecz, Herrenmodengeschäft (Hoflieferant) mit Geschäften in der Babenbergerstr. 1 und Kärntnerstraße 53 im 1. Wiener Gemeindebezirk.
Opernring im 1. Wiener Gemeindebezirk, Abschnitt der Wiener Ringstraße, an dem sich die Oper befindet.

Blechtassen offenbar ein weiteres Symbol für die Wirtschaftsmisere.
Così fan – oder Serail ›Così fan tutte‹, ›Die Entführung aus dem Serail‹, Opern (1790, 1782) von W. A. Mozart.
Parquet Parkett.
rückwärts österr. für: hinten.
Figaro ›Le nozze di Figaro‹, Oper (1786) von W. A. Mozart.
Fabinieff inexistent; ein geträumter Name.

16. 10. 1918
Palasthotel Luxushotel in der Prager Herrengasse.
czech. Sprache 1897 hatte der ›Sprachenstreit‹ (also der Kampf um die deutsche oder tschechische Amtssprache) für heftige Auseinandersetzungen innerhalb der Monarchie gesorgt. Nun zählte zu einer der ersten Auswirkungen des verlorenen Weltkriegs, dass am 28. 10. 1918 die Tschechische Republik ausgerufen wurde. Schnitzler sah die hohe Politik immer etwas nüchterner. Tgb 28. 10. 1922 [Prag] »Der große tschech. Nationalfeiertag (der sich für mich darin ausdrückte, dass ich kein Frühstück bekam).«
Meraner Andenken Souvenir an den gemeinsamen Aufenthalt in Meran mit Olga Waissnix im April 1886.

20. 10. 1918
Sofienalpe s. 29. 11. 1917.
gleich damals hinausgeschmissen bezieht sich auf Eheprobleme zwischen Victor Zuckerkandls Eltern. Otto Zuckerkandl ließ sich scheiden und heiratete 1919 die Pianistin Margarete Gelbard.

25. 10. 1918
Manifest des jungen Kaisers mit einem ›Völkermanifest‹, das die Umwandlung Österreichs in einen Bundesstaat verkündete, hatte Kaiser Karl am 17. 10. 1918 noch einen vergeblichen Versuch unternommen, den Ausgang des Kriegs zu beeinflussen.
für den Kronprinzen den 1912 geborenen Sohn Kaiser Karls, Otto.
der sie zuweilen selber ist Tgb: der sie oft »selber« ist.

28. 10. 1918
Frau Natter Adele Natter, Figur in Schnitzlers Tragikomödie ›Das weite Land‹. Gisela Wilke hatte die Rolle in der Wiederaufnahme des Stückes im Burgtheater am 5. 10. 1918 gespielt.

erste Christine ab 1898 spielte nach Adele Sandrock Lotte Medelsky die Rolle der Christine in ›Liebelei‹. Ihre Leistung wurde allgemein sehr gelobt. Die Rolle des ›Herrn‹, die in der Uraufführung von Friedrich Mitterwurzer gespielt worden war, übernahm 1896 Oskar Gimnig, 1910 Max Devrient. Sonnenthal spielte immer den Weiring. Er übernahm diese Rolle auch 1902 in einer Nachmittags-Wohltätigkeits-Vorstellung im Theater in der Josefstadt, in der Hansi Niese in der Regie ihres Mannes Josef Jarno die Christine spielte. Im März 1903 gastierte Niese als Christine im Raimundtheater.

›*Meistersinger*‹ s. 30. 12. 1913.

drap Wollstoff, wie er bevorzugt für Uniformen verwendet wurde.

Praterstern im 2. Wiener Gemeindebezirk, benannt nach sieben an dieser Stelle zusammenlaufenden Straßen.

Crammon in Jakobs Roman Figur in Jakob Wassermanns zweibändigem Roman ›Christian Wahnschaffe‹ (1919).

10. 11. 1918

Rauchfang s. 9. 12. 1916.

13. 11. 1918

Proklamierung der Republik am 12. 11. 1918 war vor dem Parlamentsgebäude durch zwei der Präsidenten der Provisorischen Nationalversammlung die Republik ›Deutschösterreich‹ ausgerufen worden. Schnitzler kommentierte die historischen Ereignisse dieser Tage gewohnt lakonisch. Tgb 11. 11. »Zugleich mit der Nachr. von der Abdankung des Kaisers – die vom Tode Victor Adlers. Gott?– Nein. Sudermann.–« und am 12. 11. »Ein welthistorischer Tag ist vorbei. In der Nähe sieht er nicht sehr großartig aus.–«

›*Schwestern*‹ s. 10. 1. 1915. Anm. zu Casanova-Erinnerung.

Nerina im ›*Medardus*‹ Erna Hofteufel hatte in der Uraufführung von ›Der junge Medardus‹ das Kammermädchen Nerina gespielt.

Witwe Alexander v. Weilens Margarethe Weil von Weilen, geb. Kron. Alexander von Weilen (s. 23. 7. 1917) war im Juli 1918 bei einem Bergunfall ums Leben gekommen.

22. 11. 1918

»*Glocke*« Schnitzler erinnert sich an ein Gasthaus in Mariahilf (6./7. Wiener Gemeindebezirk), das im Tgb 1890 und 1891 mehrfach erwähnt wird.

Hofrat Kobler der Arzt Géza Georg Kobler war als Hofrat im Finanzministerium mit den Angelegenheiten für Bosnien und die Herzegowina befasst. Er wohnte nahe von Schnitzler in der Lannerstraße 30 im 19. Wiener Gemeindebezirk.
Cottage wienerisch auch: Cottäsch ausgesprochen, ist eine nach englischem Muster ab den 70er Jahren des 19. Jahrhunderts angelegte Villensiedlung im 18. und 19. Wiener Gemeindebezirk. Organisiert wurde die Verbauung mit Einfamilienhäusern durch den Cottage-Verein, dessen Ehrenpräsident der Architekt Heinrich von Ferstel war.
Auch Schnitzlers 1910 bezogenes Haus in der Sternwartestraße 71 zählt zum Cottage.
Schutzmassregeln wegen der um sich greifenden Plünderungen hatten die Hausbesitzer des Cottage eine Art Bürgerwehr, eine Schutzvereinigung, organisiert. Am 2. 11. hatte eine Zusammenkunft in dieser Sache stattgefunden, dort war Schnitzler u. a. auch Géza Kobler begegnet.
der eine Zwilling von Schott der Burgschauspieler Werner Schott hatte Zwillingssöhne, die 1915 geborenen Eberhard und Peter.
Bernhardi-Proben Proben für die am 21. 11. stattfindende österreichische Erstaufführung von ›Professor Bernhardi‹ im Deutschen Volkstheater (vgl. 22. 10. 1912, Anm. zu Zensurbeirat).
stud. Weinberg nicht eruiert. Ein Verzeichnis der Wiener Medizinstudenten weist über ein Dutzend möglicher Kandidaten aus.
Korkzieherlocken Tgb: Propfzieherlocken, österr. für: Ringellocken.
ein Spass von Ettlinger von Karl Ettlinger gibt es eine solche Vielzahl an satirischen oder kabarettistischen Texten, dass nicht bestimmt werden kann, welche dieser Arbeiten Schnitzler gelesen hat.
die Söhne von Anneliese Kösters Anna Elisabeth Kösters, die Leiterin eines Internats, und ihre Söhne Hans-Heinrich, Helmut und Herbert hatte Schnitzler im September 1917 in Partenkirchen kennengelernt, anlässlich eines Besuchs bei seiner Schwägerin Elisabeth Steinrück.

1. 12. 1918
Zirkusgasse s. 3. 10. 1913.
übertragen gebraucht.
bereite Pr.s vor Präservativs, Kondome.
Praterstrasse s. 27. 4. 1914.

9. 12. 1918

Währingerstrasse s. 8. 11. 1892.

Heiligenkreuzerhof von mehreren Gebäuden gebildeter Hof im
   1. Wiener Gemeindebezirk, zwischen der Schönlatern- und der
   Grashofgasse. Erhielt seinen Namen, weil sich die Häuser, darunter der Stiftshof mit Prälatur und Kapelle, im Besitz des Zisterzienserstifts Heiligenkreuz in Niederösterreich befanden.

Plafond s. 30. 12. 1913.

Spagat österr. für: Schnur.

27. 12. 1918

Fauteuil österr. für: Lehnstuhl.

Ohrenleidens s. 23. 3. 1898.

31. 12. 1918

Kopenhagener Strasse Schnitzler hatte Kopenhagen 1896 und 1906
   besucht.

Neue Freie Presse s. 16. 5. 1904.

Hochroitzpointner Figur in ›Professor Bernhardi‹. Der Kandidat
   der Medizin gehört einer deutschnationalen Verbindung an und
   vertritt diametral entgegengesetzte Standpunkte zu Bernhardi.

Taborstrasse im 2. Wiener Gemeindebezirk.

10. 1. 1919

die (der Jeritza ähnliche) A. unklar, auf wen hier angespielt ist,
   offenbar eine Sängerin oder Schauspielerin.

gestern gestorben Peter Altenberg starb am 8. 1. 1919 in Wien.

pepita Radfahrhosen Radfahrhosen (s. 30. 12. 1912, Anm. zu Radkostüm) in einem Pepitastoff (Stoff mit einer Musterung aus
   kleinen schwarz-weißen Karos).

13. 1. 1919

Herrn Lux (o. ä.?) Tgb: Luchs.

anatomischen Institut Währingerstrasse s. 8. 12. 1916.

Irrigation mediz.: Einlauf.

Thermophor s. 23. 11. 1915.

15. 1. 1919

bin zu Tränen gerührt Tgb: bis zu.

die ich in einer norwegischen Kirche sah bei der Skandinavienreise
   im Juli und August 1896.

Meridianstrasse im 18. und 19. Wiener Gemeindebezirk, seit 1920 Dänenstraße. Beer-Hofmann hatte sein Haus allerdings in der Hasenauerstraße 59 im 18. Wiener Gemeindebezirk, unweit von Schnitzlers Haus.
als Antiquität im Keller Beer-Hofmann war ein passionierter Sammler von Antiquitäten.
Ullstein-Geschichte die von Julius von Pflugk-Harttung im Berliner Ullstein-Verlag herausgegebene ›Weltgeschichte‹ in 6 Bänden, die zwischen 1907 und 1910 erschienen war.

16. 1. 1919
›*Kammersonate*‹ nur im Traum existent.
in den Kammerspielen Theater in der Rotenturmstraße im 1. Wiener Gemeindebezirk, das 1909/10 errichtet worden war und im Laufe der Jahre sowohl zum Verband des Volkstheaters als auch des Theaters in der Josefstadt gehörte. In den Kammerspielen wurde am 1. 2. 1921 erstmals in Österreich Schnitzlers ›Reigen‹ aufgeführt, was zu Saalschlachten und heftigen öffentlichen Auseinandersetzungen führte.
im Volksth. ›*Bernhardi*‹ s. 22. 11. 1918.
Porzellangasse im 9. Wiener Gemeindebezirk.

6. 2. 1919
Wucki Kosename für Lili Schnitzlers Kinderfrau Hermine Simandt.
Mark in Kronen die Mark war im Deutschland bei der Reichsgründung 1871 eingeführt worden, in Österreich galten noch bis zur Umstellung auf den Schilling am 1. 3. 1925 die Kronenwährung.
O. zahlte gestern an Jessy ihre Gage gemeint ist die Entlohnung für Josefine Schipper, die als Englischlehrerin der Kinder ins Haus kam und ›Jessy‹ genannt wurde.
aus der Prein Prein ist die Landschaft rund um den gleichnamigen Ort an der Rax, dem steirisch-niederösterreichischen Bergmassiv, dem Semmering benachbart.
Hofstallungsgebäude die 1719-23 von Johann Bernhard Fischer von Erlach erbauten Hofstallungen im 7. Wiener Gemeindebezirk, unmittelbar dem Volkstheater benachbart, die seit 2001 als Museumsquartier genutzt werden.
Intendanz die Büro-Räumlichkeiten der Hoftheater-Intendanz, die Schnitzler von oftmaligen Besuchen her vertraut waren, be-

fanden sich in der Bräunerstraße 14 im 1. Wiener Gemeindebezirk, nahe den Stallungen der Spanischen Hofreitschule.

Neuen Fr. Presse s. 31. 12. 1911. Moriz Benedikt war Herausgeber der Neuen Freien Presse.

Pogroms Pogrom, organisierte Ausschreitung gegen eine Minderheit. In der Ukraine war es zu Jahresbeginn 1919 unter dem Premierminister Simon Petljura zu Massakrierungen von Juden gekommen, mit ungefähr 1700 Todesopfern.

Landsgerichtsstrasse s. 15. 1. 1918.

Adele K. Adele Kapper, geb. Cohn, die Frau von Schnitzlers Studienfreund, des Arztes Friedrich Kapper. Deren Tochter Felicitas war im Dezember 1918 an der in Wien grassierenden Spanischen Grippe gestorben.

Friedrichstrasse eine der bekanntesten Berliner Straßen in den Stadtteilen Mitte und Kreuzberg.

Zentralbahnhof unklar; möglicherweise meint Schnitzler die Station Friedrichstraße der 1896-1902 erbauten Berliner Hoch- und Untergrundbahn.

1. 3. 1919

Wettrennspiel Würfelspiel, bei dem man je nach Punktezahl ein kleines Pferdchen um die entsprechende Zahl an Feldern vorrücken durfte.

Satire auf das Frauenstimmrecht das Frauenwahlrecht war in Österreich zugleich mit der Gründung der Republik am 12. 11. 1918 Gesetz geworden.

6. 3. 1919

Tram s. 1. 1. 1910.

8. 4. 1919

Luftschiff Schnitzler zeigte sich an allen technischen Neuerungen, so auch an der Entwicklung von Flugzeug und Zeppelin höchst interessiert. Er benutzte selbst mehrfach das Flugzeug. Im Januar 1929 verlor er beim Absturz eines Luftschiffs in Rio de Janeiro einen Verwandten.

30. 4. 1919

Kolap Lili Schnitzler hatte als Kind Schwierigkeiten, den Namen von Schnitzlers Sekretärin Frieda Pollak korrekt auszusprechen.

So entstand der Name ›Kolap‹, der von der ganzen Familie aufgenommen und beibehalten wurde.

15. 5. 1919
Burgring, Mariahilferstr. vom Burgring im 1. Wiener Gemeindebezirk, Schnitzlers Wohnung in der Jugendzeit, ist man in wenigen Schritten in der Mariahilferstraße im 6./7. Wiener Gemeindebezirk.
vor wenigen Tagen der Otologe Daniel Kaufmann starb am 10. 5. 1919. Seine Adresse war: Mariahilferstraße 1.

6. 6. 1919
Die Schwestern, Casanova in Spa s. 10. 1. 1915. Anina ist eine der weiblichen Figuren in Schnitzlers Verskomödie.

23. 6. 1919
Übligkeiten veraltet für: Übelkeiten.

27. 6. 1919
Karl Ludwigsplatz korrekt Carl Ludwig-Platz, im 19. Wiener Gemeindebezirk.
Kralik die Adresse von Richard von Kralik-Meyrswalden war Carl-Ludwig-Platz 3; seit 1934 heißt der Platz Richard-Kralik-Platz.
nicht grau Tgb: mich graut.

12. 7. 1919
Schönbrunner Schlosstheater 1745-47 von Nikolaus von Pacassi erbaut, im Gebäudekomplex des Schlosses Schönbrunn. ›Die Schwestern oder Casanova in Spa‹, das am 26. 3. 1920 im Burgtheater uraufgeführt wurde, erlebte im Anschluss auch einige Aufführungen im Schlosstheater.
›*Vögelchen‹ von Maria Winternitz* ›Vögelchen‹, Roman (1919) von Friderike Maria von Winternitz, der angeblich solchen Eindruck auf Stefan Zweig machte, dass er die Autorin heiratete. Gemeint ist wohl die Stelle S. 146, als die Titelheldin, das ›Vögelchen‹ Arabella, eine nächtliche Begegnung mit einem jungen Engländer, Cecil Norton, hat: »Er verstand sie und erschrak, wiewohl ihre Gebärde ihm verhieß, wonach er ja verlangte, und er kniete nieder und berührte die Seide ihrer Strümpfe. Ganz leise zog sie ihr Kleid kniewärts, während ihr Kopf zurück sank und ein wundersames Lächeln über ihr Antlitz sich breitete.«

ANMERKUNGEN ZU S. 127–130 (1919)

Kreindlgasse im 19. Wiener Gemeindebezirk. Eine Figur in Schnitzlers ›Das weite Land‹ trägt den Namen Kreindl.
Villa Redlich gemeint ist das Haus des Industriellen Carl Redlich, eines Cousins des letzten Finanzministers der Monarchie, Josef Redlich, in der Kreindlgasse 9.
Die Zeitungen brachten gestern vgl. ›Neue Freie Presse‹ 10. 7. 1919, S. 7.

23. 7. 1919

Donaukanal ein natürlicher Arm der Donau, der wegen seiner Nähe zur Stadt bereits seit dem Mittelalter als Handels-Transportweg von großer Bedeutung war.
Barbusse, Enfer ›L'enfer‹ (1908), Roman des pazifistischen Schriftstellers Henri Barbusse. Die Assoziation bezieht sich auf den Beginn des 2. Kapitels von Barbusses Roman, in dem der Erzähler eine junge Frau durch ein Fenster von der Straße beobachtet, die sich dieser Beobachtung nicht bewusst ist. Vgl. auch Schnitzlers mit 22. 7. 1919 datierte ›Bemerkungen zu ›L'Enfer‹ von Barbusse‹ (AuB, S. 486–489). Im Tgb findet man am selben Tag das Urteil »Las Barbusse's Enfer, mit Interesse und Widerstand«.
Zeiss Schnitzlers Ausdruck für den Feldstecher, der offenbar ein Erzeugnis der Jenenser Firma für optische Geräte war.
drittes Kind vgl. Traum vom 13. 3. 1920.
Denkmal s. 17. 1. 1904, Anm. zu Türkenschanzpark.
May Lecture! die zehnjährige Lili Schnitzler verschlang begeistert die Abenteuerromane von Karl May.

8. 9. 1919

Spöttelgasse s. 1. 1. 1908.
Hochschulstrasse im 18. und 19. Wiener Gemeindebezirk, benannt nach der 1897 errichteten Hochschule für Bodenkultur, seit 1934 Gregor-Mendel-Straße.
Mendlhaus Heinrich Mendl, der Eigentümer der ›Anker-Brot‹-Fabrik, bewohnte ein Haus in der Hochschulstraße 7.

20. 10. 1919

›*Frau ohne Schatten*‹ Oper (op. 65) von Richard Strauss, mit einem Libretto von Hugo von Hofmannsthal. Schnitzler hatte die Oper am 8. 10. in der Staatsoper gesehen, bei der Generalprobe zur Uraufführung. Gemeint ist die Stelle am Ende des 2. Akts, als die Amme den Färber Barak und seine Frau in einen Kahn legt, der sie in die Geisterwelt führt.

3. 11. 1919

Grosser Musikvereinssaal der ›goldene Saal‹ in dem 1867-70 durch Theophil Hansen errichteten Gebäude der Gesellschaft der Musikfreunde, zwischen Bösendorferstraße und Karlsplatz im 1. Wiener Gemeindebezirk. Trotz seiner Schwerhörigkeit war Schnitzler ein regelmäßiger Konzertbesucher.
Frl. Filtsch die aus Hermannstadt stammende Schriftstellerin Molly Charlotte von Filtsch, die das Pseudonym Charlotte Fielt benutzte. Sie wohnte in Wien und in einem Haus in Altaussee, das sie gelegentlich Jakob Wassermann zur Verfügung stellte.
gestern Abend Schnitzler war am Vorabend zu Gast im Haus des Industriellen Gotthold Stern, der in der Hasenauerstraße, wenige Häuser neben Richard Beer-Hofmann, wohnte.

11. 11. 1919

H. K. Hedwig (Hedy) Kempny, eine junge Bankangestellte, mit der Schnitzler sich angefreundet hatte, mit der er Spaziergänge unternahm und eine Korrespondenz führte. Vgl. Hedy Kempny/Arthur Schnitzler, ›Das Mädchen mit den dreizehn Seelen. Briefe und Tagebuchblätter‹, hg. von Heinz P. Adamek, Reinbek bei Hamburg 1984.
Doboschtorten Dobostorte, Schichttorte aus Biskuit und Schokoladen-Buttercreme, benannt nach dem ungarischen Konditor József Dobos.
Gumpendorferstrasse im 6. Wiener Gemeindebezirk.
Volksgarten s. 24. 10. 1875.
Reiterstandbild das so beschriebene Denkmal für Josef II. befindet sich auf dem Josefsplatz. S. 27. 4. 1914.

9. 12. 1919

Schwestern, Witwe aus Amsterdam eine Witwe aus Amsterdam ist eine der Rollen in Schnitzlers Verslustspiel ›Die Schwestern oder Casanova in Spa‹.
›Antonius und Kleopatra‹ Schnitzler hatte das Shakespeare-Stück am 15. 4. 1896 gesehen, mit Adele Sandrock als Kleopatra. Vgl. auch 27. 5. 1892.
Roland ein Auftritt von Ida Roland als Kleopatra ist nicht belegt. Möglicherweise kam dieser Rollenwunsch im persönlichen Ge-

spräch mit Schnitzler zur Sprache (er war der Schauspielerin in den Jahren 1918 und 1919 mehrfach begegnet).
Trinkgeld abgeschafft Bestrebungen nach dem Ersten Weltkrieg, das Trinkgeld in der Gastronomie als »erniedrigend« abzuschaffen, waren nicht sehr erfolgreich und gerieten sehr rasch wieder in Vergessenheit.

2. 1. 1920

›*Fliederbusch*‹ s. 13. 5. 1917.
Abendstern eine der Rollen in ›Fink und Fliederbusch‹, der Theaterkritiker der Tageszeitung ›Die Gegenwart‹.
6 Leinenbände Tgb: Lexiconbände.
Berliner Tageblatt s. 31. 12. 1911.

5. 1. 1920

›*Schwestern*‹ s. 10. 1. 1915.
Elektra Bearbeitung des Stücks von Sophokles durch Hugo von Hofmannsthal (1903) und Oper (op. 58) von Richard Strauss, mit einem Libretto von Hofmannsthal (uraufgeführt 1909). Schnitzler sah sowohl das Stück als die Oper mehrfach. Die Oper hatte er zuletzt im Juni 1914 mit Marie Gutheil-Schoder in der Titelrolle gesehen.
Zinshaus österr. für: Miethaus.
Administrator der Neuen Freien Presse August Werthner, der Verwaltungsdirektor der ›Neuen Freien Presse‹, war am 5. 3. 1916 in Wien gestorben. Schon sein Vater Adolf Werthner hatte diese Funktion inne. Schnitzler kannte Werthner, der auch als Bildhauer arbeitete, aus einer geselligen Vereinigung ›Die Saubermänner‹, der sie beide angehörten.
diurnistenhaft Diurnist, österr. für: Tagschreiber. Ein Büroangestellter, der in Ämtern, Gerichten, auch im Krankenhaus, tageweise beschäftigt wurde.
St. Pölten Sankt Pölten, ca. 60 km westlich von Wien, Bezirksstadt mit (1919) 20.000 Einwohnern. Seit 1986 ist es die Landeshauptstadt des Bundeslandes Niederösterreich.
Wr. Neustadt Wiener Neustadt, ca. 50 km südlich von Wien, Bezirksstadt mit (1919) 30.000 Einwohnern.

28. 1. 1920

Heinrich Bermann neben Georg Wergenthin zweite Hauptfigur in Schnitzlers Roman ›Der Weg ins Freie‹ (1908).

Lili L. eine der Töchter des Bankiers Julius von Landesberger, die erst vor kurzem den Fabrikanten Walter Stross geheiratet hatte, starb am 21. 2. 1920 an der Spanischen Grippe.

27. 2. 1920

Capponcina die Villa della Cappongina in Settignano bei Florenz, die 1898 von Gabriele d'Annunzio erworben worden war und mittlerweile in den Besitz des aus Wien stammenden Kunsthistorikers und Kunsthändlers Rudolf Ergas übergegangen war. Er war mit der Schauspielerin Friederike Schaffer verheiratet.
Medardus Film Schnitzler spricht hier vom Drehbuch zu dem geplanten Film nach seiner Historie ›Der junge Medardus‹, an dem er seit Jahresbeginn 1920 arbeitete. Die Dreharbeiten unter der Regie von Michael Kertész fanden erst 1923 statt.
Napoleon auf der Gloriette im Unterschied zum Bühnenstück tritt im Film Napoleon in Erscheinung, man sieht ihn von der Gloriette, dem Kollonadenbau oberhalb des Schlosses Schönbrunn mit einem Fernrohr auf die von ihm eroberte Stadt Wien sehen.
Es ist erreicht-Schnurrbart Schnurrbart mit hochgezwirbelten Enden. Zu dessen Stabilität musste nachts eine Bartbinde getragen werden, die vom Hoffriseur Kaiser Wilhelms II., François Haby, unter dem Markennamen ›Es ist erreicht‹ vertrieben wurde.

13. 3. 1920

der kleinsten Mahler-Gropius Manon Gropius, die 1916 geborene Tochter Alma Mahlers mit dem Bauhausarchitekten Walter Gropius. Als sie 1935 an Kinderlähmung starb, komponierte Alban Berg sein Violinkonzert ›Dem Andenken eines Engels‹.
schupfe österr. für: werfe es spielerisch.
Paresen mediz.: Lähmungen.

19. 3. 1920

Tochter aus Lyon eine Dame aus Lyon und ihre Tochter sind Rollen in Schnitzlers ›Die Schwestern oder Casanova in Spa‹. Milli Loermann spielte die Rolle in der Uraufführung im Burgtheater. S. 12. 7. 1919.
kleinen Thimig Hans Thimig, der jüngste Sohn Hugo Thimigs (s. 5. 5. 1915) hatte in der Aufführung der ›Schwestern‹ den Tito gespielt.
Freyung Platz im 1. Wiener Gemeindebezirk, bei der Schottenkirche.

gestriges Datum der Todestag Marie Reinhards. S. 1. 4. 1900.

23. 3. 1920
Schwarzenbergplatz s. 4. 1. 1913.

8. 4. 1920
quasi sans consequence gleichsam ohne Konsequenz.
Reichenau s. 3. 7. 1905.
Edlach s. 13. 7. 1909.
Marienhof Gasthof in Kleinau nahe Edlach in der Prein; Schnitzler hatte die Gastwirtin Irma Hoffmeister schon als junge Frau in Wien kennengelernt (vgl. Tgb 1897).
Tabesgang Tabes, Tabes dorsalis, mediz.: Rückenmarksschwindsucht, Merkmal einer syphilitischen Erkrankung im Endstadium.
Rax Bergmassiv an der Grenze zwischen Niederösterreich und der Steiermark, nahe dem Semmering (s. 17. 1. 1904).

18. 4. 1920
In einem Haus Tgb: meinem Haus.
tuberculum majus mediz: Bezeichnung für einen Teil des Oberarmknochens.

1. 5. 1920
Herrengasse s. 22. 10. 1912.
Heinrich IV. tatsächlich gesehen hatte Schnitzler das Shakespeare-Stück zu Jahresbeginn 1902.
Bruch des rechten Arms s. 18. 4. 1920.

14. 6. 1920
Zetteln österr. (umgangsspr.) Pluralform von Zettel.
Grosser Musikvereinssaal s. 3. 11. 1919.
Tosca, Schluss die Füsilierung des Cavaradossi am Ende von Puccinis Oper ›Tosca‹ (1900).
und ich ihn daher nicht höre s. 23. 3. 1898.
Heinis Matura! Schnitzlers Sohn Heinrich absolvierte ab 14. 6. 1920 seine Abschlussprüfungen im Gymnasium.
Hofrätin Zuckerkandl die Journalistin Berta Zuckerkandl, geb. Szeps, die nach österr. Brauch den Hofrats-Titel ihres Mannes, des Anatomen Emil Zuckerkandl, gleichsam übernahm.
›*Prinz Methusalem*‹ Operette (1877) von Johann Strauß Sohn.

Metropoltheater in der Hernalser Hauptstraße im 17. Wiener Gemeindebezirk.
Volksoper die Volksoper wurde 1898 als ›Kaiser Jubiläums-Stadttheater‹ zum 50-jährigen Regierungsjubiläum Kaiser Franz Josephs errichtet und war mittlerweile von einem Sprechtheater zu einem Musiktheater, vor allem für Operetten und komische Opern umgewandelt worden.

8. 7. 1920
Garnisongasse im 9. Wiener Gemeindebezirk.
Greissler österr. für: Lebensmittelhändler.
Dänemark 1906 Schnitzler hatte 1906 eine mehrwöchige Dänemark-Reise unternommen.
Schwamm im Bauernzimmer Schwamm: österr. für: Pilz, Schimmelpilz.
ohne dass es im geringsten auffällt Tgb: ohne dass mirs.
wimmerlbesäten s. 1. 12. 1914.
Windmühlhöhe Erhebung des Wienerwalds im 19. Wiener Gemeindebezirk, oft ein Ziel von Schnitzlers ausgedehnten Spaziergängen.
»Holmaes« ungeklärt; Traum-Name.
Kellner'schen Jugendjahre ›Theodor Herzls Lehrjahre‹ (1920) von Leon Kellner.
eine Schwester Pauline Herzl (1859-1878).
drap Kleid s. 28. 10. 1918.

12. 8. 1920
Gastein Olga Schnitzler befand sich seit 7. 8. zur Kur in Bad Gastein (Salzburg).

28. 8. 1920
Alt-Aussee Schnitzler war am Vortag in Altaussee angekommen, wo er sich bis Mitte September aufhielt.
Ida Vanjung die Schauspielerin Ida Van-Jung war eine Schwester des mit Schnitzler befreundeten Gesangslehrers Leo Van-Jung. Die Familie stammte aus Odessa, und offenbar sind die postrevolutionären russischen Reise- und Kommunikationsverhältnisse gemeint.

30. 8. 1920
Plumeau Federbettdecke.

31. 8. 1920
Burgring s. 4. 4. 1915.
R. L. die aus Schweden stammende Heilgymnastin Ruth Lindberg hatte Schnitzler bei der Therapie seines verletzten Arms (s. 18. 4. 1920) kennengelernt, und er freundete sich mit ihr an.

2. 9. 1920
nach Schweden reisen Ruth Lindberg stammte aus Schweden.
Volksoper s. 14. 6. 1920. Rainer Simons war von 1903 bis 1917 Direktor dieses Hauses.
Gruß das Restaurant des Josef Gruß, eines ehemaligen kaiserlichen Leibkochs, in der Währinger Straße 67 im 9. Wiener Gemeindebezirk, in unmittelbarer Nähe zur Volksoper. Nach dessen Tod im Februar 1912 wurde es von Josef Pohl geführt, aber man ging noch immer zum ›Gruß‹.

7. 9. 1920
Table d'hôte gemeinsame Tafel mit festgesetztem Menü, wie sie besonders in Pensionen üblich war.
Sitze gekauft im Sinne von: Eintrittskarten.
Franckenstein Schnitzler hatte am Vortag mit dem Generalintendanten des bayrischen Hof-, danach Nationaltheaters, Clemens Freiherr von Franckenstein, zu Mittag gegessen: »Fr. erzählt von der Bolschewistenzeit in München, seiner persönlichen Gefährdung.– Sein Bruder ›Bubi‹ nun Botschafter in London.–«
›Schluck und Jau‹ Komödie (1900) von Gerhart Hauptmann.
Wassergefahr wegen Dauerregens und Überschwemmungen waren in der Gegend um Altaussee mehrere Straßen und Brücken gesperrt.
alte Universitätsplatz Platz vor der Jesuitenkirche im 1. Wiener Gemeindebezirk, seit 1949 Dr.-Ignaz-Seipel-Platz.
Jedermann eine Aufführung von Hofmannsthals ›Jedermann‹ (1911) auf dem Universitätsplatz ist nicht belegt. Möglicherweise verwechselt Schnitzler aber auch einfach den Platz mit dem Salzburger Domplatz, denn das Tgb hält am 2. 9. ein Gespräch mit Hofmannsthal »Über Jedermann Aufführung in Salzburg« fest.

10. 9. 1920
Garnisongasse, Krankenhausnähe s. 8. 7. 1920. Die Garnisongasse

verläuft nahe dem Areal des Allgemeinen Krankenhauses (s. 6. 5. 1880).
angeblich durchgegangen auf welches Gerücht in Verbindung mit der Fuhrunternehmerin Anna Seifert hier angespielt wird, ist nicht eruiert. Sie wohnte, ebenso wie Schnitzler, in der Sternwartestraße im 18. Wiener Gemeindebezirk.
Herr Kl. der Fabrikant Paul Wilhelm Klein hatte kurz zuvor die Adoptivtochter von Schnitzlers Schwester, Margot Hajek, geheiratet.
Mariannengasse im 9. Wiener Gemeindebezirk, Schnitzler vertraut als Sitz der Poliklinik (s. 8. 2. 1916).

1. 10. 1920
Burgringgegend s. 4. 4. 1915.
Frankgasse s. 13. 7. 1909.
Cottagegegend s. 22. 11. 1918.

14. 10. 1920
Konzert Schnitzler hatte am Vorabend einen Liederabend der Konzertsängerin Johanna Herzog Thullner besucht und dabei offenbar auch den Sänger Franz Steiner gesprochen.
Ottohaus ein großes Schutzhaus auf der Rax (s. 8. 4. 1920) in 1644 m Seehöhe.
Ziegelmauer der große Döblinger Friedhof zwischen Peter Jordan-Straße und Hartäckerstraße im 19. Wiener Gemeindebezirk (das Grab Theodor Herzls befand sich dort bis 1949, ebenso sind dort Josef Kainz, Josef Breuer und Stefanie Bachrach begraben) ist tatsächlich von einer langen Backsteinmauer umgeben.
einstigen Karlsbrücke eine Kettenbrücke für den Fußgängerverkehr über den Wienfluss. Als dieser Teil des Wienflusses überbaut wurde, verschwand die Brücke ebenso wie mehrere andere.
in der Nähe Emil Steininger vom Karczag Verlag hatte sein Büro in der Linken Wienzeile 6, Helene Binder, eine Jugendfreundin Schnitzlers, wohnte Brahmsplatz 4 und offenbar war auch die Heilmasseurin Ruth Lindberg im 4. Wiener Gemeindebezirk zu Hause.
luetische Iritis mediz.: eine durch Syphilis verursachte Entzündung der Regenbogenhaut des Auges. Von der Majorstochter mit dem riskanten Lebenswandel erzählt Schnitzler im Vierten Buch von ›Jugend in Wien‹ (JiW, S. 144).
Autobiographie s. 21. 2. 1917, Anm. zu Nachklang!

Sonnwendstein Berg (1523 m) im Semmering-Gebiet (s. 17. 1. 1904).

in der ›Liebelei‹ Mathilde Kutschera hatte im März 1918 in der Neuinszenierung von Schnitzlers Stück die Rolle der Mizi Schlager gespielt.

5. 12. 1920
Côtelettes s. 23. 11. 1915.
Volksgarten s. 24. 10. 1875.

19. 12. 1920

ohne Namen Anspielung auf den jungen Komponisten Wilhelm Gross, in den sich Olga Schnitzler zu dieser Zeit verliebt hatte.
Bruno Walter war von 1905 bis 1907 einer der zahlreichen Lehrer, bei denen Olga Schnitzler Gesangsstunden hatte.

9. 1. 1921
Wucki s. 9. 2. 1919.

23. 1. 1921

Margarete Gelbard (Frau Z.) die Pianistin Margarete Gelbard war die zweite Frau des Urologen Otto Zuckerkandl, der am 1. 7. 1921 starb, also etwa ein halbes Jahr nach diesem Traum.

24. 1. 1921

E. B. Else Berger, geb. Schlesinger, die Schnitzler schon als junges Mädchen gekannt hatte, hatte im Sommer 1920 die Bekanntschaft mit ihm erneuert. Vgl. die auf seine Novelle ›Frau Berta Garlan‹ (1901) bezügliche Bemerkung im Tgb vom 27. 8. 1920: »Im Lesezimmer des Hotels Frau E. B. – zuthunlich; Jugenderinnerungen. (Man soll erotische Rückstände nicht aufarbeiten. Garlanisiren könnte mans nennen.)«
Freyung s. 19. 3. 1920.
›Reigen‹ das 1896/97 geschriebene und zunächst nur als Privatdruck veröffentlichte Stück war am 23. 12. 1920 in Berlin uraufgeführt worden, und die Wiener Première stand unmittelbar bevor (s. 16. 1. 1919).
›Reigen‹-Prozess damit ist die Gerichtsverhandlung über ein Verbot der Berliner Aufführung gemeint, die Anfang Januar 1921

stattgefunden hatte. Der eigentliche aufsehenerregende Prozess um den ›Reigen‹ und dessen vermeintliche Unsittlichkeit fand dann ebenfalls in Berlin statt, vom 5. bis 18. 11. 1921 und endete mit Freispruch der angeklagten Direktoren des Kleinen Schauspielhauses Gertrud Eysoldt und Maximilian Sladek.

M. im ›Reigen‹-Prozess vgl. ›Reichspost‹ 1. 2. 1921, S. 4: »In Berlin hat sich ein Maximilian Harden in heller Empörung gegen die dortigen ›Reigen‹-Aufführungen aufgelehnt und ein Moissi hat sich gar zu dem Ausspruche verstanden, jede Schauspielerin, die im ›Reigen‹ mitspiele, verdiene angespuckt zu werden (was wir ihm wahrhaftig nachfühlen können).«

16. 3. 1921

Kammerspiele s. 16. 1. 1919.

2. 4. 1921

Volksoper s. 14. 6. 1920.

21. 5. 1921

Havelock ärmelloser Umhängemantel.

hält die Leiche in der Hand Tgb: im Arm.

10. 6. 1921

Schottenhof (Wohnung G.'s) Wilhelm Gross wohnte im Schottenhof, einem Gebäudekomplex in der Helferstorferstraße im 1. Wiener Gemeindebezirk.

25. 6. 1921

München Schnitzler hielt sich seit 20. 6. in München auf, um die Scheidung von seiner Frau zu einem Abschluss zu bringen, die am 26. 6. vollzogen wurde.

9. 7. 1921

Versorgungshaus eine Art Krankenasyl für Bedürftige, in der Währingerstraße 22 im 9. Wiener Gemeindebezirk, bestand bis 1907.

Anna Rosner weibliche Hauptfigur in Schnitzlers Roman ›Der Weg ins Freie‹.

Kratzer das Gasthaus des Johann Kratzer, in der Gersthofer Straße 143, im 18. Wiener Gemeindebezirk.

K. erzählt mir gestern Kolap (Frieda Pollak), s. 30. 4. 1919.

Frühstück bei Hallier am 7. 7. hatte Schnitzler an einem offiziellen Frühstück in der französischen Botschaft teilgenommen, das General Henri Hallier, der Militärattaché, veranstaltete.

20. 7. 1921

ihres Berner Freundes Hedwig Kempny war mit dem Berner Juristen Walter Pfund befreundet, der sich auch schriftstellerisch betätigte. 1922 erschien ein Gedichtband von ihm (›Irrfahrt‹).

31. 7. 1921

Alt-Aussee Schnitzler befand sich seit 26. 7. in Altaussee, er hielt sich einen Monat lang dort auf.
Herrn Mayer Alfred Karl Mayer, der Münchner Schriftsteller, Kunstsammler und Mäzen.
wie Merkur der Götterbote der griechischen Mythologie, wird oft mit geflügelten Schuhen dargestellt.

6. 8. 1921

Cottage s. 1. 10. 1920.
Schwarzenbergplatz s. 4. 1. 1913.
Gartenfest erster Akt, ›Verführer‹ die Szenenanweisung über dem 1. Akt von Schnitzlers ›Komödie der Verführung‹ (1924) lautet »Ein nächtliches Frühlingsfest im Park des Prinzen von Perosa«. (D II, S. 847)
Verschwundenen in dieser Gegend in der Gegend von Bad Aussee waren im Juni und Juli Touristen als abgängig gemeldet worden, und man vermutete ein Verbrechen dahinter.
Graben im 1. Wiener Gemeindebezirk.
Aziendahof 1867 erbauter Gebäudekomplex zwischen Goldschmiedgasse und Graben im 1. Wiener Gemeindebezirk, mit glasüberwölbtem Basar.

23. 8. 1921

Auernheimer-Feuilleton Raoul Auernheimer, ›Ein Journalistenduell‹ (über ›Armand Carrel‹ von Moriz Heimann), in: ›Neue Freie Presse‹ 19. 8. 1921, S. 1-3. Das Zitat lautet korrekt: »Jedes Duell ist ein Drama, ja es ist, genau genommen, das Drama an sich.«

30. 8. 1921

München von Altaussee kommend war Schnitzler über Salzburg und Berchtesgaden nach München gereist, wo er am 28. 8. eintraf.

irgendwie beatehaft wie die Hauptfigur in Schnitzlers Novelle ›Frau Beate und ihr Sohn‹ (1913).

6. 9. 1921

Elternhaus (Burgring) s. 4. 4. 1915.

Hopfner Restaurant in der Kärntnerstraße 61 im 1. Wiener Gemeindebezirk.

Rikola der im Dezember 1920 von Richard Kola gegründete Rikola-Verlag bestand bis Anfang 1931. Otto Nirenstein leitete 1921-23 die Kunstabteilung des Verlags. Er änderte 1933 seinen Namen in Kallir und war der Gründer der Galerie St. Etienne in Wien, danach in New York. Vgl. Tgb 29. 6. 1921: »Später Hr. Nirenstein, wegen Luxusausg. Pierrette.« (Offenbar war eine Sonderausgabe von Schnitzlers Pantomime ›Der Schleier der Pierrette‹ diskutiert worden, die allerdings 1922 in einem anderen Verlag herauskam.)

11. 9. 1921

ins I. tendierender Traum nicht eindeutig zu dechiffrieren. Es könnte »Irrationale« ebenso gemeint sein wie »Infinite« oder etwas Drittes.

19. 9. 1921

Geräusch in meinen Ohren s. 23. 3. 1898.

25. 9. 1921

Landesgericht in der Landesgerichtstraße im 8. Wiener Gemeindebezirk, erbaut 1831-39. Wegen seines Verputzes im Volksmund auch ›Graues Haus‹ genannt.

(Schub?)-Wagen der Zusatz deutet an, dass es sich nicht um einen motorisierten Wagen, sondern um ein Gefährt handelt, wie es auf alten Darstellungen eines Richtplatzes zu sehen ist.

Revolutionär vgl. Tgb 20. 2. 1920 »Es ist doch gut, dass man als Empörer oder wenigstens als Auflehner zur Welt gekommen.«

Lucy Lucy von Jacobi, geb. Goldberg. Schnitzler kannte die Übersetzerin und Journalistin seit langem. Er war ihr und ihrem verstorbenen Mann, dem Schauspieler Bernhard von Jacobi, schon vor dem Ersten Weltkrieg in München begegnet. Olga Schnitzler lebte nach ihrer Scheidung einige Zeit bei ihr.

übrigens fällt mir ein Tgb: fällt ihr ein.

16. 10. 1921
Tabaktrafikantin s. 29. 11. 1916.

29. 10. 1921
›*Verführer*‹ die Rufe zu Beginn des 1. Aktes von ›Komödie der Verführung‹: »Es lebe der Prinz von Perosa« (D II, S. 850).
Schultertanz vermutlich ist von dem Film ›Die unwiderstehliche Mizzi‹ die Rede, mit dem Star Constance Talmadge in der Titelrolle (Originaltitel ›A Virtous Vamp‹, USA 1919, Regie: David Kirkland). Schnitzler sah den Film im Votivpark-Kino in der Währingerstraße 12 im 9. Wiener Gemeindebezirk. (Vgl.: ›Neue Freie Presse‹ 21. 10. 1921, S. 14.) Er war ein passionierter Kinogänger (es sind weit über 800 Besuche dokumentiert), wahrscheinlich auch, weil ihn beim Stummfilm sein Ohrenleiden nicht behinderte. Er interessierte sich für die künstlerischen Ausdrucksmöglichkeiten des Mediums und verfasste selbst mehrere Drehbuchentwürfe. (Vgl. ›Die Tatsachen der Seele. Arthur Schnitzler und der Film‹, hg. von Thomas Ballhausen, Barbara Eichinger, Karin Moser und Frank Stern, Wien 2006.)

25. 11. 1921
Ballplatz s. 5. 4. 1900.
als sei sie dort engagiert Marie Glümer hatte zu keiner Zeit ein Burgtheater-Engagement.
Badwaschler s. 1. 10. 1913.
in Reichenau s. 3. 7. 1905.
Nestroy gelesen das Tgb gibt keinen Aufschluss über diese Lektüre.
Medardus werde wieder gegeben die Uraufführungs-Inszenierung des Burgtheaters von ›Der junge Medardus‹ stand zwischen 1910 und 1927 insgesamt 88-mal auf dem Spielplan.
zwei Millionen die Zahl weist bereits auf die beginnende Hyper-Inflation hin, die ihren Höhepunkt 1923 erreichen sollte.

25. 12. 1921
einen Polster österr. für: Kissen.

1. 2. 1922
wegen Darmstadt Heinrich Schnitzler war unentschieden, ob er einen Engagementsantrag des Intendanten des Landestheaters Darmstadt Gustav Hartung annehmen solle. Er entschied sich schließlich dagegen.

9. 2. 1922

Heinis ›Mass für Mass‹-Figurinen Heinrich Schnitzler nahm 1921/22 an Produktionen der Österreichischen Wanderbühne teil, so verfertigte er u. a. Dekorationen, Kostüme und ein Inszenierungskonzept für Shakespeares ›Maß für Maß‹.

Prinz Arduin ... Falkenir Figuren in ›Komödie der Verführung‹.

Aurelie (Goethe) Figur in Goethes Theaterroman ›Wilhelm Meisters Lehrjahre‹ (1795/96).

G. Wilhelm Gross.

14. 2. 1922

Gr. Wilhelm Gross.

21. 2. 1922

Schubiak Gauner, Lump.

Arme Leut-Zinshaus s. 5. 1. 1920.

Mariahilferstrasse s. 18. 2. 1900.

Schönbrunn s. 8. 3. 1913.

23. 2. 1922

Ring der Schwarzenbergplatz im 1. Wiener Gemeindebezirk geht an seiner nördlichen Schmalseite unmittelbar in die Ringstraße über.

25. 2. 1922

Ödem mediz.: Gewebeschwellung durch vermehrte Flüssigkeitseinlagerung.

1. 3. 1922

Quaiviertel; Baumwollhaus das Viertel am Kai des Donaukanals (1. Wiener Gemeindebezirk) war traditionell mit besonders vielen Textilhandelsgeschäften besiedelt.

im vorigen Frühjahr vgl. Tgb 18. 3. 1921, wo von einem Ausflug Schnitzlers in die Brühl (s. 17. 1. 1904) berichtet wird. Dabei begegnet ihm ein junges Mädchen, Käthe Baruch, das sich als Tochter seiner Jugendfreundin Charlotte Pflaumenbaum vorstellt.

19. 4. 1922

Bertha Bruneck Figur in Friedrich von Schillers ›Wilhelm Tell‹ (1804).

Prinzessin im Medardus die Rolle der Helene von Valois in ›Der junge Medardus‹.

15. 6. 1922
Sklera Sclera, mediz.: Lederhaut des Auges.

13. 7. 1922
Frau St. Friederike Stößler, die Frau eines sehr wohlhabenden Wiener Kaufmanns, hatte Olga Schnitzler vermutlich in Salzburg kennengelernt. Ihr vermeintlich sorgenloses Leben hatte Eindruck auf sie gemacht. Adolf Loos entwarf für die Wohnung Stößler das Speisezimmer.
Wiener Neustadt s. 5. 1. 1920.
Schönbrunn s. 8. 3. 1913. Seit Ende der Monarchie war der Park des Schlosses Schönbrunn auch für die Öffentlichkeit zugänglich gemacht worden.
Girardihut flacher Strohhut (entspricht der deutschen ›Kreissäge‹), nach dem beliebten Volksschauspieler Alexander Girardi benannt, der diesen Hut oft und gerne trug. Der Schauspieler, den auch Schnitzler sehr verehrte, war kurz vor seinem Tod ans Burgtheater engagiert worden und hatte dort u. a. den Weiring in ›Liebelei‹ gespielt.

18. 7. 1922
Louis XIV-Kostüm Kostüm aus der Regierungszeit Ludwigs XIV., also etwa aus der zweiten Hälfte des 17. Jahrhunderts.

30. 7. 1922
Feldafing Schnitzler hielt sich von 26. 7. bis 7. 8. 1922 in Feldafing am Westufer des Starnberger Sees auf.
Graz, wo ich neulich las Schnitzler hatte am 8. und 9. 6. im Grazer Stefaniensaal, der auch für Orchesterkonzerte genutzt wurde, aus eigenen Werken vorgelesen.

1. 8. 1922
tuberkulöse Knoten Schnitzler war im Frühjahr 1886 mit Verdacht auf Tuberkulose zur Kur nach Meran geschickt worden. Der Schock, den diese Diagnose für ihn bedeutete, ist in der Autobiographie beschrieben (JiW, S. 217f.).

2. 8. 1922
Radmantel ärmelloser Mantel in Art eines Capes.

Germ österr. für: Hefe.
›*Bergwerk*‹ ›Das Bergwerk‹, Drama (1921) von Hans Kaltneker von Wahlkampf.
Leopoldstadt s. 27. 1. 1916
(über Kärntner- Gisela-Strasse) Kärntnerstraße: elegante Geschäftsstraße im 1. Wiener Gemeindebezirk; Giselastraße: s. 22. 1. 1897.
Kreuzberg Bergrücken bei Breitenstein am Semmering (s. 17. 1. 1904). Alma Mahler-Werfel besaß seit 1913 dort ein Ferienhaus, das auch Schnitzler mehrfach besuchte. Er hatte zuletzt am 21. 7. eine Bergwanderung auf dem Kreuzberg unternommen.

3. 8. 1922
Reskript amtlicher Bescheid.

5. 8. 1922
Maturatraum Traum von der Prüfungsangst bei der Abschlussprüfung des Gymnasiums. Vgl. Sigmund Freud, ›Die Traumdeutung‹, Erstausgabe, S. 188: »Jeder, der mit der Maturitätsprüfung seine Gymnasialstudien abgeschlossen hat, klagt über die Hartnäckigkeit, mit welcher der Angsttraum, dass er durchgefallen sei, die Classe wiederholen müsse u. dgl. ihn verfolgt.«
Wollzeile im 1. Wiener Gemeindebezirk.
Refus französ.: Absage.
Krankheit L.'s der Journalist und Schriftsteller Julius Gans von Ludassy, der mit einer Cousine Schnitzlers verheiratet war und ihn seit seinen schriftstellerischen Anfängen wohlwollend begleitet hatte, lag seit Mai mit einer Krebserkrankung im Spital. Schnitzler hatte ihn mehrfach dort besucht. Er starb am 30. 9. 1922.

6. 8. 1922
Max ... Baronin Aurelie Figuren in ›Komödie der Verführung‹.
Krippenausstellung in München das Tgb verzeichnet am 7. 5. 1908, am 24. 6. 1921 und am 2. 9. 1928 Besuche Schnitzlers im Bayerischen Nationalmuseum, das die größte Krippensammlung der Welt bewahrt.
Zeiss s. 23. 7. 1919.
Hirtenflöte Dionysia im 7. und letzten Kapitel von Schnitzlers Erzählung ›Die Hirtenflöte‹ (1911) kehrt die Heldin Dionysia zwar nach vielen Abenteuern zu ihrem Mann Erasmus zurück, aber

nur, um erneut von ihm zu fliehen. (E II, S. 40f.) Am 27. 4. hatte Schnitzler die Erzählung in Den Haag öffentlich vorgelesen.

7. 8. 1922

Stieftochter Alice Strauß, Tochter von Adele Strauß, der dritten Frau von Johann Strauß Sohn. In erster Ehe (1896) war Alice Strauß mit dem Maler Franz von Bayros verheiratet, danach (1899) mit dem Pianisten Richard Epstein, in dritter Ehe (1926) mit Gustav Seidl, in vierter Ehe mit dem Offizier Rudolf Ferdinand Edlem von Meyszner.

etwas weiter unten (Haus Neumann) Alexander Wilhelm Neuman (urspr. Neumann), Kaufmann, Baumwollhändler, hatte sein Haus 18., Sternwartestraße 59, also sechs Häuser unterhalb von jenem Schnitzlers. Er war ein Onkel von Hermine Benedict (s. 22. 8. 1918).

9. 8. 1922

Praterstrasse s. 27. 4. 1914.

12. 8. 1922

Berchtesgaden Schnitzler war, aus München kommend, am 10. 8. in Berchtesgaden angekommen, wo er sich bis 15. 9. aufhielt (und u. a. am 16. 8. auf dem Obersalzberg mit Freud zusammentraf).

Praterviadukt 1859 errichtetes Viadukt der Verbindungsbahn zwischen Nord- und Südbahnhof am Praterstern, einem kreisförmigen Platz im 2. Wiener Gemeindebezirk, in Nähe des Praters (Naturpark beim Donaukanal, der von Josef II. für die Öffentlichkeit zugänglich gemacht worden war).

Lustspieltheater 1872 errichtetes Theater im sogenannten ›Volksprater‹, dem Teil des Praters, der als Vergnügungspark eingerichtet wurde. Hieß ursprünglich nach seinem Besitzer Johann Fürst ›Fürsttheater‹, nach mehrmaligem Besitzerwechsel übernahm es der Regisseur Josef Jarno 1905 und nannte es Lustspieltheater. Ab 1927 diente es als Kino.

›Freiwild‹ tatsächlich gab es keinen Antrag Jarnos, Schnitzlers Drama ›Freiwild‹ (1898) am Lustspieltheater aufzuführen. Er hatte das Stück im Oktober 1919 am Wiener Stadttheater gespielt.

Holland Ziegel Reigen der Regisseur Erich Ziegel hatte Schnitzler um das Aufführungsrecht des ›Reigen‹ für Den Haag ersucht, was Schnitzler abgelehnt hatte.

Karinski Kavallerie-Oberleutnant, Hauptfigur in ›Freiwild‹.
damals wirklich gespielt Julius Strobl spielte den Karinski bei einer deutschsprachigen Aufführung im Irving Place Theatre in New York im Februar 1899.
Hunderttausend Indikator für inflationäre Summen in dieser Zeit; s. 25. 11. 1921.

16. 8. 1922
verlängerten Kärntnerstrasse s. 2. 8. 1922.
Hopfner s. 6. 9. 1921.
einstigen Elisabethbrücke 1854 eröffnete Brücke (benannt nach der Braut Kaiser Franz Josephs) über den Wienfluss als Verbindung zwischen Kärntnerstraße und Wiedner Hauptstraße (4. Wiener Gemeindebezirk). Im Zuge der Wiental-Verbauung wurde die Brücke 1897 abgetragen, die acht Marmorstandbilder, die die Brücke gesäumt hatten, wurden auf den Rathausplatz transferiert.
kotigen Schnee schmutzigen Schnee.
Syphilidolog vgl. Tgb 13. 6. 1918: »Prof. Ehrmann, über die Geschlechtskrankheiten. Erschreckend, sagt er, die Gonorrhoe bei den jungen Damen aus guter Familie (heimkehrende Krieger).–«

26. 8. 1922
Bild Aureliens zu Beginn des 2. Aktes von ›Komödie der Verführung‹ sieht man den Maler Gysar vor einer Staffelei, wie er an dem Porträt der Gräfin Aurelie arbeitet. (D II, S. 891)

1. 9. 1922
›*Lebendigen Stunden*‹ Einakter aus dem gleichnamigen Zyklus (1901).
sah übrigens nichts von der Schauspielerin Tgb: von den Schauspielern.

2. 9. 1922
Liesl P. die 18-jährige Lisa Pollaczek, der Schnitzler mit ihrer Mutter und ihrem Bruder am Vortag begegnet war. Lisas Mutter Marianne war die geschiedene Frau eines Prager Lederfabrikanten und lebte mit den beiden Kindern in Wien.

4. 9. 1922

Falkenir im 3. Akt von ›Komödie der Verführung‹ (vgl. D II, S. 959ff.).

Herrn Gottlieb Julius Gottlieb, der Vater von Schnitzlers Schulkollegen Otto Gottlieb (s. 3. 2. 1916), war Börsensensal, nicht Papierhändler.

10. 9. 1922

Pfefferores fiktiver Traumbegriff, mit deutlich jüdischem Beiklang.

12. 9. 1922

Votivkirche s. 1. 1. 1910. Die Votivkirche befindet sich in unmittelbarer Nähe der Frankgasse im 9. Wiener Gemeindebezirk.

O.s erster Besuch gemeint ist wohl der ›Antrittsbesuch‹ Olga Schnitzlers bei Schnitzlers Mutter nach der Eheschließung 1903. Tgb 2. 9. 1903: »O. das erste Mal im ›Familienkreis‹. Anständig-harmlose Stimmung.–«

Rikolaverlag s. 6. 9. 1921. Die Verlagsadresse war Radetzkyplatz 5 im 3. Wiener Gemeindebezirk, aber die Geschäftsadresse der hinter dem Verlag stehenden Firma Richard Kola & Co. war Frankgasse 1. Mit dem Rechtsanwalt Ludwig Gelber wollte Schnitzler eine möglichst gute Vertragsposition des Philosophen Josef Popper erreichen, dessen Bücher von Rikola verlegt werden sollten (vgl. Tgb 25. 10. 1920).

Maler Horovitz Armin Horovitz hatte seine Wohnung in der Frankgasse 1, in derselben Wohnung, die einst von Schnitzlers Mutter bewohnt worden war.

13. 9. 1922

links, neben mir Tgb: rechts.

Sensengasse im 9. Wiener Gemeindebezirk.

Offizierspital das k. k. Offizierspital befand sich Ecke Sensen- und Spitalgasse im 9. Wiener Gemeindebezirk.

Wimmerl s. 1. 12. 1914.

Versorgungshaus s. 9. 7. 1921.

24. 9. 1922

Wollzeile s. 5. 8. 1922.

Kärntnerstrasse s. 2. 8. 1922.

25. 9. 1922

Mein Radfahrerlebnis am 25. 6. hatten zwei junge Radfahrer Schnitzler von hinten angefahren und ihn leicht verletzt, er hatte sich um die beiden gekümmert, ihnen Geld für die kaputten Räder gegeben und hatte aus den Zeitungen vom Vortag erfahren, dass sogar an eine Anzeige gegen ihn wegen Vergehens gegen die körperliche Sicherheit gedacht worden war. (Vgl. ›Neue Freie Presse‹ 24. 9. 1922, Seite 14.)

Aurelie! Anspielung auf das Aktbild, das Gysar von Aurelie gemalt hat und von dem im 3. Akt von ›Komödie der Verführung‹ mehrfach die Rede ist (D II, S. 949 und 961f.).

10. 10. 1922

der vor 5 Jahren verstorbne Tgb: der vor Jahren verstorbne; tatsächlich starb Handl am 26. 5. 1920 in Berlin.

besser schrieb vgl. Willi Handl, ›Schnitzler und sein Zwischenspiel‹, in: ›Schaubühne‹ 1. Jg., Heft 7, 19. 10. 1905, S. 187-91 (»Von seinen andern Stücken mag eines reicher, eines stärker, manches lebendiger sein. Dieses ist sicherlich sein durchsichtigstes, reinstes und vornehmstes.«).

Geyer will es geben Siegfried Geyer hatte am 25. 9. angefragt, ob Schnitzler seine Einwilligung zu einem Gastspiel Arnold Korffs mit ›Das weite Land‹ an der Renaissance-Bühne Wien (in der Neubaugasse im 7. Wiener Gemeindebezirk) erteilen würde. Korff hatte den Hofreiter in der Uraufführung am Burgtheater und 1915 in New York gespielt, 1923 spielte er ihn in einer Neuinszenierung im Raimundtheater, 1925 im Volkstheater.

12. 10. 1922

Hochschulstrasse s. 8. 9. 1919.

Hasenauerstrasse im 18. und 19. Wiener Gemeindebezirk.

21. 10. 1922

Sexualerinnerungen aus der Jugend des 17-, 18-jährigen Schnitzler Interesse für die Prostituierten, die in der Kärntnerstraße flanierten, hatte seinen Vater veranlasst, ihm »die drei großen gelben Kaposischen Atlanten der Syphilis und der Hautkrankheiten« in die Hand zu drücken, wie er in der Autobiographie berichtet (JiW, S. 86). Die Fachbücher des Wiener Dermatologen Moriz Kaposi (s. Traum vom 24. 6. 1918) hätten ihre Wirkung damals nicht verfehlt.

bevorstehende Reise Schnitzler fuhr am 24.10. nach Brünn, Prag, Aussig, Reichenberg, Gablonz und Teplitz-Schönau. Er las in allen Städten aus seinen Werken vor.

4. 11. 1922

unterbrochenen Vorlesung bei Schnitzlers Vorlesung in Teplitz-Schönau am Abend des 3. 11. war es zu lautstarken Tumulten und Störaktionen durch »eine Bande von Hakenkreuzlern« gekommen, weshalb die Lesung abgebrochen werden musste. Vgl. Tgb 3. 11. 1922.

7. 11. 1922

Spaziergang mit ihm Hradschin während Schnitzlers Prag-Aufenthalt Ende Oktober hatte sich Franz Werfel als Gastgeber und Fremdenführer bewährt.
Badgasse in Rodaun Straße, in der sich das ›Fuchsschlössl‹ befindet, das seit 1901 Wohnsitz Hugo von Hofmannsthals war.
Geburtserinnerungen der Zusammenhang zwischen Wasser- und Geburtstraum findet sich erst in der zweiten Auflage der ›Traumdeutung‹ (1909), S. 198.

9. 11. 1922

Hotel Imperial s. 7. 8. 1914.

18. 11. 1922

Büchlein über Soliman Wilhelm Adolf Bauer, ›Angelo Soliman, der hochfürstliche Mohr. Ein exotisches Kapitel Alt-Wien‹, Wien 1922. Angelo Soliman, ein aus Afrika stammender Kammerdiener im Hause der Prinzen Liechtenstein wurde nach seinem Tod präpariert und als Attraktion im Kaiserlichen Naturalienkabinett ausgestellt. Die Proteste seiner Tochter gegen dieses Vorgehen waren erfolglos. Das Exponat verbrannte bei den Unruhen im Oktober 1848.
Wantoch (Teplitz) der Veranstalter der verunglückten Vorlesung in Teplitz-Schönau war der dort ansässige Buchhändler Robert Wantoch.

27. 11. 1922

Mimi Sch. Mimi Schnabel, die Sekretärin von Robert Lichtenstern. Nichts Näheres bekannt.
Fridolin männliche Hauptfigur in Schnitzlers ›Traumnovelle‹

(1926). Die Stelle, von der die Rede ist, ist im 3. Kapitel der Novelle, wenn Fridolin einem Konflikt mit Couleurstudenten ausweicht und sich danach fragt, ob er feig gehandelt habe. (E II, S. 448).

Bettina vgl. Bettine von Arnims Brief an ihren Mann vom 13. 07. 1807: »Ich wundre mich, dass ich so ruhig war bei ihm, bei ihm allein, dass ich auf seiner Schulter lag und beinahe schlief, so still war die Welt um mich her, und er ließ sich's gefallen.« Eine Begebenheit im Zusammenhang mit einem Ofen, allerdings nicht in Weimar, sondern in München, wird in einem Brief Wilhelm von Humboldts an seine Frau vom 4. 11.1808 geschildert: »Eine junge Brentano, Bettina, 23 Jahre alt, Carl Laroches Niece, hat mich hier in das größte Erstaunen versetzt. Solche Lebhaftigkeit, solche Gedanken- und Körpersprünge (denn sie sitzt bald auf der Erde, bald auf dem Ofen), so viel Geist und so viel Narrheit ist unerhört.«

4. 12. 1922

Wildente ›Die Wildente‹, Schauspiel (1884) von Henrik Ibsen. Am 15. 2. 1926 sah Schnitzler in Berlin eine Verfilmung des Stücks mit dem Titel ›Das Haus der Lüge‹, Regie: Lupu Pick (D, 1925).

16. 12. 1922

Meine neue Novelle ›Fräulein Else‹ (1924), der »telegraphisch angekündigte Expreßbrief«, auf den Else wartet, wird bereits auf der zweiten Seite erwähnt (E II, S. 325).
Tagebuch s. 22. 1. 1909.
jüdischen Vorstellung ›Eifersucht‹ am 10. 11. hatte Schnitzler in der Rolandbühne ein Gastspiel des Wilnaer jüdischen Künstlertheaters mit Michail Arzybaschews ›Eifersucht‹ gesehen.
Hofmeister Privatlehrer.
Pierrot lunaire Melodram op. 21 (1912) von Arnold Schönberg. Erika Wagner war eine erfolgreiche Interpretin dieses Werks.
›*Auf dem Lande*‹ Es existiert keine Arbeit von Léon Werth mit diesem Titel. Im Tgb fehlen allerdings die Anführungszeichen, es handelt sich also möglicherweise nur um eine Ortsangabe. Es kann sein, dass Schnitzler der Name Léon Werths als der eines pazifistischen Schriftstellers im Gedächtnis geblieben ist. Werth ist der Widmungsträger von Antoine de Saint-Exupérys ›Der kleine Prinz‹.

›Louis Ferdinand‹ Schnitzler hatte am Vortag im Burgtheater die Generalprobe von Fritz von Unruhs ›Louis Ferdinand Prinz von Preußen‹ (1913) besucht.

wieder geschlossen, weil es zu kalt ist Tgb: wird geschlossen.

Marienlyster Kellner 1906 Schnitzler hatte sich 1906 bei seiner Dänemark-Reise auch in dem Badeort Marienlyst aufgehalten. Auch Else in ›Fräulein Else‹ spricht von einem Aufenthalt in Marienlyst (E II, S. 326).

Doppelnovelle Schnitzler arbeitete zu dieser Zeit intensiv an der ›Traumnovelle‹ (Arbeitstitel ›Doppelnovelle‹). Albertine gesteht Fridolin im 1. Kapitel einen Flirt im Vorjahr am dänischen Strand (E II, S. 436).

der Hof Am Hof, Platz in der Wiener Innenstadt (1. Wiener Gemeindebezirk).

1848 gehenkt der Kriegsminister Theodor Graf Baillet von Latour war von den Aufständischen der Oktoberrevolution 1848 bei einem Sturm auf das Kriegsministeriums, das sich Am Hof befand, gelyncht worden.

Escomptebank die Niederösterreichische Escompte-Gesellschaft, jene Bank, bei der Hedwig Kempny arbeitete, hatte ihren Sitz Am Hof 2, an jener Stelle, wo sich das Kriegsministerium befunden hatte.

Kattus die Sekt-Kellerei Johann Kattus befand sich Am Hof 8. Im Nachbarhaus, Nr. 7, war in den frühen 80er Jahren des 19. Jahrhunderts das Kaffeehaus des Cafétiers Franz Jautz gewesen, das auch Schnitzler ab und zu frequentierte.

kleine Rolle in meinem Leben das Tgb vom 7.12.1881 spricht von einer durchwachten Nacht in mehreren Kaffeehäusern, zu denen auch das Café Jautz zählte.

Bischofspalais das erzbischöfliche Palais befindet sich am Stefansplatz, bei der Einmündung der Rotenturmstraße im 1. Wiener Gemeindebezirk.

doch in der Nähe das Nuntiuspalais fehlt Tgb. Das Nuntiaturgebäude (Gesandtschaft des Kirchenstaats) befand sich Am Hof 4.

»Clericus« vermutlich eine Traum-Erfindung, als Begriff für jenen Bereich des Gebäudes, der den Geistlichen vorbehalten war.

Askonas möglicherweise befand sich die Wohnung des Industriellen Rudolf Askonas, bei dem Schnitzler am 15.12. zu Abend aß, in der Zelinkagasse im 1. Wiener Gemeindebezirk, im 4. Stock. Das lässt sich nicht belegen.

Piaristenkloster es gab zwei Piaristenklöster in Wien, eines im 4.

und eines im 8. Wiener Gemeindebezirk. Schnitzler meint jenes im 8. Bezirk (Josefstadt), in der Piaristengasse.

Donauverlag der 1920 von dem ehemaligen Dramaturgen des Burgtheaters Richard Rosenbaum gegründete Donauverlag hatte seinen Sitz in der Piaristengasse 43.

im Central das sehr traditionsreiche Café Central, in der Herrengasse im 1. Wiener Gemeindebezirk.

›*Frau des Richters*‹ eine weitere Novelle, an der Schnitzler zu dieser Zeit intensiv arbeitete. Sie erschien 1925 zunächst in Fortsetzungen in der ›Vossischen Zeitung‹, Berlin, im selben Jahr auch als Buch.

22. 12. 1922

Grete L. Margarete Lichtenstein, geb. Kantorowicz, aus einer Berliner Unternehmerfamilie. Ihr Vater betrieb eine Likörfabrik. Ihr Bruder war der Historiker Ernst Kantorowicz. Zusammen mit Olga Schnitzler erwarb sie in Baden-Baden ein Haus (s. 26. 1. 1923).

25. 12. 1922

Cab. part. Cabinet particulier, Extrazimmer, vgl. Chambre séparée.

Gerichtsverhandlung gegen Hopfner gegen den Restaurantbesitzer Franz Hopfner (s. 6. 9. 1921) war aufgrund seiner Separées wegen Kuppelei ermittelt worden.

Freihauses das Freihaus befand sich in der Wiedner Hauptstraße 40 im 4. Wiener Gemeindebezirk.

Quartier 96 es ist unbekannt, wo genau sich das von Schnitzler 1896 benutzte Absteigquartier in der Nähe des Freihauses befand. Das Tgb verwendet stets nur die Chiffre »bei Uns«.

26. 12. 1922

Tagebuch s. 22. 1. 1909.

Neuwaldeggerpark großer Park im Stil eines Englischen Gartens beim Schloss Neuwaldegg im 17. und 18. Wiener Gemeindebezirk.

Medardus ›Der junge Medardus‹ (s. 17. 11. 1913).

(der Schneider) Grünbaum, sein Schwager die Frau des Sekretärs des Deutschen Volkstheaters, Anton Geiringer, Olga, war die Schwester des bekannten Wiener Modehändlers Oscar Grünbaum.

»*Gefährtin*« erinnert an den Einakter Schnitzlers ›Die Gefährtin‹ (1898), der 1899 zusammen mit ›Paracelsus‹ und ›Der grüne Kakadu‹ am Burgtheater uraufgeführt wurde.

30. 12. 1922
die Physiognomie verschwand Tgb: verschwamm.

2. 1. 1923
Heiligenkreuzer Gegend Heiligenkreuz, Gemeinde im Wienerwald südwestlich von Wien, mit einer Zisterzienser-Abtei aus dem Jahr 1133.
Semmering s. 17. 1. 1904.
Rabenstein die wirkliche Burgruine Rabenstein befindet sich an anderer Stelle als in der Gegend des Semmerings, nämlich an der Pielach, nahe St. Pölten, ebenso wie Steinriegl (westlich Wiens) und Sophienalpe (s. 29. 11. 1917) Ausflugsziele in anderer Richtung sind.
funeste unheilbringende, unselige.
Bärenwirtshaus auf dem Weg von Semmering nach Maria Schutz befindet sich das Bärenwirtshaus (in 900 m Höhe).
Allee von Gehenkten im 4. Kapitel der ›Traumnovelle‹ findet sich der Held in der Maskenleihanstalt des Herrn Gibiser wieder; die vielen verschiedenen Kostüme in den langen Gängen wirken auf ihn, »als wenn er durch eine Allee von Gehängten schritte« (D II, S. 458).
Tanzmeister Rabensteiner die Tanzschulen des Eduard Rabensteiner befanden sich zur Zeit, als Schnitzler sie besuchte (1879/80) in der Taborstraße 57 und in der Zirkusgasse 8 im 2. Wiener Gemeindebezirk.

5. 1. 1923
»*Luft wie Champagner*« vgl. ›Fräulein Else‹ (D II, S. 333): »Die Luft ist wie Champagner.«
Onkel Toni Anton Schey, der Bruder von Schnitzlers Großmutter mütterlicherseits, Amalie Markbreiter. Schnitzlers Autobiographie bietet eine farbige Schilderung von Anton Scheys Persönlichkeit und den sonntäglichen Mittagessen in seinem Hause (JiW, S. 55ff.).
Onkel Edmund s. 22. 5. 1903.
weiteres Verschwinden Tgb: verschwimmt.

6. 1. 1923
Donaukanal s. 23. 7. 1919.
Hotel Continental befand sich in der Praterstraße 2 im 2. Wiener Gemeindebezirk.
Dianabads das 1913-17 errichtete neue Dianabad in der Oberen Donaustraße (2. Wiener Gemeindebezirk) auf dem Areal einer bereits seit dem frühen 19. Jahrhundert bestehenden Badeanstalt. Der Neubau bestand aus zwei Schwimmhallen, einer Kuranstalt und einem Hotel.
Erinnerung an im Tgb steht an dieser Stelle »Erinnerung an St., der dort mit – war«, wobei es sich vermutlich um eine Erinnerung an Oskar Stoerk und Rosa Freudenthal (s. 20. 9. 1897 und 6. 9. 1924, Anm. zu R. F. 97?) handelt. Vgl. die entsprechenden Tgb-Einträge 1897 und 1898. Im Typoskript der ›Träume‹ ist die Initiale verschwunden und aus dem maskulinen Relativpronomen ein feminines geworden.
benachbarten Tempel der Große Tempel in der Tempelgasse 3-5 im 2. Wiener Gemeindebezirk.
Else-Motive elegant gekleidete Menschen, das gesellschaftliche Leben in der Hotelhalle sind wesentliche Handlungselemente von ›Fräulein Else‹.

7. 1. 1923
Frankgasse 1 s. 13. 7. 1909.
Garnison-Alserstrasse Garnisongasse im 9., Alserstraße im 8. und 9. Wiener Gemeindebezirk.
Beide Novellen die Hotelgänge sind in ›Fräulein Else‹, die Gegend in der Nähe des Allgemeinen Krankenhauses in ›Traumnovelle‹ Schauplätze der Handlung.

9. 1. 1923
Pepitahosen s. 10. 1. 1919.
erste V. B. Vize-Bürgermeister.
ungarische Verweser die ungarische Nationalversammlung hatte am 1. 3. 1920 Miklós Horthy zum provisorischen Staatsoberhaupt, zum Reichsverweser, gewählt.
dass ich in einer Hauptstrasse Tgb: daß ich Sieveringer Hauptstrasse. (19. Wiener Gemeindebezirk).
Freihaus s. 25. 12. 1922.

10. 1. 1923
zum ersten Mal glaube ich Schnitzler hatte bereits mehrfach von Wilhelm Gross geträumt; vgl. 9. 2. 1922, 14. 2. 1922.
Violinsonate Violinsonate op. 6 von Wilhelm Gross. Welches die »peinlichen Erinnerungen« sind, die sich an das Stück knüpfen, ist nicht festzustellen.

12. 1. 1923
gibt mir den Auftrag Tgb: gibt nur den Auftrag.
Poliklinik s. 8. 12. 1916.

22. 1. 1923
Hölderlins Empedokles ›Der Tod des Empedokles‹, Dramenfragment (1797-1800) von Friedrich Hölderlin, posthum veröffentlicht.

26. 1. 1923
Sitze nehmen Eintrittskarten.
Braunfels Tedeum ›Te Deum‹ für Sopran, gemischten Chor, großes Orchester und Orgel op. 32 (1920/21) von Walter Braunfels.
Mass für Mass ›Maß für Maß‹, Komödie (1604) von William Shakespeare.
Moissi hat sich irgendwie schlecht benommen Schnitzler trug Moissi einerseits nach, dass er im Juni 1919, ohne ihn zu fragen, Schnitzlers Namen unter ein Protesttelegramm gesetzt hatte, das sich gegen Ernst Tollers Verhaftung in München wandte – andererseits hatte er Moissis Äußerung Anfang 1921 im Zusammenhang mit der umstrittenen Berliner ›Reigen‹-Première (s. Traum vom 24. 1. 1921) nicht vergessen. 1929 spielte Moissi die Hauptrolle in Schnitzlers ›Im Spiel der Sommerlüfte‹, und man begrub die einstigen Differenzen. Tgb 20. 12. 1929: »Sprach mit M. zum ersten Mal über den Toller Aufruf, wo er vor circa 8 Jahren ohne mich zu fragen, meine Unterschrift hingesetzt; es löste sich heut natürlich alles in Humor.–«
Neubau Teplitz das 1921-24 von Rudolf Bitzan errichtete Neue Stadttheater in Teplitz-Schönau.
Chur 1914 vgl. Tgb 20. 7. 1914. Der Ausbruch des Ersten Weltkriegs hatte Schnitzler während einer Schweizer Reise überrascht und Chur war eine der zahlreichen Stationen auf der komplizierten Heimreise.

ANMERKUNGEN ZU S. 185–186 (1923)

Baden-Baden Olga Schnitzler hatte soeben mit Schnitzlers finanzieller Hilfe eine Haushälfte in Baden-Baden erworben.

15. 2. 1923

von einem grossen französischen Roman Tgb: von einem französ. Rousseau'schen Roman.
von Lucy Jacobi übersetze ›Nana‹ Émile Zola, ›Nana‹, übersetzt von Lucy von Jacobi (1922).
Madame A. und ein Frauenname Tgb: Madame – A. und ein Frauenname, der mit A anfängt.
doch nur bei Heller Hinweis darauf, dass Schnitzler den vielfältigen »Marketing«-Aktivitäten des Buchhändlers Hugo Heller skeptisch gegenüberstand.
Geisterseher ›Der Geisterseher‹, Roman-Fragment von Friedrich von Schiller (1787-1789).

17. 2. 1923

Burggastspiel Liebelei das Burgtheater gastierte zwischen 26. 2. und 10. 3. 1923 mit ›Liebelei‹ in Den Haag, Amsterdam, Rotterdam, Bussum und Utrecht.

19. 2. 1923

Gott und die Bajadere ›Der Gott und die Bajadere‹, Indische Legende (1798) von Johann Wolfgang von Goethe. Behandelt ebenso wie Émile Zolas ›Nana‹ das Motiv der erotischen Verführung.

22. 2. 1923

Edlach s. 13. 7. 1909.
Vampyr Schnitzler hatte am 3. 2. 1923 im Volkstheater die Première von ›Der Vampyr oder Die Gejagten‹, einem Drama von Hans Müller, gesehen.
Alserstrasse, Ecke Langegasse Alserstraße (s. 7. 1. 1923), Lange Gasse im 8. Wiener Gemeindebezirk.
Maskenleihanstalt s. 2. 1. 1923, Anm. zu Allee von Gehenkten.
Optiker Fritsch das Optikergeschäft Karl Fritsch in der Alserstraße 19 im 8. Wiener Gemeindebezirk befand sich unweit von Vilma Lichtensterns Wohnung in der Lange Gasse 65.
Währingerstr. s. 8. 11. 1892.
C. P. Clara Pollaczek. Schnitzler kannte Clara Katharina Pollaczek, geb. Loeb bereits in den neunziger Jahren als junges Mädchen. Damals hatte sie eine Szenenreihe ›Mimi‹ verfasst, gleichsam ein

weibliches Pendant zum ›Anatol‹, und auch zu diesem Zyklus
hatte Hofmannsthal einen Prolog geschrieben. Nach ihrer Ehe –
ihr Mann, der Industrielle Otto Pollaczek, nahm sich 1908 das
Leben – begann sie wieder zu schreiben, nach dem Ersten Weltkrieg erneuerte sie die Freundschaft mit Schnitzler und in dessen
letzten Lebensjahren war sie die Frau an seiner Seite, ohne mit
ihm unter einem Dach zu leben.

1. 4. 1923

Reichsstrasse war bis 1918 die Bezeichnung für vom Staat unterhaltene Fernstraßen.

2. 4. 1923

vor mehr als 30 Jahren honorariter das Tgb vermerkt am 24. 12.
1893, dass Schnitzler von der Sängerin Lola Beeth einen Stock
als Geschenk erhalten habe, ohne dass die Verknüpfung mit einem ärztlichen Honorar eigens erwähnt wird.
Stadtbahnhof Währingerstr. 1895-1901 wurde unter der Leitung
des Architekten Otto Wagner ein Stadtbahnnetz errichtet, das
im Wesentlichen dem Wiental und der Gürtelstraße angepasst
war. Die Haltestelle Währinger Straße (s. 8. 11. 1892) ist eine der
typischen Stationen der als Hochbahn geführten Teile. Später
wurde die Stadtbahn in das Wiener U-Bahn-Netz integriert.
letzten Gespräche über Okkultismus das Tgb hält solche Gespräche
am 16. 3. 1922 (mit Rudolf Allers) und am 1. 10. 1922 (mit Alfred
von Winterstein) fest.

7. 4. 1923

Fritz in Liebelei tatsächlich spielte Heinrich Schnitzler in einer
›Liebelei‹-Inszenierung am Berliner Schillertheater im Oktober
1925 den Theodor Kaiser.

14. 4. 1923

meinem Wachskopf das Tgb verzeichnet am 10. 2. 1923 den Beginn dieser Modellier-Tätigkeit von Catherine Barjansky. Es ist
unbekannt, ob sich die Arbeit erhalten hat.

16. 4. 1923

Bertha Brevée Frau eines niederländischen Arztes, die als Schauspielerin und Schriftstellerin dilettierte und sich immer wieder
für längere Zeit in Wien aufhielt.

Virginia s. 4. 1. 1913.
Havanah-Virginia Havannazigarren gelten als schwerer (und teurer) als übrige Sorten.

17. 4. 1923
Pressburg Hauptstadt der Slowakei, ca. 67 km östlich von Wien. Seit 1914 (und bis 1945) existierte eine Lokalbahn zwischen den beiden Städten. Schnitzler war am Vortag mit Berthe Brevée nach Preßburg gefahren, um sich ein Gastspiel des Wiener Raimundtheaters mit seinem Stück ›Das weite Land‹ anzusehen, in dem Heinrich Schnitzler die Rolle des Otto von Aigner spielte.
Traum von gestern Tgb: Ihr Traum von gestern.
Maria Theresia-Bett ... Hofburg einzelne Wohnräume des österreichischen Kaiserhauses konnten seit Ende der Monarchie besichtigt werden. Das Paradebett der Kaiserin Maria Theresia war bis 1947 in der Hofburg ausgestellt, seit 1980 befindet es sich in Schloss Schönbrunn.

29. 4. 1923
Schönbrunn s. 8. 3. 1913, 13. 7. 1922.
Hietzinger Tor das Tor vom Park des Schlosses Schönbrunn zu dem angrenzenden Bezirk Hietzing, dem 13. Wiener Gemeindebezirk.
italienische Barockkirche ... »Hietzinger Sommerwohnung« Trauminventar, beides irreal.

8. 5. 1923
Schlafwagen Schnitzler reiste am 8. 5. nach Berlin, von dort am 11. 5. weiter nach Kopenhagen und am 17. 5. nach Stockholm. Am 24. 5. trat er die Heimreise an und machte wiederum in Berlin Station.

16. 5. 1923
Roskildenkirche der Dom zu Roskilde auf der dänischen Insel Seeland. Schnitzler hatte den Nachmittag des 15. 5., seines 61. Geburtstags, dort verbracht.
Reimers (Shakespeare, Burgth.) Schnitzler hatte Georg Reimers in der Rolle des Duncan in Shakespeares ›Macbeth‹ (1611) im Februar 1920 im Burgtheater gesehen.
Stefan Grossmann Schnitzler kannte den aus Wien stammenden und seit langem in Berlin arbeitenden Journalisten seit Jahr-

zehnten und hatte keine besonders hohe Meinung von ihm (vgl. Tgb 26. 5. 1920: »zweifellos ein Schubiak«).

22. 5. 1923
Stockholm Schnitzlers Ankunft am Bahnhof in Stockholm am 17. 5. 1923 wurde für die schwedische Wochenschau gefilmt und dürfte das einzige erhalten gebliebene bewegte Bild des Autors sein. Es kann auf dem Videoportal YouTube betrachtet werden.
Währingerstrasse s. 8. 11. 1892.
Kolap Lili Schnitzler hatte als Kind Schwierigkeiten, den Namen von Schnitzlers Sekretärin Frieda Pollak korrekt auszusprechen. So entstand der Name ›Kolap‹, der von der ganzen Familie aufgenommen und beibehalten wurde.
Burgringwohnung s. 4. 4. 1915.

25. 5. 1923
Berlin auf der Rückreise von der Skandinavienreise nach Wien.
meinem Sarge folgen wollten Tgb: folgen sollten.

27. 5. 1923
Hirtenflöte s. 6. 8. 1922.
Novellensammlung Sophus Michaelis, ›Novellen‹ (1922).

7. 6. 1923
vor dem Boden Tgb: auf dem Boden.
Pasteur s. 25. 5. 1913.

13. 6. 1923
Gösing Schnitzler hielt sich von 12. bis 14. 6. hier auf. Er war bereits Ende April für drei Tage hier gewesen. Seit 1922 gab es in dem Luftkurort an der Mariazeller Bahn (Niederösterreich) ein luxuriöses Alpenhotel.
Stück von Heinrich Mann ›Madame Legros‹, Drama (1917) von Heinrich Mann, das zur Zeit der Französischen Revolution spielt. Schnitzler hatte die Aufführung des Burgtheaters im November 1921 gesehen, allerdings nicht mit Olga Lewinsky in der Rolle der alten Marquise, sondern mit Auguste Wilbrandt-Baudius (s. 20. 8. 1916).
schiebe mich durch Parkettreihen Tgb: durch dunkle Parkettreihen.
anfangs nächster Woche eine solche Fahrt mit Felix Salten nach Preßburg kam nicht zustande.

jugoslawische Krone 15 Millionen ein weiterer Hinweis auf die galoppierende Geldentwertung.
Dtg. aus der vorhergehenden Nacht ungeklärt.
Ruf des Lebens zur Verfilmung zahlreiche Stoffe Schnitzlers wurden verfilmt; sein Drama von 1906 ›Der Ruf des Lebens‹ gehört nicht dazu. Es existiert im Nachlass Schnitzlers allerdings sein Drehbuchentwurf zu diesem Stück.
Volksgarten s. 24. 10. 1875.

2. 7. 1923

Baden-Baden nach der Scheidung hatte sich Olga Schnitzler im Februar 1923 in Baden-Baden angesiedelt (s. 26. 1. 1923). Schnitzler war am 27. 6. dorthin gefahren, um sie zu besuchen, und er hielt sich bis 7. 7. auf.
Garnisongasse s. 8. 7. 1920.
aus Erfahrung s. 25. 6. 1921.

18. 7. 1923

Medardus-Film s. 27. 2. 1920.
Vallentin'schen Napoleonbuch Berthold Vallentin, ›Napoleon‹ (1923).

4. 8. 1923

Salzburg Schnitzler hielt sich von 3. bis 5. 8. in Salzburg auf und traf mehrmals mit Stefan Zweig zusammen, der seit 1919 seinen Wohnsitz auf dem Salzburger Kapuzinerberg hatte.
K. unklar; es könnten sowohl Hedwig Kempny als auch Frieda Pollak (›Kolap‹) gemeint sein, beide freilich nicht erstmals.

20. 8. 1923

Celerina Schnitzler war am 15. 8. in die Schweiz gereist und hielt sich bis 3. 9. in Celerina im Engadin auf.
Gemeinderat, etwa Blumenfeld fiktiver Name.
Nekrolog über Sonnenthal der Schauspieler des Burgtheaters Adolf Ritter von Sonnenthal war am 4. 4. 1909 in Prag gestorben, wo er sich zu einem Gastspiel aufgehalten hatte. Schnitzler kannte Sonnenthal seit Kindertagen als Patienten und Freund seines Vaters. Ihm hatte er seine frühen dramatischen Versuche zur Begutachtung vorgelegt.

Währinger Rathaus zugleich das Amtshaus des 18. Wiener Gemeindebezirks, Martinsstraße 100.
S. sagt im diktierten Typoskript steht irrtümlich: Es sagt. (Ein deutliches Indiz für das Diktat der Traumauszüge.)
unsere Magd nicht eruiert.
Bücherladen, etwa Lechner die Verlags- und Kommissions-Buchhandlung Rudolf Lechner & Sohn, Wien 1., Seilerstätte 5. Vgl. Tgb 5.12.1911 »Die Wiener Buchhandlungen, Lechner insbesondere, die in ihren Auslagen das ›jüdische‹, so weit es geht, unterschlagen.-«
Schulerstrasse im 1. Wiener Gemeindebezirk.
Ulrike Woytich Jakob Wassermann, ›Ulrike Woytich‹, Roman (1923), die 3. Folge in dem vierteiligen Zyklus ›Der Wendekreis‹.
Perzent österr. für: Prozent.

1.9.1923
ungewohnt reichliche Nahrung für jemanden, der aus dem unter Versorgungsknappheit leidenden Nachkriegs-Österreich kam, war die Lebensmittellage in der Schweiz ein starker Kontrast.
Universitätstrasse ... Frankgasse ... Währingerstrasse lauter Straßen im 9. Wiener Gemeindebezirk, in der Gegend von Schnitzlers einstigem Wohnsitz Frankgasse 1.
Tagebücher s. 22.1.1909.
Prinz Arduins Schiff im dritten Akt von ›Komödie der Verführung‹ ist von der Yacht des Prinzen von Perosa die Rede (vgl. D II, S. 941).
Bild, von dem Johanna im ›Einsamen Weg‹ spricht gemeint ist die Stelle in der 5. Szene des 3. Akts von ›Der einsame Weg‹ (1904) (D I, S. 805), wo Johanna zu Felix von einem Bild spricht, das sie zusammen mit ihm im Belvedere gesehen habe. Die Beschreibung trifft auf Lucas van Valckenborghs Gemälde ›Frühlingslandschaft‹ (1587) zu, das sich im Kunsthistorischen Museum in Wien befindet.
czechisch eine derartige Aufführung ist nicht eruiert.
›Les deux rives‹ ›Sur les deux rives‹, Roman (1923) von Louis Frédéric Choisy.
Josefsplatz s. 27.4.1914.
Schweizerhof der älteste (gotische) Teil der Wiener Hofburg, nahe dem Josefsplatz.
Anastasia Woytich Figur in Jakob Wassermanns ›Ulrike Woytich‹ (s. 20.8.1923).

Versorgungshaus s. 9. 7. 1921.
trotz Korff gemeint ist die Aufführung von ›Das weite Land‹, die Schnitzler am 16. 4. in Preßburg gesehen hatte.

4. 9. 1923
Schuls-Tarasp auf der Heimfahrt von Celerina machte Schnitzler von 3. bis 5. 9. in Schuls-Tarasp im Ostengadin Station, bevor er nach Bregenz und Lochau (Vorarlberg) weiterfuhr.
Oper von W. G. Wilhelm Gross hatte zu diesem Zeitpunkt erst eine Oper geschrieben: ›Sganarell‹ (nach Molière) op. 14 (1923).

13. 9. 1923
›Liebelei‹-Probe Emmerich Reimers spielte den Fritz Lobheimer in der Burgtheater-Aufführung von ›Liebelei‹, die 1918 Première hatte und bis 1930 auf dem Spielplan stand.
dass sie tot ist Elisabeth Steinrück, Olga Schnitzlers Schwester, war am 7. 4. 1920 in Partenkirchen an Tuberkulose gestorben.

28. 11. 1923
auf zwei Stäben gewundenes Tgb: aus zwei Stäben.
Aurelie in meinem Stück ›Komödie der Verführung‹.

1. 12. 1923
Wiedner Theater das 1800/1801 von Emanuel Schikaneder errichtete ›Theater an der Wien‹ im 4. Wiener Gemeindebezirk, mit einer reichen Tradition (Kleists ›Käthchen von Heilbronn‹ und Beethovens ›Fidelio‹ wurden hier uraufgeführt, aber auch Nestroys ›Der Zerrissene‹, ›Die Fledermaus‹ von Johann Strauß oder ›Die lustige Witwe‹ von Lehár).
Verlag Karczag der Schriftsteller und Journalist Wilhelm Karczag war seit 1901 Pächter des Theaters an der Wien, das er bis zu seinem Tod am 11. 10. 1923 leitete. Daneben führte er einen erfolgreichen Musikverlag. Worum es sich bei Schnitzlers Brief an den Verlag handelte, ist ungeklärt. Im Tgb findet sich lediglich ein Hinweis vom 5. 10. 1920, wo es um die Verwertung seiner Autorenrechte in den USA geht.
Thayer der überaus wohlhabende Publizist und Kunstsammler Scofield Thayer hielt sich seit 1921 in Wien auf und gab von hier aus die amerikanische Kulturzeitschrift ›The Dial‹ heraus. Ab 1920 erschien eine Reihe von Schnitzlers Prosaarbeiten in dieser Zeitschrift, u. a. ab Juli 1922 in fünf Folgen ›Doctor Graesler‹.

tausend Kronen in Friedenwährung Tgb: Friedenswerth.
beziffert meinen Verlust Tgb: meine Schuld.
Dostojewsky'schen Briefe über sein Spiel René Fülöp-Miller, ›Dostojewski, der Spieler‹, in: ›Neue Freie Presse‹ 28. 11. 1923, S. 11; 29. 11. 1923, S. 12; 1. 12. 1923, S. 11f. und 2. 12. 1923, S. 32f.

21. 12. 1923

Irene Herms Figur in ›Der einsame Weg‹. Das Stück war 1914 bis 1919 am Burgtheater gespielt worden. Eine Neuinszenierung war womöglich geplant, sie kam aber nicht zustande.
Brauner Hirsch Schnitzler hatte nicht am Vorabend, sondern zwei Tage früher nach einem Besuch im Schwarzenbergkino im ›Braunen Hirsch‹ gegessen. Das Lokal befand sich Ecke Rotenturmstraße und Fleischmarkt im 1. Wiener Gemeindebezirk.
Spinnerin am Kreuz ein Straßen- oder Wahrzeichen an der Triester Straße im 10. Wiener Gemeindebezirk, bei der südlichen Ausfahrt aus Wien. Das Standbild wurde 1451/52 anstelle einer bereits früher dort vorhandenen Säule errichtet, die 1436 zerstört worden war. Die Herkunft der Bezeichnung liegt im Dunkeln. Eventuell besteht ein Zusammenhang mit der nahe gelegenen Hinrichtungsstätte.

26. 12. 1923

Währingerkirche 1753 errichtete Pfarrkirche am Gertrudplatz im 18. Wiener Gemeindebezirk.

2. 1. 1924

Gersthofer Gürtel gemeint ist die Vorortelinie zwischen Währing und Gersthof (18. Wiener Gemeindebezirk). Vgl. 3. 7. 1913.

3. 1. 1924

des neuen Romans damit ist der Fragment gebliebene ›Theaterroman‹ gemeint (publiziert von Reinhard Urbach in ›Literatur und Kritik‹ 13, 1967, S. 135-183).
Influenza mediz.: Grippe. An der als Epidemie auftretenden ›Spanischen Grippe‹ waren 1918 und 1920 in Europa Millionen von Menschen gestorben.
Meistersingerouverture s. 30. 12. 1913.
Beckmesser … Sachs … Stolzing Figuren in ›Die Meistersinger von Nürnberg‹ (s. 30. 12. 1913).

ANMERKUNGEN ZU S. 197–201 (1924)

Eine Gruppe zu Dritt ... wie Botticelli-Figuren Figurengruppen, wie sie auf den Bildern von Sandro Botticelli zu sehen sind, z. B. die drei Grazien auf dem Gemälde ›La Primavera‹ (ca. 1482) in den Uffizien.

letzte Meistersinger-Aufführung diese Vorstellung der ›Meistersinger‹ hatte am 26. 12. 1923 in der Staatsoper stattgefunden.

Meier-Graefe Julius Meier-Graefe, ›Entwicklungsgeschichte der modernen Kunst. Vergleichende Betrachtung der bildenden Künste als Beitrag zu einer neuen Ästhetik‹ (3 Bände, 1904-24). Das Tgb vermerkt die Lektüre des Werks – offenbar des 1. oder 2. Bandes – am 21. 6. 1922.

6. 1. 1924

Stefansplatz, Café Europe das 1874 erbaute Café de l'Europe am Stefansplatz 8 im 1. Wiener Gemeindebezirk. Sein stadtbekannter Besitzer Ludwig Riedl war oft die Zielscheibe des Spotts von Karl Kraus.

rechts durch eine Art Vorgang Tgb: eine Art Thorgang.

10. 1. 1924

geht schwarz gekleidet Tgb: jetzt schwarz gekleidet.

Wechsel Aurelie im 3. Akt gemeint ist vermutlich Aurelies Abgang, mit dem sie ihren Freitod ankündigt, äußerlich auch durch einen Kostümwechsel signalisiert (D II, S. 967).

Gräfin W. sprach gestern Schnitzler war am Vorabend bei einer Einladung im Hause Felix Saltens der Gräfin Maria Wydenbruck begegnet.

9. 3. 1924

Pasteurinstitut es existierte kein Pasteurinstitut in Wien. Möglicherweise assoziiert Schnitzler im Traum das berühmte Pariser Institut, oder aber er bezeichnet irgendein Wiener immunologisches Institut mit der Methode, nach der gegen Tollwut geimpft wurde. Vgl. die Träume vom 25. 5. 1913, 24. 7. 1916 und 7. 6. 1923.

17. 3. 1924

Raimundtheater das 1893 eröffnete Theater im 6. Wiener Gemeindebezirk war mit dem Vorsatz gegründet worden, »den unteren Volksschichten zu billigen Preisen Wiener Volksstücke zu bieten«. Zwischen 1908 und 1920 wurden vor allem Operet-

ten und Singspiele aufgeführt. Mit Übernahme der Direktion durch Rudolf Beer erhielt der Spielplan ein literarisches Profil.
Sitze vergessen Eintrittskarten.
Kassier österr. für: Kassierer.
moros verdrießlich.
rückwärts österr. für: hinten.
Rote Mühle von Molnar Schnitzler hatte das Stück ›Die rote Mühle‹ von Franz Molnár am 29. 1. 1924 im Burgtheater gesehen.
schweizer Offiziersmantel im Typoskript war irrtümlich »schwarzer« Offiziersmantel gestanden.
Abfälliges über den ›Reigen‹ die lautstarken Affairen um das Stück in Berlin und Wien lagen noch nicht sehr lange zurück. S. 24. 1. 1921.
der Sch. vom Reigen statt: der Sch[nitzler] vom Reigen war im Typoskript gestanden: der Chef vom Reigen. Es handelt sich vermutlich um ein Verhören beim Diktat.
Epitheton? als Attribut gebrauchtes Adjektiv. Schnitzler erinnert sich nicht mehr an den konkreten Ausdruck.
Bundespräsidenten Schnitzler hatte am 8. 3. an einem Empfang des Bundespräsidenten (Michael Hainisch bekleidete dieses Amt zwischen 1920 und 1928 für zwei Amtsperioden) teilgenommen. Vgl. ›Neue Freie Presse‹ 9. 3. 1924, S. 10f.
›Bernhardi‹ der Satz findet sich in der Form »Glauben Sie mir, meine Herren, es gibt Dinge, an die man nicht rühren – und nicht rühren lassen soll« im 4. Akt von ›Professor Bernhardi‹ (D II, S. 427).

14. 4. 1924
Erinnerung an Brioni s. 30. 12. 1912.

25. 4. 1924
Sechs Personen suchen einen Autor ›Sechs Personen suchen einen Autor‹ (1920) von Luigi Pirandello. Schnitzler hatte das Stück am 4. 4. im Raimundtheater gesehen.
O Spanien! ›O Spanien!‹, Reiseführer (1924) von Alfred Kerr.
Choristin in meiner neuen Novelle Fräulein Rihoschek in ›Spiel im Morgengrauen‹ (1927), von der es im Text heißt: »Sie hatte ein Gesicht wie eine Königin in einem Trauerspiel und war doch kaum etwas Besseres als eine Choristin.« (D II, S. 531)
Frau Kasch. Marie von Kaschenreuther, geb. Epstein, die Frau eines Wiener Rechtsanwalts.

16. 6. 1924
mein Ohrengeräusch s. 23. 3. 1898.

29. 6. 1924
Baden-Baden Schnitzler hielt sich von 27. 6. bis 2. 7. in Baden-Baden auf.
Burgring 1 s. 4. 4. 1915.
Buddenbrooks. Film der Zusatz ›Film‹ fehlt im Tgb. Schnitzler hatte am Vorabend Gerhard Lamprechts Verfilmung (D, 1923) des Thomas-Mann-Romans von 1901 gesehen.

25. 7. 1924
Türkenschanzpark s. 17. 1. 1904.
Prater s. 12. 8. 1922.
Hakenkreuzergesellschaft s. 4. 11. 1922.
Hartäcker-(Friedhof-)strasse im 19. Wiener Gemeindebezirk, führt entlang des Döblinger Friedhofs (s. 14. 10. 1920, Anm. zu Ziegelmauer).
Fräulein Else, Schluss vgl. E II, S. 381, mit den Schlussworten der Novelle »Ich fliege … ich träume … ich schlafe … ich träu … träu – ich flie ……«.
Rambald Rambald Steinbüchel von Rheinwall, Architekt.
Billie Tandler der Sohn des Anatomen und Wiener Gesundheitsstadtrats Julius Tandler (s. 25. 7. 1916, 22. 11. 1918), Wilhelm, zählte ebenso wie Rambald von Steinbüchel zum Freundeskreis von Lili Schnitzler.
Stefanskeller Lokal in der Rotenturmstraße 11 im 1. Wiener Gemeindebezirk.
mit rötlichen Bartcotelettes Tgb: mit rötlichen Cotelettes.
Bocher s. 29. 7. 1918. Schnitzler hatte am Vorabend ein Gastspiel des ›Jüdischen Theaters‹ des New Yorker Impresario Morris Schwartz mit einem ›Bunten Abend‹ besucht.
»Orgelputzer« fiktiver Hotelname.
Hotel Habsburg in der Rotenturmstraße 24 im 1. Wiener Gemeindebezirk.
Putzer österr. für: Verweis, Tadel.
Koffer im Typoskript war irrtümlich »Kocher« gestanden.
Seidenplastronbinde auswechselbarer Ziereinsatz bei Blusen oder Herrenhemden.

10. 8. 1924

Celerina Schnitzler hielt sich von 7. 8. bis 22. 8. in Celerina auf.
Sternwartestrasse 71 seit Juli 1910 Schnitzlers Adresse.
Cottagesanatorium s. 10. 3. 1916.
Janowitzerhauses das Haus des Verwaltungsrats und Honorarkonsuls von Kuba Bernhard Janowitzer befand sich in unmittelbarer Nachbarschaft (Sternwartestraße 72, 18. Wiener Gemeindebezirk).
Raubanfall österr. für: Raubüberfall.
Leicht in der Uraufführung von ›Fink und Fliederbusch‹ im Deutschen Volkstheater am 14. 11. 1917 hatte Leicht die Rolle des Wöbl gespielt, einen der Redakteure der Zeitung ›Die elegante Welt‹.
zugleich Praterwirt Wilhelm Leicht übernahm 1922 nach dem Tod seines Bruders Ferdinand dessen Varietétheater im Prater, führte dort aber auch literarische Stücke auf.
›Anatols Hochzeitsmorgen‹ Einakter (1888) aus dem ›Anatol‹-Zyklus. Leicht hatte, wie aus einem Brief Schnitzlers an den Bühnenverleger Otto Eirich vom 12. 6. 1924 hervorgeht, unter dem Titel ›Der Morgen vor der Brautnacht‹ und als Werk von einem inexistenten Autor Robert Lothar Schnitzlers Stück aufgeführt.
aufführte Tgb: spielte.

1. 9. 1924

Lugano von Celerina kommend war Schnitzler über Luzern am 27. 8. nach Lugano gereist, wo er bis zum 1. 9. blieb, bevor er nach Zürich weiterreiste.

6. 9. 1924

Freyung, Schottenkirche s. 19. 3. 1920.
fährt mit mir Tgb: fährt neben mir.
Wandl Hotel am Petersplatz im 1. Wiener Gemeindebezirk.
Else! Cissy, Paul Figuren in Schnitzlers Novelle ›Fräulein Else‹; Paul ist der Cousin der Titelheldin.
Wipplingerstrasse im 1. Wiener Gemeindebezirk.
Tandelmarkt österr. für: Trödelmarkt.
rückwärts österr. für: hinten.
Hohenstaufenstrasse richtig: Hohenstaufengasse, im 1. Wiener Gemeindebezirk.

R. F. 97? in der Hohenstaufengasse befand sich das Absteigquartier, in dem sich Schnitzler im Jahr 1897 mit Rosa Freudenthal traf (s. 20. 9. und 6. 11. 1897, sowie 6. 1. 1923).
Darmintoxikationen mediz.: Darmvergiftungen.

15. 10. 1924
Cottagegasse im 18. Wiener Gemeindebezirk. S. 1. 10. 1920.

27. 10. 1924
Westbahnhof errichtet 1857/59, Kopfbahnhof der Westbahnlinie (Wien–Salzburg), im Zweiten Weltkrieg zerstört.
Frankfurt Schnitzler hielt sich zuletzt im September 1910 in Frankfurt am Main auf, anlässlich der Uraufführung der ›Liebelei‹-Oper von Franz Neumann (s. 6. 9. 1916).
Saemischleder-Tasche Sämischleder: besonders weiches Rauleder.

13. 11. 1924
da die Eltern jetzt wo (?) wären Tgb: jetzt wer (?) wären.
erotischer Traum von Otti S. Tgb: bezüglich Otti S.
Revanche für 1895 bezieht sich auf Adele Sandrock, die Schnitzler mit Salten betrog. S. 13. 9. 1914.

18. 11. 1924
Aphorisma von der angelehnten Tür »Es ist lächerlich genug, eine offene Türe gewaltsam einzurennen. Aber durch eine angelehnte Tür mit Siegermiene zu treten, als hätte man sie durch eigene Kraft eingestoßen, das sieht noch beträchtlich dümmer aus.« (AuB, S. 284)
Fürstin im ›Verführer‹ Franziska Fürstin von Degenbach, Figur in ›Komödie der Verführung‹.
Nonne in der ›Doppelnovelle‹ Frau im Kostüm einer Nonne auf dem Maskenfest in ›Traumnovelle‹, die den Helden Fridolin aus einer prekären Situation rettet. Vgl. D II, S. 463ff.
›Überfahrt‹ … Totenschiff Schnitzler hatte am 14. 11. im Theater in der Josefstadt die Première von Sutton Vanes ›Überfahrt‹ gesehen, in einer Bearbeitung und Inszenierung von Richard Beer-Hofmann. Im Stück wird auf symbolische Weise die Überfahrt der Seelen aus dem Land der Lebenden ins Totenreich behandelt.
Cognacmarke Martell traditionsreiche französische Cognacmarke, begründet 1715.

Asti spumante vgl. Max Meyerfeld, ›Englische Menschen‹, in: ›Neue Rundschau‹, 35. Jg., Heft 11, Nov. 1924, S. 1151-1179. Die zitierte Stelle ist auf S. 1162 zu finden.

N. R. ›Neue Rundschau‹, die seit 1890 erscheinende Zeitschrift des S. Fischer Verlags.

Sacher Hotel-Restaurant der Luxusklasse im 1. Wiener Gemeindebezirk, hinter der Oper.

Schreyvogelgasse (Novelle!) die Schreyvogelgasse im 1. Wiener Gemeindebezirk befindet sich hinter dem Rathaus. In der ›Traumnovelle‹ ist sie im 2. Kapitel Wohnsitz des Hofrats, an dessen Krankenlager der Arzt Fridolin gerufen wird. (Vgl. E II, S. 440f.)

Bonne (›Therese‹!) Bonne, Kindermädchen. Beruf der Titelheldin von Schnitzlers Roman ›Therese, Chronik eines Frauenlebens‹ (1928).

Das Pudern Lili Lili Schnitzler erregte als Kind bei Jugendlichen ihres Alters Aufsehen, weil sie sich früher als jene schminkte und puderte. Zum Zeitpunkt dieses Notats war sie 15 Jahre alt.

etwas unanständig entblößt Tgb: etwa unanständig entblößt.

Absicht Freud zu besuchen die Absicht wurde nicht verwirklicht; nach den Begegnungen vom Juni 1922 in der Berggasse und August 1922 in Berchtsgaden hatte sich zwar ein engerer Kontakt ergeben, aber zu einer persönlichen Begegnung kam es erst wieder Ostern 1925 anlässlich eines Besuchs von Georg Brandes in Wien, der von Schnitzler ebenso wie von Freud in seinem Hotel besucht wurde. Im März 1926 besuchte Schnitzler Freud mehrfach im Cottagesanatorium (s. 10. 3. 1916), Ende Dezember desselben Jahres begegneten sie sich zufällig in einem Berliner Hotel.

als ich 1900 seine ›Traumdeutung‹ las s. 26. 3. 1900.

22. 11. 1924

antisemitischer Kritiker Hans Arnold Schwer war ein Redakteur des antisemitischen ›Deutschen Volksblatt‹, der sich durch seine Berichte über den Ritualmordprozess in Polna 1899 einen besonderen Namen machte. Er war auch christlich-sozialer Gemeinderat in Wien.

28. 11. 1924

K. Anna Kende, geb. Antonowicz, die Frau von Vilma Lichtensterns Bruder Ferdinand.

Veronal Beruhigungs- und Schlafmittel, das unter diesem Markennamen 1903 auf den Markt kam. In ›Fräulein Else‹ greift die Titelheldin am Schluss ebenfalls nach Veronal.

4. 12. 1924
Semmering s. 17. 1. 1904.
der vor wenigen Jahren verstorbene Tgb: vor einigen Jahren. Fritz Redlich war 1921 gestorben.
Czartoryskipark Park hinter dem Palais des Fürsten Konstantin Adam Czartoryski, Währinger Straße 175-181, im 18. Wiener Gemeindebezirk. Das Palais (›Czartoryski-Schlössel‹) ging 1912 in Besitz der Gemeinde Wien über.

16. 12. 1924
Eschenbachgasse s. 26. 6. 1913.
Pötzleinsdorf ... Gersthof Stadtteile im 18. Wiener Gemeindebezirk.
Riesentourniquet Tourniquet, frz. Drehkreuz.
Kleiderhaken österr. für: Kleiderbügel.
Gehecke das Wort bezeichnet ursprünglich die Gesamtheit aller zugleich ausgebrüteten Vögel; Schnitzler verwendet es hier aber offenbar als Synonym für Bewuchs mit einer Hecke.
übel ausgelegter Scherz Tgb: übel aufgelegter Scherz.
Reflektor mediz.: konkaver Beleuchtungsspiegel, speziell zu Untersuchungen in der Hals-, Nasen-, Ohrenheilkunde. Schnitzler von der Tätigkeit seines Vaters sehr vertraut.
Londoner Spital 1888 Schnitzler hielt sich als junger Arzt vom 23. 5. bis 31. 7. 1888 zu Studienzwecken in London auf.
Manometer Druckmessgerät. Vgl. die Sätze in der ›Fackel‹ 261-262, 13. 10. 1908, S. 1: »Es ist meine Religion, zu glauben, daß Manometer auf 99 steht. An allen Enden dringen die Gase aus der Welthirnjauche, kein Atemholen bleibt der Kultur und am Ende liegt eine tote Menschheit neben ihren Werken, die zu erfinden ihr so viel Geist gekostet hat, daß ihr keiner mehr übrig blieb, sie zu nützen.«
goische Geschmacklosigkeit das jiddische Wort Goi bezeichnet einen Nichtjuden.
Szene in der Revue ›Küsse um Mitternacht‹ von Karl Farkas und Robert Katscher. Schnitzler hatte die Vorstellung am 4. 12. besucht.

21. 1. 1925

St. Moritz Schnitzler war am Vortag nach einer Lesereise, die ihn nach Freiburg, Basel, Bern und Zürich geführt hatte, in St. Moritz eingetroffen und hielt sich bis 1. 2. 1925 dort auf.

Bern, Zwinger am 15. 1. hatte Schnitzler in Bern den berühmten Bärengraben besucht, den er zuletzt 1872 bei einer Schweizerreise mit seinen Eltern gesehen hatte (vgl. JiW, S. 35).

27. 1. 1925

U. a. wegen einer Autopartie Tgb: u. a. irgendeine Autopartie.

Hamlet, in meiner Bearbeitung eine Fiktion im Traum. Schnitzler hat keine Bearbeitung des Shakespeare-Stücks geschrieben.

des Direktors in der ›Grossen Szene‹ im zweiten der drei Einakter des Zyklus' ›Komödie der Worte‹ (1915), ›Große Szene‹ tritt ein Theaterdirektor Dr. Falk auf, der Züge des von Schnitzler sehr geschätzten Otto Brahm hat.

auf der Wieden s. 30. 12. 1912.

Frank Heller das Tgb verzeichnet die Lektüre des Kriminalromans ›Herrn Collins Abenteuer‹ (1916) des schwedischen Schriftstellers Frank Heller.

Situation aus der Traumnovelle gemeint ist wohl die Szene im 3. Kapitel, in der Fridolin einer Prostituierten auf ihr Zimmer folgt, dann aber die Flucht ergreift. (Vgl. E II, S. 448ff.).

9. 3. 1925

Steffis Onkel der leitende Bankbeamte Max Leitner war der Bruder von Stefanie Bachrachs Mutter Eugenie Bachrach, geb. Leitner. Er nahm sich 1935 das Leben.

seinen Roman Rudolf von Urbantschitsch (s. 10. 3. 1916) hatte unter dem Pseudonym Georg Gorgone einen Schlüsselroman über Stefanie Bachrach (›Julia‹, 1925) veröffentlicht.

29. 4. 1925

›Liliom‹ Schnitzler hatte am 10. 1. 1924 im Raimundtheater die Vorstadtlegende ›Liliom‹ (1909) von Franz Molnár gesehen (in der deutschen Bearbeitung von Alfred Polgar und mit Max Pallenberg in der Titelrolle). Grete Wagner hatte als Julie debütiert und war Schnitzler positiv aufgefallen.

Wagener Hilde Wagener hatte am 23. 5. 1925 in der Première des Burgtheaters von Schnitzlers 1898 entstandenem ›Schleier der Beatrice‹ die Titelrolle und in der Uraufführung von ›Komödie der Verführung‹ am Burgtheater (11. 10. 1924) die Rolle der Gilda, der Tochter des Hoteldirektors Hansen, gespielt.

3. 8. 1925

Stelle in der ›Traumnovelle‹ im 5. Kapitel: »und all das Entsetzen, Scham, Zorn war an Heftigkeit mit nichts zu vergleichen, was ich jemals im Wachsein empfunden habe.« (E II, S. 477).

Lugano! Schnitzler und Olga Schnitzler waren am 28. 8. 1924 in Lugano mit Efraim Frisch, dessen Frau und Arthur Kaufmann zusammengetroffen. In Lugano arbeitete Schnitzler im Juni 1903 an wesentlichen Passagen seines Stücks ›Der einsame Weg‹ (Lugano wird im 4. Akt des Stücks erwähnt, vgl. D I, S. 817), im Roman ›Der Weg ins Freie‹ spielt das 5. Kapitel großteils in Lugano (E I, S. 798-823). Olga Schnitzler übersiedelte nach dem Zweiten Weltkrieg nach Lugano und starb dort 1970.

Onkel Karl (gest. 89) … Onkel Anton (zur selben Zeit) Carl Markbreiter, der Bruder von Schnitzlers Mutter, starb am 29. 7. 1889, Anton Schey (s. 5. 1. 1923) am 18. 4. 1890. Der erste wird von Schnitzler in JiW als »Geschäfts- und Börsenmann« bezeichnet, der zweite war Bankier.

Arthur Klein Arthur Kleins Vater war ein Cousin von Arthur Schnitzlers Vater. Die Familienbilder, die er entdeckt hatte, dürften also »lauter Schnitzlers« gewesen sein.

Zirkusgasse s. 3. 10. 1913.

3. 9. 1925

Celerina Schnitzler hielt sich zwischen 18. 8. und 6. 9. in Celerina auf.

›Snob‹ ›Der Snob‹, Komödie (1914) von Carl Sternheim.

6. 11. 1925

früher unaesthetisch und unangenehm Tgb: und eher unangenehm.

24. 11. 1925

Stefan Zweig Zweig und Schnitzler kannten sich seit 1910. Zweig verehrte Schnitzler sehr. Die Nachricht von Schnitzlers Tod 1931 war Anlass für ihn, seine jahrelang unterbrochene Tagebuchführung wieder aufzunehmen. Der Briefwechsel zwischen beiden Autoren wurde 1987 publiziert (Stefan Zweig, ›Briefwechsel mit Hermann Bahr, Sigmund Freud, Rainer Maria Rilke

und Arthur Schnitzler‹, hg. von Jeffrey B. Berlin, Hans-Ulrich Lindken und Donald A. Prater, Frankfurt am Main 1987).
Frl. S. Clara Soltau, Hausdame im Hause Schnitzlers zu dieser Zeit. Gertrud Rung hatte diese Position im Haushalt von Georg Brandes in Kopenhagen inne und arbeitete zugleich als Übersetzerin (u. a. auch von Schnitzlers ›Der Schleier der Beatrice‹).
Stutzen österr. für: Kniestrümpfe.
»Wespe« vgl. Tgb 6. 10. 1896 »Nm. eine verschleierte Dame bei mir, die sich neulich telephonisch in langwierig mysteriöser Art angesagt (bekannt von der Redoute als ›Wespe‹)«.
Akademie der Bildenden Künste am Schillerplatz, im 1. Wiener Gemeindebezirk. Akademiepräsident war zu dieser Zeit Schnitzlers Nachbar, der mit ihm befreundete Radierer Ferdinand Schmutzer. Schnitzler war 1923 zum Ehrenmitglied der Akademie gewählt worden.
Kärntnerring s. 14. 4. 1896.
Motive der Traumnovelle Fridolins Erlebnis im 3. Kapitel. S. 27. 1. 1925.
›Weihers‹ ›Der Gang zum Weiher‹, Versdrama (1926).
Molls Bilder Carl Moll hatte sein Studium an der Akademie der bildenden Künste bei Christian Griepenkerl und Emil Jakob Schindler absolviert, dessen Witwe Anna er heiratete. Er war der Stiefvater von Alma Schindler, spätere Alma Mahler. Arthur und Olga Schnitzler kannten ihn seit langem, 1913 hatten sie ein Bild Rudolf von Alts aus dem Erbe nach Schnitzlers Mutter verkauft und dafür zwei Bilder Molls erworben (vgl. Tgb 9. 12. 1913).
von dem ich mit O. sprach Tgb: von denen O. sprach.
Konkremente mediz.: Ablagerungen.

5. 12. 1925
Teplitz Teplitz-Schönau (s. 4. 11. 1922).

2. 1. 1926
spanisches Theater ›Meisterlustspiele der Spanier‹, in der Übersetzung durch Ludwig Fulda (2 Bände, 1925).

7. 1. 1926
Paradebett eine Einrichtung der höfischen Kultur (vgl. 17. 4. 1923). Monarchen empfingen in diesen Betten Gesandte, die durch dieses Privileg ausgezeichnet werden sollten.

Sylvester Thorn Hauptrolle in ›Der Gang zum Weiher‹ (s. 24. 11. 1925). Schnitzler hatte Ferdinand Onno am 12. 3. 1920 in seinen beiden Einaktern ›Der Puppenspieler‹ und ›Der grüne Kakadu‹ gesehen und fand ihn »außerordentlich«. Ebenso in dem Einakterzyklus ›Lebendige Stunden‹ am 7. 12. 1921 im Volkstheater, wo er ihn »vortrefflich« fand.

1. 5. 1926
Las Palmas Schnitzler unternahm zwischen 16. 4. und 11. 5. eine Schiffsreise, deren Stationen Triest, Patras, Palermo, Neapel, Gibraltar, Lissabon, Las Palmas, Boulogne, Cuxhaven, Hamburg waren.

3. 5. 1926
in der Nähe Tgb: in der Gegend.
Donaukanals s. 23. 7. 1919.
Ferdinandsbrücke 1819 errichtete und 1909-11 erneuerte Brücke über den Donaukanal, benannt nach dem Kronprinzen Ferdinand, dem Sohn Kaiser Franz'. 1920 wurde die Brücke zum Dank für die Hilfe aus Schweden für Wiener Kinder nach dem Ersten Weltkrieg in Schwedenbrücke umbenannt.
Erinnerung an ihre Demonstration in Wien offenbar hatte Vilma Lichtenstern Schnitzler vorgetanzt; das Tgb hält diese Demonstration nicht ausdrücklich fest, aber am 25. 3. 1926 ist von ›Tanz‹ im Hause Lichtenstern die Rede.
Meno, der Gatte der schönen Sardinierin Schnitzler hatte im November 1924 durch den Journalisten Otto König eine aus Buenos Aires stammende und in Sardinien lebende Baronin Josephine von Stackelberg kennengelernt, die mit einem italienischen Ingenieur namens Vittorio Durando verheiratet war. Weshalb er den Beinamen ›Meno‹ trug, ist unbekannt.
Scharlach hoch ansteckende Streptokokken-Infektion.
ob er noch immer Tgb: ob man noch immer.
Reichsbrückenallee vermutlich ist die Hauptallee im Prater (2. Wiener Gemeindebezirk) gemeint, die zur Reichsbrücke hinführt. Die Reichsbrücke über die Donau war 1872-76 als ›Kronprinz-Rudolph-Brücke‹ errichtet worden und hatte nach dem Ersten Weltkrieg den Namen ›Reichsbrücke‹ erhalten.
Jacques-Buch ›Uruguaystrom‹ gemeint ist das Buch ›Neue Brasilienreise‹ von Norbert Jacques (1925).

20. 7. 1926

Stadtpark s. 9. 11. 1891.
Schenken-Szene s. 16. 7. 1910.
Akademietheater 1911-13 von dem Theater-Architektenduo Fellner und Helmer sowie Ludwig Baumann in der Lothringerstraße im 3. Wiener Gemeindebezirk errichtet, seit 1922 zweite Spielstätte des Burgtheaters.

18. 8. 1926

Zermatt Schnitzler befand sich seit 28. 7. auf einer Schweizer Reise, die ihn nach Zürich, Bern, Adelboden, Brig, Zermatt, Interlaken, Grindelwald, Luzern führte, von wo er am 11. 9. nach Wien zurückkehrte. Während seiner sechswöchigen Abwesenheit waren in seinem Haus Umbauarbeiten vorgenommen worden.

31. 8. 1926

Interlaken s. 18. 8. 1926.
Gersthofer Restaurant Gersthof s. 16. 12. 1924.
alte Casanova in Dux s. 10. 1. 1915. Ab 1785 arbeitete Casanova als Bibliothekar des Grafen Waldstein in dessen Schloss in Dux in Böhmen.
in den Schwestern anstelle von Max Devrient hatte Josef Danegger in der Uraufführung von ›Die Schwestern oder Casanova in Spa‹ 1920 die Rolle des Santis gespielt.
Gestern Neues Wr. Journal Burgtheater-Direktor Herterich hatte in einem Interview mit dem ›Neuen Wiener Journal‹ 29. 8. 1926, Seite 4 gesagt: »Mit Schnitzler verhandle ich wegen seines neuesten Werkes, des ›Gang zum Weiher‹. Es ist Ehrenpflicht des Burgtheaters, dieses schöne Werk zu spielen.«
über ›Kritik und Fälschung‹ vgl. den entsprechenden Abschnitt in AuB, S. 436-469.

27. 11. 1926

»Barbette« der amerikanische Trapezkünstler Vander Clyde, der unter dem Künstlernamen ›Barbette‹ als Travestiekünstler auftrat.
Apollotheater s. 22. 10. 1912.

21. 12. 1926

Silberner Brunnen ›Zum silbernen Brunnen‹, Gasthaus in der Berggasse 5 im 9. Wiener Gemeindebezirk.

Felix Dörmann Schnitzler war mit Dörmann schon aus den 1890er Jahren bekannt, als dieser mit Gedichten im Stile Baudelaires auf sich aufmerksam machte. Seinen größten Erfolg erzielte er (gemeinsam mit Leopold Jacobson) mit dem Libretto zur Oscar Straus-Operette ›Ein Walzertraum‹ (1907). Schnitzler besaß ein Stehpult, dessen Vorbesitzer Dörmann war.

Je veux voir, si vous êtes vraiement si sympathique et charmant(?) comme on dit Ich möchte sehen, ob Sie wirklich so sympathisch und charmant (?) sind, wie man sagt.

pneumatischen Karten 1873-75 wurde in Wien eine Stadtrohrpostanlage für Telegramme, Briefe und Karten in Betrieb genommen. Mittels Gebläse wurden die Kapseln, in denen sich die Post befand, befördert. 1905 gab es bereits ein Netz von 78 km Länge und 50 Stationen. Die Briefkästen für die pneumatische Post waren durch eine rote Farbe gekennzeichnet. Das System wurde 1956 eingestellt.

8. 1. 1927

Gesellschaft bei uns Tgb: bei mir.
(Astrachan-)Mütze Lammfell-Mütze.
Grottenbahn österr. für: Geisterbahn.
gestriges Kino Schnitzler hatte sich am Vortag den Film ›Die Pratermizzi‹ von Gustav Ucicky angesehen (Ö, 1926), offenbar ohne großes Vergnügen: »Fürchterlich diese Kerle, wenn sie ›Einfälle haben‹ – da decouvriren sie sich sofort.«

9. 2. 1927

Hubertusallee die Adresse von Karl und Dora Michaelis in Berlin-Grunewald war Hubertusallee 24. Schnitzler kannte Dora Michaelis, eine Schwester von Jakob Wassermanns Frau Julie, seit Jugendtagen.
Cottage s. 1. 10. 1920
›*Lebendige Stunden*‹ Titel eines Einakterzyklus' (1902), bestehend aus den Stücken ›Lebendige Stunden‹, ›Die Frau mit dem Dolche‹, ›Die letzten Masken‹ und ›Literatur‹. Vgl. D I, S. 690-758.
›*Landsknecht*‹ ... *Geymanns* Fragment gebliebenes Stück mit dem Arbeitstitel ›Landsknecht‹. Vgl. EuV, S. 449-468. Die flüchtende Familie darin trägt den Namen Geymann.
Edlach s. 13. 7. 1909.

22. 2. 1927
Steffi-Roman s. 9. 3. 1925.
von rückwärts österr. für: von hinten.
Schönbrunn s. 8. 3. 1913, 13. 7. 1922.
höflich-hinterhältig im Typoskript irrtümlich: höfliche Unterhaltung.
Neapler Aquarium Schnitzler hatte das Aquarium in Neapel am 14. 5. 1904 während eines einwöchigen Aufenthalts in der Stadt besichtigt. Es handelt sich um das älteste Aquarium Europas.
verschiedene Rokokogestalten Tgb: verstreute Rokokogestalten.
mit einigem Effort frz.: Anstrengung, Nachdruck.
Hamlet Schnitzler hatte die Shakespeare-Tragödie zuletzt am 30. 4. 1922 in Den Haag und am 1. 1. 1927 im Preußischen Staatstheater Berlin gesehen. Die Burgschauspielerin Ferdinande Schmittlein spielte niemals die Rolle der Gertrud.
galonierter mit Borten versehener.
›Literatur‹ s. 9. 2. 1927, Anm. zu ›Lebendige Stunden‹.
›Macht des Schicksals‹ Schnitzler hatte die Verdi-Oper ›Die Macht des Schicksals‹ am 11. 1. 1927 in der Staatsoper besucht.
›Nachfolger‹ Arbeitstitel des posthum veröffentlichten Dramas ›Zug der Schatten‹.
nur im ersten Akt … zu tun Die betreffende Dialogstelle findet sich im 2. Bild (›Zug der Schatten‹, hg. von Françoise Derré, Frankfurt am Main 1970, S. 37), wo die Schauspielerin Franzi Friesel in der nun vorliegenden Version zu sagen hat: »Aber später als dreiviertelneun wird's doch nie. Wenigstens für mich. In dem neuen Stück hab ich leider bis zum Schluß zu tun.«

17. 3. 1927
Alserstrasse … Krankenhausgegend s. 3. 5. 1918.
Trafikant s. 29. 11. 1916.
Kohinoor B Koh-i-Noor (nach dem berühmten Diamanten), ein Bleistift der Firma Hardtmuth, der seit 1889 in vielen verschiedenen Härtegraden vertrieben wurde.

8. 6. 1927
in der Burg (Schönbrunn?) in der Hofburg (bis 1918 die kaiserliche Residenz in der Innenstadt) oder Schloss Schönbrunn (s. 8. 3. 1913).
Kaiser Franz Joseph der Monarch, der in 54 von Schnitzlers 69 Lebensjahren als Staatsoberhaupt präsent gewesen war, war am

21. 11. 1916, mitten im Ersten Weltkrieg, an dessen Entfesselung er keinen geringen Anteil hatte, gestorben.
auf gleicher Seite eines Tgb: auf gleicher Seite, ineinander eins.
Landauer viersitzige, vierrädrige Kutsche, deren Verdeck sich öffnen lässt.
Reichsstrasse s. 1. 4. 1923.
Inzersdorf Ort südlich von Wien, seit 1938 Teil des 23. Wiener Gemeindebezirks.
V. L.'s tödliche Verletzung Tgb: V. L.s Verletzung. Vilma Lichtenstern, eine enge Freundin Schnitzlers, war am 4. 6. bei einem Autounfall ums Leben gekommen. Ihr Mann hatte bei einem riskanten Fahrmanöver den Wagen gegen einen Baum gefahren, und ihr war dabei von der zerbrochenen Scheibe die Kehle durchschnitten worden.
die kommende Vernichtung durch Gas der Einsatz von Giftgas in der Schlussphase des Ersten Weltkriegs hatte besonderes Entsetzen verursacht. Bei dem abendlichen Zusammensein mit Alma Mahler, Franz Werfel und Egon Friedell in Schnitzlers Haus am 5. 6. war über Politik und Pazifismus gesprochen worden.
den Franzi seinem Vater und mir zeigte zum Leichenbegängnis Tgb: den Franzi gestern seinem Vater und mir zeigte.

26. 6. 1927
Lotte Horn Charlotte Horn, eine Freundin Lili Schnitzlers.

18. 7. 1927
Lyssa mediz.: Tollwut.
Stoppel österr. für: Korken, Stöpsel.
Gersthof s. 16. 12. 1924.
Carltheater s. 27. 5. 1892.
des Custoden Custos (Kustos): wissenschaftlicher Mitarbeiter.
Rothschildspital 1870-73 am Währinger Gürtel im 18. Wiener Gemeindebezirk errichtet, eine Stiftung des Bankiers Anselm Salomon Freiherr von Rothschild. Schnitzlers Neffe Hans war Chirurg.
Hofrätin Eisenmenger Anna Eisenmenger, geb. Hohberg, die Frau eines Arztes, die für Schnitzler als literarische Agentin tätig war, vor allem in den USA.
irgendwo vergebens auf mich wartet Tgb: irgendwo vergebens wartet.

28. 7. 1927
äussere mich scharf im Typoskript steht irrtümlich: äusserlich scharf.
Professor Bernhardi s. 7. 6. 1912.
Seipel seinerzeit behandelt Julius Schnitzler hatte als Primararzt des Wiedner Krankenhauses dem nach einem Attentat im Südbahnhof schwer verletzten Bundeskanzler am 1. 6. 1924 durch eine Notoperation das Leben gerettet. Seipel trat noch im selben Jahr als Bundeskanzler zurück, übernahm das Amt aber 1926 erneut.
Aphorismen über Gott vgl. den Abschnitt [Glaube, Religion] in AuB, S. 254-266.
Redner gegen ›Reigen‹ im Tgb vom 13. 2. 1921 ist von einer Katholikenversammlung die Rede, bei der Schnitzler von mehreren Rednern, u. a. auch Ignaz Seipel beschimpft worden sei. Seipel trat auch bei einer Enquête des Bundeskanzleramts 1928 gegen ›Schmutz- und Schundliteratur‹ als Widersacher Schnitzlers auf.
gegen die Sozialdemokratie Seipel hatte am Vortag in einer Parlamentsdebatte die Sozialdemokratie scharf attackiert. Am 15. Juli war es in Wien zu Unruhen und dem Brand des Justizpalasts gekommen, weil spontane Arbeiterdemonstrationen gegen ein als ungerecht empfundenes Urteil mit drakonischer Gewalt niedergeschlagen worden waren. Die Polizei schoss in die Demonstranten, es kam zu 89 Toten.

4. 8. 1927
ist irgendwer da, die Mama Tgb: ist irgendwer da, oder nah.
Jenny Mayer Eugenie Mayer, geb. Kössler, die Witwe des Direktors der Wiener Lombard- und Eskomptebank Julius Mayer. Sie war sieben Jahre älter als Schnitzler.
neulich Bahnhof Payerbach Schnitzler war am 27. 7. nach Payerbach an der Rax, südlich Wiens gefahren und von dort mit der Seilbahn auf die Rax (s. 8. 4. 1920).
Mann erst kürzlich gestorben der Mann der Schauspielerin Garda Irmen (d. i. Irmgard Schwarz), der Internist Rudolf Kaufmann, war am 20. 6. in Wien gestorben.
Ich durchstreife Tgb: durchschreite.
drei Worte unleserlich Tgb: u. zw. im. (Also lautet der vollständige Nebensatz: »dass ich träume und zwar im Fieber«).
Melville ›Taipi‹ Hermann Melville, ›Taipi, ein Südsee-Erlebnis‹, übersetzt von Karl Federn, Berlin 1927. Schnitzler begann die

Lektüre am 8. 7. und las das Buch am 5. 8. zu Ende: »hatte mich so ziemlich gefesselt«.Die Geschichte handelt von der Flucht des Icherzählers Tom von einem Walfänger.

13. 8. 1927
Campiglio Schnitzler war am 11. 8. mit der Bahn in Bozen eingetroffen, am nächsten Tag fuhr er in einem gemieteten Auto nach Madonna di Campiglio weiter, wo er drei Tage blieb, bevor er nach Bozen zurückfuhr.

14. 8. 1927
Aphorismen sind gedruckt das ›Buch der Sprüche und Bedenken‹, das tatsächlich erst am 16. 12. 1927 im Wiener Phaidon Verlag erschien und dessen Ausstattung Schnitzler ein wenig enttäuschte (Tgb 16. 12.: »Die Bücher. Nicht so gut ausgefallen als ich hoffte.«).
Obersschaum österr. für: Schlagsahne.
wie auf einer Schülerbank Tgb: auf einer Kinderbank.

31. 8. 1927
Gardone nach einem einwöchigen Aufenthalt in Bozen war Schnitzler am 25. 8. nach Gardone am Gardasee weitergereist, wo er bis zum 3. 9. blieb, bevor er nach Verona und Venedig weiterfuhr.
Mödlinger Gegend Mödling, Ort südlich von Wien.
Unterchauffeur von Stefenelli Alois Dominik von Stefenelli, ein ehemaliger Offizier der k. u. k. Armee, besaß nach dem Krieg ein Mietwagenunternehmen in Bozen.
Mein Streit mit dem Portier! bei der Ankunft im Hotel in Gardone war es wegen eines Missverständnisses über angeblich doppelt bestellte Taxis zu einem Auftritt zwischen dem Portier und Schnitzler gekommen.
der Schauspieler Höfer Emil Höfer hatte in der Uraufführung von Schnitzlers ›Abschiedssouper‹ im Stadttheater Bad Ischl am 14. 7. 1893 den Anatol gespielt.
Geändertes Benehmen des Direktors hier vgl. Tgb 27. 8. 1927: »Der Director, plötzlich sich zuwurzelnd. (›Ob ich meine Werke mit habe.‹)«
Pfarrer von Kirchfeld ›Der Pfarrer von Kirchfeld‹, Volksstück (1870) von Ludwig Anzengruber. Schnitzler hatte das Stück am 2. 11. 1893 im Volkstheater gesehen.

Kreuzelschreiber ›Die Kreuzelschreiber‹, Komödie (1872) von Ludwig Anzengruber. Schnitzler hatte das Stück am 9. 2. 1899 im Raimundtheater gesehen.
dass die Frauen sich ihren Männern versagen Anzengruber hat Aristophanes' ›Lysistrata‹-Motiv in das bäuerliche Milieu verlegt. Die Frauen verweigern ihren Männern auf Geheiß des Pfarrers so lange die ehelichen Pflichten, bis diese ihre Unterschrift unter eine Resolution gegen die Unfehlbarkeit des Papstes zurückgezogen haben.

12. 11. 1927
Links begleitet mich Kolap Tgb: links von mir (begleitend) Kolap.

17. 2. 1928
innere Stadt Stadtzentrum, der 1. Wiener Gemeindebezirk.
»*Hartmann*« Restaurant mit Kegelbahn, am Kärntnerring 10 im 1. Wiener Gemeindebezirk (vormals Leidinger), von Schnitzler häufig besuchtes Lokal.
Sternwartestr. s. 10. 8. 1924.
Votivpark Grünanlage bei der Votivkirche im 9. Wiener Gemeindebezirk. Über Frau Hirschler ist nichts Näheres bekannt.

16. 4. 1928
Stella d'Italia von 13. 4. bis 29. 4. unternahm Schnitzler mit Tochter und Schwiegersohn (Lili Schnitzler hatte am 30. 6. 1927 in Wien den italienischen Offizier Arnoldo Cappellini geheiratet und lebte seitdem in Venedig) eine Mittelmeer-Kreuzfahrt mit dem Schiff ›Stella d'Italia‹, die von Triest über Ragusa und Korfu nach Athen, Konstantinopel und Rhodos führte und in Ragusa endete. (Vgl. die Reklame für den ›Salondampfer‹ der Cosulich-Linie ›Stella d'Italia‹ in ›Neue Freie Presse‹ 10. 5. 1927, S. 3.)
will mit ihr Kino vgl. ›A. ist manchmal wie ein kleines Kind. Clara Katharina Pollaczek und Arthur Schnitzler gehen ins Kino‹, hg. von Stephan Kurz und Michael Rohrwasser unter Mitarbeit von Daniel Schopper, Wien 2012.
Wieden s. 30. 12. 1912.
Franzenskino in der Schönbrunner Straße 12, im 5. Wiener Gemeindebezirk. Ein Besuch in diesem Kino ist allerdings nicht belegt.
Durchhaus österr. für: Passage, öffentlich begehbarer Durchgang.
Freihaus s. 25. 12. 1922.

eine Art Fascist Arnoldo Cappellini war Hauptmann der faschistischen Miliz. Beim Ausschiffen von der Stella d'Italia in Ragusa (damals Jugoslawien) erregte sein faschistisches Abzeichen den Unmut der Zollbehörden.
Elisabethbrücke s. 16. 8. 1922.
ein P. im Bau verschämte Abkürzung für: Pissoir.
Bösendorfersaal s. 25. 12. 1912.
Fliegerkino in der Liechtensteinstraße 37, im 9. Wiener Gemeindebezirk.
Gesellschaft der Aerzte 1837 gegründete Ärzte-Vereinigung, zum Zwecke der Präsentation neuester Forschungsergebnisse.

23. 4. 1928
Konstantinopel s. 16. 4. 1928, Anm. zu Stella d'Italia.

26. 4. 1928
Triest in Triest hatte das Schiff, auf dem sich Schnitzler gerade befand, abgelegt; er kannte die Stadt aber schon von mehreren früheren Besuchen.
»Laube« der imaginäre Titel kann ebenso gut von einem Familienblatt wie der ›Gartenlaube‹ inspiriert sein wie von dem Dramatiker und Theaterleiter Heinrich Laube (18 Jahre lang Direktor des Burgtheaters, später des Wiener Stadttheaters).
Sampò Settimio Sampò, ein Mailänder Bankdirektor, der an der Tafel des Kapitäns Sitznachbar Schnitzlers war.

16. 6. 1928
Ischl von 11. bis 21. 6. hielt sich Schnitzler in Bad Ischl auf.
Jubelfeier Schnitzler denkt an die geplanten Feiern zum 100. Todestags Franz Schuberts am 19. 11. 1928. Vgl. ›Die Schubertfeier‹, in: ›Neue Freie Presse‹ 19. 11. 1928, S. 5.
rückwärts österr. für: hinten.
meinem Diagramm schematische Darstellungen in Schnitzlers aphoristischem Buch ›Der Geist im Wort und Der Geist in der Tat‹ (1927).
zwischen Bewußtsein und Unterbewußtsein vgl. die Bemerkungen über Bewusstsein und Unterbewusstsein in Schnitzlers Notizen ›Über Psychoanalyse‹ (1926), hg. von Reinhard Urbach, in: ›Protokolle‹ 1976, Heft 2, S. 277-284.

19. 6. 1928

Burgtheater das letzte Römerdrama Shakespeares, das Schnitzler gesehen hatte, war am 11. 1. 1922 ›Coriolanus‹ gewesen (»sehr schöne Vorstellung«). Franz Herterich war zwischen 1923 und 1930 Direktor des Burgtheaters.
Imperial s. 7. 8. 1914.
Aussig nordböhmische Stadt an der Elbe. Schnitzler war im Oktober 1922 dort gewesen, auf seiner Vorlese-Tournee. S. 21. 10. 1922.

9. 8. 1928

ein amerik. Duell verdeckte Form des Suizids, bei dem durch ein Los bestimmt wird, wer sich das Leben zu nehmen hat. Lili Cappellini hatte sich Ende Juli durch einen Pistolenschuss schwer verletzt, an der Blutvergiftung, die durch die rostige Kugel ausgelöst worden war, war sie am 26. 7. gestorben.

10. 8. 1928

Konstantinopel Erinnerung Schnitzler war während seiner Schiffsreise von 22. bis 24. 4. in Konstantinopel gewesen. S. 16. 4. 1928.
Hängekoffer Überseekoffer, Schrankkoffer, in den, wie in einen Schrank, Kleidungsstücke auf Bügeln gehängt werden können.

20. 8. 1928

Hohenschwangau am 17. 8. reiste Schnitzler über München und Füssen nach Hohenschwangau und blieb bis 1. 9. dort.
Burgring s. 4. 4. 1915.
Stephan Schey Stefan Schey Freiherr von Koromla, Verwaltungsrat der Union-Bank, gestorben 1892. Über Amalia Markbreiter, geb. Schey, Schnitzlers Großmutter, mit diesem verwandt.
Lüstersacco s. 4. 4. 1915.
Sternwartestr. s. 10. 8. 1924.
Schwarzenbergplatz s. 4. 1. 1913.

22. 8. 1928

›einsame Weg‹ s. 16. 12. 1913.
Weg ins freie s. 1. 1. 1908, Anm. zu Neue Rundschau.
Bassermannsche Bearbeitung Albert Bassermann war ein berühmter Darsteller des Herrn von Sala in Schnitzlers Drama.

Zusammen mit George Altmann hatte er 1924 eine vieraktige Bearbeitung des ›Einsamen Weg‹ verfasst. Schnitzler hatte diese Version am 13. 11. 1925 im Volkstheater gesehen und nannte sie eine »sehr geschickte Kürzung«.
Schwarzenbergplatz s. 4. 1. 1913.
Kriegsministerium s. 16. 12. 1922, Anm. zu Escomptebank.

5. 9. 1928

Hamsun Landstreicher Knut Hamsun, ›Landstreicher‹, übers. von Julius Sandmeier und Sophie Angermann (1927). Erster Teil einer Romantrilogie. Die beiden anderen Teile sind ›August Weltumsegler‹ (1930) und ›Nach Jahr und Tag‹ (1933). Die Stelle, auf die sich Schnitzler bezieht, findet sich im Roman auf S. 113. Es heißt dort über den einen der beiden Helden der Geschichte, Edevart Andreassen: »Er war ein hübscher, junger Kerl, gut gekleidet und mit Uhr und goldenem Ring, er machte Eindruck auf den eitlen Chef und wurde nicht abgewiesen.«

4. 10. 1928

wie wirklich der Fall Freuds Tochter Sophie war am 25. 1. 1920 in Hamburg gestorben, im Alter von 26 Jahren.

14. 12. 1928

»*Adieu Mimi*« Operette (1926) von Ralph Benatzky, Alexander Engel, Julius Horst, mit der Musik von Benatzky.
drei »Jungfrauen« in der Kom. der Verf. Aurelie, Judith, Seraphine, die weiblichen Hauptfiguren in der ›Komödie der Verführung‹.
drei Schauspielerinnen im Th. R. die Schauspielerinnen, von denen im Theaterroman die Rede ist, sind: Annette, Maria Radewotzky und die berühmte Burgschauspielerin Roveda, in der Adele Sandrock zu erkennen ist.
Claudius Dobold nach Felix Salten gestaltete Figur in dem Fragment gebliebenen ›Theaterroman‹ (s. 3. 1. 1924).

28. 12. 1928

»*Zug der Sch.*« ›Zug der Schatten‹ (s. 22. 2. 1927, Anm. zu Nachfolger).

28. 1. 1929

Carltheater s. 27. 5. 1892.
Rotensterngasse im 2. Wiener Gemeindebezirk.

einstige Wohnung O. Olga Gussmann hatte mit Vater und Schwester in der Rotensterngasse 31 gewohnt, als sie Schnitzler kennenlernte.
Praterstraße s. 27. 4. 1914.
Cirkusgasse s. 3. 10. 1913, Anm. zu Zirkusgasse.
Matthaeus Müller Gasse Traumfiktion; es existierte keine Gasse dieses Namens in Wien.
National Hotel National, Taborstraße 18, im 2. Wiener Gemeindebezirk.
Taborstraße s. 31. 12. 1918.

15. 2. 1929
rückwärts österr. für: hinten.
Vorlesung Freiwild lt. Tgb fand die Vorlesung für einen wohltätigen Zweck tatsächlich am 28. 3. 1897 im Bösendorfer-Saal statt. Es lasen Hugo von Hofmannsthal (sein Gedicht ›Die Beiden‹ und aus dem Versdrama ›Der Tor und der Tod‹), Schnitzler (den 1. Akt von ›Freiwild‹) und Hermann Bahr (›Anekdote‹).
Bösendorfer-Saal s. 25. 12. 1912.
Freiwild Film 1928 war in Deutschland Schnitzlers Stück von 1898 verfilmt worden (Regie: Holger Madsen). Er hatte sich den Film am 9. 1. 1929 angesehen und war dabei zufällig Hugo und Gertrude von Hofmannsthal begegnet. Sein Urteil war nüchtern: »Der Film ist leidlich; aber in eine ganz falsche Landschaft mit falschem Milieu verlegt – Winter; eigentlich kleine deutsche Garnison. Evelyn Holt recht gut, langweilig; Kastner (Karinski) monoton; sonst alles gutes Mittelmass.–«
Gustl Aufführung die Züricher Germanistin und Regisseurin Georgette Boner (sie schloss ihr Studium 1930 mit einer Dissertation über Schnitzlers Frauengestalten ab) hatte in einem Brief angeregt, ›Lieutenant Gustl‹ zu dramatisieren. Eine solche Bühnenfassung der Novelle wurde erst 1962 durch den Schriftsteller und Theatermann Ernst Lothar verwirklicht.

22. 2. 1929
Burgring 1 s. 4. 4. 1915.
pompfunebererhaft Pompfuneberer: Wienerisch für: Bestatter.

1. 4. 1929
Mariahilferstr. s. 18. 2. 1900.

19. 4. 1929
Elis. Elisabeth Bergner; die von Schnitzler menschlich und künstlerisch sehr geschätzte Schauspielerin hatte soeben in der Verfilmung von ›Fräulein Else‹ (D, 1929; Regie: Paul Czinner) mit Albert Steinrück und Albert Bassermann gespielt; sie stand mit Schnitzler zu dieser Zeit in intensiver Verhandlung über eine Bühnenversion der Novelle, die allerdings nicht realisiert wurde. Eine Dramatisierung verfasste Ernst Lothar 1936.
Dir. Klein Robert Klein, damals Direktor des Berliner Theaters und des Deutschen Künstlertheaters in Berlin war einer der Direktoren, die sich für eine dramatisierte Fassung von ›Fräulein Else‹, insbesondre mit dem Kassenmagneten Elisabeth Bergner in der Hauptrolle, äußerst interessiert zeigten.

8. 6. 1929
Frankgasse s. 13. 7. 1909.
Packete alte Schreibweise für: Pakete.
saisiren mit Beschlag belegen.
Tagebuch Lilis Lili Schnitzler führte 1919-28 ein Tagebuch, das Schnitzler durch seine Sekretärin Frieda Pollak abschreiben ließ. Das etwa 500 Seiten umfassende Typoskript ist in Schnitzlers Nachlass erhalten.

8. 7. 1929
Tochter und die letzte Enkelin Brigitte Fischer, Tochter des Verlegers Samuel Fischer, hatte 1926 den Arzt Gottfried Bermann geheiratet, der in den Verlag eintrat und später dessen Leiter wurde. 1929 kam ihre zweite Tochter Gisela zur Welt.
nie mehr als 10 Seiten das Tgb vermerkt 1922 die Lektüre von Döblins ›Wallenstein‹ (1920).
Grabe Lilis das Grab Lili Schnitzlers befindet sich auf dem Israelitischen Friedhof des Lido von Venedig, Grab No. 1036.

1. 8. 1929
C. P. Schwägerin entweder Hedwig Spiegler, geb. Pollaczek, die Schwester von Clara Katharina Pollaczeks verstorbenem Mann oder Emilie Loeb, geb. Petter, die Frau von Clara Katharina Pollaczeks Bruder Otto.

1. 10. 1929

Liegefauteuil der langgestreckte Sessel war eine Sonderanfertigung des Architekten und Designers Ernst Kühlbrandt, die im Juli von Schnitzler angeschafft worden war (vgl. Tgb 10. 7. 1929). Es existiert ein Photo von Schnitzler auf diesem Einrichtungsstück.
subjekt. Geräusche s. 23. 3. 1898.
»Gretchen« nicht eruiert.
Burgring s. 4. 4. 1915.
ich sie eigentlich componirt es existieren im Nachlass mehrere Notenblätter mit Gelegenheitskompositionen Schnitzlers. Vom ›Liebelei‹-Walzer gibt es auch eine Aufnahme in Trio-Fassung.

9. 12. 1929

Spöttelgasse s. 1. 1. 1908.
Luftfahrt am 15. 9. 1927 war Schnitzler zum ersten Mal in seinem Leben geflogen, auf der seit kurzem eingerichteten direkten Linie Venedig–Wien. Auch die Reise zum Begräbnis seiner Tochter hatte er mit dem Flugzeug unternommen.
dissimuliren absichtlich herunterspielen.

1. 1. 1930

Berlin Schnitzler hielt sich zwischen 28. 12. 1929 und 14. 1. 1930 in Berlin auf.

4. 1. 1930

gestrigen Costume Am Vorabend hatte er ›Seltsames Zwischenspiel‹ von Eugene O'Neill gesehen, mit Elisabeth Bergner und Rudolf Forster. Das Stück machte Furore, weil darin die Akteure auch ihre jeweiligen Gedanken »mitsprachen«. Schnitzler, der den inneren Monolog mehrfach eingesetzt hatte, war dennoch wenig angetan: »Allerlei Talentzeichen; im ganzen naiv, ja dumm, praetentiös.« Und Harry Graf Kesslers Urteil fiel ebenfalls negativ aus: »das Stück war, namentlich in der zweiten Hälfte, schwach u. flach. Ibsen réchauffé mit Freud garniert« (Harry Graf Kessler, ›Das Tagebuch‹, 9. Band 1926-1937, hg. von Sabine Gruber und Ulrich Ott unter Mitarbeit von Christoph Hilse und Nadin Weiss, 2010, S. 300).
Hofrat P. Karl Pollak, der Bruder von Schnitzlers Sekretärin Frieda

Pollak, der als Richter (Senatsvorsitzender am Wiener Landesgericht für Strafsachen) tätig war.
das Erlebnis die Liebe zu Suzanne Clauser (s. 11. 1. 1930).

11. 1. 1930
Elternhaus s. 4. 4. 1915.
Suz. Suzanne Clauser, geb. von Adler. Schriftstellerin, Übersetzerin, Journalistin. Sie lebte abwechselnd in Paris und Wien. 1928 war sie mit einer Probe-Übersetzung zu Schnitzler gekommen und es entwickelte sich eine Liebesbeziehung. Clauser übersetzte zahlreiche Werke Schnitzlers ins Französische und agierte als seine Vertreterin bei Verhandlungen mit Verlagen und Theaterleuten. In einem Testaments-Nachtrag machte Schnitzler sie zur alleinigen Inhaberin aller französischen Rechte.
Milchgasse im 1. Wiener Gemeindebezirk.
wirklich befindlichen Blumenhandlung das Blumengeschäft der Auguste Zacher, Milchgasse 2.
Greißler österr. für: Lebensmittelhändler.
Paula Schmidls Spende das Tgb vom 21. 12. 1929 hatte mehrere Blumengeschenke (offenbar zu Weihnachten) aufgezählt, darunter auch von Paula Schmidl, einer seit langem mit Schnitzler befreundeten Schwester von Julie Wassermann und Dora Michaelis (s. 9. 2. 1927, Anm. zu Hubertusallee). Dabei war kein Kommentar zu diesem Geschenk notiert worden.

7. 4. 1930
Trafik s. 29. 11. 1916.
Wiener Montagsblätter z. B. ›Wiener Montagblatt‹, ›Wiener Sonn- und Montagszeitung‹.
im Theater gestern Schnitzler hatte am Vorabend eine Burgtheatervorstellung der Komödie von Karl Schönherr ›Herr Doktor, haben Sie zu essen?‹ besucht.
»*Lange*« fiktiver Name im Traum.
in Amsterdam einen Agenten besucht Schnitzler hatte sich zuletzt Ende April/Anfang Mai 1922 im Rahmen einer Vorlese-Tournee in Amsterdam aufgehalten.

30. 4. 1930
Todesstrafe ist ja abgeschafft die Todesstrafe im ordentlichen Gerichtsverfahren war 1919 in der Ersten Republik abgeschafft worden.

Wieden s. 30. 12. 1912.
Bernhardi in ›Professor Bernhardi‹ ist das Krankenhaus ›Elisabethinum‹, dessen Leiter Bernhardi ist, nach dem Modell der Wiener Poliklinik gezeichnet (s. 8. 2. 1916).
Venezianer Spital das Ospedale Civile nahe San Giovanni e Paolo, in das Lili Cappellini nach ihrer Schussverletzung eingeliefert wurde und in dem sie starb. (Tgb 27. 7. 1928 »O.[lga] ins Ospedale, noch einmal sie sehn. Ich kann nicht.«)
Lola-lola, im blauen Engel die von Marlene Dietrich gespielte Rolle der Kabarettsängerin Lola-Lola in Joseph von Sternbergs Film ›Der blaue Engel‹ (1930). Schnitzler hatte den Film fünf Tage zuvor gesehen.
Atlasaermel s. 22. 10. 1912.
Au président – demande immediatement an den Präsidenten – verlange sofort.
impitoyable schonungslos, unbarmherzig.
derniers masques Suzanne Clauser hatte die Übersetzung ins Französische von Schnitzlers Einakter ›Die letzten Masken‹ aus dem ›Lebendige Stunden‹-Zyklus besorgt.
»à plaindre« bedauerns-, beklagenswert.
»pitoyables« elend, bemitleidenswert.
pardon pour écrivaine S. Cl. – condamnée à mort presque innocente Begnadigung der Schriftstellerin Suzanne Clauser – die beinahe unschuldig zum Tode verurteilt ist.
»Mademoiselle« Fräulein, auch im Sinne von Kinderfräulein.
Ruf des Lebens die Szenenanweisung des dritten Akts von Schnitzlers ›Der Ruf des Lebens‹ (1906) lautet »Kleiner Garten. Links ein einfaches weißes längliches Parterrehäuschen, die Fenster von Blumen umrankt.« Die Gegend ist ein niederösterreichisches Dorf.
das ich neulich vornahm Tgb 27. 4. 1930 »Ruf des Lebens Varianten angesehn.–« Bis in die letzten Lebenstage beschäftigte Schnitzler eine Verbesserung oder Neufassung dieses Stückes.
Cavallerieuniformen … Dragoneruniform Kavallerie und Dragoner bezeichnen beide die berittene Infanterie innerhalb einer Armee. Im ›Ruf des Lebens‹ spielen die ›blauen Kürassiere‹, also ebenfalls ein Kavallerie-Regiment, eine wichtige Rolle.
wegen meiner schlechten Schrift Schnitzlers Handschrift ist besonders schwer leserlich.

17. 7. 1930
Liliput sowohl bei Modelleisenbahnen als auch innerhalb des Matador-Baukastensystems gab es Liliput-Nummern.
Angriffe wegen seines 1928 in der ›Vossischen Zeitung‹ erstmals erschienenen Anti-Kriegs-Romans ›Im Westen nichts Neues‹ (1929 als Buch, 1930 in den USA erstmals verfilmt) war Erich Maria Remarque heftigen Angriffen von Seiten militärischer und deutschnationaler Kräfte ausgesetzt.

28. 7. 1930
St. Moritz Schnitzler hielt sich seit 17. 7. und bis zum 10. 8. in St. Moritz auf.
meine Biographie zu Lebzeiten ist lediglich eine Monographie Schnitzlers erschienen (Richard Specht, Arthur Schnitzler. Der Dichter und sein Werk, 1922). Biographien liegen vor von Renate Wagner, Arthur Schnitzler. Eine Biographie, 1981 und Giuseppe Farese, Arthur Schnitzler. Ein Leben in Wien 1862-1931, 1999.

1. 8. 1930
ihre mir noch unbekannte Schwester Stefanie Jouët, geb. von Adler. Schnitzler lernte sie am 13. 8. persönlich kennen.
Denise H. Denise Andrea Heller, geb. Oberländer, eine Freundin Suzanne Clausers, die Schnitzler erst an diesem Tag persönlich kennengelernt hatte.

16. 8. 1930
Herzstich aus Sorge, scheintot oder lebendig begraben zu werden, war es nicht selten üblich, testamentarisch einen Herzstich nach Feststellung des Todes zu verlangen. Auch Schnitzler selbst hat diesen Wunsch in den ›Bestimmungen, die ich nach meinem Ableben zu erfüllen bitte‹ formuliert.

30. 8. 1930
Recidiven mediz.: Rückfälle.
Wieden s. 30. 12. 1912.
entreprenant unternehmungslustig.

1. 9. 1930
Gartenbaugesellschaft die 1827 gegründete Wiener Gartenbaugesellschaft, ein Interessenverband von Gartenfreunden, er-

richtete 1863/64 am Parkring im 1. Wiener Gemeindebezirk ein Palais als ihren Vereinssitz. 1919 wurde in dem Haus ein Kino eröffnet.

8. 9. 1930
Marienbad Schnitzler hielt sich vom 26. 8. bis zum 9. 9. in dem böhmischen Kurort auf.
Vöslau s. 16. 10. 1892.

9. 9. 1930
Byron biographisches Schnitzler las gerade ›Byron‹ (Biographie, 1930) von André Maurois. Vgl. Tgb 8. 9. 1930: »Las Nachm. Byron (Maurois) zu Ende, höchst bewegt,– seltsamer Identificationsvorgang, wie so oft, wenn ich Biographien lese.–« Byron erbte zwar mit zehn Jahren den Adelstitel und einen weitgehend heruntergewirtschafteten Herrensitz von seinem Onkel, aber er wuchs in höchst prekären finanziellen Verhältnissen auf.
Stück von Unruh auf der Fahrt nach Marienbad hatte Schnitzler am 26. 8. in der Bahn das neueste Stück von Fritz von Unruh, ›Phaea‹ (1930), gelesen. Die Komödie hatte am 13. 5. 1930 in der Regie Max Reinhardts am Deutschen Theater ihre Uraufführung. Harry Graf Kessler notierte am 14. 6. in sein Tagebuch: ›Ein Chaos von sündhaften Absichten und kadettenhafter Ausschweifung.‹ (Harry Graf Kessler, ›Das Tagebuch‹, 9. Band 1926-1937, hg. von Sabine Gruber und Ulrich Ott unter Mitarbeit von Christoph Hilse und Nadin Weiss, 2010, S. 362).

14. 9. 1930
dissimuliren s. 9. 12. 1929.

4. 10. 1930
en fam. en famille, franz.: im Familienkreis.
›*Götz*‹ Johann Wolfgang von Goethes ›Götz von Berlichingen‹ (1773).
Neuinszenierung die Neuinszenierung am Staatstheater am Gendarmenmarkt, mit Heinrich George in der Titelrolle, hatte am 10. 10. 1930 Première.
Lawrence Roman ›Lady Chatterley und ihr Liebhaber‹, Roman (1928) von David Herbert Lawrence.
das kalte Theater gestern Schnitzler hatte sich am Vorabend im

Raimundtheater ein Stück mit Fritzi Massary in der Titelrolle angesehen, ›Die erste Mrs. Selby‹ (1929) von St. John Greer Ervine.
Kehlkopfcarc. Kehlkopfcarcinom, mediz: Kehkopfkrebs.
Olympia Schnitzler hatte Adrienne Geßner am 1. 10. im Theater in der Josefstadt in ›Olympia‹ (1928) von Franz Molnár gesehen.

11. 11. 1930

Schlafcoupé der Schlafwagen Wien–Berlin. Schnitzler war am 11. 11. in Berlin angekommen und hielt sich bis 20. 11. dort auf.
Tennis s. 10. 3. 1916.
Rakett alte Schreibweise für: Racket, Tennisschläger.

30. 11. 1930

Dornbach nordwestliche Vorstadt Wiens, 1892 als Teil des 17. Wiener Gemeindebezirks (Hernals) eingemeindet.
Neuwaldegger Park s. 26. 12. 1922.

2. 1. 1931

Riviera? ob sich der mit Schnitzler befreundete Rechtsanwalt Philipp Menczel und seine Frau zu dieser Zeit auf Reisen befanden, ist nicht bekannt.

24. 2. 1931

Liliputbahn als Prater-Attraktion anlässlich des ›Schubertjahrs‹ 1928 errichtet. Abfahrtsstelle hinter dem Riesenrad, Streckenführung durch den Volksprater bis zur Rotunde (s. 8. 3. 1931), 1933 verlängert bis zum ›Heustadelwasser‹, einem Rest des alten Donaukanals.

8. 3. 1931

Mahler-Symph. Schnitzler zählte zu den frühesten Anhängern Mahlers. Mit seiner Mutter und später mit seinem Sohn spielte er sämtliche Symphonien Mahlers vierhändig am Klavier. Handschriftliche Einträge auf den Klavierauszügen halten penibel das jeweilige Datum fest.
Agamemnon die Première von Aischylos' ›Agamemnon‹ am Preußischen Staatstheater Berlin hatte am 6. 3. stattgefunden. Heinrich Schnitzler spielte den Chorführer.
sein ev. Gastspiel bei Beer Rudolf Beer hatte Heinrich Schnitzler die Rolle des Narren in Shakespeares ›König Lear‹ und Haupt-

rolle und Regie von Richard Duschinskys neuem Stück ›Komparserie‹ angeboten. Es kam schließlich nur zu dem Regievertrag.

Verträge Strauss Hofmannsthal Schnitzler hatte Gertrude von Hofmannsthal, die Witwe Hugo von Hofmannsthals, am 5. 3. um die Übermittlung alter Verträge des Dichters und von Richard Strauss gebeten, weil er sich für eigene Tantièmen-Kontrakte daran orientieren wollte. Der Komponist Friedrich Bayer hatte aus Schnitzlers ›Die Schwestern oder Casanova in Spa‹ (s. 10. 1. 1915) eine Oper gemacht und sie der Wiener Staatsoper zur Aufführung angeboten, zu der es allerdings nicht kam. Bayer unterlegte seiner Musik 1940 ein neues Libretto (von Max von Millenkovich, s. 13. 4. 1917), dieses Werk ›Dorothea‹ kam an der Wiener Volksoper zur Uraufführung.

Concerthaus errichtet 1911-13 von den Architekten Fellner, Helmer und Baumann (s. 20. 7. 1926, Anm. zu Akademietheater) in der Lothringerstraße im 3. Wiener Gemeindebezirk, mit dem Großen Konzerthaussaal, dem Mozartsaal und dem Schubert-Saal. Schnitzler hatte zuletzt am 4. 3. ein Konzert in diesem Haus besucht.

Rotunde ein großer Kuppelbau im Prater im 2. Wiener Gemeindebezirk, errichtet 1873 anlässlich der Wiener Weltausstellung, wurde 1937 bei einem Brand zerstört.

23. 3. 1931

Erosion mediz.: sekundäre Hautveränderung.

mit Dir in Paris zu sein spielt darauf an, dass Suzanne Clauser starke familiäre Bindungen an Paris hatte, andererseits auch auf Schnitzlers Erinnerung an den gemeinsamen Paris-Aufenthalt mit Marie Reinhard (s. 18. 2. 1900).

Sentimentalität Schnitzler verabscheute Sentimentalität, jenes »Gefühl, das man sozusagen unter dem Einkaufspreis erstanden hat« (›Der Weg ins Freie‹, E I, S. 789).

25. 3. 1931

Semmering s. 17. 1. 1904.

Pinkenkogel Berg (1292 m) im Semmeringgebiet.

26. 3. 1931

Dreihufeisengasse im 6. Wiener Gemeindebezirk, hinter dem Theater an der Wien. Seit 1946 heißt die Gasse Lehárgasse.

Stilstücke als Stilstücke bezeichnet Schnitzler offenbar jene Dramen, die nicht in der Gegenwart angesiedelt sind, also: ›Der Schleier der Beatrice‹, ›Paracelus‹, ›Der grüne Kakadu‹, ›Die Frau mit dem Dolche‹, ›Der junge Medardus‹ oder ›Die Schwestern oder Casanova in Spa‹.

Beatrice s. 10. 12. 1916. Raoul Aslan hatte in der Burgtheater-Première vom 23. 5. 1925 den Herzog von Bologna gespielt.

16. 4. 1931

Tgb. s. 16. 12. 1922.

15. 5. 1931

Meiereiweg breiter Wanderweg auf dem Semmering (s. 17. 1. 1904).
Agram s. 15. 11. 1902.

18. 7. 1931

Der Traum ist in allen seinen Elementen in einem Brief Schnitzlers an Suzanne Clauser vom selben Tag enthalten, lediglich das letzte Detail, in dem Clara Katharina Pollaczek erwähnt ist, fehlt. Vgl. B II, S. 797.

Doctor im ›Spiel der Sommerlüfte‹ die Rolle des Arztes Dr. Felix Faber in ›Im Spiel der Sommerlüfte‹ (1929).

die »Jerger« eine Assoziation, die evtl. durch den Bariton und Regisseur Alfred Jerger angeregt wurde, der seit 1921 an der Wiener Staatsoper engagiert war. Am 31. 1. 1928 hatte Schnitzler ihn in der Titelrolle von Ernst Křeneks ›Jonny spielt auf‹ gesehen.

›*Gestern und heut*‹ Schnitzler hatte am 19. 5. im Volkstheater eine Vorstellung von ›Gestern und Heute‹ (1930) von Christa Winsloe besucht.

Volksthe. weder im Volkstheater noch an einem anderen Wiener Theater war eine Schauspielerin namens Jerger engagiert.

Saccoanzug ein Anzug aus Hose und Sakko.

wegen der Corday ›Das Fräulein von Corday d'Armont‹, historisches Drama (1931) von Clara Katharina Pollaczek. Von 4. 1. bis 7. 1. 1931 waren Szenen daraus in der ›Neuen Freien Presse‹ veröffentlicht worden.

21. 7. 1931

Manuscriptentasche der Verlust eines Manuskripts ist ein häufig wiederkehrendes Traummotiv, s. 25. 12. 1913, 21. 10. 1922, 16. 12. 1922, 26. 12. 1922, 13. 8. 1927.

Hotel Esplanade Berlin das 1907/08 errichtete Grandhotel Esplanade am Potsdamer Platz in Berlin, Luxushotel, das Schnitzler sehr gerne frequentierte.
Bristol das Wiener Hotel Bristol, das sich am Kärntnerring 1 im 1. Wiener Gemeindebezirk befindet, war durchaus mit dem ›Esplanade‹ in Berlin vergleichbar.
Hotel Eden 1911/12 errichtetes Luxushotel am Kurfürstendamm 246/247 in Berlin-Tiergarten, zu dessen Stammgästen Heinrich Mann gehörte.

18. 8. 1931

Gmunden Schnitzler hielt sich von 7. bis 25. 8. in Gmunden am Traunsee auf und traf sich dort mit Olga und Heinrich Schnitzler. Es war das letzte Zusammensein vor seinem plötzlichen Tod am 21. 10. 1931.
Schinnerer der deutsch-amerikanische Germanist Otto P. Schinnerer von der New Yorker Columbia Universität beschäftigte sich seit 1927 mit Schnitzler. Er bekam die Erlaubnis, in Schnitzlers Archiv Skizzen und Werkfassungen zu studieren, und publizierte mehrfach zu diesen Themen.
Triest Schnitzler hatte sich im April 1928 anlässlich der Schiffsreise mit der ›Stella d'Italia‹ zuletzt in Triest aufgehalten (s. 16. 4. 1928).
junge Dame, die sich mir gestern vorgestellt nicht eruiert.
Helene in Medardus s. 19. 4. 1922.

28. 9. 1931

Gladys nach K. Suzanne Clausers Cousine Gladys Gertrude Shott, die sich offenbar gerade in Konstantinopel aufhielt.
rückwärts österr. für: hinten.
Alice Berend, Amerikareise Alice Berend, ›Das Gastspiel‹, Roman (1931). Es handelt sich um einen humoristischen Eheroman, dessen Figurenkonstellation Schnitzler wohl an eigenes Erleben erinnern musste. Ein älterer Geschäftsmann finanziert insgeheim eine Amerika-Tournee für seine einst als Opernsängerin gefeierte Frau, die nach 20 Jahren Ehe wieder auf die Bühne will. Ihr Schüler, ein junger Sänger von zweifelhaftem Charakter, soll sie begleiten. Nach verschiedenen Wirrnissen verzichtet sie auf dieses »Gastspiel« und wendet sich wieder ihrem Mann zu. Im Schlusskapitel wird erzählt, wie ihr Mann

nach ihrer Rückkehr das Klavier abschließt, den Schlüssel wegwirft und sich gratuliert, wieder »Herr im Haus« zu sein.

10. 10. 1931

aus meinen ›Träumen‹ es handelt sich um das Typoskript, das Grundlage des vorliegenden Buchs ist.

Nachwort

»Der Traum ist unwillkürliche Dichtkunst«
Jean Paul, ›Ueber das Träumen‹

Am 10. Oktober 1931, elf Tage vor seinem Tod, berichtet Arthur Schnitzler in seinem Tagebuch, dass er Suzanne Clauser, der geliebten Freundin seiner letzten Jahre, aus seinen »›Träumen‹« (Tgb 1931. S. 80) vorgelesen hat. Das entspricht einer langjährigen Gewohnheit, Manuskripte seiner im Entstehen begriffenen Werke im kleinen oder kleinsten Kreis auszuprobieren. Noch am 16. April hatte sie bloß »frühe Träume aus meinem Tgb.« (Tgb 1931. S. 34) zu hören bekommen. Mit der ein halbes Jahr später formulierten, dezidierten Titelgebung, die sich vermutlich auch konkret auf das erhaltene Typoskript bezieht, signalisierte Schnitzler, dass aus dem periodisch notierten Traummaterial ein von seinem Diarium separates *work in progress* geworden war. Es handelt sich bei seiner ›Träume‹-Schrift um einen nachgelassenen, lange vernachlässigten Text von großer Bedeutung.[1]

Wie es für Schnitzlers Arbeitsprozess typisch war, entstand das 428-seitige Typoskript über viele Jahre. Bis zur ersten darin festgehaltenen Datumsnotiz vom 13. Oktober 1921 waren schon rund hundert Seiten fertig. Der letzte, hand-

---

1 In zwei dem Traum in Schnitzlers Werk gewidmeten, offenbar unabhängig voneinander entstandenen Studien wird das Typoskript zum ersten und bisher einzigen Mal als zusammenhängender Text behandelt: Valeria Hinck, Träume bei Arthur Schnitzler (1862-1931). Köln 1986. S. 79-103; und Michaela Perlmann, Der Traum in der literarischen Moderne. Untersuchungen zum Werk Arthur Schnitzlers. München 1987. S. 24-32. Eine Dissertation, die sich auf diese beiden Untersuchungen beruft, geht auf das Typoskript nicht ein. Siehe Andrea Kindler, Die Wirklichkeit des Traumes in der Wiener Moderne. Eine Untersuchung zur Bedeutung des Traumes in den Werken von Arthur Schnitzler, Richard Beer-Hofmann und Hugo von Hofmannsthal. Diss. University of California, Los Angeles 2007.

schriftlich eingetragene Arbeitsvermerk zeigt, dass am 1. Januar 1931 nur noch vierundzwanzig Seiten des erhaltenen Typoskripts, das bis Ende 1927 reicht, fehlten. Die Träume in ›Träume‹ stammen zwar aus den Aufzeichnungen des Tagebuchs, sind aber keineswegs – weder als Ganzes noch in den Einzelheiten – mit ihnen identisch.

Siebzehn Traumtexte aus den Jahren 1891-1926 fehlen in dem Typoskript. Es ist nicht auszuschließen, dass einzelne dieser Aufzeichnungen bei den Diktatsitzungen übersehen wurden. Aber es gibt auch Auslassungen, wo offensichtlich kompositorische Absicht und psychische Ökonomie am Werk waren. Bei einem fehlenden Todestraum vom 29. März 1891, in dem es um die Verspätung beim eigenen Begräbnis und das gute, aber kaum tröstliche Zureden der Mutter geht, dürften jene beiden Faktoren die Waage gehalten haben. Bereits am 8. September 1889 war Schnitzler nämlich von einem »entsetzliche[n]« Traum mit den gleichen Motiven heimgesucht worden. Als er am 30. Juli 1897 zum dritten Mal vom eigenen Begräbnis träumt und sich wiederholt des mittlerweile etwas unheimlich wirkenden guten Zuredens der Mutter erinnert, verweist er nur mehr auf einen früheren Traum dieser Art. Im Falle von zwei anderen kurzen Traumtexten, in denen es um die Entfremdung von seiner mittlerweile geschiedenen Frau Olga (Tgb 25. 4. 1924) und die Eifersucht seiner Freundin Clara Pollaczek (Tgb 3. 5. 1926) geht, hat die Häufigkeit solcher Situationen in der Wirklichkeit die diesmal etwas blassen Traumversionen vermutlich überflüssig erscheinen lassen.

Die in den Typoskriptfassungen der Traumtexte gestrichenen oder hinzugefügten Worte und Passagen zeugen auch von editorischer Intentionalität, die über die ursprüngliche Niederschrift hinausgeht. Es gibt zum Beispiel einzelne Stellen, die Schnitzler vermutlich mit Rücksicht auf die praktisch als Familienmitglied geltende und selbst nicht selten in den Träumen erscheinende Sekretärin Frieda Pollak zurückgehalten hat. Am 17. Juli 1910 berichtet er von einem Traum, in dem sie bei einem Treffen an einer Haltestelle zunächst nicht zu erkennen und dann ihm »ernst« erschienen sei; in der Handschrift des Tagebuchs heißt es erläuternder- und peinlicherweise: »ernst, weiblicher als sonst« (Tgb 1909-1912. S. 163). Aus Diskretion vielleicht auch ihr gegenüber fehlt ein markanter Aspekt einer Begegnung im Hotel, von der Schnitzler in der Nacht vom 1. Dezember 1918 geträumt hat. Es handelt sich um eine »Cocotte«, die als »halbnackt« liegend beschrieben wird. Das Detail, dass sein Traum-Ich dabei »Pr[äservativ]s« vorbereitet, hat er Frieda Pollak nicht diktiert.

Einige kleinere und größere Änderungen gegenüber der Handschrift des Tagebuchs zeigen Spuren nicht nur von Ab- und Rücksichten, sondern auch von schriftstellerischem Kalkül. In einem Traum vom 26. September 1894 wird eine wirkliche, vor wenigen Tagen in der ›Neuen Freien Presse‹ berichtete Strafe – Schnitzler imaginiert die Hinrichtung einer Wiener Kindesmörderin, die aber mit einer Mittäterin zur schweren Kerkerhaft verurteilt worden war – mit den Köpfungen in Schillers ›Maria Stuart‹ und der biblischen Geschichte von Judith vermengt. Obwohl er in diesem Traum als »Seelsorger« agierte, der den Kopf der verurteilten Mörderin halten sollte, erwähnt er zum Beispiel einen anderen potentiellen Tagesrest nicht: einen »Commis eines Wirkwaarengeschäftes« mit dem Namen Max *Schnitzler*, der als entlastender Zeuge aussagte.[2] In dem Text, wie er ursprünglich in der Tagebuchhandschrift niedergeschrieben wurde, hat Schnitzlers Traum-Ich Angst, dass man ihm den Kopf der hingerichteten Frau auf einem Tablett bringt. Es wird aber anders weitergeträumt: die Frau »liegt im Bett, erdrosselt, und bewegt sich noch.–« (Tgb 1892-1902. S. 90). In der Fortführung dieser makabren Szenerie, bei der zwei verschiedene, im Tagebuch vorhandene Notate durch die Weglassung der Angaben »Neulich Traum« und »Heute träumt ich« zusammengezogen

---

2 Vgl. Neue Freie Presse. 22. September 1894. S. 8.

werden, geht das Traum-Ich mit einem Totenkopf in der Hand über den Stefansplatz in Wien. Die erdrosselte, also noch im Besitz ihres Kopfes befindliche und sich im Bett bewegende Frau hat in der zusammengesetzten Erzählung keine Rolle mehr zu spielen.

Die Traumnotate wurden meistens beim Diktieren, aber auch vereinzelt durch handschriftliche Änderungen stilistisch bearbeitet, gekürzt und gestrafft, manchmal auch korrigiert oder erläutert. Einige dieser Revisionen geben Rätsel auf. Im Februar 1923 liest Schnitzler eine neue Übersetzung von Zolas ›Nana‹, die er auch als Quelle für einen Traum nennt, in dem ein großer französischer Roman von Rousseau vorkommt, der »Madame – A.« heißen soll (Tgb 1923-1926. 15. 2 1923. S. 25). Kam ihm dieser Kontrast zwischen den zwei großen, aber grundverschiedenen Romanciers zu bunt vor? Jedenfalls fehlt der Name Rousseau im Typoskript, sicherlich mit Absicht. Schließlich gibt es auch Beispiele für das, was Schnitzler selbst »feilen« nannte, die genaue stilistische Überarbeitung einzelner Passagen. In einem Notat vom 19. August 1924, wo das Verbum »spielte« zweimal im gleichen Satz benutzt wird (Tgb 1923-1926. S. 171f.), ersetzt er es das zweite Mal mit »aufführte«, was auch zur Klärung des Inhalts beiträgt.

Am deutlichsten offenbart sich der Formwille Schnitzlers in ›Träume‹ durch die Integration von Traummaterial, das in der Handschrift des von 1879 bis 1931 geführten Tagebuchs nicht vorhanden war.

Der Kuss und die Bernsteinpfeifen

Wie man dem Typoskript entnehmen kann, sollte das ›Träume‹-Buch mit einer einzigen Aufzeichnung aus dem Jahr 1880 beginnen. Obwohl der Eingang dieses Notats erzählerisch spannend anklingt: »Heute nacht seltsame Träume«, folgen gleich retardierende Momente: Unsicherheit über die Reihenfolge der Träume und ein »Exempel«, in dem die Erfahrungen des jungen Mediziners im Seziersaal düster und trist widergespiegelt sind. Es ist eine Art Todestraum, der aber in ruhigen Perioden erzählt wird und mit »trübe[n] Gedanken« über den Sinn des Lebens recht sentenzhaft abschließt. Gleich bei der ersten Diktatsitzung muss Schnitzler es sich anders überlegt haben, denn die allererste Zeitangabe des Typoskriptes, für den 6. Mai 1880, lässt er durchstreichen. Das Traumbuch beginnt stattdessen mit zwei Notaten aus dem Jahr 1875 und setzt daher nicht nur vier Jahre vor dem erhaltenen Tagebuch ein, sondern führt auch hinter »vereinzelte ältere Aufzeichnungen aus der Zeit von Oktober 1876 bis ›Winter 1878-1879‹« zurück.[3] Diese frühen Aufzeichnungen gehören wohl zu den »wesentlichsten Stellen«, die Schnitzler 1882 ausgeschrieben hatte, bevor er seine »alten Tagebücher« vernichtete.[4] Sie sind ihm wichtig genug, dass er in Kauf nimmt, dass der Schluss der Handschrift des Traums vom 24. Oktober fehlt.[5]

In diesen beiden ersten Traumtexten erscheint Franziska (Fanny oder Fännchen) Reich, die in der Eschenbachgasse

3 Werner Welzig, Zur Geschichte von Schnitzlers Tagebuch. In: Arthur Schnitzler. Tagebuch 1909-1912. Hg. von W. W. unter Mitwirkung von Peter Michael Braunwarth, Richard Miklin, Maria Neyses, Susanne Pertlik, Walter Ruprechter und Reinhard Urbach. Wien 1981. S. 9.
4 Arthur Schnitzler, Jugend in Wien. Hg. von Therese Nickl und Heinrich Schnitzler (= JiW). Wien 1968. S. 138. Die handschriftlichen Vorlagen für diese ersten beiden Notate des Typoskripts befinden sich in einem Konvolut »Aus frühern Tagebüchern«, dessen 26 Blätter im Anhang zum letzten Band des ›Tagebuch‹ erstmals gedruckt wurden. Vgl. Tgb 1931. S. 619f.
5 Die handschriftliche Vorlage besteht aus den ersten acht Blättern des Konvoluts »Aus frühern Tagebüchern«. »Ich«, das letzte Wort des Traums vom 4. 10. 1875, steht am Ende der letzten Zeile des Blattes und legt nahe, dass das folgende Blatt mit dem Schluss verloren ging. Siehe Blatt 7804 der Handschrift des Tagebuchs im Deutschen Literaturarchiv, Marbach.

unweit der Wohnung der Familie Schnitzler am Burgring wohnte und zum Gegenstand der Neigung des pubertierenden Lyrikers wurde; die »echte und rechte Jugendliebe, wie man sie sich als vierzehnjähriger Gymnasiast und gar als Dichter schuldig zu sein glaubte« heißt es in der autobiographischen Schrift ›Jugend in Wien‹.[6] Der Umzug der Familie Reich im Herbst 1875 und der dadurch unterbrochene und vorübergehend erschwerte Umgang mit »Fännchen« könnten die beiden, im späten Oktober niedergeschriebenen Träume ausgelöst haben. Jedenfalls spielt das im ersten Traum wichtige Fenstermotiv eine auch in der Autobiographie hervorgehobene Rolle. Die Familien der beiden vorzeitig Verliebten hatten sich offenbar zusammengetan, um der »skandalösen Fenstertelegraphie«,[7] mittels derer sie sich über die Eschenbachgasse hinweg verständigten, ein Ende zu machen.

Das Hauptmotiv des Traumes, der Kuss, scheint, kaum überraschend, zunächst eine einfache Wunscherfüllung darzustellen, berichtet Schnitzler rückblickend doch, dass eben der Kuss, »das Beste«, dieser Beziehung lange Zeit fehlte. Ein seinerzeit geschriebenes Gedicht ›Kein einz'ges kleines Küßchen von ihrem rosigen Munde‹ habe »ein ziemlich beschämendes Zeugnis« davon abgelegt.[8] Das Beschämende war nämlich nicht der noch nicht erhaschte Kuss, sondern die schlechten Verse darüber; und just ein dichtender Rivale für Fannys Neigung, der Mitschüler Josef Kranz, der ihr angeblich bessere Gedichte gewidmet hatte, taucht im Traum des darauffolgenden Tages von 1875 auf. Als Fanny in dieser Szenerie aus einer dunklen Allee verschwindet, warten die beiden jungen Poeten vor einem alten Haus zusammen, in dem aber Schnitzler alleine sie zunächst findet, um sie dann wieder aus den Augen zu verlieren.

6 Arthur Schnitzler, Jugend in Wien (Anm. 4). S. 65.
7 Ebenda. S. 64.
8 Ebenda. S. 65.

Träume._

~~1880, 6.5.~~

1875. 23?10. Ich träumte heute Nacht.ich wäre
beim Fenster,sie käme zu mir und zwar aussen vom
Fenster. Da war mir plötzlich ich weiss nicht
wie. Ich umarmte sie und küsste sie heiss und
sie küsste mich wieder. Und so blieben wir einige Zeit und küssten uns fort und fort. Ich
wachte auf,im Traum schon jubelte ich,ich habe
sie geküsst - ein Kuss von ihr - und ich wachte
auf. In lautes Weinen brach ich aus . Es dämmerte eben,ich war trübe gestimmt,sehr trübe.
24.1. In allen meinen Träumen verfolgt sie mich.
Heute Nacht war es mir,als wäre Mama und Frau
R. (ihre Mutter) in einem wunderschönen Garten.
Eigentümlich wie man eben nur träumen kann.
Ich bin neben ihr und wollte ihr eben sagen,nun
können wir oft beieinander sein,nun kannst du
mich besuchen.Ich wollte ihr's sagen ,da war
sie plötzlich in einer dunklen Allee und sie
entschwand meinen Augen. Plötzlich sah ich mich
vor einem alten eigentümlich Hause mit einem

›Träume‹. Seite 1 des Typoskripts;
Deutsches Literaturarchiv, Marbach

Josef Kranz (1862-1934), der »spätere Advokat und Finanzier«, wie Schnitzler ihn in seiner Autobiographie bezeichnet, kommt im Tagebuch nur vereinzelt vor, am ausführlichsten 1917 im Zusammenhang mit einem Kriegsgewinn-Prozess, der gegen ihn geführt und in der Wiener Presse sensationell ausgeschlachtet wurde. Aber aus diesem Anlass, der Schnitzler auch wegen der antisemitischen Hetze gegen Kranz beschäftigte, erinnert er sich auch an den »Josef Kranz – auf den ich vor 40 Jahren eifersüchtig war – und dessen Gedichte ich bewunderte« (Tgb 1916-1919. 5. 4. 1917. S. 33). Als Schnitzler spätestens 1921 mit der Zusammenstellung seines Traumwerks begann, hatte er das »Zweite Buch« (Mai 1875 bis Juli 1879) seiner Autobiographie längst verfasst und mochte Kranz' Auftreten in und Verschwinden aus dem frühen Traum im Nachhinein nicht nur als Sieg des jungen Liebhabers, sondern auch als den Wunsch empfunden haben, als der bessere Dichter dazustehen.

Dass es in dem zweiten Traum auch um literarische und künstlerische Ambitionen im weitesten Sinne geht, suggeriert die Begegnung des Traum-Ichs mit dem Gymnasialprofessor Ludwig Blume, dessen oneirische Funktion durch die dem Typoskript eingefügte parenthetische Erläuterung »Prof. in Geschichte und Deutsch« unterstrichen wird. Obwohl zur Zeit des Traums Blume der Geschichtslehrer von Schnitzlers Klasse war, hat er bald auch den Deutschunterricht übernommen. Ihm ist in ›Jugend in Wien‹ ein ausführliches Porträt gewidmet, bei dem eine gewisse Bewunderung für den zeitweiligen »Lebemann« und den manchmal inspiriert Vortragenden mit leichtem Abscheu gegenüber dem national gesinnten Germanisten, der Richard Wagner »nicht nur für den größten deutschen Musiker, sondern auch für den größten deutschen Dichter«[9] hielt, gepaart ist. Schnitzler schildert den auch damit zusammenhängenden Antisemitis-

---

9 A. Schnitzler, Jugend in Wien (Anm. 4). S. 77.

mus von Blume, dem »es Spaß machte, die prononcierten Vornamen einzelner Mitschüler bei sich bietenden Gelegenheiten mit tendenziöser Betonung auszusprechen« in einiger Ausführlichkeit.[10] Anders als Spitzer Samuel und Kohn Isidor – zwei Beispiele, die Schnitzler selbst nennt – wird das Traum-Ich offenbar ohne Spott mit »Arthur« angesprochen und es werden ihm Pfeifen zum Kaufen angeboten.

Die Pfeifen, die an anderer Stelle genauer als »Bernsteinpfeifen« erscheinen, würde man psychoanalytisch sicher als Phallussymbole deuten, und das ist vielleicht nicht einmal falsch, wird das Angebot allgemein als Einladung zur Zusammengehörigkeit im Zeichen deutscher Männlichkeit und volkstümlicher Kunst betrachtet. Schnitzler und den anderen Schülern Blumes wird die Publikation der gerade erschienenen Studie ›Das Ideal des Helden und des Weibes bei Homer mit Rücksicht auf das deutsche Alterthum‹ (1874) kaum verborgen geblieben sein, zumal die Rezeption in Zeitschriften und in der Tagespresse recht kontrovers verlaufen war. Dem Autor war »deutschnationale Tendenzhaftigkeit« und »germanischer Größenwahn« vorgeworfen worden.[11] Im Traum zumindest siegt die Volkstümlichkeit, die nicht nur von den Bernsteinpfeifen, sondern auch von einem der »Freunde« Blumes, Gauermann, evoziert wird. Gemeint ist wohl der populäre Maler des österreichischen Biedermeiers Friedrich Gauermann (1807-1862), dessen Alpinlandschaften, manchmal mit markanten Tierdarstellungen und Volkstypen kombiniert, durch Reproduktionen weit verbreitet waren. Von Gauermann gibt es auch Porträts tabakpfeifenrauchender Bauern. Dass der andere Freund Blumes »Saurüben« heißt,

---

10 Ebenda. S. 77.
11 Vgl. den Nachruf von Camillo Sitte, Ein stiller Mann der Wissenschaft. In: Neues Wiener Tageblatt. 12. 5. 1897. S. 1-3. Zitiert nach C.S., Schriften zur Kunsttheorie und Kunstgeschichte. Wien 2010. S. 343. Der prominente Architekt und Kunstschriftsteller war Blumes Schwager.

was aus der einfachen Gemüseart einen antisemitischen Witzfigurnamen macht, entspringt vielleicht dem Wunsch, dass der antijüdische Habitus des wohl noch nicht verachteten Gymnasialprofessors »mehr in seiner Gesinnung als in seinem Gefühl« wurzelte, wie Schnitzler rückblickend feststellte.[12] Vermutlich hatte der auch als »Goethe-Forscher« bekannte Blume,[13] der später eine Gedichtsammlung des Klassikers herausgab, für den jugendlichen Lyriker seine literarische Autorität noch nicht ganz eingebüßt.

Aus den volkstümlichen Pfeifen wird offenbar nichts, aber ausgerechnet der literarisch interessierte, antisemitisch angehauchte Lehrer verlangt, zum Vater, dem jüdischen Arzt und Forscher Johann Schnitzler, geführt zu werden. Diese Zusammenführung der schulischen und der väterlichen Autorität suggeriert, dass schon der Dreizehnjährige die hier auch durch den Antisemitismus intensivierte Spannung zwischen Kunst und Wissenschaft spürte, die das eigene Leben prägen sollte. Auf dem Wege zum Vater gibt es eine Begegnung von noch deutlicherer Symbolik, zunächst mit einem Herrn Riedel alleine und dann mit ihm und einer Frau »mit kurzen blonden Zöpfen« zusammen. Diese beiden Traumfiguren werden für die Leser des Typoskripts als sein »Klavierlehrer« und eine »Opernsängerin« identifiziert. Dass Schnitzler Riedel in ›Jugend in Wien‹ als »einen blonden, liebenswürdigen, aber jähzornigen jungen Mann, den Korrepetitor der Wiener Hofoper, […] Komponist der

---

12 Arthur Schnitzler, Jugend in Wien (Anm. 4). S. 77. Vgl. das schärfer gezeichnete Porträt in einer vermutlich später verfassten Notiz ›Anti-Semitismus‹: »Unter den Professoren Professor Blume noch recht harmlos, mäßig begabter Mensch, Wagnerianer, deutschnational, spricht die jüdischen Vornamen spöttisch aus, begeht aber keinerlei Ungerechtigkeiten, heiratet eine Jüdin.« (S. 329).
13 Heinrich Sitte, Camillo Sitte. In: Neue Österreichische Biographie 1815-1918. Wien 1929. S. 137.

Scheffel'schen Trompeterlieder und […] der Oper ›Ritterschlag‹« (JiW S. 43) porträtiert, lässt ihn und das an die Sopranistin Bertha Ehnn erinnernde »Frauenzimmer« sozusagen als Traumpaar erscheinen, bei dem »blonde« Volksgehörigkeit und musisches Talent verbunden sind.

Dass die Handlung das Traum-Ich schließlich zu Fännchen zurückführt und in Aussicht stellt, dass auch die beiden ein solches Paar werden könnte, passt gut zum Traum von 1875. Zur Form der 1921 begonnenen Überarbeitung passt es sicher auch, dass diese Paarung nicht zustande kommt. Den schönen Zufall, dass der Text mit »Ich« endet, könnte man als Zeichen verstehen, dass nicht mehr das Traum-Ich agiert, sondern dass ein bewusstes Ich die unbewusste Erzählung unterbricht. Das muss man natürlich nicht so sehen. Vielleicht ging es Schnitzler nur darum, sein Traumbuch so zu gestalten, dass der Anfang an die Jugendliebe erinnert, der er seine erste Lyriksammlung mit dem vorausweisenden Titel gewidmet hat: ›Träume‹.[14]

Ein »Traumdeutungsbuch« und sein Autor

Bis 1900 dürfte der Name Freud für Schnitzler in erster Linie den genialen Übersetzer von Werken der französischen Hysterie- und Hypnose-Forscher Charcot und Bernheim bedeutet haben. In Rezensionen, die zwischen 1886 und 1892 in den beiden von seinem Vater gegründeten medizinischen Fachzeitschriften erschienen, hebt er immer wieder die »ausgezeichnete«, ja »meisterhafte« Qualität der Übertragungen hervor.[15] Den Autor Freud lernte er vermutlich erst bei der Lektüre von ›Die Traumdeutung‹ kennen.[16] Jedenfalls scheint

---

14 A. Schnitzler, Jugend in Wien (Anm. 4). S. 74f.
15 Arthur Schnitzler, Medizinische Schriften. Hg. v. Horst Thomé, Wien/Darmstadt 1988. S. 82, 292.
16 Persönlich sind Schnitzler und Freud sich wohl schon vor 1890 im Rahmen medizinischer Veranstaltungen zumindest flüchtig

der Wiener Neurologe zum ersten Mal im Tagebuch überhaupt als der Verfasser der großen Traumstudie auf. Am 26. März 1900 notiert Schnitzler folgendes: »Traum, daß ich in Uniform mit Civilhosen (wie im Traumdeutungs Buch von Freud gelesen) aber doch unentdeckt von Kaiser Wilhelm II. (dem ich begegne) von einem Thor (unter den Linden) ins andre gehe.« (Tgb 1893-1902. S. 325). Schnitzler, der zu den frühesten Lesern des mit 1900 vordatierten, im November 1899 erschienenen Werkes gehörte, bezieht sich auf folgende Stelle in dem Abschnitt ›Typische Träume‹ des fünften Kapitels ›Traummaterial und Traumquellen‹: »Für den, der den Rock des Kaisers getragen hat, ersetzt sich die Nacktheit häufig durch eine vorschriftswidrige Adjustirung. Ich bin ohne Säbel auf der Strasse und sehe Officiere näher kommen, oder ohne Halsbinde, oder trage eine carrirte Civilhose u. dgl.«[17]

Schnitzlers kurze Aufzeichnung hat man zwar als wichtigen Beleg für seine Freud-Lektüre zur Kenntnis genommen, aber dem Traumtext selbst wenig Aufmerksamkeit geschenkt. Er selbst hielt diese frühe Lese- und Traumerfahrung mit Freud für wichtig genug, um im Tagebuch mehrmals darauf zurückzukommen. So erinnert er sich 1912, als er einen Sonderdruck mit Traumanalysen von dem Freud-Schüler Hanns Sachs erhält, dass er »auffallend viel und lebhaft träumte und selbst im Traum deutete«, als er »Freuds Traumdeutung las (1900)« (Tgb 23. 3. 1912. S. 313). Im November 1924 vermutet er, dass die Absicht, Freud zu besuchen, einen besonders lebhaften Traum veranlasst haben könnte, »sowie ich ungewöhnlich viel träumte, als ich 1900 seine Traumdeutung las«

> begegnet. Verschiedene Indizien legen nahe, dass Schnitzler 1886 den berühmten Vortrag ›Über männliche Hysterie‹ hörte. Vgl. Michael Worbs, Nervenkunst. Literatur und Psychoanalyse im Wien der Jahrhundertwende. Frankfurt a. M. 1983, S. 204.
>
> 17 Sigmund Freud, ›Die Traumdeutung‹. Leipzig/Wien 1900. S. 167.

Träume.

Platz,Paula B.H. kommt zu Besuch Stiegen herauf
mit den Kindern,Mirjam voran ,Paula ist stattlich
und ernst,ich kaufe mir auf dem Graben Berliner
Tagblatt und Neue Freie Presse,lauter ganz uninteressante,nur auffallend lebhafte Träume.

8.2.1912.

Lebhaft von meinem Vater geträumt.Ich in einem
Gebäude,das halb das Akademische Gymnasium schien,
an stelle der Technik stand.Ich hinter einem Fenster im Parterre,mein Vater geht daussen,etwas
jünger als in seiner letzten Zeit auf und ab,mit
seinem charakteristischen Hut.Ich rufe ihn,er
tut,als wolle er nicht hören,entfernt sich auf
Zickzackwegen im Schnee.

28.3.1912.

Dr.Hans Sachs schickt einen Separatabdruck mit
Traumanalysen.Ich erinnere mich,dass ich,als
ich Freuds „Traumdeutung" las,1900,auffallend
viel und lebhaft träumte und selbst im Traum
deutete.

›Träume‹. Seite 73 des Typoskripts;
Deutsches Literaturarchiv, Marbach

(Tgb 18. 11. 1924. S. 205). Und schließlich im Jahre 1921, beim Diktieren des Typoskripts, fügt er der Traumaufzeichnung vom 5. April 1900 die Erläuterung ein: »(Zu dieser Zeit las ich Freuds ›Traumdeutung‹.)« (S. 26), obwohl dieses Faktum bereits in dem Notat zum Traum vom 23. März 1900 steht.

Die Lektüre der ›Traumdeutung‹ im März und April 1900 ist vor allem im Zusammenhang mit der Entstehung von ›Lieutenant Gustl‹ zu sehen. Bereits Ende Mai entwarf Schnitzler auf acht Seiten die berühmte Monolognovelle, deren Einfallsidee er 1896 in einer kurzen Notiz festgehalten hatte. Mitte Juli 1900 brachte er die erste, bereits vollständige Fassung der Novelle zu Papier. Auch entstehungsgeschichtliche Studien zu ›Lieutenant Gustl‹ haben mit dem durch ›Die Traumdeutung‹ ausgelösten Traum wenig anzufangen gewusst. Stattdessen betont man gern die allgemeine Einwirkung der bei Freud vorgeführten Assoziationstechnik auf den »Gedankenmonolog«, wie Schnitzler die Novelle in einem Brief an den dänischen Kritiker Georg Brandes bezeichnete.[18] Aber Schnitzlers Text kreist doch um ein Motiv, das auch im Mittelpunkt von Freuds Traumbeispiel steht.[19]

Bereits im Entwurf geht es um einen Offizier, der vor der Garderobe eines Konzertsaals einen Bäckermeister grob anfährt und erdulden muss, wie dieser seinen Säbelgriff festhält und ihm zuflüstert, er werde den Säbel zerbrechen und ihm vor die Füße werfen. Für den ohnehin an mangelndem Selbstbewusstsein leidenden jungen Offizier, der von einem

18 Georg Brandes und Arthur Schnitzler, Ein Briefwechsel. Hg. von Kurt Bergel. Bern 1956. Brief vom 11. 6. 1901. S. 88. In diesem Brief berichtet Schnitzler, dass Édouard Dujardins Roman ›Les lauriers sont coupés‹ den Anlaß zur »*Form*« der Geschichte gegeben habe.
19 Vgl. Arthur Schnitzler, Lieutenant Gustl. Suhrkamp Basisbibliothek. Hg. von Ursula Renner. Frankfurt a. M. 2006. S. 74f. Renner verweist auf die Parallelität der Säbel-Motive, behandelt sie aber nur kursorisch.

satisfaktionsunfähigen Zivilisten auf diese Weise beleidigt wird, ist das ein Schock, der zu Selbstmordgedanken führt, bis er am nächsten Morgen erfährt, dass den Bäckermeister in der Nacht der Schlag getroffen hat. In der im Juli 1900 fertiggestellten ersten Fassung der Erzählung wird das Säbelmotiv ausführlicher und eindringlicher gestaltet. Der Bäckermeister droht damit, die zerbrochene Waffe an »Ihren Regimentscommand[eur]« zu schicken,[20] sodass Gustl tatsächlich, wie es bei Freud heißt, »ohne Säbel auf der Strasse« wäre. Noch in der Handschrift, aber nicht mehr im ersten Druck der Erzählung in der ›Neuen Freien Presse‹ ist ein zweites Motiv vorhanden, das mit den anderen Beispielen Freuds für die »vorschriftswidrige Adjustirung« leicht zu assoziieren wäre. Gustl vergisst sein »Kappl« auf einer Bank, wo er sich in der Nacht hingesetzt hat, und macht sich später Sorgen, dass er ohne vorschriftsmäßige Kopfbedeckung herumläuft.[21] Für einen, der »des Kaisers Rock getragen hat«, können ebenso gut eine fehlende Halsbinde oder karierte Zivilhosen die »Nacktheit« bedeuten. Schnitzlers kompositorische Entscheidung, auf das Kleidungsmotiv zu verzichten, legt nah, dass er diese Verdoppelung der psychoanalysierten »vorschriftswidrigen Adjustirung« letzten Endes als überflüssig empfand.

Die Parallele zwischen dem Säbel-Motiv in ›Lieutenant Gustl‹ und in Freuds Traumbeispiel erinnert daran, dass der unglückliche Held dieser Geschichte den Zusammenstoß mit dem Bäckermeister zugleich als Trauma und Traum erlebt. Als dieser den Griff seines Säbels packt und ihn »Sie, dummer Bub« schimpft, denkt Gustl für sich: »Mir scheint, ich träum'!«; nachdem der Bäckermeister sich mit gespielter Höflichkeit – »›habe die Ehre!‹« – verabschiedet hat, ruft er

---

20 Arthur Schnitzler, Lieutenant Gustl. Historisch-kritische Ausgabe. Hg. von Konstanze Fliedl. Berlin/New York 2011, H46.
21 Ebenda. H115.

innerlich aus: »Um Gotteswillen, hab' ich geträumt?«.[22] Anders als in der späten Monolognovelle ›Fräulein Else‹ (1924), bei der der Bewusstseinsstrom der Heldin in zwei Träumen, die auch einen Einblick in ihr Unbewusstes gewähren, schneller fließt, gibt es in ›Lieutenant Gustl‹ keinen Traumtext. Dass er dennoch träumt, könnte man leicht übersehen. Leser der ersten Buchausgabe mussten aber zumindest merken, dass er schläft, denn die Umschlagzeichnung zeigt ihn auf einer Parkbank in diesem Zustand. Das Bild wird im Text wiederholt, und zwar unmittelbar bevor er aus einem offenbar tiefen Schlaf erwacht und zuerst meint, schon in der Kaserne zurück zu sein, bis er sich besinnt und fragt: »Wo … Ja, träum ich denn?«.[23] Die vorangehende Illustration besteht aus einem stark reduzierten Ausschnitt des Umschlagsbilds, von dem der realistisch gezeichnete Hintergrund verschwunden und durch ein lichtes Miasma ersetzt ist, als ob ein Traum mindestens bildhaft angedeutet werden sollte. Unterhalb des Bildes sind nur noch vier Zeilen gedruckt, sodass eine beträchtliche Leerfläche entsteht, die von einem verlängerten Strich verdeutlicht wird. Die beiden entsprechenden Blätter der Handschrift legen nah, dass diese typographische Gestaltung auf Schnitzlers eigene kompositorische Absichten zurückgeht.[24] Auf dem ersten Blatt oben stehen die letzten vier Zeilen vor dem Einschlafen und sonst nichts mehr, obwohl die meisten Blätter bis zu zwölf Zeilen enthalten. Erst das folgende Blatt, genau der Stelle in der Buchausgabe entsprechend, beginnt mit den ersten Worten, die Gustl im erwachten Zu-

---

22 Arthur Schnitzler, Lieutenant Gustl. Illustrirt von Moritz Coschell. Berlin 1901. S. 23-24.
23 Ebenda. S. 53-54.
24 In der Zeit vor der Publikation in der ›Neuen Freien Presse‹ und vor der Drucklegung des Werks im Verlag S. Fischer hatte Schnitzler sich mehrmals mit dem Illustrator Moritz Coschell getroffen. Vgl. Tgb 1893-1902. S. 341, 348.

stand spricht.²⁵ Der weiße Fleck im Buch sowie in der Handschrift entspricht der »Ich-Schwäche« des Protagonisten und spiegelt die satirische Absicht des Textes wider, dem die Tiefendimension des Unbewussten vorenthalten sein soll.²⁶ Die inkriminierenden Worte und Gedanken der Hauptfigur sind im Bewusstsein oder in dem, was Schnitzler später das »Mittelbewußtsein« nennen wird,²⁷ richtig am Platz.

Dass Schnitzler von einem eigenen städtischen Spaziergang in Uniform träumt, könnte dazu führen, den Traum als antizipierende Identifikation mit seiner literarischen Figur zu verstehen. Solche Identifikation kommt bereits in einem Traum vom 14. April 1896 vor, wo er die Rolle des Fritz Lobheimer in ›Liebelei‹ spielt, und wird sich in späteren Traumtexten oft wiederholen. Aber sein Traum-Ich geht nicht ohne Säbel oder Halsbinde oder »Kappl« spazieren, sondern mit Zivilhosen und übernimmt offenbar aus Freuds Traumbeispiel auch das Element »Kaiser«. Er trägt zwar »des Kaisers Rock«, wie er das als Reserveoffizier wirklich getan hat, begegnet aber keinen Offizieren, sondern dem deutschen Kaiser. Er zeigt weder Angst noch Scham; daher fehlt eine wesentliche Komponente des Nacktheits- oder Exhibitionstraum, wie Freud ihn in diesem Abschnitt definiert.²⁸ Im Gegenteil: durch seinen halbmilitärischen, halbzivilen Auftritt provoziert das Traum-Ich. Die leichte Verschiebung – statt Kaiser Franz Joseph und die Ringstraße Wilhelm II und Unter den Linden – soll vielleicht einer allzu deutlichen Repräsentation der Wunscherfüllung entgegenarbeiten. 1905 wird Schnitzler davon träumen, in der Kaiser Josefstraße in Wien dem Kaiser von China zu begegnen, »dem ich ›Trottel‹ sage, in der Freude,

---

25 Lieutenant Gustl, Historisch-kritische Ausgabe (Anm. 20). H153-154.
26 M. Worbs, Nervenkunst (Anm. 16). S. 238.
27 Arthur Schnitzler, Über Psychoanalyse. Hg. v. Reinhard Urbach. In: Protokolle. 1976/2. S. 283.
28 Vgl. M. Worbs, Nervenkunst (Anm. 16). S. 212.

einmal einem Kaiser, ohne dass ers versteht, Grobheiten sagen zu können.–« (Tgb 1903-1908. 12. 1. 1905. S. 112). Mit seiner provokanten Handlung soll der Traum-Schnitzler eine systemimmanente Kritik am k.u.k. Offizierskorps öffentlich repräsentieren, wozu die gemischte Kleidung gut passt. Dass er vom Kaiser, der hier die höchste Instanz des Militärs vertritt, nicht »entdeckt« oder zur Rechenschaft gezogen wird, entspricht dem Wunsch, dass die in Arbeit befindliche Novelle der staatlichen Zensur nicht anheimfallen möchte. Zensiert wurde ›Lieutenant Gustl‹ nicht, aber eine äußerst polemische Kritik in der armeefreundlichen Zeitung ›Die Reichswehr‹ machte die militärische Behörde darauf merksam. Das Ergebnis war eine ehrenrätliche Untersuchung, die zum Verlust von Schnitzlers Offizierscharge führte.

Wie die beim Diktat eingefügte Notiz zum Traumtext vom 5. April 1900 zeigt, las Schnitzler ›Die Traumdeutung‹ weiter. Möglicherweise hängt dieser wiederholte Hinweis auf Freuds Werk aber auch mit dem sonst rätselhaften Odysseus-Motiv zusammen, das am Ende dieser vergleichsweise komplexen Aufzeichnung steht. Eine auf Ithaka erfolgte Verführung des griechischen Helden durch Schuhe steht nicht in der ›Odyssee‹ selbst und war in keiner anderen Quelle zu belegen, gehört also wohl zur Traumfiktion. Diese Erfindung der oneirischen Imagination dürfte tatsächlich auf die Lektüre der ›Traumdeutung‹ zurückzuführen sein. Denn im gleichen Abschnitt, in dem Schnitzler die Inspiration zu seiner »vorschriftswidrigen« Begegnung mit dem Kaiser fand, weist Freud in einem beziehungsreichen Zusammenhang auf die ›Odyssee‹ hin.[29] Es geht um »gewiß weder vereinzelte noch zufällige« Beziehungen zwischen Dichtungen und typischen Träumen. Freud preist »ein scharfes Dichterauge«, das »den Umwandlungsprozeß, dessen Werkzeug sonst der Dichter ist, analytisch erkennt und ihn in umgekehrter Richtung

---

29 Siehe Freud, Die Traumdeutung (Anm. 17). S. 167 und S. 170.

verfolgt, also die Dichtung auf den Traum zurückgeführt«. Gemeint sind Gottfried Keller und ein Gespräch in seinem Roman ›Der grüne Heinrich‹ zwischen dem Helden Heinrich Lee und seinem Freund Römer, aus dem eine lange Passage zitiert wird. Römer, der Heinrich die Lektüre von Homer empfohlen hat, wünscht ihm aber, dass er nie die Erfahrung von Odysseus machen müsse, als dieser vor »›Nausikaa und ihren Gespielen nackt und mit Schlamm bedeckt erscheint‹«.[30] Wie Römer erklärt, hat Homer diese Szene aus dem »›Traum des kummervollen, umhergeworfenen Mannes […] aus dem tiefsten und ewigen Wesen der Menschheit‹« geschaffen.[31]

Abgesehen von der spezifischen Bedeutung des Odysseus-Motivs für diesen Traum, in dem unter anderem sicherlich auch Schnitzlers »literarische Ambitionen« zum Ausdruck kommen,[32] dürften Freuds Lob des »analytischen« Schriftstellers sowie seine emphatische Aufwertung des Traums ihn fasziniert und ermuntert haben. Am Anfang des dritten Kapitels der ›Traumdeutung‹, nachdem Freud seine interpretatorische Technik zum ersten Mal demonstriert hat, unterstreicht er das psychische Potential des Traums, der »ein vollgiltiges psychisches Phänomen« sei: »er ist einzureihen in den Zusammenhang der uns verständlichen seelischen Actionen des Wachens; eine hoch complicirte intellectuelle Thätigkeit hat ihn aufgebaut.«[33] ›Frau Berta Garlan‹, die andere Novelle, an der

---

30 Ebenda, S. 170. Die bei Freud zitierte Stelle stammt aus der sogenannten zweiten Fassung des Romans. Vgl. Gottfried Keller, Der grüne Heinrich. Neue Ausgabe in vier Bänden. 3. Band. Stuttgart 1879. S. 29.
31 Freud, Die Traumdeutung (Anm. 17). S. 170.
32 Vgl. M. Perlmann, Der Traum in der literarischen Moderne (Anm. 1). S. 56. Allerdings dürften die von Perlmann vermuteten »Beziehungsgeflechte bezüglich der Novelle ›Leutnant Gustl‹« auch mit der Erzählung ›Frau Berta Garlan‹ zusammenhängen, denn mit den Worten »im Volksgarten (meine Novelle!)« ist diese gemeint.
33 S. Freud, Die Traumdeutung (Anm. 17). S. 85.

Schnitzler in dieser Zeit arbeitete, bedient sich zwar nicht der Monologtechnik, enthält aber einen kurzen Traumeinschub. Diese Novelle, die er noch unter dem Titel ›Jugendliebe‹ am 16. April zu Ende führt, nennt er als eine der Quellen des Traums vom 5. April 1900. Eine andere wird er später in das Typoskript einfügen: »Freuds ›Traumdeutung‹« (S. 26).

So schöpferisch unanalytisch, so unschuldig sozusagen wird Schnitzler von Freud und seinem Werk natürlich nicht mehr träumen. Als Nächstes kommt ein »böser Traum« 1903 über sein Ohrenleiden, dessen eine Quelle er mit der gleichzeitigen Lektüre von den ›Studien über Hysterie‹ (1895) nennt: »Böser Traum, von einem Lehrbuch der Ohrenheilkunde, wo ich mein Leiden mit Düsterkeit geschildert finde und es sozusagen erst ganz fasse.– (Veranlassung: ich lese jetzt ein mediz. Buch (Hysterie, Freud Breuer)und sah gestern Gomperz im Concert.–)« (Tgb 1903-1908. 6. 2. 1903. S. 14). Es läge auf der Hand, die Vermengung der beiden medizinischen Werke mit Schnitzlers »seiner selbst eingestandenen inneren Disharmonie und seinen Depressionen« zu erklären: die Lektüre der Fallstudien hysterischer Krankheiten lässt ihn im Traum das körperliche Leiden vorschieben.[34] Da der Otologe Benjamin Gomperz, den Schnitzler seit 1894 für seine Otosklerose konsultierte, ein Standardlehrwerk, ›Pathologie und Therapie der Mittelohrentzündungen im Säuglingsalter‹, erst 1906 vorlegte, könnte es sich, psychoanalytisch gesehen, um eine »Zensurleistung« anderer Art in der Traumarbeit handeln. Schnitzler dürfte Gomperz nämlich in Wirklichkeit in einem anderen, eher kompromittierenden Zusammenhang als Autor erlebt haben.

Die prominente ›Wiener Medizinische Wochenschrift‹ veröffentlichte 1901 zu ihrem fünfzigjährigen Jubiläum ein Sonderheft. Ihre Mitarbeiter wurden aufgefordert, ihren Gedanken über Sinn und Wirkung der Medizin in komprimierter

---

34 Siehe M. Worbs, Nervenkunst (Anm. 16). S. 213.

Form Ausdruck zu geben. Die Ergebnisse erschienen unter dem Titel ›Aphorismen‹. Das hat die Aufmerksamkeit von Karl Kraus auf das Amateurunternehmen gezogen, der die Publikation in seiner Zeitschrift ›Die Fackel‹ ausführlich und unbarmherzig glossierte. Er führt unter den abschreckenden Beispielen der medizinischen Aphoristiker auch Benjamin Gomperz an, dessen Beitrag – »›Wer hören will, muß fühlen‹« – als »kurz und sinnlos, aber paradox« ironisch gewürdigt wird.[35] Abgesehen von den noch vernichtenderen Urteilen über die poetischen Leistungen der anderen schriftstellernden Ärzte könnte der satirische Spott von Kraus Schnitzler veranlasst haben, sich der Gefahren der eigenen Gratwanderung zwischen Literatur und Medizin zu besinnen. Obwohl man die traumauslösende Kraft der Angst um sein Hören nicht unterschätzen sollte, wäre unter der »Bosheit« des Traumes also auch die Unsicherheit über die eigene Schriftstellerexistenz zu verstehen.

Schnitzler bedurfte nicht unbedingt der Provokation in der ›Fackel‹, um die teilweise recht unbeholfenen literarischen Versuche von Gomperz und anderer Kollegen kritisch zu lesen. Die ›Wiener Medizinische Wochenschrift‹ war ein ihm zweifellos wohlbekanntes Organ, in dem der eigene Bruder, der Chirurg Julius Schnitzler, publizierte. Man konnte sich dort auch über Freuds Vorträge informieren.[36] Die fließende Grenze zwischen Wissenschaft und Kunst wird bekanntlich auch in den ›Studien über Hysterie‹ thematisiert. Freud berichtet, wie »eigenthümlich« es ihn berühre, »dass die Krankengeschichten, die ich schreibe, wie Novellen zu lesen sind«.[37] Und schließlich wenn Schnitzler im Traum

35 Karl Kraus, Die Fackel. Nr. 62. Anfang Januar 1901. S. 9.
36 Marina Tichy u. Sylvia Zwettler-Otte, Freud in der Presse. Rezeption Sigmund Freuds und der Psychoanalyse in Österreich 1895-1938. Wien 1999, S. 289f.
37 Josef Breuer und Sigmund Freud, Studien über Hysterie. Leipzig/Wien 1895. S. 140.

Freud und Gomperz kombinieren konnte, so sollte die Verbindung Kraus-Gomperz nicht überraschen, zumal sie wenige Wochen später einmal tagsüber zustande kommt. Am 26. März 1903 gleich nach der Aufzeichnung einer Konsultation bei »Dr. B. Gomperz« berichtet Schnitzler von einem Artikel in der ›Fackel‹, in dem Kraus auf die Kritik der Vergabe des Bauernfeld-Preises an ihn eingeht. Jener schreibt, wie Schnitzler festhält, »über, für mich, und doch in der Tendenz mich böswillig verkleinernd.–« (Tgb 1903-1908. S. 22).

Als Schnitzler 1906 in einem lange unentdeckt gebliebenen Brief zu Freuds 50. Geburtstag »mannigfach starke und tiefe Anregungen« nennt,[38] die er dessen Schriften verdanke, denkt er wohl in erster Linie an ›Die Traumdeutung‹. Trotz eines schmeichelhaften Gegenbriefs, dessen Text sicherlich nicht so hintergründig ist wie die ihn mittlerweile in allen möglichen und unmöglichen Richtungen ausschlachtenden Deutungen, und ein weiterer Brief Freuds, zum fünfzigsten Geburtstag von Schnitzler im Jahre 1912, kommt es vorläufig zu keiner persönlichen Begegnung. Bis Anfang der 1920er Jahre zeichnet Schnitzler immer wieder Gespräche über Traumdeutung und ›Die Traumdeutung‹ im Tagebuch auf, meistens im kritischen Sinn. Nur einmal erlaubt er sich eine witzige Deutung, die auf Kosten des großen Trauminterpreten selbst geht. Als er am 18. August 1915 träumt, »dass die Russen vollkommen umklammert seien«, kommentiert er: »Freud würde zweifeln, dass ich die Russen gemeint habe.« (Tgb 1913-1915. S. 215).

In der Nacht zum 27. Juni 1920 figuriert Freud wieder in einem Traum. Schnitzler findet sich in einem »Wartezimmer, aber irgendwie Theatersaal« als Patient bei Freud, der aber dann nicht erscheint. Am Ende der Traumhandlung wartet er

---

38 Zitiert nach: Psychoanalyse in der literarischen Moderne. Hg. v. Thomas Anz und Oliver Pfohlmann. Marburg 2006. S. 137. Der im Cambridge-Nachlass entdeckte Brief wurde zuerst 1992 in der Wiener Zeitung ›Die Presse‹ veröffentlicht.

nicht mehr bei Freud, sondern bei dem Internisten Rudolf Kaufmann und scheint zu resignieren: »ich frage mich wie ich zu ihm reden und meine Seelen-leiden (welche?) schildern soll, ohne in Thränen auszubrechen…« (Tgb 1920-1922. S. 66). Es ist nicht schwer zu erraten, dass Schnitzlers Ehekrise, die um diese Zeit sich zuspitzte, Freuds Erscheinung hier mitbestimmt. Schnitzler wird Freud später bestätigen, dass dessen berühmte Therapie von Mahler bei einem Spaziergang in den Straßen von Leiden das letzte Ehe- und Lebensjahr des Komponisten erleichtert hat (Tgb 1920-1922. 16. 8. 1922. S. 343). Dass er für sich das Gleiche zumindest im Traum erhofft, ist nicht verwunderlich. Der Therapeut Freud ist es auch, der hinter dessen letzter Erscheinung im Traumleben Schnitzlers steht, als dieser in den Monaten nach dem Freitod seiner Tochter tief leidet. Er träumt sich »bei Freud« […], um mir (ungefähr) den Schmerz um Lili wegnehmen zu lassen« (Tgb 1927-1930. 4. 10. 1928. S. 194). Der Traum-Analytiker tröstet ihn damit, dass auch er eine Tochter verloren habe, eine sehr menschliche Reaktion, die den wachenden Schnitzler vielleicht wirklich getröstet hat, denn er vermerkt in der Aufzeichnung, dass Freud diesen Verlust tatsächlich erlitten hat. In Wirklichkeit hat Schnitzler Freud nie konsultiert, aber einmal kam er in Versuchung, sich ihm privat anzuvertrauen.

Am Vortag eines Besuchs bei Freud im Sommer 1922, als beide in Berchtesgaden Sommerferien machen, träumt Schnitzler, dass er mitten in Wien einer Freundin erzählt, wie er an derselben Stelle Freud getroffen habe, aber sieht sogleich, »nicht wie ich ihn treffe, sondern wie er sich entfernt«. Er führt den Traum auf den bevorstehenden Besuch zurück, deutet aber zugleich: »Stellung zur Psychoan.!« (Tgb 1920-1922. 16. 8. 1922. S. 343). Bei dem Besuch am nächsten Tag findet eines der bemerkenswertesten Gespräche in der Geschichte der Beziehung zwischen Psychoanalyse und Literatur statt. Freud erzählt von der Arbeit an »›Ich und Es‹«;

Schnitzler erzählt ihm »meinen Traum«. Man kann sich vorstellen, dass Freud bereits vor dem manifesten Inhalt dieses Traums, in dem er stellvertretend für den verehrten Dichter das Weite oder wenigstens Distanz sucht, haltmachte. Jedenfalls hält Schnitzler keine Reaktion auf diese doch ziemlich dreiste Enthüllung fest. Hingegen reagierte Freud offenbar sehr spontan, als Schnitzler nach »harmlos heitre[r] Unterhaltung« beim Essen »von der Rolle« erzählt, »die Teiche (Weiher) in meinen letzten Productionen spielen«. Freud deutet – fast wie auf Signal: »das ist der Kinderteich«. Obwohl Schnitzler diese Interpretation »bezweifelt«, fühlt er sich von dem »gesammten Wesen« Freuds angezogen und verspürt sogar »eine gewisse Lust, über allerlei Untiefen meines Schaffens (und Daseins)« sich mit ihm zu unterhalten. Nach einem Gedankenstrich, der hier bedeutungsvoller als sonst in den Text hineinragt, schließt er mit der Feststellung ab: »was ich aber lieber unterlassen will« (Tgb 1920-1922. S. 344).

Man wird den Gedanken nicht los, dass Schnitzler mit dem Motiv »Teich« Freud prüfen wollte. Es sollte das »Monomanische« bestätigt werden, das er bei der Aufzeichnung des Gesprächs dann monieren wird. Obwohl Schnitzler von »Teiche« und von seinen letzten »Productionen« im Plural spricht, kann es sich eigentlich nur um einen einzelnen Teich handeln, nämlich den Weiher, der im Titel und Text des Dramas ›Der Gang zum Weiher‹ erscheint.[39] In diesem Stück hat der Teich mit Kindheit und Geburt nichts zu tun; der Weiher ist Todesort und -symbol. Sylvester Thorn, die desillusionierte, autobiographisch gefärbte Dichtergestalt, träumt davon nicht, sondern ertränkt sich dort.[40] Dass Schnitzler Freuds

---

39 Ein Teich kommt in einem Satz am Schluss der Erzählung ›Fräulein Else‹ vor, die aber erst 1924 abgeschlossen wurde.
40 Vgl. die Bemerkung im Tagebuch vom 16. 7. 1922: »Problematisch der Sylvester Thorn […] Selbstbekenntnis und Maske wechseln, wie bei autobiographischen Gestalten so leicht der Fall, und es wird nichts einheitliches daraus« (Tgb 1920-1922. S. 327).

Antwort mehr oder weniger in der erfolgten Form erwartet hat, geht aus einem früher im Sommer geführten Gespräch mit Fritz Wittels hervor, einem zu diesem Zeitpunkt noch abtrünnigen Freud-Schüler. Sie sprechen »über Psychoanalyse; allerlei Bedenken gegen die Traumdeutung (z.B. dass Wasser- und Badträume stets Geburtstraum bedeuten)« (Tgb 1920-1922. 17. 7. 1922. S. 325). Schnitzlers eigene Bedenken speisten sich vermutlich aus frischer Quelle, denn von Freud selbst hatte er am 16. Juni 1922 »eine schöne neue Ausgabe seiner Vorlesungen« (Tgb. 1920-1922. S. 319) geschenkt bekommen. Dort nämlich und noch nicht in der Erstausgabe von ›Die Traumdeutung‹ geht Freud auf diese Gruppe von Traumsymbolen ein: »Die Geburt wird im Traume regelmäßig durch eine Beziehung zum Wasser ausgedrückt; man stürzt ins Wasser oder kommt aus dem Wasser, das heißt: man gebärt oder man wird geboren.«[41] Freud führt diese Symbolik auf den Anfang jeder menschlichen Existenz im Fruchtwasser der Mutter zurück und schließt den Absatz über dieses Thema mit einer merkwürdigen Anekdote ab. Er erzählt von einem »Gräflein«, einem jungen Patienten, der, nachdem ihm erzählt wird, dass der ihm früher einleuchtende Storch die Kinder aus dem Teich holt, verschwindet, und man ihn schließlich findet, »am Rande des Schloßteichs liegend, das Gesichtchen über den Wasserspiegel gebeugt und eifrig spähend, ob er die Kindlein auf dem Grunde des Wassers erschauen könnte«.[42]

Schnitzlers Skepsis gegenüber dem »Kinderteich« und gegenüber der psychoanalytischen Traumsymbolik überhaupt findet überraschend pointierten Ausdruck in einem der substantiellen, zwischen 1922 und 1926 verfassten Kommentare, die er selbst unter dem Titel ›Über Psychoanalyse‹ zusam-

---

41 Sigmund Freud, Vorlesungen zur Einführung in die Psychoanalyse. Drei Teile: Die Fehlleistungen – Der Traum – Allgemeine Neurosenlehre. Zweite, durchgesehene Auflage. Leipzig/Wien/Zürich 1922. S. 159.
42 Ebenda. S. 160.

menstellte. In den mit 1924 datierten Bemerkungen scheint er direkt auf Freuds Erläuterung der Wasserträume zu zielen: »Bestimmt eine Irrlehre ist es, die Wasserträume als Geburtsträume zu deuten lehren. Nur die Vorgänge, die in unser Bewußtsein übergegangen sind (und alles was in unserem Unterbewußtsein ist, war einmal in unserem wirklichen Bewußtsein, es gibt keinen anderen Weg ins Unterbewußtsein, angeborene Unterbewußtseinsdinge existieren nicht, auch das Grauen etc. muß erlernt werden), sind für die Traumdeutung zu verwerten. Als wir noch im Mutterleib schliefen, hatten wir kein Bewußtsein, können uns also an diese Zeit unmöglich erinnern. Man könnte ebensogut solche Wasserträume – und logischer – als Erinnerung an das kindliche Bettnässen deuten.«[43] Das ist ohnehin eine klare Sprache, aber mit dem Beispiel des Bettnässens kehrt er den interpretatorischen Spieß um, denn die Psychoanalytiker assoziierten diese Tätigkeit gern mit der Onanie.

Die Tiefe von Schnitzlers Abneigung gegen die Psychoanalyse wirkte sicher auch auf die beiden wichtigsten Werke, die er während der Zeit seiner kurzen persönlichen Bekanntschaft mit Freud in Arbeit hatte. Es ist wohl kein Zufall, dass er ›Fräulein Else‹ und ›Traumnovelle‹, Erzählungen, deren Ursprung auf den Anfang des Jahrhunderts zurückgeht, gerade dann zu Ende führte. In dem bereits im Titel programmatischen Text ›Traumnovelle‹ (1926) aber genauso in ›Fräulein Else‹ (1924) stehen Träume, ihre Deutung und ihre Wirkung im Mittelpunkt der Handlung. ›Fräulein Else‹, diese zweite und letzte Monologerzählung Schnitzlers, bildet eine äußerst kritische Kontrafaktur zu Freuds ›Bruchstück einer Hysterie-Analyse‹, dem ersten einer Reihe von Werken, in denen Freud, wie er Schnitzler 1906 schrieb, die »Übereinstimmung […] zwischen Ihren und meinen Auffassungen mancher psychologischer und erotischer Probleme« hervorzuheben beab-

---

43 A. Schnitzler, Über Psychoanalyse (Anm. 27). S. 281.

sichtigte.[44] Die Figurenkonstellation – ein Vater, der mit einem Bekannten über die Sexualität seiner Tochter handelt – und die textuelle Zentralstellung von zwei Träumen sind nur die auffälligsten Parallelen.[45] Schließlich hat man über die Frage, ob der Selbstmordversuch von Else gelingt, die Bedeutung des Erzählschlusses vielleicht unterschätzt. Der Text endet nämlich – für den heuristischen Impuls der Psychoanalyse eigentlich ein Gräuel – in einem Traum, als ob Schnitzler jeder Traumdeutung zuvorkommen wollte.

Obwohl Schnitzler und Freud auch nach 1926 ihre neuen Werke austauschten und sich ein paar Mal flüchtig begegneten, war jede »Übereinstimmung« in die Brüche gegangen. Das deutlichste Zeichen von Schnitzlers andauernder unterschwelliger Opposition ist der Traum vom 16. Juni 1928, in den jetzt auch die Kritik an der Psychoanalyse Eingang findet. Seinem Traum-Ich wird eine »Landkarte« gezeigt, wo Flüsse und Städte zu sehen sind, die aber auch das »Bewußtsein« und das »Unterbewußtsein« darstellen. Schnitzler kritisiert die Karte, die nicht »richtig« sei, und fügt hinzu: »zwischen Bewußtsein und Unterbewußtsein gibt es viele Schichten, allmälig Übergänge«. Als er in diesem Sinn einen Vortrag hält, erscheinen zuerst der dänische Kritiker und Freund Georg Brandes, der ein ausgesprochener Gegner der Psychoanalyse war, und dann die prominente Schriftstellerin und treue Freud-Freundin und -Schülerin Lou Andreas-Salomé, die dem Traum-Ich verrät, dass sie mit »Georg Br. bös sei« (Tgb 1927-1930. S. 164). Auch wenn man im Gesamtkontext des Traums Momente der Ambivalenz sehen möchte – begonnen wird mit einem Vortrag über Goethes Gedichte, bei dem Schnitzlers Traum-Ich versagt –, geht der manifeste Inhalt

44 Sigmund Freud, Briefe an Arthur Schnitzler. Hg. von Henry [Heinrich] Schnitzler. In: Neue Rundschau. Bd. 66. 1955. S. 95.
45 Vgl. Astrid Lange-Kirchheim, Adoleszenz, Hysterie und Autorschaft in Arthur Schnitzlers Novelle ›Fräulein Else‹. In: Jahrbuch der Deutschen Schillergesellschaft. 42. 1998. S. 265-300.

teilweise auf letzte längere Ausführungen über die Psychoanalyse zurück, die Schnitzler 1926 niederschrieb. Er beanstandet die »Trennung in Ich, Überich und Es«, die »geistreich, aber künstlich« sei und schlägt an ihrer Stelle eine »Einteilung in Bewußtsein, Mittelbewußtsein und Unterbewußtsein« vor, die »den wissenschaftlichen Tatsachen näher« käme.[46] Das Mittelbewusstsein wird auch ausführlich definiert und gegenüber dem Unbewussten aufgewertet. In diesem letzten Text über Psychoanalyse kritisiert Schnitzler auch den Missbrauch der Traumdeutung. Die Analytiker berufen sich »bei ihren Resultaten und Dogmen« darauf, aber sie nehmen sie auch »auf Grund ihrer Dogmen« vor. Das ist, wie er anmerkt, der typische »circulus vitiosus«.[47]

In einem Brief vom 29. Oktober 1927 an die Tochter Lili schreibt Schnitzler, da er erfahren hat, dass sie die ›Traumdeutung‹ liest, es müsse eine »neuere Ausgabe« sein. Wie so oft seinem Tagebuch vertraut er jetzt auch ihr an, er habe selbst »vor bald 30 Jahren die allererste« gelesen und fügt hinzu: »damals hatt ich (und habe) manche Bedenken (womit ich Freuds Größe nicht anzuzweifeln gedenke.–)«[48] Aus diesen Bedenken, die ja auch wissenschaftlicher Natur waren, war kein Vorbild für seine eigene große Traumschrift zu machen. Das Modell fand er in der Literatur.

Vorbild Hebbel

Im Sommer 1892 noch mitten in der ihn fesselnden Lektüre von Friedrich Hebbels Briefen schreibt Schnitzler an seinen jungen Freund Hugo von Hofmannsthal: »Hebbel war wohl nach Goethe der größte Geist, den die Deutschen in dem Jahrhundert gehabt haben; manchmal kommt mir vor, daß man

---

46 A. Schnitzler, ›Über die Psychoanalyse‹ (Anm. 27). S. 283.
47 Ebenda.
48 Briefe II. S. 502f.

ihn vor Nietzsche wird nennen müssen.«⁴⁹ Dieser heute etwas überraschende Superlativ bezieht sich mit Sicherheit aber auch auf ein anderes Werk von Hebbel. Im Februar 1891 hatte Schnitzler Olga Waissnix berichtet, dass er die gemeinsame, ihre unruhige platonische Beziehung ergänzende Lektüre von Paul Bourgets ›Physiologie de l'amour moderne‹ unterbrochen habe, um »was andres, enorm bedeutendes« zu lesen, »die Hebbel'schen Tagebücher«. Er drückt sich begeistert aus: »Was so einem Mann ganz unvermuthet an irgend einem beliebigen 8. März od. 17. Juni einfällt – es ist unerhört. – Langsam muß man da lesen; es ist ergreifend. Ich bin eigentlich erst am Anfang.«⁵⁰ Wie wichtig dieses Buch ihm wird und bleibt, kann man zunächst daran ermessen, dass er noch 1896 zum Geburtstag eine Ausgabe von Marie Reinhard geschenkt bekommt und 1897 seiner Mutter ein Exemplar schenkt.⁵¹

Im Januar 1904 notiert Schnitzler in seinem Tagebuch den Beginn einer zweiten Lektüre der Tagebücher, die er dann Anfang Februar auf eine Reise nach Berlin mitnimmt, wo die starke Wirkung auf sein labiles literarisches Selbstbewusstsein festgehalten wird: »Hebbels Tagebücher, und mir selbst lächerlich erschienen«.⁵² Solche Gefühle unterdrückt

---

49 Hugo von Hofmannsthal/Arthur Schnitzler, Briefwechsel. Frankfurt a. M. 1966. S. 22. Brief vom 14. 7. 1892.
50 Arthur Schnitzler: Briefe 1875-1912. Hg. v. Therese Nickl und Heinrich Schnitzler. Frankfurt a. M. 1981. S. 113-114.
51 Tagebuch 1893-1902. S. 190 (15. 5. 1896); S. 257 (15. 8. 1897).
52 Tagebuch 1903-1908. S. 56 (9. 1. 1904); S. 60 (2. 5. 1904). Möglicherweise wurde die erneute Lektüre durch das Erscheinen von den Tagebüchern 1903 innerhalb der von Richard Maria Werner besorgten historisch-kritischen Ausgabe angeregt, der eine populäre Edition in der Reihe ›Max Hesses Neue Leipziger Klassikerausgaben‹ bereits 1904 folgte. Vgl. Andreas Schumann, Die Ausgaben von Hebbels Tagebüchern. Ein Problemfall literarischer Kanonbildung. In: Studien zu Hebbels Tagebüchern. Hg. von Günter Häntzschel. München 1994. S. 181-196.

er naturgemäß, wenn er im Sommer 1904 nach Beendigung der Lektüre an Hofmannsthal schreibt: »Die Hebbel-Tagebücher habe ich nun zum zweiten Male gelesen; meine Bewunderung ist womöglich noch gestiegen – aber menschlich hab ich mich von ihm diesmal entfernt. Es ist ein prachtvoller Geist, in beinah ununterbrochener Arbeit. Aber man dürfte das ganze von 1863 nach rückwärts lesen – ohne daß Verständnis oder Genuß darunter litte.«[53]

Diese sporadischen, aber intensiven Reaktionen auf Hebbel, die in späteren Jahren keineswegs aufhören, hat man nach der Publikation von Schnitzlers ›Tagebuch‹ natürlich nicht übersehen. Aber dessen Tagebücher wurden vor allem allgemein als »Grundbuch« für Schnitzlers diaristisches Schreiben gesehen, dessen möglicher Einfluss sich z. B. bei den Jahresbilanzen manifestiert, die eventuell auch zu einem festen Bestandteil von Schnitzlers Projekt werden.[54] Dass seine Traumaufzeichnungen, die auch von Anfang an als erzählerische Höhepunkte des Tagebuchs erkannt wurden, den Traumnotaten in Hebbels Tagebüchern etwas verdanken könnten, hat man bisher nicht in Erwägung gezogen. Allein ein Blick auf die Statistik zeigt dennoch eine bemerkenswerte Ähnlichkeit. Hebbels von 1835 bis 1863 geführte Tagebücher enthalten 110 Traumaufzeichnungen, 37 davon von anderen.[55] Schnitzlers erhaltenes Tagebuch reicht von 1879-1931, wenn man von den fragmentarischen, zwei Traumtexte enthalte-

---

53 Hofmannsthal/Schnitzler, Briefwechsel (Anm. 49). S. 485.
54 Vgl. Werner Welzig, Das Tagebuch Arthur Schnitzler 1879-1931. In: Internationales Archiv für Sozialgeschichte der deutschen Literatur. Bd. 6. Nr. 1. 1981. S. 84. Eine neuere Studie zu Schnitzlers Rezeption von Hebbel geht auf das Tagebuch nicht ein: Harmut Scheible: »…völlig getrennten Haushalt…«. Friedrich Hebbel und Arthur Schnitzler. In: Hebbel-Jahrbuch. Bd. 58. 2003. S. 47-64.
55 Die Zahlen nach: Peter Michelsen, Friedrich Hebbels Tagebücher. Göttingen 1966. S. 74.

nen Blättern aus dem Jahr 1875 absieht. Darin kommen rund 600 Träume vor, wovon mehr als 30 von anderen sind. Auch wenn Schnitzler im Durchschnitt zweimal so viele Träume aufzeichnete wie Hebbel, gibt es Phasen, vor allem in den Jahren 1836-1839 in München, in denen die Frequenz der Träume mit Schnitzlers traumreichsten Zeiten Anfang der 1920er Jahre durchaus vergleichbar ist.

Wichtiger als jede Statistik ist die bisher übersehene zeitliche Übereinstimmung zwischen dem Beginn der kontinuierlichen Aufzeichnung der Träume und der ersten Lektüre von Hebbels Tagebüchern. Beide finden im Februar 1891 statt. In diesem Jahr wird Schnitzler genauso viele Traumtexte (elf) niederschreiben wie im Jahre 1900, als er selbst die Zunahme des Träumens mit Freuds ›Traumdeutung‹ in Verbindung bringt. Auch die wiederholte Lektüre der Hebbelschen Tagebücher im Jahre 1904 scheint die Traumproduktivität zu fördern oder zumindest aufrechtzuerhalten, die in den Jahren 1901-1902 und wieder zwischen 1905 und 1907 erheblich zurückgeht.

Hebbels Tagebücher und besonders die Traumaufzeichnungen vermögen heute noch zu faszinieren; und es fällt nicht schwer, den starken Eindruck, den sie auf den jungen Schnitzler machten, nachzuvollziehen. Sie waren ja zum ersten Mal 1885-1887 veröffentlicht worden und mussten durch Inhalt und Stil Anfang der 1890er Jahre geradezu modern anmuten. Die begeisterte, produktive Rezeption der Tagebücher nicht nur durch Schnitzler und Hofmannsthal, sondern auch beinahe gleichzeitig durch Kafka und später durch Benn und Brecht unterstreicht ihre andauernde literarische Anziehungskraft.[56]

---

56 Vgl. Arthur Tilo Alt, Die Rezeption der Hebbelschen Tagebücher durch kanonische Dichter der Moderne. In: Studien zu Hebbels Tagebüchern. Hg. von Günter Häntzschel. München 1994. S. 169-180.

Im Mai 1837 träumt Hebbel von einer Szene, deren Figuren und Requisiten auch in Wien um 1900 vorstellbar wären: »Ich sah neulich im Traum einen Liebhaber um seine Geliebte bei ihren Eltern durch Violinspielen werben und *wunderte mich nicht im geringsten* darüber, daß er auf zwei Geigen zugleich spielte.«[57] Der Ritus des Heiratsantrags, bei dem das Vorsprechen als Vorspielen inszeniert wird, und das Musikalische überhaupt passen bestens zum Milieu des bürgerlichen Wien des Jahrhundertendes. Auch das Spielen auf zwei Geigen, egal ob man das als Verdoppelung des Angebots oder Spaltung der Absichten interpretiert, müsste Schnitzler als Symbol eines problematischen sozialen Verhaltens einleuchten. Schließlich wäre das emphatische Verständnis des Träumenden für die ›Aufführung‹ des Liebhabers, bei dem ein konspirativer Ton mitschwingt, sowohl dem jungen Lebemann als auch dem angehenden Dramatiker des Jung-Wien vertraut. Die Kunst auf zwei oder mehr Geigen gleichzeitig zu spielen – ein Hebbel-Forscher versteht das Instrumentenpaar genauer als das Balancieren der Liebesbeziehungen mit Elise Lensing, der in Hamburg zurückgelassenen Freundin, und der Münchner Tischlerstochter »Beppi« (Josepha) Schwarz[58] – verstand Schnitzler in der frühen, hektischen Phase seines Sexuallebens ganz gut. Der Arzt Isidor Sadger, der selbst in der Wiener Psychoanalytischen Vereinigung für seine grob gestrickten Dichterpathographien berüchtigt war, wird später auf die »aus Witzblättern und Karikaturen« bekannte

---

57 Friedrich Hebbel, Werke. Hg. von Gerhard Fricke, Werner Keller und Karl Pörnbacher. Bd. IV. München 1966. S. 151 [755]. Diese letzte Zahl bezieht sich auf die seit den frühen Ausgaben übliche Nummerierung der Eintragungen in den Tagebüchern. Weitere Verweise auf diese Ausgabe (Bd. IV und V) erfolgen im laufenden Text in Klammern, z. B. (HT 755).
58 Manfred Engel, »Ich hatte über Nacht einen merkwürdigen Traum«. Traumnotate und Traumtheorie in Hebbels Tagebüchern. In: Hebbel-Jahrbuch. Bd. 61. 2006. S. 13f.

Geigensymbolik hinweisen: »Die ausladenden Formen der Violine eignen sich trefflich zur Darstellung des Frauenleibes, wodurch dann das Spielen auf einer Geige symbolisch wird für den Geschlechtsverkehr.«[59]

In einer späteren, düsteren Lebensperiode, als Schnitzler von seiner Frau geschieden, aber mit ihrem Verhältnis zu dem jungen Komponisten Wilhelm Gross offensichtlich noch nicht fertig geworden war, träumt er von einem frappierend ähnlichen Szenario: »Träumte heute Nacht (zum ersten Mal glaube ich) von W. G. Er sass, oder ich? am Klavier, bei uns im Salon – es handelte sich darum, an welche Stelle in einem Konzert seine Komposition zu stellen sei, die ich vorteilhaft plaziert wünschte; ich war für die Mitte, doch war ich gegen die Violinsonate, die für mich mit zu peinlichen Erinnerungen verbunden sei. (Ich sprach mit niemandem – er war vielleicht gar nicht da.)« (S. 182f.). Hier betrifft die Doppelung den Musikanten statt des Instruments, aber eine Spaltung der Gefühle kommt durch die Motive unterlassenen oder unterdrückten Spiels (Klavier, Konzert und Violinmusik) noch verstörender zum Ausdruck. Überhaupt ist die psychologische Dimension des Geschehens komplizierter und die Stimmung dunkler, aber Traumsituation und Kunstmotiv zeigen eine bemerkenswerte Ähnlichkeit.

Es gibt eine beträchtliche Zahl von Hebbels Träumen, die wie der Traum von den zwei Geigen keine Reflexion oder Deutungsansätze enthalten. Manchmal verraten sie aber trotzdem ganz deutlich seine literarischen Ambitionen, wie in diesem Notat vom 12. August 1837: »Über Nacht im Traum saß ich in einem Wirtshaus der Au und nahm ein Mittagsmahl ein. Neben mir lag der Woldemar von Jacobi, mir gegenüber saß ein Reisender, der ebenfalls dinierte und mich

---

59 Isidor Sadger, Über das Unbewußte und die Träume bei Hebbel. In: Imago. Zeitschrift für Anwendung der Psychoanalyse auf die Geisteswissenschaften. Bd. 2. 1913. H. 3. S. 351.

fragte, welches Buch ich läse. Ich reichte ihm den Band hin, er steckte ihn ohne weiteres in die Tasche und verehrte mir zwei Körbe, in deren größtem eine treffliche Boaschlange, zusammengeringelt und mit ihrem langen Körper eine kleinere Schlange einschließend, lag« (HT 860). Hebbels Traum-Ich verzichtet offenbar ohne Bedauern auf den philosophischen Roman von Friedrich Heinrich Jacobi, den Goethe bekannterweise einmal an einem Baum »kreuzigte«. Seine eigene kritische, wenn auch weniger aggressive Einstellung formuliert er in einer späteren ›bewußten‹ Tagebuchnotiz: »Jacobi in seinem Woldemar referiert die Gemütszustände, und glaubt sie darzustellen« (HT 3271). Die Schlangen, die er dafür bekommt, würde die psychoanalytische Traumdeutung ohne weiteres als Sexualsymbole auffassen, wie das der Freud-Schüler Wilhelm Stekel in seiner 1912 erschienenen Studie ›Die Träume der Dichter‹ tatsächlich tut. Für ihn sind »die kleine und die grosse Schlange […] als ein bezeichnendes Zeichen eines phallischen Symbols« zu verstehen, und zwar mit »homosexuelle[n] Tendenzen«, denn Jacobis Roman figuriert in seiner Deutung nur als Buch unter Büchern, die »nach meinen Erfahrungen sehr häufig Sperma« symbolisieren.[60] Auch wenn man eine sexuelle Dimension des Traums nicht leugnen möchte, zeugen nicht nur die Erscheinung eines spezifischen Werks sondern auch der Größenunterschied sowie die geringelte Form der beiden Schlangen von einer Bedeutung, die vielleicht religiösen oder mythischen Ursprungs ist und wohl mit literarischen Machtverhältnissen zusammenhängt.

Im Sommer 1891, als Schnitzler die Hebbelschen Tagebücher zum ersten Mal gelesen hat, zeichnet er einen ähnlich abgeschlossenen, noch komprimierteren Traum mit einem

---

60 Wilhelm Stekel, Die Träume der Dichter. Eine vergleichende Untersuchung der unbewußten Triebkräfte bei Dichtern, Neurotikern und Verbrechern. Wiesbaden 1912. S. 227.

vergleichbaren Motiv auf: »Neulich ein Traum: Eine grosse Spinne, die mir den Bleistift wegträgt« (S. 13). Obwohl Schnitzler selbst später auch Rettiche, die mehr als einmal in seinen Träumen erscheinen, als Traumsymbole sexuell auffasst (S. 197), hängt der Bleistift in diesem Fall eher mit dem Schreiben und mit seinen Sorgen um seine schriftstellerische Existenz zusammen. Die Spinne – Karl Abraham erläutert sie 1922 in einem vielzitierten Aufsatz ›Die Spinne als Traumsymbol‹ als phallische und böse Mutter – wird man in erster Linie als Schnitzlers »tiefsitzende Angst, seiner Kreativität und Potenz durch die ›Frau‹ beraubt zu werden«, verstehen.[61] Dass der immer rührige und von Freud als Trauminterpret geschätzte Wilhelm Stekel bereits 1909 einen äußerlich ähnlichen, allerdings von einem Mädchen stammenden Traum anführt – »Ich sah eine Spinne auf einem grossen Tisch, der mit einem Tischtuch bedeckt war« – und die Spinne uneingeschränkt als »phallisches Symbol« definiert, muss nicht unbedingt als absoluter Widerspruch gesehen werden.[62] Schnitzlers andauernde Zweifel über sein literarisches Talent und seine Unsicherheit gegenüber anderen Schriftstellern – zum Beispiel dem siebzehnjährigen, ihm von Anfang an imponierenden Hugo von Hofmannsthal, den er im Februar 1891 kennenlernt – lassen die mit dem Schreibinstrument davonlaufende Spinne auch als Symbol der männlich-literarischen Konkurrenz erscheinen.

61 Ulrich Weinzierl, Arthur Schnitzler. Lieben – Träumen – Sterben. Frankfurt a. M. 1994. S. 161 f. Weinzierl verweist auf Karl Abraham und verbindet den geraubten Traumbleistift auf geniale Weise mit einem »kleinen goldnen Bleistift«, den Schnitzler 1894 von seiner Freundin Marie Reinhard geschenkt bekommen hatte.
62 Wilhelm Stekel, Die Sprache des Traums. Eine Darstellung der Symbolik und Deutung des Traumes in ihren Beziehungen zur kranken und gesunden Seele für Ärzte und Psychologen. Wiesbaden 1911. S. 135.

Zu den markanten Parallelen zwischen Hebbels und Schnitzlers Träumen zählt der oneirisch inszenierte Umgang mit literarischen Vorfahren. Hebbel träumt am 25. März 1859, dass er Klopstocks Begräbnis beiwohnt, wo die Aufforderung, die Leichenrede zu halten, ihn in »große Verlegenheit« (HT 5658) setzte. Das scheinen verspätete literarhistorische Schuldgefühle zu sein, gegenüber einem berühmten Lyriker, mit dessen Oden er sich in der Jugend auseinandergesetzt hat. Aber bereits 1837 vergleicht Hebbel Klopstocks Hauptwerk ›Der Messias‹ mit einem gotischen Dom: »Er ist herrlich genug und jeder fühlt Respekt, aber keiner tritt herein« (HT 649).

Obwohl Schnitzler Grillparzer sicherlich mehr geschätzt hat als Hebbel Klopstock, kommt der große österreichische Dramatiker nur einmal in dessen Träumen vor. Er spielt eine kleine, zunächst unsichere Rolle in einer längeren Traumszenerie von 1903. Diese beginnt mit einem Theaterreferat, in dem betont wird, dass eine Schnitzler bekannte Schauspielerin, Irene Triesch, in ›Liebelei‹, dem Stück, mit dem er 1895 das Burgtheater erobert hat, »das Jüdische an der Christine […] mit leicht antisemitischer Tendenz« (S. 32) herausgebracht habe. Auch wenn die Traumfiktion sich mit dieser Beobachtung ein geistreiches Wortspiel leistet, gibt es in der weiblichen Hauptfigur nichts, wodurch sie sich als Jüdin – oder eindeutig als Christin – zu erkennen gäbe. Zu den Glanzrollen, in denen Irene Triesch ihren beachtlichen Bühnenruf erworben hat, gehörte neben Hebbels Maria Magdalena und Ibsens Nora die Rahel in Grillparzers ›Die Jüdin von Toledo‹, die sie, wie man 1900 in der auch in Wien geschätzten Zeitschrift ›Die Gesellschaft‹ lesen konnte, mit »einer intimen und nervösen, psychologisch tiefbohrenden Charakterisierungskunst« gegeben habe.[63] Diese Verbindung erklärt vielleicht das Erscheinen von

---

63 Wilhelm Mauke, Münchener Kunstleben. In: Die Gesellschaft. 1900. Bd. 1. H. 2. S. 124.

Grillparzer am Schluss des Traums, als die Traumfigur Schnitzler mit seiner Frau Olga über einen Stiegenabsatz flieht: »an einem Tisch ein Herr, Grillparzer? Ich soll meinen Namen schreiben, kann's nicht recht. Nun schreibt er ihn reinlich nieder und sagt ungefähr: Hiermit bleibt es beschlossen« (S. 32). Der Traum zeigt Schnitzlers andauernde, berechtigte Angst, dass sein Werk als »jüdisch« disqualifiziert wird. In der flüchtigen Begegnung mit Grillparzer, der für Schnitzlers Namen einsteht, kündigt sich eine literarische Wunscherfüllung an. Wenn der österreichische Klassiker, der Autor eines viel gespielten Dramas über eine Jüdin, sein Werk beglaubigt, dann kann die antisemitische Kritik ihm nichts anhaben.[64]

Man kann sich ohne Weiteres vorstellen, dass Hebbels Traumnotate, die meistens ohne jedes deutende Beiwerk auskommen und unmittelbar in den diaristischen Text eingearbeitet werden, auf Schnitzlers eigene Aufzeichnungen befreiend gewirkt haben. Unter den einzelnen Reflexionen über Sinn und Wert des Traums, die auch in den Tagebüchern vorkommen, hätte er folgende Notiz vom 19. März 1838 wohl kaum überlesen: »Wenn sich ein Mensch entschließen könnte, alle seine Träume ohne Unterschied, ohne Rücksicht, mit Treue und Umständlichkeit und unter Hinzufügung eines *Kommentars*, der dasjenige umfaßte, was er etwa selbst nach Erinnerungen aus seinem Leben oder seine Lektüre an seinen Träumen erklären könnte, niederzuschreiben, so würde er der Menschheit ein großes Geschenk machen. Doch, so wie die Menschheit jetzt ist, wird das wohl keiner tun; im stillen und zur eigenen Beherzigung es zu versuchen, wäre auch

---

64 Vgl. Tgb 1893-1902. S. 175 (27. 2. 1896): »Hugo [von Hofmannsthal] erzählt mir, dass er mit Alfr. Berger über meine Ähnlichkeit mit Grillparzer gesprochen – was mich sehr freute«; und Tgb 1927-1929. S. 257 (13. 6. 1929): »Allerlei aus der N[euen] Fr[eien] Pr[esse]. Das schöne Feuilleton von Kurt Münzer;– die Zeile in der er mich einen echter oesterr. Dichter nennt als Grillparzer mußte gestrichen werden.–«

schon etwas wert« (HT 1039). Beim ersten Blick liest sich diese Bemerkung wie ein Rezept für die psychoanalytische Traumdeutung. Daher nimmt es nicht wunder, dass eben diese Passage bereits bald einen festen Platz in ihrer Literatur einnimmt. Wilhelm Stekel verwendet sie 1911 als Motto in ›Die Sprache des Traums‹;[65] in seiner Studie ›Die Träume der Dichter‹ (1912), die fünf Kapitel über Hebbels Träume enthält, wird sie als »Entschuldigung pro domo« angeführt.[66] Unter der Rubrik ›Psychoanalytisches Lesebuch‹ erscheint sie noch 1928, allerdings ohne den zweiten Satz, im ›Almanach des Internationalen Psychoanalytischen Verlages‹ mit dem Titel ›Hebbel über Träume‹.[67] Am ausführlichsten kommentiert wird die Passage von Isidor Sadger in seinem Aufsatz ›Über das Unbewußte und die Träume bei Hebbel‹, der 1913 in der von Freud selbst herausgegebenen ›Imago. Zeitschrift für Anwendung der Psychoanalyse auf die Geisteswissenschaften‹ erscheint: »Hier springt zunächst die außerordentliche Wertschätzung ins Auge, die Hebbel den Träumen im allgemeinen zuschreibt und die uns noch mehrfach beschäftigen wird. Er weiß auch, man muß nicht bloß den manifesten Trauminhalt erzählen, und zwar wortgetreu und mit Umständlichkeit, sondern auch noch eine Erläuterung beifügen mit allem, was uns aus Leben und Lektüre zu jenem einfällt. Und endlich kennt er auch noch die allgemeine Scheu der Sterblichen, zu den Müttern zu tauchen, und die noch größere, das also Erschaute der Welt zu verkünden.«[68]

Die Begeisterung, mit der die Psychoanalytiker auf diese Bemerkung Hebbels stürzen, die »aussieht, als wäre sie direkt den Schriften Freuds entnommen«,[69] ist der beste Beweis dafür,

---

65 Wilhelm Stekel, Die Sprache des Traums (Anm. 62). S. 14.
66 Wilhelm Stekel, Die Träume der Dichter (Anm. 60). S. 195.
67 Almanach des Internationalen Psychoanalytischen Verlages für das Jahr 1928. S. 103.
68 Vgl. Anm. 59. S. 345f.
69 Ebenda. S. 345.

dass auch Schnitzler bei ihm ein anregendes Schreibmodell für das eigene Traumbuch gefunden hat. Allerdings wird er Hebbels Vorhaben, das dieser selbst, was den Kommentar betrifft, nicht ausführte, anders verstanden haben. Den Gang zu den »Müttern« à la Goethe hat er nicht gescheut. Das zeigen nicht nur die Traumnotate, sondern auch die gründliche, manchmal verletzende Selbstkritik, die das ganze Tagebuch durchzieht. Aber wie Hebbel zweifelte Schnitzler an der »Menschheit«, die man sich als Publikum für ein solches Traumbuch vorstellen könnte.

Das zeigt am besten seine Antwort auf Wilhelm Stekels Umfrage, deren Ergebnisse die erste Hälfte der Studie ›Die Träume der Dichter‹ ausmachen. Am 14. November 1911 schreibt Stekel einen Brief an Schnitzler, in dem zunächst, wie man aus dem gedruckten Werk entnehmen kann, zwei stereotype Fragen gestellt werden: »Ich schreibe eine Abhandlung über die Träume der Dichter. Ich wäre Ihnen sehr verbunden, wenn Sie mir einen oder mehrere charakteristische Träume mitteilen würden, die aus [!] Sie einen gewissen Eindruck gemacht haben. Können und wollen Sie mir etwas über Ihr Traumleben anvertrauen, was der Oeffentlichkeit vorgelegt werden könnte? / Haben Sie viele kriminelle Träume?«.[70] Auf dem erhaltenen Blatt korrigiert Schnitzler die vertippte Präposition zu »auf« und unterstreicht die Worte »Träume der Dichter«. Stekel schreibt auf Briefpapier der Zeitschrift ›Zentralblatt für Psychoanalyse. Medizinische Monatsschrift für Seelenkunde‹, deren Herausgeber als »Professor Dr. Sigm. Freud« angegeben wird. Nach der streng formellen Anredeformel »Sehr geehrter Herr Kollega!« und den stereotypen Fragen besinnt sich Stekel offenbar eines

---

70 Unveröffentlichter Brief von Wilhelm Stekel an Arthur Schnitzler. Deutsches Literaturarchiv, Marbach am Neckar. Vgl. Ulrich von Bülow, »Sicherheit ist nirgends«. Das Tagebuch von Arthur Schnitzler. (= Marbacher Magazin 93/2001). Marbach a. N. 2000. S. 60.

Besseren und fügt hinzu: »Entschuldigen Sie den Vorwitz dieser Fragen und meine Indiskretion. Ich nehme an, dass Sie an der Untersuchung ein grossen Interesse nehmen.«[71] Schnitzler antwortet am 17. November: »Sehr geehrter Herr Doktor. / Ihren Untersuchungen über Dichterträume sehe ich gewiss mit Interesse entgegen; aber aus Gründen, deren Erörterung zu weit führen würde, bin ich vorläufig nicht in der Lage über meine eigenen Träume der Oeffentlichkeit Mitteilungen zu machen. / Mit vorzüglicher Hochachtung / Ihr ergebener«.[72] Träume genug hatte er ja im Tagebuch bereits aufgezeichnet, aber man stelle sich vor, Stekel bekäme Zugang unter anderem zum Traum vom 23. Januar 1904: »Ich fliege nackt über die Ringstrasse in der Gegend des Burgtheaters« (S. 33). Die Schlüsselworte in Schnitzlers Antwort sind »vorläufig nicht«. Auch wenn er sich viel später der »Dichterträume, eines alten Buchs des lächerlichen Stekel« erinnern wird,[73] kann man sich gut vorstellen, dass die fünf Kapitel ›Hebbels Träume‹ ihn eventuell in seinem Entschluss befestigt haben, Zeit und Ort der »Mitteilungen« der eigenen Träume möglichst selbst zu bestimmen.

Merkwürdigerweise scheint Freud an der Begeisterung unter seinen Schülern für Hebbels Tagebücher und das darin enthaltene reiche Traummaterial nicht teilgenommen zu haben. Bekanntlich machte aber auch er als junger Mann eine intensive Hebbel-Lektüre durch. In einem Brief vom 27. März 1875 berichtet er seinem Jugendfreund Eduard Silberstein, dass er »ein halb Dutzend Trauerspiele von Friedrich Hebbel verschlungen« habe.[74] Er empfiehlt besonders ›Judith‹, in dem er ein Sexualproblem wittert. Eine einzelne substantielle

71 Ebenda.
72 Unveröffentlichter Brief von Arthur Schnitzler an Wilhelm Stekel. Deutsches Literaturarchiv, Marbach am Neckar.
73 Tagebuch 1923-1926. S. 281 (16. 10. 1925).
74 Sigmund Freud, Jugendbriefe an Eduard Silberstein 1871-1881. Hg. von Walter Boehlich. Frankfurt a. M. 1989. S. 121.

Äußerung zu Hebbel in den Protokollen der »Psychologischen Mittwoch-Gesellschaft« sowie der einzige veröffentlichte Kommentar zu dessen Werk beziehen sich auch auf dieses Drama.[75] Letzterer befindet sich in dem Essay ›Das Tabu der Virginität‹ (1918) und ist deshalb bemerkenswert, da der Erläuterung von Hebbels Drama eine Fußnote vorausgeht, in der Freud mit Seitenblick auf einen ihm vertrauten »Traum einer Neuvermählten«, in dem diese den Wunsch verrät, »den jungen Ehemann zu kastrieren und seinen Penis bei sich zu behalten« eine ebenso weit hergeholte wie faszinierende Parallele zu Schnitzlers Erzählung ›Das Schicksal des Freiherrn von Leisenbohg‹ zieht.[76]

Dass Freud die Tagebücher von Hebbel offenbar nie gelesen hat, hängt vielleicht einfach damit zusammen, dass er nach der ursprünglichen Vertiefung in dessen Werk zu einer Zeit, als diese noch nicht veröffentlicht waren, kein dringendes Interesse dafür mehr empfand. Ein »Privattraumbuch« mit Deutungsansätzen, von dem er 1882 in einem Brief an seine Braut Martha Bernays berichtet, ist also ohne das Vorbild Hebbels entstanden.[77] Anders als Hebbel und Schnitzler hat Freud 1885, im Erscheinungsjahr der Hebbelschen Tagebücher, seine frühen Traumaufzeichnungen »vernichtet«.[78]

1904, als Schnitzler Hebbels Tagebücher zum zweiten Mal vornahm, hat sie ein anderer bedeutender Leser, dessen Tagebuch auch bald erstaunliche Traumnotate enthalten

---

75 Protokolle der Wiener Psychoanalytischen Vereinigung. Hg. von Herman Nunberg und Ernst Federn. Frankfurt a. M. 1976. S. 155. Vortragsabend am 10. April 1907.
76 Sigmund Freud, Das Tabu der Virginität. In: Gesammelte Werke. Bd. 12. London 1947. S. 178, 176.
77 Zitiert nach Ernest Jones, Das Leben und Werk von Sigmund Freud. Bd. 1. Übersetzt von Katherine Jones. Bern/Stuttgart 1960. S. 408.
78 Ebenda. S. 10. Brief an Martha Bernays vom 28. 4. 1885.

sollte, zum ersten Mal ganz und zwar »in einem Zuge gelesen«. In einem Brief vom 27. Januar an Oskar Pollak zählt der junge Franz Kafka sie zu den Büchern, die »beißen und stechen«.[79]

Unbewusste Autobiographie

»Dann aber wäre das Schreiben der Selbstbiographie eine große Freude, da es so leicht vor sich gienge, wie die Niederschrift von Träumen und doch ein ganz anderes, großes, mich für immer beeinflussendes Ergebnis hätte, das auch dem Verständnis und Gefühl eines jeden andern zugänglich wäre.«[80] Das ist natürlich nicht Schnitzler, sondern der andere Hebbel-Leser von 1904, dessen eigene Tagebücher so viele faszinierende Traumtexte enthalten, dass die Nachwelt sie in einem Band ›Träume‹ gesammelt hat.[81] Kafkas Vorstellung von einem »leichten« Übergang zwischen Selbstbiographie und Traumschrift macht hellhörig für eine zumindest zeitliche Verbindung zwischen Schnitzlers eigentlicher Autobiographie, die er zwischen 1915 und 1920 niedergeschrieben und diktiert hat, und der ersten kontinuierlichen Arbeit an dem Traum-Typoskript, das bis Herbst 1921 zu rund hundert Seiten gediehen war. Es steht jedenfalls fest, dass nach vorläufigem Abschluss der bewusst komponierten Lebensgeschichte das Unbewusste erstaunlich produktiv wurde. Wie Hebbels Tagebücher mit großer Wahrscheinlichkeit und ›Die Traumdeutung‹ ohne Zweifel Schnitzlers Traumleben stimuliert hatten, führte die erste Phase des Diktierens der

---

79 Franz Kafka. Briefe 1900-1912. Hg. von Hans-Gerd Koch. Frankfurt a. M. 1999. S. 35f.
80 Franz Kafka, Tagebücher 1909-1912 in der Fassung der Handschrift. Frankfurt a. M. 1994. S. 231f. Eintrag vom 17. 12. 1911.
81 Franz Kafka, Träume. »Ringkämpfe jede Nacht«. Hg. von Michael Müller und Gaspare Guidice. Mit einem Nachwort von Hans-Gerd Koch. Frankfurt a. M. 1993.

Traumnotate in den Jahren 1921-1924 die Zahl der neu aufgezeichneten Träume auf ihren absoluten Höhepunkt.[82]

Kann man also die zwischen 1921 und 1931 entstandene, fragmentarisch gebliebene Traumschrift als eine Art Fortsetzung der Autobiographie mit anderen Mitteln verstehen? In ›Leben und Nachklang – Werk und Widerhall‹, wie das posthum als ›Jugend in Wien‹ publizierte Werk schließlich betitelt wird, spielen Träume keine nennenswerte Rolle. Aufgrund der Materialien, die Schnitzler zur Verfügung hatte, konnten sie das auch nicht. Die autobiographische Schrift hört mit dem Sommer 1889 auf, als Schnitzler nur fünf, größtenteils kurze Traumtexte in seinem Tagebuch niedergeschrieben hatte. Es gibt außerdem viele Anzeichen dafür, dass Schnitzlers Verständnis des Traums als psychisches Phänomen sowie als Textform und literarische Gattung später sich erheblich entwickelte, nicht zuletzt in Auseinandersetzung mit der Psychoanalyse.

Trotz der großen Sympathie für Freud und der anfänglichen Bewunderung für ›Die Traumdeutung‹ darf man nicht übersehen, dass Schnitzlers weitere Erfahrungen mit der psychoanalytischen Traumtheorie zunächst im Zeichen des abschreckenden Beispiels standen. Vertreten hat diese Theorie in den Jahren 1909-1913 nämlich nicht nur Freud, sondern auch mit einer Reihe von einschlägigen Publikationen der bereits erwähnte Wilhelm Stekel. 1911 im Vorwort zur dritten Auflage der ›Traumdeutung‹ hebt Freud »die Arbeiten von W. *Stekel*« hervor,[83] dessen Einfluss in den gewaltig erweiterten Kapiteln V und VI über Traummaterial, Traumquellen und Traumarbeit überall zu spüren ist. Obwohl Schnitzler im Tagebuch nur die Lektüre von Stekels ›Nervöse

---

82 Vgl. die graphische Darstellung der Statistik in M. Perlmann, Der Traum in der literarischen Moderne (Anm. 1). S. 212.
83 Sigmund Freud, Gesammelte Werke chronologisch geordnet. Bd. II/III. Die Traumdeutung. Über den Traum. London 1942. S. XI.

Angstzustände und ihre Behandlung‹ (Tgb 1909-1912. 23. und 26. 9. 1912. S.355f.) ausdrücklich vermerkt, wird er die auch von Freud gelobte Studie ›Die Sprache des Traums‹ schwerlich übersehen haben.[84] Auf eine sehr auffällige Symboldeutung Stekels in diesem Werk scheint das Beispiel gemünzt zu sein, mit dem Schnitzler später eine Kritik der »sogenannten Traumsymbole« abschließt: »So kann man den Stab oder den Baum am Ende als Adam, irgendeine Höhlung als Eva deuten und jeden Traum, wenn man will, als einen Bibeltraum.«[85] Stekel fügt nämlich der Erläuterung eines Traums, in dem das Motiv der Auferstehung Christi eine Rolle spielt, folgende alttestamentliche Fußnote zu: »Auch das ›*Gelobte Land*‹ ist die Vagina, *Moses* oder *Aaron* (Aaronstab!) der Penis.«[86] Das Buch ›Die Träume der Dichter‹, dessen partielle Vorgeschichte als Umfrage Schnitzler ja kannte, enthält in seinem zweiten Teil etwas, das er wohl weniger lustig gefunden hätte. In fünf Kapiteln über ›Hebbels Träume‹, von denen eines den Untertitel ›Mutterleibsphantasien und Homosexualität‹ führt, schlachtet Stekel das Traumleben des Dichters aus, und zwar stets mit recht plumpen Hinweisen auf seine Biographie und mit abfälligen Bemerkungen über seinen Charakter.[87] Noch 1925 wird Schnitzler anlässlich eines Gesprächs über »Schwindler« auf dem Gebiet der Psychoanalyse sich »der Dichterträume, eines alten Buchs des lächerlichen Stekel« (Tgb 1923-1926. 16. 10. 1925. S. 281) erinnern.

In der Zeit, in der Schnitzler die Annäherungsversuche von Stekel abwehrte, nahmen neue, jüngere Mitglieder des Kreises um Freud Kontakt mit ihm auf, neben Alfred Freiherr von Winterstein auch Theodor Reik und Hanns Sachs. Die Ankunft eines Separatdrucks von Hanns Sachs, ›Traum-

84 Ebenda. S. 355.
85 Über Psychoanalyse (Anm. 27). S. 281.
86 Wilhelm Stekel, Die Sprache des Traums (Anm. 62). S. 408.
87 Wilhelm Stekel, Die Träume der Dichter (Anm. 60). S. 195-236.

deutung und Menschenkenntnis‹, die Schnitzler am 23. März 1912 im Tagebuch notiert, ist ihm wichtig genug, dass die Notiz auch in das ›Träume‹-Typoskript aufgenommen wird (S. 32), obwohl es sich um keine Traumaufzeichnung handelt. Sachs demonstriert in seinem Aufsatz anhand von fünf Träumen eine Freud devot nachempfundene Deutungsmethode, die aber auch eine Hommage an Schnitzler enthält. Wie sein Mentor führt der belesene junge Analytiker literarische Beispiele an: Homer, Goethe, Grimmelshausen, Thackeray, aber auch ›Der einsame Weg‹ und ›Der Weg ins Freie‹.[88] Als etwas mehr als ein Jahr später ein Heft der neugegründeten, von Sachs mitherausgegebenen Zeitschrift ›Imago‹ bei Schnitzler ankommt, findet er anerkennende Worte, die er der Psychoanalyse sonst zunehmend vorenthält: »Aufsätze von Sachs und Reik über mich, sich sehr erfreulich von dem üblichen Literatengeschwätz unterscheidend, ins tiefere deutend.–« (Tgb 1913-1916. 22. 6. 1913. S. 45).

Der Aufsatz von Theodor Reik, ›Die »Allmacht der Gedanken« bei Arthur Schnitzler‹, wird bald als erstes Kapitel in der heute noch eindrucksvollen Studie ›Arthur Schnitzler als Psycholog‹ nachgedruckt.[89] Vorausgegangen war eine sich rasch entwickelnde Bekanntschaft. Bei einem ersten Gespräch, dem Schnitzler die »Überschätzung des ›Oedipus-Komplexes‹« entnimmt, verstehen sie sich gut genug, um den Traum Georg von Wergenthins im siebten Kapitel des Romans ›Der Weg ins Freie‹ gemeinsam zu interpretieren (Tgb 1909-1912. 17. 9.

---

88 Auf diesen Aspekt verweist Bernd Urban, Kein »Literatengeschwätz« – »ins tiefere deutend«. Anmerkungen zu Arthur Schnitzlers und Hanns Sachs' Traumdeutung und Interpretationsarbeit. In: Phantasie und Deutung. Psychologisches Verstehen von Literatur und Film. Frederick Wyatt zum 75. Geburtstag. Hg. von Wolfram Mauser, Ursula Renner und Walter Schönau. Würzburg 1986. S. 128f.
89 Vgl. die Neuausgabe Theodor Reik, Arthur Schnitzler als Psycholog. Hg. von Bernd Urban. Frankfurt a. M. 1993.

1912. S. 354). Später wird Schnitzler Reik eigene Träume zwanglos erzählen (Tgb 1913-1916. 12. 1. 1914. S. 97; 12. 5. 1915. S. 196). Bald findet Reik zusammen mit Sachs auch Eintritt in Schnitzlers Traumwelt. In einem langen Traum, der in ›Träume‹ durch die fast ebenso langen angehängten »Deutungen« einzigartig ist, gibt es eine kurze Begegnung mit Reik: »er wird witzig, intim, was ich ärgerlich ablehne, sogar handgreiflich; als er gekränkt ist, tuts mir leid, bin gleich gut zu ihm« (S. 66). Schnitzler spricht auch im Traum eine Meinung aus, deren Sinn in im Tagebuch notierten Gesprächen und Gedanken wiederholt zum Ausdruck kommt: »Der nächste grosse Mann wird der sein, der der Psychoanalyse ihre genauen (?) Grenzen anweist« (S. 66). Unter den »Deutungen« befinden sich die entsprechenden Kommentare: »Die Intimität Reiks: Eigenheit der Psychoanalytiker die intimsten Details zu erforschen […] Meine Kritik der Psychoanalyse braucht keiner Deutung mehr« (S. 67). Auch wenn angesichts der »handgreiflichen« Ablehnung und des Fragezeichens nach »genauen« eine gewisse Ambivalenz nicht zu leugnen wäre, spricht die Traumrede in diesem Fall eine klare Sprache.

Es ist daher kaum überraschend, dass Schnitzler nach der Lektüre der ersten ernstzunehmenden Monographie über sein Werk Zweifel äußert. Am 25. Dezember 1913 schreibt er an Reik: »wo Sie innerhalb des Bewussten bleiben, gehe ich oft mit Ihnen. Über mein Unbewußtes, mein halb Bewußtes wollen wir lieben sagen –, weiß ich aber noch immer mehr als Sie und nach dem Dunkel der Seele gehen mehr Wege, ich fühle es immer stärker, als die Psychoanalytiker sich träumen (und traumdeuten) lassen.«[90] Das Buch enthält auch ein Kapitel ›Träume‹, in dem per definitionem Unbewusstes ab-

---

90 Arthur Schnitzler, Briefe 1913-1931. Hg. von Peter Michael Braunwarth, Richard Miklin, Susanne Pertlik und Heinrich Schnitzler. Frankfurt a. M. 1984. S. 36.

gehandelt wird. Da der Verfasser darin gleich am Anfang seiner Erläuterung des Traumes von Georg von Wergenthin zumindest rhetorisch »den Dichter zu Hilfe« ruft,[91] mochte Schnitzler in Gedanken an die gemeinsame Traumanalyse gewisse Entgleisungen – wie eine Fußnote mit einer allzu deutlichen Deutung des »Spargelausteilens« – gnädig übersehen haben.[92] Aber im letzten Kapitel, ›Unbewußtes im dichterischen Schaffen‹, stellt Reik motivliche Übereinstimmungen zwischen ›Der Weg ins Freie‹ und einem frühen Einakter ›Der Puppenspieler‹ fest und kommentiert sie zusammenfassend: »Es ist kaum anzunehmen, daß Schnitzler sich all dieser Motivwiederholungen bewußt war. Das eigentlich Produktive des dichterischen Schaffens bleibt eben im unbewußten Seelenleben.«[93] Diese Überzeugung, die auch allgemein zum Fazit des Kapitels gehört, musste Schnitzler provozieren. Seine Replik mit der Anspielung auf das Hamlet-Zitat und dem satirisch unterlegten Wortspiel »träumen« – »traumdeuten« sollte jedenfalls sitzen. Er dürfte auch das Motto des letzten Kapitels zur Kenntnis genommen haben, einen weiter nicht ausgewiesenen Satz Hebbels: »Als die Aufgabe meines Lebens betrachte ich die Symbolisierung des Innern«.«[94] Das Zitat stammt, was nicht mehr überrascht, aus den Tagebüchern, lautet dort aber anders: »Als die Aufgabe meines Lebens betrachte ich die Symbolisierung meines Inneren« und geht so weiter: »soweit es sich in bedeutenderen Momenten fixiert, durch Schrift und Wort« (HT 747). Reiks entstellte Fassung des Zitats unterdrückt das Moment der individuellen schriftstellerischen Produktion (»die Symbolisierung *meines* Innern [...] durch Schrift und Wort«) und betont stattdessen »das Innere«, eine unbekannte psychoanalytische Größe sozusagen, die Schnitzler in der

91 T. Reik, Arthur Schnitzler als Psycholog (Anm. 89). S. 187.
92 Ebenda. S. 193.
93 Ebenda. S. 230.
94 Ebenda. S. 221.

Form »das Unbewußte« nicht einmal schreiben kann, ohne es zu relativieren.

In dem Kapitel ›Träume‹ hatte Reik für die Deutung des Traumes in ›Der Weg ins Freie‹ auf eine Feststellung Freuds zurückgegriffen, die in den erweiterten Auflagen der ›Traumdeutung‹ steht: »Wir erwarten von dem Traum eine Art Biographie des Träumers«.[95] Als Schnitzler dazu kam, seine Traumaufzeichnungen aus dem diaristischen Zusammenhang herauszulösen, konnte er – anders als im engen analytischen Sinn – daraus einen Grundsatz machen, der sich auf sein Gesamtprojekt bezog. Er musste sich auf das narrative Potential des Traums verlassen. Dessen Entstellungen, Überlagerungen und Überblendungen werden in die Traumchronik aufgenommen, die zwar ›historisch‹ dokumentiert, aber durch behutsame »Deutung« und die Aufnahme der Träume anderer eine Verbindung von Erzählung und Reflexion erreicht, die sich der Autobiographie nähert. An zwei Beispielen lässt sich zeigen, wie das Erzählmodell des Traums sich in der Gesamtstruktur von ›Träume‹ behauptet.

Schnitzler selbst fällt es auf, als er 1931 zum ersten und offenbar einzigen Mal aus dem Werk ›Träume‹ vorliest, dass Marie Reinhard, die frühverstorbene Geliebte und Mutter seines totgeborenen Sohnes, so oft als »die Entschwundene« in seinen Träumen erscheint (Tgb 1931. 10. 10. 1931. S. 34). Das heißt, er macht sich Gedanken nicht nur über die Unterscheidung zwischen Person und Traumfigur, sondern auch über die erzählerische Struktur der Traumaufzeichnungen. Tatsächlich scheinen diese Traumtexte im neuen, vom Tagebuch unabhängigen Zusammenhang beinah ästhetisch komponiert zu sein. In Marie Reinhards Todesjahr, 1899, werden nur Träume aufgezeichnet, in denen sie zuerst als die Tote und sonst als »die Entschwundene« erscheint. Das ganze Wirrwarr des Tagebuchs mit seinen Theaterbesuchen, Fahr-

---

95 Ebenda. S. 188.

radtouren und Kaffeehausgesprächen fällt weg. Auch die dramatische Unterbrechung der Niederschrift der täglichen Ereignisse nach ihrem Tod am 18. März, die Schnitzler mit einer parenthetischen Erklärung dokumentiert (Tgb 1893-1902. S. 305), fehlt. Die verbliebenen Traumnotate fügen sich zu einer Art Prosagedicht zusammen, in dem die Geliebte zuerst lebend tot in einem Wagen mit dem Traum-Ich fährt, um dann in den beiden letzten Träumen des Jahres in ihrem Totenbett zu liegen. Diese schaurig-romantische Atmosphäre entspricht dem Namen »Die Entschwundene«, aus der sie wohl teilweise unbewusst entstanden ist. Attribut von Persephone und anderen ›geraubten‹ Göttinnen und Nymphen der griechisch-römischen Mythologie ist ›Die Entschwundene‹ auch der Titel eines späten Todesgedichts von Gottfried Keller, einem Autor, den Schnitzler früh und gern gelesen hat.

Das zweite Beispiel stellt einen frühen Goethe-Traum einem Traum mit vergleichbaren literarisch-kulturhistorischen Motiven aus Schnitzlers letztem Lebensjahr gegenüber. Am 7. September 1893 zeichnete Schnitzler dieses knapp gehaltene Notat auf: »Traum. Bin in einer Gesellschaft mit Goethe, der klein, unansehnlich, dem Hanslick ähnlich ist. Ich, im Schillermantel, biete ihm die Hand« (S. 17). Als Beleg für seine Beschäftigung mit Leben oder Werk des Klassikers gibt es nur den am 14. April festgehaltenen Hinweis, dass er den von Woldemar Biedermann herausgegebenen Band ›Goethes Gespräche‹ liest. Dass Goethe dem berühmten, gefürchteten (und jüdischen) Musikkritiker der ›Neuen Freien Presse‹ Eduard Hanslick, dessen Eintreten für Brahms und gegen Wagner das Musikleben Wiens lange geprägt hat, ähnlich sieht, verweist auf kulturelle, von dem Antisemitismus aufgeheizte Spannungen der Zeit. Schnitzlers Auftreten im »Schillermantel« könnte den Wunsch ausdrücken, das eigene, entschieden unidealistische dramatische Schaffen in der etablieren Theaterwelt akzeptiert zu sehen. Schnitzler, der um diese Zeit vor allem für seine Einakterfolge ›Anatol‹ bekannt ist, musste selbst von seinem väterlichen Freund, dem großen Burgtheaterschauspieler Adolf von Sonnenthal, eben für dieses Werk sich zurechtweisen lassen. Sonnenthal warf Schnitzler vor, mit ›Anatol‹ sein »heiliges, Ihnen von Gott gegebenes Talent selbst ans Kreuz« geschlagen zu haben und flehte ihn an, sich von »der sogenannten ›realistischen‹ Richtung« abzuwenden.[96] Die Assoziation mit Sonnenthal lässt sich auch mit dem Goethe ähnlichen Hanslick verbinden, da auch er jüdischer Abstammung war und trotz seines gottgleichen Ansehens in der von Theater und Musik beherrschten Wiener Gesellschaft immer wieder antisemitischen Angriffen ausgesetzt war.

Am 8. März 1931 schreibt Schnitzler als einen einer kleinen Reihe von Träumen folgende musikalische Szene nieder: »In einem Saal;– auf zwei Clavieren spielen Richard Strauss und Richard Wagner (dieser unpraecis),– phantasiren eigentlich (etwa wie ich öfters mit Heini Mahler-Symph. improvisirt habe), – ich betheilige mich, auf einem der Claviere, mit einem Finger spielend, nicht immer richtig;– Heini ist da und sagt mir etwa: Du bist musikalisch, aber du spielst falsch;– ich höre auf;– dann spielt plötzlich Heini – am gleichen Clavier wie Strauss, anders gestellt, so dass Str. eigentlich auf dem Deckel spielen müßte (was mir weiter nicht auffällt). Dann (ohne dass ich Applaus höre) dankt Strauss für den Beifall, der eigentlich Heini gilt und applaudirt selbst« (S. 263). Diesem mit einem parenthetischen Verweis bereicherten Notat folgt eine »Deutung«, die sich auf sogenannte Tagesreste beschränkt. Schnitzler erwähnt einen Brief von seiner geschiedenen Frau Olga und dem Sohn Heinrich über dessen Rolle in einer Inszenierung von ›Agamemnon‹; und er erinnert sich an Hugo

---

96 Adolf von Sonnenthal, Briefwechsel. Hg. von Hermine von Sonnenthal. Stuttgart/Berlin 1912. S. 111f. (Brief vom 19. 12. 1892).

von Hofmannsthals Libretti-Verträge für Opern von Richard Strauss, die er neulich von Hofmannsthals Witwe erhalten hat.

Auch ohne das Agamemnon-Motiv spürt man in Heinis leichtem Vorwurf eine gedämpfte ödipale Handlung. Da Schnitzlers außergewöhnlich herzliches Verhältnis zu seinem Sohn den typischen Konflikt dieser Art mehr oder weniger ausschließt, scheint sich das Geschehen mehr auf den Kontrast zwischen den großen Komponisten Strauss und Wagner einerseits und dem Amateurpianisten Schnitzler andererseits zu verlagern. Hier fällt auch die Wiederholung der Vornamen ins Auge: wieso gibt es zwei Richards? Strauss allein könnte ebenso gut auf Johann Vater oder Sohn hinweisen; hingegen ist die Gefahr, Wagner auch ohne Vornamen mit einem anderen Komponisten zu verwechseln, gleich null. Diese Verdoppelung soll vielleicht auf einen anderen Richard verweisen, Beer-Hofmann, engen Freund von Schnitzler und Hofmannsthal und Autor von Dramen mit jüdischen Themen, unter anderem dem in diesem Zusammenhang suggestiven Bibelspiel ›Jaákobs Traum‹ (1919). Übrigens kommt die Person Wagner nur dieses eine Mal in dem Typoskript ›Träume‹ vor, während Beer-Hofmann mehr als ein dutzend Mal vertreten ist. Dessen Präsenz im Hintergrund des Traumes könnte eine Wunscherfüllung Schnitzlers symbolisieren: das »Duett« mit Richard Strauss sollte nicht der Antisemit Wagner spielen und auch nicht der wirkliche Librettist Hofmannsthal, dessen Einstellung gegenüber der Judenfrage darin bestand, sie zu ignorieren, sondern eben der überzeugte Jude und Dramatiker Beer-Hofmann. Wenn man Strauss und Wagner dennoch als Verbundene betrachtet, wie Schnitzler nach dem Besuch eines Konzerts des Rosé-Quartetts in einer Tagebuchaufzeichnung vom 12. Januar 1909 das tut, dann führt die Traumhandlung in eine andere Richtung: »Mahler – Pfitzner – Reger – die drei sind es, die von Bach – Beethoven – Schubert kommen; Strauss von Wagner – Liszt«

(Tgb 1909-1912. S. 42). Während diese parallelisierten Musiktraditionen nicht explizit bezeichnet oder bewertet werden, zeugen zahlreiche andere Passagen im Tagebuch von einer ausgesprochenen Vorliebe und Sympathie für Mahler. Der bewunderte Komponist, der wie Schnitzler der das Wiener Kulturleben vergiftenden antisemitischen Hetze immer wieder ausgesetzt gewesen war, gehört zum Trauminhalt durch das Zusammenspiel von Vater und Sohn. Sogar Heinrich Schnitzlers letztendlicher Sieg über Richard Strauss, der plötzlich statt einer Klaviatur nur mehr einen Holzdeckel zum Spielen hat, aber trotzdem den Beifall erntet, scheint nachdrücklich die prekäre Situation des jüdischen Künstlers im Wien der Zwischenkriegszeit heraufzubeschwören.

Die bemerkenswerten Parallelen zwischen diesem Traum aus dem Todesjahr Schnitzlers und dem kleinen Goethe-Traum von 1893 hängen natürlich nicht nur mit der Psyche des der deutschen Literatur zugetanen österreichischen Schriftstellers jüdischer Abstammung, sondern auch mit der fatalen Kontinuität der Wiener Kulturpolitik insbesondere und der österreichischen Zustände im Allgemeinen zusammen. Es treten ja auch ganz andere historische Figuren in diesen Träumen auf: der antisemitische Volkspolitiker und Bürgermeister von Wien Karl Lueger, der noch nicht ermordete Erzherzog Franz Ferdinand und sogar Hakenkreuzler, die in einem besonders zukunftsträchtigen Traum Schnitzler und Stefan Zweig verfolgen. Schnitzlers ›Träume‹ fordern zu einer gründlichen Auseinandersetzung mit dem Kontext auf, aus dem sie stammen: das gewaltige Tagebuch des Autors. Seine große Traumschrift, die sich durchaus als literarische Kontrafaktur zu Freuds ›Traumdeutung‹ lesen lässt, bietet sich aber darüber hinaus als eine reiche, tiefgründige Geschichte der ganzen Epoche an.

Dank

Die Herausgeber danken Ulrich von Bülow, Michael Davidis und Hildegard Dieke vom Deutschen Literaturarchiv für die Bereitstellung von Materialien aus dem Nachlass, Lisbeth Triska von der Österreichischen Akademie der Wissenschaften für die Genehmigung, das Tagebuch heranzuziehen, ferner Achim Aurnhammer, Helmut Brenner, Jens Malte Fischer, James Andrew Gardner, Georg Gaugusch, Stephan Kurz, Ellen Nerenberg, Friedrich Pfäfflin, Daniel Schopper, Gustav Seibt, Andrew Szegedy-Maszak, Reinhard Urbach, Renate Wagner-Wesemann und Kate Wolfe für Rat und Hilfe.

Register der Werke Arthur Schnitzlers

Anatol-Zyklus 51, 82f., *296, 313, 367, 456*
— Die Frage an das Schicksal *299*
— Abschiedssouper 67, *304, 390*
— Anatols Hochzeitsmorgen 207, *377*
Über funktionelle Aphonie und deren Behandlung durch Hypnose und Suggestion *299*
Aphoristisches *378, 385, 389*
— Buch der Sprüche und Bedenken 238, *390*
— Der Geist im Wort und Der Geist in der Tat 244, *392*
— Glaube, Religion *389*
— Über Kritik und Fälschung 226, *385*
— Über Psychoanalyse *392, 431, 434*
Der letzte Brief eines Literaten 91, *318*
Casanovas Heimfahrt 84, 90, 105, 109?, *311, 314, 317, 327f.*
Doktor Gräsler, Badearzt 74, *308, 372*
Fink und Fliederbusch 80, 89?, 103, 132, 207, *312, 316, 326, 341, 377*
Flucht in die Finsternis 78, 80, 93, 96f., *305, 311ff., 320, 322*
Fräulein Else 175ff., 180f., 209, 215, 284, *312, 319, 360f., 363f., 376f., 380, 396, 422, 432f.*
Die Frau des Richters 177, *362*
Frau Beate und ihr Sohn 151, *350*
Frau Berta Garlan 281, *347, 425*
Freiwild 163, 252, *355f., 395*
Frühlingsnacht im Seziersaal *275*
Der Gang zum Weiher 222f., 226, *383ff., 430*
Die Gefährtin 179, *363*
Der blinde Geronimo und sein Bruder *313f.*

Die Hirtenflöte 162, 189, *354*
Jugend in Wien 101, 111, 143, *300, 325, 346, 353, 381f., 412, 414, 416, 448f.*
Kaiser Josef II. 111, *306, 330*
Der grüne Kakadu *363, 384, 404*
Komödie der Verführung 90, 149, 153, 155, 162, 164, 166, 168, 192, 194, 199f., 211, 218, 249, *317, 349, 351f., 354, 356ff., 371f., 374, 378, 381f., 394*
Komödie der Worte-Zyklus 83, 89, *314, 381*
— Stunde des Erkennens 83, 85, *314f.*
— Große Szene 217, *314, 381*
— Das Bacchusfest *314*
Krankenhausgeschichte *309*
Das weite Land 47, 115, 169, 183, 193, 291, *299, 319, 332, 339, 358, 368, 372*
Landsknecht 229, *386*
Liebelei 21, 32, 42f., 85, 115, 143, 171, 185, 187, 193, 278f., 284, 291, 308, 333, *347, 353, 366f., 372, 423, 442*
Liebelei-Walzer *397*
Lieutenant Gustl 76, 252, 287, *309, 395, 420ff., 424*
Das Märchen *308*
Der junge Medardus 43, 60, 69, 75f., 102, 154, 157, 161, 179, 183, 225, 267, 292, *299, 301, 305, 309, 312, 316, 328, 333, 342, 351, 353, 362, 385, 404f.*
Paracelsus *363, 404*
Professor Bernhardi 53, 55, 58, 63, 101, 117, 119, 122, 202, 236, 257, 297, *299f., 302, 325, 334ff., 375, 389, 399*
Der Puppenspieler *384, 453*
Reigen 87, 147, 163, 202, 236, *336, 347f., 355, 365, 389*

Der Ruf des Lebens 45, 190, 258, 292, 370, 399
Das Schicksal des Freiherrn von Leisenbohg 447
Der Schleier der Beatrice 98, 218, 265, 323, 381, 383, 404
Der Schleier der Pierrette 277, 350
Die Schwestern oder Casanova in Spa 126, 131f., 134, 226, 311, 333, 338, 340ff., 385, 403f.
Der Sohn 320
Im Spiel der Sommerlüfte 266, 365, 404
Spiel im Morgengrauen 203, 375
Um eine Stunde 38, 288
Lebendige Stunden-Zyklus 229, 285, 384, 386f., 399
— Lebendige Stunden 165, 356
— Die Frau mit dem Dolche 54, 298, 386, 404
— Die letzten Masken 33, 54, 258, 285, 298, 386, 399
— Literatur 232, 386f.

Tagebuch 42, 176f., 179, 192, 265, 291, 371, 404, 407ff., 414, 418, 428, 434ff., 445f., 449, 451f., 454, 458
Theaterroman 197, 249, 373, 394
Therese. Chronik eines Frauenlebens 212, 320, 379
Träume 268, 406ff., 410f., 414, 417, 434, 436f., 445f., 448f., 451f., 454f., 457f.
Traumnovelle 174, 176f., 180f., 186, 211f., 215, 217, 219, 222, 359ff., 363f., 378, 381ff., 432
Der Weg ins Freie 38, 40f., 61, 80, 133, 148, 247, 281, 288f., 291, 302, 312, 341, 348, 382, 403, 451, 453f.
Der einsame Weg 70, 192, 196, 247, 275, 305, 371, 373, 382, 393f., 451
Der Zug der Schatten 232, 250, 387, 394
Zwischenspiel 36, 89, 102, 169, 287, 316, 325, 358

Personen- und Werkregister

A., Frau 121, 335
Abendroth, Hermann (1883-1956) Dirigent 96
Abraham, Karl (1877-1925) Neurologe, Psychiater 441
— *Die Spinne als Traumsymbol* 441
Adamek, Heinz P. 302, 340
— *In die neue Welt …* 302
Adler, Friedrich (1879-1960) Politiker 297
Adler, Victor (1852-1918) Politiker 297, 333
Aischylos 402
— *Agamemnon* 263, 402, 456f.
Albach-Retty, Rosa (1874-1980) Schauspielerin 54, 114
Albert, s. Steinrück, Albert
d'Albert, Eugen (1864-1932) Komponist 283
Albrecht von Österreich-Teschen (1817-1895) Erzherzog 316
Allers, Rudolf (1883-1963) Psychiater 367
Alma, s. Mahler-Werfel, Alma Maria
Alt, Rudolf von (1812-1905) Maler 383
Altenberg, Peter (1859-1919) Schriftsteller 92, 121, 293, 296, 319, 335
— *Nachfechsung* 92, 319
Altmann, George (1884-1962) Theaterleiter 394
Ama, s. Bachrach, Eugenie
Ambrosi, Gustinus (1893-1975) Bildhauer 86
Andreas-Salomé, Lou (1861-1937) Schriftstellerin, Psychoanalytikerin 245, 433
Andrejew, Leonid N. (1871-1919) Schriftsteller 55, 298
— *Im Nebel* 298

— *Studentenliebe* 298
Andrian-Werburg, Leopold Freiherr von (1875-1951) Diplomat, Schriftsteller 111
Angermann, Sophie (1892-1973) Übersetzerin 394
Anni, s. Strial, Anna
Anninger, Clara, geb. Wolf (1886-1938) 105, 327
Anninger, Otto (1874-1954) Industrieller 327
d'Annunzio, Gabriele (1863-1938) Schriftsteller 342
Anton, Onkel, s. Schey, Anton
Anzengruber, Ludwig (1839-1889) Schriftsteller 390f.
— *Der Pfarrer von Kirchfeld* 239f., 390
— *Die Kreuzelschreiber* 240, 391
Apel, Paul (1872-1946) Schriftsteller 73, 307
— *Hans Sonnenstößers Höllenfahrt* 73, 307
Aristophanes 391
— *Lysistrata* 391
Arnim, Achim von (1781-1831) Schriftsteller 360
Arnim, Bettina von, geb. Brentano (1785-1859) Schriftstellerin 174, 360
Arnoldo, s. Cappellini, Arnoldo
Arzybaschew, Michail P. (1878-1927) Schriftsteller 360
— *Eifersucht* 176, 360
Askonas, Hanna, geb. Heller (1887-1968) 137, 157
Askonas, Paul (1872-1935) Schauspieler 63
Askonas, Rudolf (1885-1949) Industrieller 177, 242, 361
Aslan, Raoul (1886-1958) Schauspieler 265, 404

Auernheimer, Irene, geb.
Guttmann (1880-1967) 147,
208f.
Auernheimer, Raoul (1876-1948)
Journalist, Schriftsteller 38, 89,
139, 150, 207, 349

B. B., s. Brevée, Egbertje Alida
B. H., Paula, s. Beer-Hofmann,
Paula
B., Elis., s. Bergner, Elisabeth
B., Frl., s. Burger, Helene
B., Helene, s. Binder, Helene
B., Minnie, s. Benedict, Hermine
Bach, Johann Sebastian (1685-
1750) *457*
Bachrach, Eugenie (Ama, Jenny),
geb. Leitner (1857-1937) 66,
72, 86, 151, 178, *306, 381*
Bachrach, Julius (1849?-1912)
Bankier, Börsenmakler *305*
Bachrach, Stefanie (1887-1917)
Krankenschwester 69, 76, 79,
84f., 91, 93, 96f., 99, 104ff.,
108ff., 112, 118, 144, 166, 169,
173, 175, 218, *304f., 306, 314,
319, 322, 328, 346, 381, 387*
Bahr, Hermann (1863-1934) 34,
44, 60, 89f., 92, 97, 114, 124,
264, *286, 292, 303, 316f., 321f.,
382, 395*
— Anekdote *395*
— *Die Drut* 44, *292*
— *Himmelfahrt 316*
— *Der Querulant 317*
— *Die Rahl* 44, *292*
Bahr-Mildenburg, Anna
(1872-1947) Sängerin 90, *317*
Baillet de Latour, Theodor Graf
(1780-1848) Politiker 177, *361*
Ballhausen, Thomas *351*
Barbette, d. i. Vander Clyde
(1904-1973) Artist 226, *385*
Barbusse, Henri (1873-1935)
Schriftsteller 128, *339*

— *L'enfer* 128, *339*
Bardeleben, Karl von (1849-1918)
Anatom 105, *327*
Barilli, Anton Giulio (1836-1908)
Schriftsteller 36, *287*
— *Capitan Dodèro* 36, *287*
Barjanski, Catherine, geb.
Konstantinovsky (1890-1965)
Bildhauerin 187, *367*
Barnowsky, Victor (1875-1952)
Regisseur, Theaterleiter 43, 69
Barsescu, Agathe (1861-1939)
Schauspielerin 84
Bartsch, Rudolf Hans (1873-1952)
Schriftsteller 43
Baruch, Käthe (1891-?) *352*
Barvitius, Anton (1823-1901)
Maler, Architekt *326*
Basil, Friedrich (1862-1938)
Schauspieler, Regisseur,
Theaterleiter *305*
Bassermann, Albert (1867-1952)
Schauspieler 47, 103, 220, 245,
248, *393f., 396*
Bassermann, Else, geb. Schiff
(1878-1961) Schauspielerin 47
Baudelaire, Charles (1821-1867)
386
Bauer, Julius (1853-1941)
Journalist, Schriftsteller 129,
137
Bauer, Ludwig (1876-1935)
Journalist, Schriftsteller 60,
113, *331*
Bauer, Wilhelm Adolf (1888-1968)
Journalist, Schriftsteller 173,
359
— *Angelo Soliman, der
hochfürstliche Mohr* 173, *359*
Bauernfeld, Eduard von (1802-
1890) Schriftsteller *428*
Baumann, Ludwig (1853-1936)
Architekt *385, 403*
Bayer, Friedrich (1902-1954)
Komponist *403*

— *Dorothea* 403
— *Die Schwestern oder Casanova in Spa* (nach Schnitzler) 403
Bayros, Franz von (1866-1924) Maler 355
Beaumarchais, Pierre Augustin Caron de (1732-1799) Schriftsteller 107, 328
— *Der tolle Tag* (Bearbeitung Josef Kainz) 328
Beer, Rudolf (1885-1938) Regisseur, Theaterleiter 201, 263, 266, *375*, 402
Beer-Hofmann, Mirjam (1897-1984) 51, 122, 166, 172
Beer-Hofmann, Naëmah (1898-1971) 172
Beer-Hofmann, Paula, geb. Lissy (1879-1939) 44, 51f., 122, 147, 166, 172, 199
Beer-Hofmann, Richard (1866-1945) Schriftsteller 26, 29f., 48, 102, 119, 122, 127f., 147, 166, 171f., 191, 206ff., 284, 287, *296*, *325*, *336*, *340*, *378*, *457*
— *Der Graf von Charolais* 36, 287
— *Jaákobs Traum* 457
Beeth, Lola (1860-1940) Sopranistin 83, 164, 186, *367*
Beethoven, Ludwig van (1770-1827) 50, 59, 67, 70, 81, 84, 136, *296*, *372*, *457*
— *Fidelio* 372
— *Meeresstille und glückliche Fahrt op. 112* 296
— *Schauspielmusik zu Egmont op. 84* 296
— *Symphonie Nr. 5 c-Moll op. 67* 82
— *Symphonie Nr. 9 d-Moll op. 125* 136
Bella, s. Wengerowa, Isabella
Bellak, Gustav (1861-1940) Bankangestellter 184

Benatzky, Ralph (1884-1957) Schriftsteller, Komponist *394*
— *Adieu Mimi* 249, *394*
Benedict, Hermine, verehel. Gräfin Schaffgotsch (1871-1928) 28, 39, 45, 49, 61, 70, 112, *330*, *355*
Benedict, Marianne, geb. Neumann (1848-1930) 70
Benedikt, Ernst (1882-1973) Journalist, Schriftsteller, Zeitungsherausgeber 173
Benedikt, Moriz (1849-1920) Zeitungsherausgeber 80, 124, *337*
Benelli, Sem (1877-1949) Schriftsteller 303
— *Das Mahl der Spötter* 303
Benn, Gottfried (1886-1956) *437*
Berecz, Karl (Herrenmodengeschäft) 113, *331*
Berend, Alice (1878-1938) Schriftstellerin 268, *405*
— *Das Gastspiel* 268, *405*
Berg, Alban (1885-1935) Komponist *342*
— *Violinkonzert ›Dem Andenken eines Engels‹* 342
Berger, Alfred Freiherr von (1853-1912) Journalist, Schriftsteller, Theaterleiter 46f., *294*
Berger, Else, geb. Schlesinger (1874-1956) 146, *347*
Berger, Emma, verh. Gütersloh (1885-1917) Tänzerin 67, 126
Berger, Lilly (1882- 1942 deportiert) Tänzerin 67, 126
Berger, Olga, verh. von Dirsztay (1883-1962) Tänzerin 67, 126
Bergner, Elisabeth (1897-1986) Schauspielerin 253, 256, *396*f.
Berlin, Jeffrey B. *383*
Bermann Fischer, Brigitte (1905-1991) 254, *396*

Bermann Fischer, Gisela (geb. 1929) 254, *396*
Bermann Fischer, Gottfried (1897-1995) Arzt, Verleger *396*
Bernays, Martha, verh. Freud (1861-1951) *447*
Bernheim, Hippolyte (1840-1919) Neurologe *417*
Bernstorff, Albrecht Graf (1890-1945) Diplomat 100, *324*
Bettina, s. Arnim, Bettina von
Biedermann, Woldemar Flodoard von (1817-1903) Beamter, Literarhistoriker *455*
— *Goethes Gespräche 455*
Bienenfeld, Elsa (1877-1942 deportiert) Schriftstellerin, Kritikerin 78
Bienerth-Schmerling, Anka Gräfin (1869-1937) 56, *299*
Bienerth-Schmerling, Richard Graf (1863-1918) Statthalter 56, *299*
Billroth, Theodor (1829-1894) Chirurg 90, *318*
Binder, Helene, geb. Herz (1865-1960) 143, 163f., *346*
Bittner, Emilie, geb. Werner (1885-1963) Sängerin 105
Bittner, Julius (1874-1939) Richter, Komponist 77, 105
Bitzan, Rudolf (1872-1938) Architekt *365*
Björnson, Björnstjerne (1832-1910) Schriftsteller 174
Bleibtreu, Hedwig (1868-1958) Schauspielerin 48, 85, 193, *315*
Blom, August (1869-1947) Filmregisseur *317*
— *Revolutionshochzeit* (nach Sophus Michaelis) 89, *317*
Blume, Ludwig (1846-1897) Gymnasiallehrer 7, *414ff.*
— *Das Ideal des Helden und des Weibes bei Homer mit Rücksicht auf das deutsche Alterthum 415*
Bösendorfer, Ludwig (1835-1919) Klavierfabrikant 58, 242, 252, *300*
Boner, Georgette (1903-1998) Germanistin, Regisseurin, Malerin 252, *395*
— *Arthur Schnitzlers Frauengestalten 395*
Borgia, Cesare (1475-1507) 34
Borgia, Lucrezia (1480-1519) 122
Born, Wolfgang (1893-1949) Maler, Graphiker, Kunsthistoriker 232
Botticelli, Sandro (1445-1510) 197, *374*
— *La Primavera 374*
Bourget, Paul (1852-1935) Schriftsteller *435*
— *Physiologie de l'amour moderne* 435
Brahm, Hans (1893-1982) Regisseur 247
Brahm, Ludwig (1862-1926) Schauspieler 58
Brahm, Otto (1856-1912) Regisseur, Theaterleiter 21, 36, 44, 47, 58f., 72, 247, *300*, *326*, *381*
Brahms, Johannes (1833-1897) *318*, *455*
Brandes, Georg (1842-1927) Literarhistoriker 26, 119, 133, 245, 257, *383*, *420*, *433*
Braunfels, Walter (1882-1954) Komponist 184, *365*
— *Te deum op. 32* 184, *365*
Braunwarth, Peter Michael 294
— *Arthur Kaufmann. A Chess Biography 1872-1938* (mit Olimpiu G. Urcan) *294*
Brecht, Bertolt (1898-1956) *437*
Breisach, Paul (1896-1952) Pianist, Dirigent 108

Breuer, Josef (1842-1925) Arzt, Physiologe 31, 96, *284*, *286*, *346*, *426*
— *Studien über Hysterie* (mit Sigmund Freud) 31, *284*, *426f.*
Brevée, Egbertje Alida, geb. Copijn (1883-1963) 187f., *367f.*
Brevée, Isaac (1879-1952) Arzt 367
Brodsky, Familie 329
Brossement, Marie, geb. Sigmann (1866-1956) Korrepetitorin 61
Brüll, Eduard (1829-1898) Kaufmann 173
Brüll, Emil (1861-1930) Bankier, Schriftsteller 275
Brüll, Eugen (1856-1927) 10, 275
Brummell, George Bryan (1778-1840) 99, *324*
Bum, Anton (1856-1925) Arzt, Heilgymnast 40
Burckhard, Max Eugen (1854-1912) Jurist, Theaterleiter 18, 21, 49, 60, 62, 68, 83, 85, 89, *302*
Burger, Caroline, geb. Reinhard (1869-1959) 28, *282*
Burger, Helene (1878-?) Schauspielerin 67
Burger, Rudolf (1866-?) Versicherungsdirektor *282*
Busoni, Ferruccio (1866-1924) Pianist, Komponist, Pädagoge 86, *315*
Byron, George Gordon Noël Lord (1788-1824) 260, *401*

C. P., s. Pollaczek, Clara Katharina
Caesar, Gaius Iulius (100 v. Chr.-44 v. Chr.) 18
Cappellini, Arnoldo (1889-1954) Offizier 242, 261, *391f.*
Casanova, Giacomo Girolamo (1725-1798) 78, 84, 89, 225f., *311*, *333*, *385*

— *Erinnerungen* 78, 84, *311*
Charcot, Jean-Martin (1925-1893) Neurologe *417*
Chiavacci, Vincenz (1847-1916) Schriftsteller 90, *318*
Chlum, Auguste (1862-?) 67, 102, 185, 200
Choisy, Louis Frédéric (1877-1937) Anglist, Schriftsteller 371
— *Sur les deux rives* 192, *371*
Cischini, Franz Josef von (1851-1919) Staatsanwalt, Zensor 55, 86?, *299*
Clauser, Friedrich (1898-1982) Bankangestellter 256
Clauser, Rosina Maria (1924-2005) 265
Clauser, Suzanne, geb. von Adler (1898-1981) Übersetzerin, Journalistin, Schriftstellerin 256ff., 263ff., 267f., *398*, *400*, *403ff.*, *407*
Clemenceau, Georges (1841-1929) Politiker 82, *313*
Clemenceau, Paul (1855-1945) Techniker 82, *313*
Clemenceau, Sophie, geb. Szeps (1859-1937) *313*
Clemens, Elvira (1878-1951) Schauspielerin 52
Cobenzl, Philipp Johann Graf (1741-1810) *306*
Conrad, Heinrich (1866-1919) Schriftsteller, Übersetzer *311*
Czartoryski, Konstantin Adam Fürst (1774-1860) Offizier, Kunstsammler *380*
Czinner, Paul (1890-1972) Filmregisseur *396*
— *Fräulein Else* (nach Schnitzler) *396*
Czuczka, Ernst (1890-1962) 121

D., s. Schnitzler, Olga
Däubler, Theodor (1876-1934)
  Schriftsteller 119
Danegger, Josef (1889-1948)
  Schauspieler 385
Dangl, Josef (1858-1926) Hotelier
  102, 325
Davit, Emo (1886-?) 113, 331
Deimel, Eugen (1861-1920)
  Journalist 61, 302
Derré, Françoise 387
Després, Suzanne (1874-1951)
  Schauspielerin 43
deutscher Kaiser, s. Wilhelm II.
Devrient, Max (1858-1929)
  Schauspieler 115, 225f., 333,
  385
Dietrich, Marlene (1901-1992)
  Schauspielerin 399
Ditta, s. Schneider, Edith
Dobos, József (1847-1924)
  Konditor 340
Döblin, Alfred (1878-1957) Arzt,
  Schriftsteller 254, 396
— Wallenstein 396
Dörmann, Felix (1870-1928)
  Schriftsteller 227, 386
Donath, Fritz (1905-?) Kaufmann,
  Dramaturg, Schriftsteller 253
Dora, s. Michaelis, Dora
Doret, Léon (1843-1919)
  Großgrundbesitzer 53, 62
Dostojewski, Fjodor M. (1821-
  1881) 195, 373
Drey, Louis (1861-?) 101
Dülberg, Franz (1873-1934)
  Schriftsteller 90, 318
— Korallenkettlin 90, 318
Dumas, Alexandre Sohn
  (1824-1895) Schriftsteller 314
— Die Kameliendame 84, 314
Dumas, Alexandre Vater
  (1802-1870) Schriftsteller 98,
  323
— Mes Mémoires 98, 323

Durando, Vittorio (Meno),
  Ingenieur 223, 384
Duschinsky, Richard (1897-1994)
  Schauspieler, Schriftsteller 403
— Komparserie 403
Duse, Eleonora (1858-1924)
  Schauspielerin 14, 276

E. B., s. Berger, Else
Ebermann, Leo (1863-1914)
  Schriftsteller 82f.
Ebeseder, Alois (Malerbedarfge-
  schäft) 294
Ebeseder, Herr 47
Ebner-Eschenbach, Marie Freifrau
  von, geb. Gräfin Dubský
  (1830-1916) Schriftstellerin
  122
Eckbauer, Ernst (1873-1945)
  Masseur, Komparse 68f., 154
Eckermann, Johann Peter
  (1792-1854) Sekretär 27
Eckmann, Alfred (1880-1948)
  Hof-Rechnungs-Revident bei
  der Generalintendanz der
  Hoftheater 206
Edmund, Onkel, s. Markbreiter,
  Edmund
Eger, Paul (1881-1947) Drama-
  turg, Schriftsteller, Regisseur,
  Theaterleiter 69, 305
Ehnn, Bertha (1845-1932)
  Sopranistin 8, 417
Ehrenstein, Louise von (1867-
  1944) Sopranistin 16, 144
Ehrmann, Salomon (1854-1926)
  Dermatologe 164, 356
Eichinger, Barbara 351
Eirich, Otto (1875-1929)
  Theaterverleger 377
Eiselsberg, Anton von (1860-
  1939) Chirurg 105
Eisenmenger, Anna, geb. Hohberg
  (1875-1944) Übersetzerin,
  Agentin 235, 388

Eisenmenger, Viktor (1866-1932) Laryngologe *388*
Elis., s. Bergner, Elisabeth
Elisabeth (1837-1898) Kaiserin *32, 105, 284f., 356*
Elmhorst, Alexander (1867-1924) Schauspieler *183*
Elsinger, Marie (1874-?) Schauspielerin *28, 53, 63, 297*
Engel, Alexander (1868-1940) Schriftsteller *394*
Engel, Fritz (1867-1935) Journalist *309*
Epply, Josef (1869-1956) Friseur *62*
Epstein, Richard (1869-1919) Pianist *355*
Ergas, Friederike, geb. Schaffer (1886-1971) Schauspielerin *134, 342*
Ergas, Rudolf (1885-?) Kunsthändler *342*
Ervine, St. John Greer (1883-1971) Schriftsteller *402*
— *Die erste Mrs. Selby* *402*
Eschenbach, Wolfram von *312*
Eschenbach(er), Jakob (1749-1809) Sattlermeister *312*
Este, s. Franz Ferdinand
Ettlinger, Karl (1879-1946) Schauspieler, Regisseur, Schriftsteller *117, 334*
Eugen, Prinz von Savoyen-Carignan (1663-1736) Feldherr *323*
Eulenburg-Hertefeld, Philipp Fürst zu (1847-1921) Diplomat, Schriftsteller *288*
Eysoldt, Gertrud (1870-1955) Schauspielerin *348*

F. S., s. Salten, Felix
F., Anna, Kritikerin *43*
F., Rosa, s. Freudenthal, Rosa
F., Theodor, s. Friedmann, Theodor
Fännchen, s. Reich, Franziska

Farese, Giuseppe *400*
— *Arthur Schnitzler. Ein Leben in Wien 1862-1931* *400*
Farkas, Karl (1893-1971) Schauspieler, Schriftsteller *380*
— *Küsse um Mitternacht* (mit Robert Katscher) *380*
Federn, Karl (1868-1943) Schriftsteller, Übersetzer *389*
Fehdmer, Helene (1872-1939) Schauspielerin *108*
Feizlmayr, Johanna, geb. Just (1880-1962) Hausangestellte *66*
Feld, Leo (1869-1924) Schriftsteller *46*
Felix, s. Sonnenthal, Felix von
Felix, Onkel, s. Markbreiter, Felix
Fellner, Ferdinand (1847-1916) Architekt *277, 385, 403*
Ferdinand Maximilian (1832-1867) Erzherzog *292*
Ferdinand (1793-1875) Kronprinz *384*
Ferstel, Heinrich Freiherr von (1828-1883) Architekt *292, 315, 334*
Filtsch, Molly Charlotte von, Ps. Charlotte Fielt (1854-1926) Schriftstellerin *130, 340*
Fingi, s. Jacobus, Elisabeth
Fischer, Hedwig, geb. Landshoff (1871-1952) *64, 100*
Fischer, S. (Verlag) *289, 310, 316, 328, 379*
Fischer, Samuel (1859-1934) Verleger *64, 76f., 100, 109, 249, 254, 309, 324, 396*
Fischer von Erlach, Johann Bernhard (1656-1723) Architekt *336*
Fitz, Franz? (1870-1941) Tischler *32*
Fleischer, Artur (1881-1948) Bariton *80, 312*

Fleischer, Erna, geb. Samuely (1885-1982) 42
Förster, Ludwig (1797-1863) Architekt 322
Förster-Nietzsche, Elisabeth (1846-1935) 313
Forest, Karl (1874-1944) Schauspieler 143
Forster, Rudolf (1884-1968) Schauspieler 397
Fr., Rose 12, 275
Franckenstein, Clemens Freiherr von (1875-1942) Dirigent, Theaterleiter 38, 62, 141, 287f., 345
Franckenstein, Georg Freiherr von (Bubi) (1878-1953) Diplomat 38, 61, 287f., 345
Frank, Eugen (1876-1942) Schauspieler, 34, 286
Frank, Karl? (1845?-1892) Fiaker 206
Franke, Kurt (1901-?) Büroangestellter 113, 331
Frankfurter, Albert (1868-1952) Generaldirektor des ›Österreichischen Lloyd‹ 44, 105, 292, 327
Frankfurter, Ella, geb. Guttmann (1873-1957) 44, 292
Franz I. (1768-1835) Kaiser 384
Franz Ferdinand (1863-1914) Erzherzog, Thronfolger 54, 73, 75, 298, 307, 458
Franz Joseph I. (1830-1916) Kaiser 16, 42, 62, 74, 79, 86, 105, 115, 228, 232f., 292, 311, 324, 328, 344, 356, 387f., 423
Franz Stephan von Lothringen (1708-1765) 110
Franzl, s. Lichtenstern, Franz Josef Oktavian
Fred, W. (1879-1922) Schriftsteller 65, 303

Freisinger, Lucie (1866-1896) Schauspielerin 16
Freud, Sigmund (1856-1939) 25f., 31, 52, 63, 83, 137f., 163, 172, 212, 249, 281f., 284, 354f., 379, 382, 394, 397, 417f., 420f., 423ff., 437, 440f., 444ff., 449ff., 454
— *Bruchstück einer Hysterie-Analyse* 432
— *Ich und Es* 429
— *Studien über Hysterie* (mit Josef Breuer) 31, 284, 426f.
— *Das Tabu der Virginität* 447
— *Die Traumdeutung* 25f., 52, 54, 212, 281f., 354, 379, 417f., 420, 424ff., 428, 431, 434, 437, 448f., 454
— *Vorlesungen zur Einführung in die Psychoanalyse* 431
Freud, Sophie (1894-1920) 249, 394, 429
Freudenthal, Rosa, geb. Peretz (?- 1905) 22, 209, 279, 364, 378
Frid, Gustav (1866-1928) Bankier 264
Friedell, Egon (1878-1938) Schriftsteller, Kabarettist, Schauspieler, Kulturhistoriker 234, 239, 388
Friedmann, Louis Philipp (1861-1939) Industrieller 36, 63
Friedmann, Marie Alexandrine (1886-1979) 36
Friedmann, Rose, geb. von Rosthorn (1864-1919) 36
Friedmann, Theodor (1860-1914) Arzt 31
Friedrich II. (1712-1786) 33
Friedrich Maria Albrecht (1856-1936) Erzherzog 89
Frisch, Efraim (1873-1942) Schriftsteller, Publizist 219, 382

Frischauer, Emil (1853-1913) Rechtsanwalt, Journalist 89
Fritsch, Karl (1855-1926) Optiker 186, 366
Fritz, s. Kapper, Friedrich
Fröhlich, Arnold (1840-1924) Fabrikant 167
Fröhlich, Johanna, geb. Goldschmid (1860-1935) 167
Fuchs, Otto, Ps. Talab (1852-1930) Journalist, Sekretär des ›Österreichischen Lloyd‹ 56
Fülöp-Miller, René (1891-1963) Schriftsteller 373
Fürst, Johann (1825-1882) Volkssänger, Theaterleiter 355
Fulda, Ida, geb. Theumann (1870-1926) 283
Fulda, Ludwig (1862-1939) Schriftsteller 30, 89, 223, 283, 383
— *Meisterlustspiele der Spanier* (dt. von Ludwig Fulda) 223, 383

G., Paul, s. Goldmann, Paul
G., s. Gross, Wilhelm
Gans-Ludassy, Julius von (1858-1922) Journalist, Schriftsteller 161f., 354
Gans-Ludassy, Olga von, geb. Mandl (1867-1949?) 161, 354
Ganz, Hugo (1862-1922) Journalist 83
Gauermann, Friedrich (1807-1862) Maler 415
Gayot de Pitaval, François (1673-1743) Jurist, Schriftsteller 284
Geiringer, Anton (1855-1942) Sekretär des Deutschen Volkstheaters 179, 362
Geiringer, Olga, geb. Grünbaum (1875-1943) 362

Gelbard, Margarete, verh. Zuckerkandl (1887-?) Pianistin 146, 332, 347
Gelber, Adolf (1856-1923) Journalist, Schriftsteller, Übersetzer 158
Gelber, Ludwig (1865-1931) Rechtsanwalt 167, 357
Georg IV. (1762-1830) König 324
George, Heinrich (1893-1946) Schauspieler 401
Gerzhofer, Camilla (1888-1961) Schauspielerin 21
Geßner, Adrienne (1896-1987) Schauspielerin 261, 402
Geyer, Siegfried (1883-1945) Theaterleiter 169, 244f., 358
Ghega, Carl Ritter von (1802-1860) Techniker 285
Gimnig, Oskar (1856-1920) Schauspieler 115, 333
Girardi, Alexander (1850-1918) Schauspieler 159, 162, 353
Gisa, s. Hajek, Gisela
Giustiniani, Marianne, s. Zuckerkandl, Marianne
Gl., s. Glümer, Marie
Gladys, s. Shott, Gladys Gertrude
Glogau, Stefanie, geb. Koritschoner (1868-1941) 100?, 324
Glück, Anna, geb. Pollak (1872?-1926) 322
Glück, Berthold (1848-1929) Kaufmann 97, 322
Glücksmann, Heinrich (1863-1943) Schriftsteller, Journalist, Dramaturg 55
Glümer, Auguste, s. Chlum, Auguste
Glümer, Gusti, s. Chlum, Auguste
Glümer, Marie, d. i. Marie Chlum (1867-1925) Schauspielerin 12ff., 16, 20ff., 28, 31, 36, 55, 67, 72, 88, 96, 101, 112, 117,

131, 152ff., 161, 200, 259, 275, 279, 351
Goethe, August von (1789-1830) 42
Goethe, Johann Wolfgang von (1749-1832) 17, 27, 38, 40, 42, 77, 155, 174, 244, 296, 302, 352, 366, 401, 416, 433f., 440, 445, 451, 455f., 458
— *Faust* 40, 81
— *Faust II* 302
— *Götz von Berlichingen* 260f., 401
— *Der Gott und die Bajadere* 185, 366
— *Torquato Tasso* 50, 296
— *Wilhelm Meisters Lehrjahre* 352
Goldmann, Paul (1865-1935) Journalist 22, 31, 35, 70, 110, 132, 135, 286, 329
— *Gespräche mit Hindenburg* 329
Goldmark, Karl (1830-1915) Komponist 173
Gomperz, Benjamin (1861-1935) Otologe 31, 38, 284, 426ff.
— *Pathologie und Therapie der Mittelohrentzündungen im Säuglingsalter* 426
Gottlieb, Julius (1834-1920) Börsensensal 166, 357
Gottlieb-Billroth, Otto (1862-1935) Ministerialbeamter 166, 318, 357
Gr., s. Gross, Wilhelm
Gräf, Hans Gerhard (1864-1942) 288
— *Goethe über seine Dichtungen* 40, 288
Grandier, Urban (1590-1634) Priester 31, 284
Gretchen 254, 397
Griepenkerl, Christian (1839-1916) Maler 383

Grillparzer, Franz (1791-1872) Schriftsteller 32, 285, 442f.
— *Die Jüdin von Toledo* 442
Grimmelshausen, Hans Jacob Christoffel von (1621-1676) 451
Gropius, Manon (1916-1935) 134, 342
Gropius, Walter (1883-1969) Architekt 342
Gross, Fritz (1897-1946) Schriftsteller 110, 116, 329
Gross, Mathilde, geb. Tenzer (1872-1951) 156
Gross, Wilhelm (1894-1939) Komponist 144, 148, 155f., 158, 160, 182f., 203, 347f., 352, 365, 372, 439
— *Sganarell* (nach Molière) 372
— *Violinsonate E-dur op. 6* 183, 365, 439
Großmann, Stefan (1875-1935) Schriftsteller, Journalist 189, 368f.
Gruber, Sabine 397, 401
Grünbaum, Oscar (1873-1933) Modewarenhändler 179, 362
Gruß, Josef (1853?-1912) Gastwirt 140, 345
Gütersloh, Albert Paris (1887-1973) Maler 132
Gussmann, Rudolf (1842-1921) Handelsagent 28, 282, 395
Gustav, s. Schwarzkopf, Gustav
Gusti, s. Chlum, Auguste
Gutheil-Schoder, Marie (1874-1935) Sopranistin 114, 137, 341
Gutmann, Wilhelm? von (1889-1966) Industrieller 48
Guttmann, Leonie 44, 207, 208

H. A., s. Askonas, Hanna
H. B., s. Binder, Helene
H., Denise, s. Heller, Denise Andrea

H., Dr., s. Hammerschlag, Bertha
H., Irma, s., Hoffmeister, Irma
H., H. K., s. Kempny, Hedwig
Haager, Johann Georg (1866-1926) Hotelier 93
Habsburg, Familie 291
Haby, François (1861-1938) Friseur 342
Hagemann, Carl (1871-1945) Dramaturg, Theaterleiter 53
Hainisch, Michael (1858-1940) Politiker 202, 375
Hajek, Gisela, geb Schnitzler (Schwester) (1867-1953) 18f., 21, 43f., 60, 84, 106, 143, 150, 161, 169, 175, 181, 184, 237, 256, 314, 346
Hajek, Margot (1892-1969) 142, 346
Hajek, Markus (Schwager) (1861-1941) Laryngologe 21, 70, 220, 229, 314
Hallier, Henri (1866-?) Diplomat 149, 349
Hammerschlag, Bertha, geb. Breuer (1870-1962) 34, 286
Hammerschlag, Paul (1860-1933) Bankdirektor 217, 286
Hamsun, Knut (1859-1952) 103, 248, 326f., 394
— *August Weltumsegler* 394
— *Landstreicher* 248, 394
— *Nach Jahr und Tag* 394
— *Die Stadt Segelfoß* 103f., 326f.
Handl, Willi (1872-1920) Journalist, Kritiker 169, 358
Hansen, Theophil Edvard Freiherr von (1813-1891) Architekt 340
Hansi, s. Nemetschke, Johanna
Hanslick, Eduard (1825-1904) Musikkritiker 17, 455f.
Harden, Maximilian (1861-1927) Publizist 40, 288, 348
Hardtmuth, L. & C. (Bleistiftfabrik) 387

Harlan, Walter (1867-1931) Schriftsteller 91, 318
— *Jahrmarkt in Pulsnitz* 91, 318
Harry, s. Pollaczek, Hermann Erich
Hartmann (Restaurant) 391
Hartmann, Ernst (1844-1911) Schauspieler 192
Hartmann, Ludo Moritz (1865-1924) Politiker 33
Hartung, Gustav (1887-1946) Regisseur, Theaterleiter 351
Hasenauer, Carl Freiherr von (1833-1894) Architekt 278, 285
Hauptmann, Gerhart (1862-1946) 178, 286, 345
— *Schluck und Jau* 141, 345
— *Die Weber* 286
Hausner, Bertha (1869-1932) Schauspielerin 93, 320
Hebbel, Friedrich (1813-1863) 314, 434ff., 440ff., 442ff., 450, 453
— *Briefe* 434
— *Gyges und sein Ring* 84, 314
— *Judith* 446
— *Maria Magdalena* 442
— *Tagebücher* 435ff., 440, 443, 446ff., 453
Heeger, Jeanette (1865-?) 25, 80, 118, 187, 281
Heimann, Moritz (1868-1925) Schriftsteller, Verlagslektor 100, 349
— *Armand Carrel* 349
Heine, Albert (1867-1949) Schauspieler, Regisseur, Theaterleiter 132
Heini, s. Schnitzler, Heinrich
Helene, s. Schnitzler, Helene
Helene, Tante, s. Schnitzler, Helene
Heller, Denise Andrea, geb. Oberländer (1900-1992) 259, 400

Heller, Frank (1886-1947) Schriftsteller 217, *381*
— *Herrn Collins Abenteuer* *381*
Heller, Hugo (1870-1923) Buchhändler, Verleger 84, 185, *314*, *366*
Hellmann, Irene, geb. Redlich (1882-1944) 123, 167
Helmer, Hermann Gottlieb (1849-1919) Architekt *277*, *385*, *403*
Herald, Heinz (1890-1964) Dramaturg, Regisseur, Schriftsteller 253
Herterich, Franz (1877-1966) Schauspieler, Theaterleiter 225f., 245, *385*
Herzl, Pauline (1859-1878) 139, *344*
Herzl, Theodor (1860-1904) Journalist, Schriftsteller 38, 99, 138f., 206, *292*, *323*, *344*, *346*
— *Tabarin* (nach Catulle Mendès) *323*
Herzog, Wilhelm (1884-1960) Schriftsteller, Publizist 61, 156, *302*
Herzog Thullner, Johanna (1887?-?) Sängerin *346*
Heyse Paul (1830-1914) Schriftsteller 94, *320*
Hilgermann, Laura (1865-1945) Altistin 118
Hilse, Christoph *397*, *401*
Hindenburg, Paul von (1847-1934) Offizier, Politiker *329*
Hirschfeld, Georg (1873-1942) Schriftsteller 46
Hirschler, Frau 241, *391*
Hochenegg, Julius von (1859-1940) Chirurg 105
Hochsinger, Carl (1860-1942) Pädiater 275
Hodler, Ferdinand (1853-1918) Maler *319*

Höbling, Franz (1886-1965) Schauspieler 80, 87
Höfer, Emil (1864-1940) Schauspieler 239, *390*
Hölderlin, Friedrich (1770-1843) 183, *365*
— *Der Tod der Empedokles* 183, *365*
Hoffmann, Norbert (1891-1977) Rechtsanwalt 253
Hoffmeister, Irma (1869-1940) Gastwirtin 135, *343*
Hofmann, Edmund (1862-1939) Tapezierer 95
Hofmann, Henriette (1862-?) 95
Hofmannsthal, Gertrude von, geb. Schlesinger (1880-1959) 52, 147, 260, 263, 283, 287, *395*, *403*, *457*
Hofmannsthal, Hugo von, Ps. Loris (1874-1929) 15, 29, 36, 40, 52, 84, 95, 97, 103, 111, 124, 141, 155, 172, 179, 187, 252, 254, 260, 263, 276, 283, 285, 287, 296, *321*, *324*, *339*, *341*, *345*, *359*, *367*, *395*, *403*, *434*, *436*f., *441*, *456*f.
— *Elektra* (nach Sophokles) 132, *341*
— *Jedermann* 141, *345*
— *Der Tor und der Tod* 33, *285*, *395*
Hofmannsthal, Hugo von (1841-1915) Bankdirektor 93
Hofmokl, Johann Eduard (1840-1900) Chirurg 26
Hofrätin, s. Zuckerkandl, Berta
Hofteufel, Marie (1880-?) Schauspielerin 116
Hohenfels, Stella (1858-1920) Schauspielerin 162
Hohenberg, Sophie Herzogin (1868-1914) 75
Holt, Evelyn (1908-2001) Filmschauspielerin *395*

Holz, Arno (1863-1929)
Schriftsteller *294*
— *Traumulus* (mit Oskar Jerschke) *47, 294*
Homer *425, 451*
— *Odyssee 282, 424*
Hopfner, Franz (1896-1978) Gastwirt *151, 163, 178, 350, 356, 362*
Horch, Franz (1901-1951) Dramaturg, Schriftsteller *253*
Horn, Charlotte (1906-1946) *234, 388*
Horner, Arthur (1863-1919) Buchmacher *97*
Horovitz, Armin (1880-1965) Maler *167, 357*
Horsetzky-Hornthal, Viktor von (1853-1932) Kanzleidirektor der General-Intendanz der Hoftheater *112*
Horst, Julius (1864-1943) Schriftsteller *394*
Horthy, Miklós von (1868-1957) Politiker *182, 364*
Horwitz, Mirjam (1882-1967) Schauspielerin *32, 139, 284*
Huberman, Bronislaw (1882-1947) Violinist *224*
Hugo, s. Hofmannsthal, Hugo von
Humboldt, Wilhelm von (1767-1835) *360*
Hussarek-Heinlein, Max Freiherr von (1865-1935) Politiker *101*

I. A., s. Auernheimer, Irene
Ibsen, Henrik (1828-1906) *174, 326, 360, 397, 442*
— *Gespenster 326*
— *Hedda Gabler 326*
— *Nora 442*
— *Die Wildente* *103, 175, 326, 360*
Irene, Tante, s. Mandl, Irene

Irmen, Garda, verh. Kaufmann, geb. Schwarz (1874-1938) Schauspielerin *35, 236, 389*
Israel, Moische *38, 288*

Jacob, Hans (1896-1961) Schriftsteller, Übersetzer *152*
Jacobi, Bernhard von (1880-1914) Schauspieler *350*
Jacobi, Friedrich Heinrich (1743-1819) *439f.*
— *Woldemar 439f.*
Jacobi, Lucy von, geb. Goldberg (1887-1956) Journalistin, Schriftstellerin, Übersetzerin *152, 185, 350, 366*
Jacobsohn, Siegfried (1881-1926) Journalist, Publizist *329*
Jacobson, Leopold (1873-1943) Journalist, Schriftsteller *386*
Jacobus, Elisabeth (Fingi) (1877-1963) Kinderfrau *102*
Jacques, Grete, geb. Samuely (1885-1965) *42*
Jacques, Norbert (1880-1954) Schriftsteller *224, 384*
— *Neue Brasilienreise 224, 384*
Janowitzer, Bernhard (1868-1941) Kaufmann *206, 377*
Janowitzer, Bertha, geb. Strauß (1875-1946) *206*
Jarno, Josef (1865-1932) Schauspieler, Theaterleiter *21, 58, 163, 190, 333, 355*
Jautz, Franz (?-1889) Cafétier *177, 361*
Jean Paul (1763-1825) *407*
— *Ueber das Träumen 407*
Jeanette, s. Heeger, Jeanette
Jeanne, Fräulein, s. Feizlmayr, Johanna
Jeannette, s. Heeger, Jeanette
Jerger, Alfred (1889-1976) Bariton, Regisseur *404*

Jeritza, Maria (1887-1982)
Sopranistin 121, *335*
Jerschke, Oskar (1861-1928)
Schriftsteller *294*
— *Traumulus* (mit Arno Holz)
47, *294*
Jerusalem, Else, geb. Kotányi
(1877-1942) Schriftstellerin 43
Jessner, Leopold (1878-1945)
Regisseur, Theaterleiter 243
Jessy, s. Schipper, Josefine
Josef II. (1741-1790) 110f., 130, *275, 306, 330, 340, 355*
Jouët, Stefanie, geb. von Adler
(1894-1973) 259, *400*
Julie, s. Wassermann, Julie

K., Adele, s. Kapper, Adele
K., s. Kende, Anna
K., s. Pollak, Frieda
Kadisch, Herr 61, *301*
Kafka, Franz (1883-1924) *437*, 447f.
— *Tagebücher* 447f.
— *Träume* 448
Kainz, Josef (1858-1910)
Schauspieler 29, 46, 49f., 64, 68, 153, 194, *328, 346*
Kainz, Margarethe, geb. Nansen
(1858-1950) 173, 200, 224
Kaiser, s. Franz Joseph I.
Kaiser, s. Karl I.
Kaiserin, s. Elisabeth
Kallina, Anna (1874-1948)
Schauspielerin 21, 133
Kaltneker-Wahlkampf, Hans von
(1895-1919) Schriftsteller 161, *354*
— *Das Bergwerk* 161, *354*
Kantorowicz, Ernst Hartwig
(1895-1963) Historiker *362*
Kantorowicz, Joseph H. (1848-1919) Fabrikant *362*
Kaposi, Moritz (1837-1902)
Dermatologe 111, *358*

Kapper, Adele, geb. Cohn
(1870-1941 deportiert) 124, *337*
Kapper, Felicitas Marie (1894-1918) *337*
Kapper, Friedrich (1861-1939)
Arzt 46, 124, 250, *337*
Karczag, Wilhelm (1857-1923)
Schriftsteller, Kritiker,
Theaterleiter, Verleger 33, *372*
Karczag, Wilhelm (Verlag) 195, *346, 372*
Karl I. (1887-1922) Kaiser 100, 111, 115, *324, 332f.*
Karl, Onkel, s. Markbreiter, Karl
Karlsburg, Bertha 25, *281*
Karlweis, Oskar (1894-1956)
Schauspieler 216
Károlyi, Moriz (1865-1945)
Zahnarzt 136, 183, 193
Karpath, Ludwig (1866-1936)
Journalist, Musikschriftsteller 93, 100
Kasch., Frau, s. Kaschenreuther, Marie von
Kaschenreuther, Marie von, geb.
Epstein (1884-1952) 203, *375*
Kassner, Rudolf (1873-1959)
Schriftsteller 74
Kastner, Bruno (1890-1932)
Filmschauspieler *395*
Katscher, Robert (1894-1942)
Schriftsteller, Komponist *380*
— *Küsse um Mitternacht* (mit
Karl Farkas) *380*
Kattus, Johann (Sektkellerei) 177, *361*
Kaufmann, Arthur (1872-1938)
Jurist, Privatgelehrter 47, 50, 66, 74, 89, 91, 102, 110, 150, 183, 212, 219, 294, 316, 325, 329, *382*
Kaufmann, Daniel (1864-1919)
Otologe 126, *338*
Kaufmann, Garda, s. Irmen, Garda
Kaufmann, Ludwig 50

Kaufmann, Rudolf (1871-1927) Internist 138, *389*, *429*
Kayssler, Friedrich (1874-1945) Schauspieler 108
Keller, Else, geb. von Suppé (1875-1960) 60, *301*
Keller, Gottfried (1819-1890) *425*, *455*
— *Die Entschwundene* *455*
— *Der grüne Heinrich* *425*
Keller, Margarethe, Ps. Sinclair (1896-1919) Schriftstellerin 60, *301*
Keller, Otto (1861-1928) Musikschriftsteller *301*
Kellner, Leon (1859-1928) Anglist, Zionist 138, *344*
— *Theodor Herzls Lehrjahre (1860-1895)* 138, *344*
Kempny, Hedwig (1895-1986) Bankangestellte 130, 137, 149, 153, 158f., 161, 163, 168f., 171, 173, 177, 184f., 188, 191?, 194, 198f., 207, 218, 223, 233ff., 241ff., *340*, *349*, *361*, *370*
— *Das Mädchen mit den dreizehn Seelen* *340*
Kende, Anna, geb. Antonowicz 213, *379*
Kende, Ferdinand (1897-?) Bankier *379*
Kerr, Alfred (1867-1948) Kritiker, Schriftsteller *375*
— *O Spanien!* 203, *375*
Kertész, Michael (1888-1962) Filmregisseur *342*
— *Der junge Medardus* (nach Schnitzler) 134, 191, *342*, *370*
Kessler, Harry Graf (1868-1937) Diplomat, Schriftsteller *397*, *401*
— *Tagebuch* *397*, *401*
Kirkland, David (1878-1964) Filmregisseur *351*
— *Die unwiderstehliche Mizzi* *351*

Kl., Herr, s. Klein, Paul Wilhelm
Klaiber, Pauline (1855-1944) Übersetzerin *326*
Klein. Herr, Trödler 74
Klein, Arthur (1868-1943) Bankier 219, *382*
Klein, Franz (1854-1926) Politiker *325*
Klein, Johann (1838-1927) Bankier *382*
Klein, Paul Wilhelm (1884-1931) Fabrikant 142, *346*
Klein, Robert (1892-1958) Regisseur, Theaterleiter 253, *396*
Kleist, Heinrich von (1777-1811) *372*
— *Das Käthchen von Heilbronn* *372*
Klenau, Paul August von (1883-1946) Komponist, Dirigent 189
Klimbacher, Margarete von, geb. Müller (1870-1959) Hausdame 232
Klimt, Gustav (1862-1918) 90, 92, *319*
Klopstock, Friedrich Gottlieb (1724-1803) *442*
— *Der Messias* *442*
— *Oden* *442*
Kobler, Géza Georg (1864-1935) Arzt, Beamter 117, *334*
König, Josef (1877-1938) Schauspieler, Sänger 206
König, Otto (1881-1955) Journalist 224, *384*
König, Wilhelm (1861-1916) 97, *322*
Königstein, Leopold (1850-1924) Ophthalmologe 160
Kösters, Anna Elisabeth, geb. Schäfer (1885-1965) Internatsleiterin 117, *334*
Kösters, Hans-Heinrich (1908-1984) 117, *334*

Kösters, Helmut (1910-1983) 117, 334
Kösters, Herbert (1912-1965) 117, 334
Kohn, Herr 65f., *304*
Kohn, Ignaz (1863-1917) Arzt 66
Kohn, Isidor *415*
Kola, Richard (1872-1939) Bankier, Verleger *350*, *357*
Kolap, s. Pollak, Frieda
Koos, Geza de (1887-1971) Konzertveranstalter 185
Korff, Arnold (1868-1944) Schauspieler 57, 193, *299*, *358*, *372*
Kralik-Meyrswalden, Richard von (1852-1934) Schriftsteller 95, 127, *321*, *338*
Krammer, Frl. 48f., *295*
Kranz, Josef (1862-1934) Rechtsanwalt, Bankier 7, *412*, *414*
Kratzer, Johann (1851?-1934) Gastwirt 149, *348*
Kraus, Karl (1874-1936) 48, 169, *284*, *293*, *374*, *427f.*
— *Die Fackel* 48, *295*, *427f.*
Kremser, Karl (1839?-1906) Cafétier *278*
Křenek, Ernst (1900-1997) Komponist *404*
— *Jonny spielt auf* *404*
Kühlbrandt, Ernst (1891-1975) Architekt, Maler, Designer *397*
Kundmann, Carl (1838-1919) Bildhauer *285*
Kuranda, Hermine?, geb. von Urban (1873-1945) 71, *305f.*
Kuranda, Ludwig? (1874-1947) Journalist 71, *305f.*
Kurz, Stephan *391*
Kutschera, Mathilde (1890-1920) Schauspielerin 85, 143, *347*
Kutschera, Victor (1863-1933) Schauspieler 21, 42, 50, 85

L., Dr., s. Lichtenstern, Robert
L., Else, s. Lewinsky, Else
L., Franzl, s. Lichtenstern, Franz Josef Oktavian
L., Frl., s. Loermann, Milli
L., Grete, s. Lichtenstein, Margarete
L., Lili v., s. Landesberger, Elisabeth von
L., s. Gans-Ludassy, Julius von
Lamprecht, Gerhard (1897-1974) Filmregisseur *376*
— *Buddenbrooks* (nach Thomas Mann) 204, *376*
Lanckorónski von Brzezie, Karl Graf (1848-1933) Schriftsteller, Kunstsammler 202, 209
Landesberger, Elisabeth (Lili) von, verh. Stross (1895-1920) 109, 112, 130, 133ff., *342*
Landesberger, Gertrude (Gerty) von (1897-1989) Sängerin 109f., 166, 215, *329*
Landesberger, Julius von (1865-1920) Bankier 101, 130, 135, 166, 324, *342*
Landesberger, Susanne von (1910-2003) 99
Landsberg, Hans (1875-1920) Kritiker, Literarhistoriker *288*
— *Napoleon-Briefe* *288*
La Roche, Carl Georg von (1766-1839) Beamter *360*
La Thangue, Henry Herbert (1859-1929) Maler *283*
— *Der Mann mit der Sense* *283*
Latour, s. Baillet de Latour, Theodor Graf
Laube, Heinrich? (1806-1884) Schriftsteller, Theaterleiter 243, *392*
Lawrence, D. H. (1885-1930) Schriftsteller 261, *401*
— *Lady Chatterley und ihr Liebhaber* 261, *401*

Lechner, Rudolf (Buchhandlung) 191, *371*
Lehár, Franz (1870-1948) Komponist 292, *372*
— *Die lustige Witwe* *372*
Leicht, Ferdinand (1870-1922) Komponist, Theaterleiter *377*
Leicht, Wilhelm (1876-1946) Schauspieler, Theaterleiter 207, *377*
Leidinger (Restaurant) *391*
Leitner, Max (1858-1935) Bankangestellter 171, 218, *381*
Lemberger, Herr 93, *320*
Lensing, Elise (1804-1854) Putzmacherin *438*
Leo, s. Van-Jung, Leo
Léon, Victor (1858-1940) Schriftsteller 43, *292*
Léon-Hirschfeld, Ottilie, geb. Popper (1869-1942) 43
Lewinger, Leopold? (1845-1908) Börsensensal 40, *289*
Lewinsky, Else (1874-1962) Schauspielerin 23
Lewinsky, Olga, geb. Precheisen (1853-1935) Schauspielerin 45, 190, 237, *293*, *369*
Lichtenstein, Margarete, geb. Kantorowicz (1888-1939?) 178, *362*
Lichtenstern, Franz Josef Oktavian (1911-1998) 153, 164, 190, 217, 234, *388*
Lichtenstern, Robert (1874-1955) Chirurg, Urologe 140, 164, 174, 178, 190, 194, 217, 223, 229, 234, *359*, *384*, *388*
Lichtenstern, Vilma, geb. Kende (1885-1927) 133f., 150, 153, 161, 164f., 170, 174, 178, 184ff., 190f., 194f., 213, 217, 222ff., 229, 232ff., 238, 240, 246, 256, *366*, *379*, *384*, *388*

Liechtenstein, Franz Josef Fürst von (1726-1781) *359*
Liechtenstein, Wenzel Fürst von (1696-1772) *359*
Lili, s. Schnitzler, Lili
Liliencron, Detlev von (1844-1909) Schriftsteller 204
Lindberg, Ruth (1888-1985) Heilgymnastin 137, 140, 143, 182, 233, *345f.*
Lindken, Hans-Ulrich *383*
Linsemann, Paul (1871-1954) Schriftsteller, Theaterleiter 43
Lisl, s. Steinrück, Elisabeth
Liszt, Franz (1811-1886) 46, *293*, *457*
Loeb, Emilie Theresia, geb. Petter (1886-1946) 254?, *396*
Loeb, Otto (1882-1969) Rechtsanwalt *396*
Loermann, Milli, Schauspielerin 134f., *342*
Lolotte 111, *330*
Loos, Adolf (1870-1933) Architekt *353*
Loos, Lina, geb. Obertimpfler (1884-1950) Schauspielerin, Schriftstellerin 165
Loris, s. Hofmannsthal, Hugo von
Lothar, Ernestine, geb. Singer (1866-?) 48
Lothar, Ernst (1890-1974) Schriftsteller, Regisseur, Theaterleiter *395f.*
— *Fräulein Else* (nach Schnitzler) *396*
— *Leutnant Gustl* (nach Schnitzler) *395*
Lothar, Rudolph (1865-1943) Schriftsteller, Journalist 35, 48, *286*
Lucy, s. Jacobi, Lucy von
Ludassy, Olga, s. Gans-Ludassy, Olga von
Ludassy, s. Gans-Ludassy, Julius von

Ludwig XIV. (1638-1715) 159, 353
Lueger, Karl (1844-1910) Politiker, Wiener Bürgermeister 30, 43, 289, *458*
Lunzer, Eduard (1843-1913) Schauspieler 41, *289*

M. E., s. Elsinger, Marie
M. G., M. Gl., s. Glümer, Marie
M. R., s. Reinhard, Marie
M., Alma, s. Mahler-Werfel, Alma Maria
M., Dora, s. Michaelis, Dora
M., Paul, s. Marx, Paul
M., Poldi, s. Müller, Leopoldine
Madsen, Holger (1878-1943) Filmregisseur *395*
— *Freiwild* (nach Schnitzler) 252, *395*
Maeterlinck, Maurice (1862-1949) Schriftsteller 276
Mahler, Gustav (1860-1911) 39, 48, 50, 67, 69, 72, 82, 263, *288*, *295f.*, *402*, *429*, *456ff.*
— *Symphonie Nr. 7* 39, *288*
— *Symphonie Nr. 8 Es-Dur* 48, *295*
— *Symphonie Nr. 9 D-Dur* 48, *295*
Mahler-Gropius, s. Gropius, Manon
Mahler-Werfel, Alma Maria, geb. Schindler (1879-1964) 39, 159, 169, 175, 193, 213, 218, 224, 234, 245, *342*, *354*, *383*, *388*
Malowan & Franz (Herrenmodengeschäft) 113, *331*
Mama, s. Schnitzler, Louise
Mamroth, Fedor (1851-1907) Journalist, Publizist *329*
Mandl, Alexander (Alekko) (1861-1943) Industrieller 69
Mandl, Irene, geb. Markbreiter (Tante) (1844-1919) 74, 95

Mandl, Ludwig (Louis) (1862-1937) Gynäkologe 100, 116, 182
Mann, Heinrich (1871-1950) 49, 142, 190, *295*, *369*, *405*
— *Madame Legros* 190, *369*
Mann, Thomas (1875-1955) 41, *310*, *376*
— *Buddenbrooks* *376*
— *Das Wunderkind* *310*
Margot, s. Hajek, Margot
Maria Theresia (1717-1780) 94, 110f., 187, *368*
Marie Valerie (1868-1924) Erzherzogin 81
Marischka, Hubert (1882-1959) Schauspieler, Sänger, Theaterleiter 292
Marischka, Lizzy, geb. Hirschfeld (1888-1918) 43, *292*
Markbreiter, Amalia, geb. Schey (Großmutter) (1815-1884) 69, 91, 101, 109, 113, 118, 219, 276, *304*, *307*, *318*, *328*, *363*, *393*
Markbreiter, Carl (Onkel) (1844-1889) 219, *382*
Markbreiter, Edmund (Onkel) (1842-1909) Rechtsanwalt 31, 180, *284*, *363*
Markbreiter, Else (1870-1902) *277*
Markbreiter, Felix (Onkel) (1855-1914) Kaufmann 45f., 81, 101, *293*, *313*
Markbreiter, Philipp (Großvater) (1811-1892) Arzt 69, 91, 101, 109, 113, 118, 219, 276, *304*, *318*, *328*
Markus, Elisabeth (1895-1970) Schauspielerin 147
Marr, Hans (1878-1949) Schauspieler 231
Martin, Hans (1903-?) 31
Marx, Paul (1879-1956) Schauspieler 31f., 68f., 228

Massary, Fritzi (1882-1969) Schauspielerin, Sängerin *402*
Maupassant, Guy de (1850-1893) *254*
Maurois, André (1885-1967) Schriftsteller *401*
— *Byron* *401*
Max, Onkel, s. Leitner, Max
May, Karl (1842-1912) Schriftsteller 128, *339*
Mayen, Maria (1892-1978) Schauspielerin 230
Mayer, Alfred Karl (1860-1932) Schriftsteller 149, *349*
Mayer, Eugenie (Jenny), geb. Kössler (1855-1940) 236, *389*
Mayer, Julius (1848-1921) Bankier *389*
Mayer, Oskar (1876-1915) Beamter, Schriftsteller *30*
Mecklenburg, Eduard (1835-1916) Architekt *288*
Medelsky, Lotte (1880-1960) Schauspielerin 34, 115, *286, 333*
Meier-Graefe, Julius (1867-1935) Kunsthistoriker 197, *374*
— *Entwicklungsgeschichte der modernen Kunst* 197, *374*
Meissl & Schadn (Hotel-Restaurant) 52, *297*
Meixner, Herr 38
Mell, Max (1882-1971) Schriftsteller 124
Melville, Herman (1819-1891) 238, *389*
— *Taipi, ein Südsee-Erlebnis* 238, *389f.*
Menczel, Philipp (1872-1938) Rechtsanwalt 181, *263, 402*
Menczel, Rosa, geb. Kaufmann (1874-1962) 247, *263, 402*
Mendès, Catulle (1841-1909) Schriftsteller *323*
Mendl, Heinrich (1855-1917) Industrieller 129, *339*

Meno, s. Durando, Vittorio
Meyerfeld, Max (1875-1940) Anglist *379*
— *Englische Menschen* 211, *379*
Meyszner, Rudolf Ferdinand Edler von (1882-1963) Offizier *355*
Michaelis, Dora, geb. Speyer (1881-1946) 189, 207, 226, 229, *262, 386, 398*
Michaelis, Karl (1872-1958) Patentanwalt 229, *386*
Michaelis, Sophus (1865-1932) Schriftsteller 190, *317, 369*
— *Novellen* 190, *369*
— *Revolutionshochzeit* *317*
Millenkovich, Max von, Ps. Max Morold (1866-1945) Beamter, Schriftsteller, Theaterleiter 103, 110, *326, 403*
Mimi, s. Zuckerkandl, Marianne
Minnie, s. Benedict, Hermine
Mirjam, s. Beer-Hofmann, Mirjam
Mirjam, s. Horwitz, Mirjam
Mitterwurzer, Friedrich (1844-1897) Schauspieler 98, 115, *323, 333*
Moissi, Alexander (1879-1935) Schauspieler 147, 184, *348, 365*
Molière (1622-1673) *372*
Moll, Anna, verw. Schindler, geb. Berger (1857-1938) *383*
Moll, Carl (1861-1945) Maler 222, *383*
Molnár, Franz (1878-1952) Schriftsteller 201, *375, 381, 402*
— *Liliom* 218, *381*
— *Die rote Mühle* 201, *375*
— *Olympia* 261, *402*
Moltke, Kuno Graf (1847-1923) Offizier 40, *288*
Monti, Alois (1839-1909) Pädiater 224
Moser, Hans (1880-1964) Schauspieler 228
Moser, Karin *351*

Mottl, Felix (1856-1911) Dirigent 40
Mozart, Wolfgang Amadeus (1756-1791) 41, 84, 138, 291, 301, 332
— Così fan tutte (KV 588) 114, 332
— Die Entführung aus dem Serail (KV 384) 114, 332
— Le nozze di Figaro (KV 492) 114, 332
— Die Zauberflöte (KV 620) 301
Müller, Hans (1882-1950) Schriftsteller 186, 202, 366
— Der Vampyr oder Die Gejagten 186, 366
Müller, Johannes (1864-1949) Philosoph 102, 325
Müller, Leopoldine (Poldi) (1873-1946) 25ff., 48, 261
Müller-Guttenbrunn, Adam (1852-1923) Schriftsteller, Theaterleiter 102, 326
Muther, Richard (1860-1909) Kunsthistoriker 30, 283
— Geschichte der englischen Malerei im XIX. Jahrhundert 30, 283
Mutter, s. Schnitzler, Louise

N., s. Nemetschke, Rudolf
Nansen, Betty Anna Marie, geb. Müller (1873-1943) Schauspielerin 89
Nansen, Peter (1861-1918) Schriftsteller, Verleger 89
Napoleon I. (1769-1821) 40, 134, 191, 280, 288, 312, 328, 342, 370
— Briefe 40, 288
Nemetschke, Johanna, verw. von Landesberger, geb. Schwarz (1882-1958) 215f.
Nemetschke, Rudolf (1864-1940) Baumeister 215f.
Nero (37-68) 88

Nestroy, Johann Nepomuk (1801-1862) Sänger, Schauspieler, Schriftsteller 154, 276, 351, 372
— Der Zerrissene 372
Neuman (urspr. Neumann), Alexander Wilhelm (1860-1936) Kaufmann 162, 355
Neumann, František (1874-1929) Komponist 95, 321, 378
— Liebelei (nach Schnitzler) 95, 321, 378
Niese, Hansi (1875-1934) Schauspielerin 115, 333
Nietzsche, Friedrich (1844-1900) 81, 141, 313, 435
— Briefe an Mutter und Schwester 81, 313
Nikisch, Arthur (1855-1922) Dirigent 137
Nirenstein, Otto (seit 1933 Kallir) (1894-1978) Kunsthändler 151, 350
Nissen, Hermann (1853-1914) Schauspieler 83
Nobile, Peter von (1774-1854) Architekt 278

O. W., s. Waissnix, Olga
O., s. Schnitzler, Olga
Odilon, Helene, geb. Petermann (1864-1939) Schauspielerin 70
Offenbach, Jacques (1819-1880) 276
Ohmann, Friedrich (1858-1927) Architekt 284
Olden Rudolf (1885-1940) Rechtsanwalt, Schriftsteller 69f., 85, 118, 305, 314
O'Neill, Eugene (1888-1953) Schriftsteller 397
— Seltsames Zwischenspiel 397
Onno, Ferdinand (1881-1969) Schauspieler 147, 223, 384

Oppenheimer, Felix Hermann Baron von (1874-1938) Schriftsteller, Publizist 95, 321
O'Sullivan-Grass, Karl Graf de (1836-1888) Diplomat 44
Ott, Ulrich 397, 401
Otto (1912-2011) Kronprinz 115

P. A., s. Altenberg, Peter
P. M., s. Müller, Leopoldine
P., Hofrat, s. Pollak, Karl
P., Liesl, s. Pollaczek, Lisa
P., Walter, s. Pfund, Walter
Pacassi, Nikolaus von (1716-1790) Architekt 338
Pailleron, Édouard (1834-1899) Schriftsteller 93, 320
— *Die Maus* 93, 320
Pallenberg, Max (1877-1934) Schauspieler 381
Papa, s. Schnitzler, Johann
Papier, Rosa (1858-1932) Mezzosopranistin, Gesangspädagogin 40
Pasteur, Louis (1822-1895) Mikrobiologe 63, 94, 190, 201, 303, 320, 369, 374
Paul, s. Marx, Paul
Paula, s. Beer-Hofmann, Paula
Paula, Stubenmädchen 150
Paulintscherl, s. Beer-Hofmann, Paula
Paulsen, Max (1876-1956) Schauspieler, Regisseur, Theaterleiter 60, 183, 301
Peschke, Paul (1907-1991) Bildhauer 285
Petljura, Simon (1879-1926) Politiker 337
Pfitzner, Hans (1869-1949) Komponist 457
Pflaumenbaum, Charlotte, verh. Baruch (1857-1938) 157, 352
Pflugk-Hartung, Julius von (1848-1919) Historiker, Archivar 336
Pfund, Walter (1895-1993) Jurist, Schriftsteller 176, 349
— *Irrfahrt* 349
Pick, Lupu (1886-1931) Filmregisseur 360
— *Das Haus der Lüge* (nach Henrik Ibsen) 360
Piffl, Friedrich Gustav (1864-1932) Kardinal 124
Pinkus, Frau 109, 328
Pirandello, Luigi (1867-1936) 317, 375
— *Sechs Personen suchen einen Autor* 203, 375
Pohl, Josef (1869-1929) Gastwirt 345
Polgar, Alfred (1873-1955) Schriftsteller, Kritiker 45, 109, 224, 293, 329, 381
Pollaczek, Clara Katharina, geb. Loeb (1875-1951) Schriftstellerin 186, 189, 194ff., 199, 201ff., 205f., 223ff., 232, 234f., 240ff., 249, 251f., 254, 257, 259, 261f., 266, 366f., 391, 396, 404, 408
— *Das Fräulein von Corday d'Armont* 266, 404
— *Mimi* 366
Pollaczek, Franz (1901-1998) 356
Pollaczek, Hermann Erich (Harry) (1899-1975?) 205, 262?
Pollaczek, Karl Friedrich (1902-1988) Arzt 262?
Pollaczek, Lisa (1904-2001) 165, 356
Pollaczek, Marianne, geb. Kary (1878-1968) 356
Pollaczek, Otto (1873-1908) Industrieller 205, 367, 396
Pollaczek, Robert (1872-?) Lederfabrikant 356
Pollak, Frieda (Kolap) (1881-1937) Sekretärin 48, 93f., 97, 126,

149f., 189, 191?, 192, 197, 200, 240ff., 255, 294, 322, 337f., 348, 369f., 391, 396ff., 408f.
Pollak, Jacob (1860-1941) Arzt 66, 253
Pollak, Karl (1873-1940) Richter 256, 397f.
Pollak, Oskar (1883-1915) Kunsthistoriker 448
Popper, Josef, Ps. Lynkeus (1838-1921) Sozialphilosoph 90, 317, 357
— *Voltaire* 90, 317
Prater, Donald A. 383
Prix, Josef (Herrenmodengeschäft) 61, 301
Puccini, Giacomo (1858-1924) 343
— *Tosca* 343
Pulay, Erwin (1889-1950) Dermatologe 249

R. F., s. Freudenthal, Rosa
R. O., s. Olden, Rudolf
R., Frau, s. Reich, Rosa
R., R. L., s. Lindberg, Ruth
Rabensteiner, Eduard (1839-1905) Tanzlehrer 180, 363
Radetzky (Hotel) 67, 69, 304
Raeder, Gustav (1820-1868) Schauspieler, Schriftsteller 323
— *Robert und Bertram* 98, 323
Raimund, Ferdinand (1790-1836) 63, 303
Rainer (1827-1913) Erzherzog 42
Rambald, s. Steinbüchel-Rheinwall, Rambald von
Rank, Otto (1884-1939) Psychoanalytiker 53, 297
— *Das Inzest-Motiv in Dichtung und Sage* 297
— *Der Künstler. Ansätze zu einer Sozialpsychologie* 297
— *Die Lohengrinsage* 297
Ratislav, Josef Karl (1890-1955) Schriftsteller, Dramaturg 183

Redlich, Carl (1860-1918) Industrieller 127, 339
Redlich, Fritz (1868-1921) Industrieller 213, 380
Redlich, Josef (1869-1936) Jurist, Politiker 167, 213, 339
Redlich, Josefine, geb. Berger (1868-1954) 127f.
Reger, Max (1873-1916) Komponist 457
Reich, Emanuel (1830?-1891) 412
Reich, Franziska (1862-1930) 7, 80, 115, 275, 281, 312, 411f., 417
Reich, Rosa, geb. Tannenzapf (1838?-1892) 7
Reichenfeld, Moriz (1862-1940) Bankdirektor 99
Reicher, Emanuel (1849-1924) Schauspieler 86
Reik, Theodor (1888-1969) Psychoanalytiker 66f., 450ff.
— *Arthur Schnitzler als Psycholog* 451
— *Die ›Allmacht der Gedanken‹ bei Arthur Schnitzler* 451
Reimers, Emmerich (1886-1970) Schauspieler 193, 372
Reimers, Georg (1860-1936) Schauspieler 189, 368
Reingruber, Eugenie (1881-?) Schauspielerin 42
Reinhard, Franz (1874-1939) Versicherungsbeamter 32
Reinhard, Marie (1871-1899) Sängerin 19, 23ff., 31f., 38, 40, 45, 67f., 84, 88, 96, 110, 112, 122, 130, 134, 139, 148, 167f., 198f., 268, 280ff., 293, 308, 343, 403, 435, 454
Reinhard, Therese, geb. Riß (1844-1926) 33
Reinhardt, Max (1873-1943) Schauspieler, Regisseur, Theaterleiter 108, 184, 260, 401
Reiter, Anna, Hausschneiderin 103

Reitzes, Hans von (1877-1935)
Bankier 128
Reitzes, Maria von, geb. Korper von
Marienwert (1891-1975) 127f.
Remarque, Erich Maria (1898-
1970) Schriftsteller 259, 400
— *Im Westen nichts Neues* 400
Rembrandt Harmenszoon van
Rijn (1606-1669) 73
— *Die Nachtwache* 73, 307
Renk, Anton (1871-1906)
Schriftsteller 53
Renz, Ernst Jakob (1815-1892)
Artist, Zirkusunternehmer 34, 286
Ress, Johann (1839-1916)
Gesangspädagoge 61
Retty, s. Albach-Retty, Rosa
Reuter, Richard (1840-1919)
Chemiker 183
Richard, s. Beer-Hofmann, Richard
Richelieu, Herzog von, d. i. du
Plessis, Armand-Jean
(1585-1642) Kardinal 284
Riedel, Hermann (1847-1913)
Hofmusikdirektor, Klavierlehrer
7f., 416f.
— *Der Ritterschlag* 417
— *Trompeterlieder* 417
Riedl, Ludwig (1858-1919)
Cafétier 374
Rilke, Rainer Maria (1875-1926) 382
Robert, Emerich (1847-1899)
Schauspieler 16
Robert, Eugen (1877-1944)
Kritiker, Schriftsteller,
Theaterleiter 63, 303
Rochefort, Victor Henri de
(1830-1913) Schriftsteller,
Politiker 82
Rohrwasser, Michael 391
Roland, Ida (1881-1951)
Schauspielerin 131, 136, 303, 340f.

Roller, Alfred (1864-1935)
Bühnenbildner 92, 296
— *Die Bildnisse von Gustav Mahler* 296
Romberg, Hermann (1882-1929)
Schauspieler 231
Rose Marie, s. Clauser, Rosina
Maria
Rosé, Arnold (1863-1946)
Violinist 457
Rosé, Justine, geb. Mahler
(1868-1938) 50, 296
Rosegger, Peter (1843-1918)
Schriftsteller 112, 122, 331
Rosenbaum, Richard (1867-1942)
Dramaturg, Verleger 46, 54, 82, 177, 294, 362
Rosenberg, Sandor (1845-1913)
Antiquitätenhändler 288
Rosenthal, Moritz (1862-1946)
Pianist 46
Rosner, Mizi, Schauspielerin 87, 315
Roth, Otto (1866-1954) Violinist 96
Rothschild, Albert Salomon
Freiherr von (1844-1911)
Bankier 211
Rothschild, Anselm Salomon
Freiherr von (1803-1874)
Bankier 388
Rousseau, Jean-Jacques (1712-1778) 366, 410
Rub, Otto (1856-1942) Schauspieler 219
Rudolf (1858-1889) Kronprinz 42, 233, 384
Rung, Gertrud Wilhelmine, geb.
Klamke (1882-1959) Übersetzerin 220, 383

S., Felix, s. Salten, Felix
S., Frl., s. Soltau, Clara
S., Otti, s. Salten, Ottilie
Sacher (Hotel) 379

Sachs, Hanns (1881-1947) Psycho-
  analytiker 52, 66f., *297*, *418*,
  450f.
— *Traumdeutung und Menschen-
  kenntnis* 52, 297, 418, 450f.
— *Die Motivgestaltung bei
  Schnitzler* 297
— *Gemeinsame Tagträume* 297
Sadger, Isidor (1867-1942) Arzt,
  Psychoanalytiker *438*, *444*
— *Über das Unbewußte und die
  Träume bei Hebbel* 444
Saint-Exupéry, Antoine de
  (1900-1944) Flieger, Schrift-
  steller *360*
— *Der kleine Prinz* 360
Salomé, Lou, s. Andreas-Salomé,
  Lou
Salten, Felix (1869-1945)
  Journalist, Schriftsteller 19, 25,
  33f., 41f., 46, 49, 53, 74, 94, 128,
  146, 180, 190f., 201, 225, 249,
  291, *297*, *369*, *371*, *374*, *378*,
  394
— *Kinder der Freude* 297
— *Von ewiger Liebe* 297
Salten, Ottilie, geb. Metzeles
  (1868-1942) Schauspielerin 52,
  210, *378*
Sampò, Settimio (1885-1952)
  Bankdirektor 244, *392*
Samuely, Isidor (1851-1924) Arzt,
  Sanatoriumsleiter 67, *304*
Sandmeier, Julius (1881-1941)
  Übersetzer *394*
Sandow, Nina (1860-?) Schauspie-
  lerin 43
Sandrock, Adele (1863-1937)
  Schauspielerin 74f., 115, 278,
  308, *333*, *340*, *378*, *394*
Sauer, August (1855-1926)
  Literarhistoriker 56?, *299*
Sauer, Oskar (1856-1918)
  Schauspieler 103, *326*
Sch., Mimi, s. Schnabel, Mimi

Schaffer, Friederike, s. Ergas,
  Friederike
Schaffgotsch, Herbert Gotthard
  Graf (1860-1943) *330*
Scheffel, Joseph Victor von
  (1826-1886) Schriftsteller *417*
— *Der Trompeter von Säckingen*
  417
Scherl, August (Verlag) *292*,
  303
Schey, Familie *288*, *311*
Schey, Anton (1845?-1895)
  Bankier 180, 219, *363*, *382*
Schey, Marie, geb. Horschetzky
  (1821-1899) 38, 73, 95, *307*
Schey-Koromla, Philipp Freiherr
  von (1798-1881) Kaufmann,
  Mäzen 38, *287*
Schey-Koromla, Stefan Freiherr
  von (1848-1892) Bankier 247,
  393
Schik, Friedrich (1857-?) Kritiker,
  Dramaturg 32, 40, 58, *284*
Schikaneder, Emanuel (1751-
  1812) Schauspieler, Sänger,
  Theaterleiter *372*
Schildkraut, Joseph (1896-1964)
  Schauspieler 251
Schildkraut, Rudolf (1862-1930)
  Schauspieler 251
Schiller, Friedrich von (1759-
  1805) 17, 130, 185, 277f., *291*,
  293, *300*, *352*, *366*, *409*, *455*
— *Don Carlos* 42, *291*
— *Der Geisterseher* 185, *366*
— *Maria Stuart* 18, 278, *409*
— *Die Piccolomini* 300
— *Wallenstein* 45, 58, *293*
— *Wilhelm Tell* 157, *352*
Schillings, Max von (1868-1933)
  Komponist *321*
Schindler, Emil Jakob (1842-1892)
  Maler *383*
Schinnerer, Otto Paul (1890-1942)
  Germanist 267, *405*

Schipper, Josefine (Jessy) (1886-1926) Sprachlehrerin 124, *336*
Schlenther, Paul (1854-1916) Kritiker, Schriftsteller, Theaterleiter 83
Schlesinger, Hans (1875-1932) Maler 29, *283*
Schmidl, Hugo (1869-1923) Industrieller 93
Schmidl, Paula, geb. Speyer (1874-1966) 93, 256, *398*
Schmidt, Friedrich Freiherr von (1825-1891) Architekt *315*
Schmittlein, Ferdinande (1856-1915) Schauspielerin 231, *387*
Schmutzer, Ferdinand (1870-1928) Maler, Radierer 136, *383*
Schnabel, Mimi, Sekretärin 174, *359*
Schneider, Edith (Ditta), geb. Böhm (1897-1987) 268
Schnitzler, Hans (Neffe) (1895-1967) Chirurg 235
Schnitzler, Heinrich (Sohn) (1902-1982) Schauspieler, Regisseur 29, 36, 38f., 49, 63ff., 69, 75ff., 80, 82, 84, 90, 100ff., 104ff., 109, 112, 117f., 122, 128f., 132f., 135, 137, 141f., 145f., 149f., 155, 157, 159f., 163, 166, 171, 174f., 177, 180f., 183, 185ff., 191, 193, 196, 200f., 203, 207, 210, 226, 229, 235f., 242ff., 246ff., 251, 254, 256, 259, 263, 265ff., *282, 285, 287, 303, 317, 343, 351f. 367f., 402, 405, 456ff.*
Schnitzler, Helene, geb. Altmann (Schwägerin) (1871-1941) 29, 84, 97, 115, 241, 257
Schnitzler, Johann (Vater) (1835-1893) Laryngologe 14ff., 18, 31, 41, 43, 52, 55, 58, 69, 76ff., 87, 89, 92f., 98, 101ff., 106f., 109, 111, 141, 149, 151, 154, 156, 175, 181, 183ff., 188f., 192, 206f., 210, 219, 224, 229, 234, 236, 242, 256, 261, *278, 288f., 300, 308, 312, 323, 330, 350, 358, 370, 380ff., 412, 416f.*
Schnitzler, Julius (Bruder) (1865-1939) Chirurg 30, 40f., 43, 50, 63f., 73, 75f., 81, 88, 96f., 105f., 109, 112, 117f., 122, 149f., 160, 166, 169, 181, 184, 210, 236, 242ff., 256, 263, 265, *389, 427*
Schnitzler, Lili, verh. Cappellini (Tochter) (1909-1928) 68, 70, 85, 88, 91ff., 97, 102f., 125, 128f., 167, 171, 174ff., 186ff., 203, 210, 230, 233f., 236, 246ff., 251, 253ff., 259f., *304, 336f., 339, 369, 376, 379, 388, 391, 393, 396, 399, 429, 434*
Schnitzler, Louise, geb. Markbreiter (Mutter) (1840-1911) 7, 11f., 14, 22, 30, 32, 38, 55, 59, 62, 67, 77ff., 86, 90, 93, 95, 102f., 107, 109, 138, 141, 151, 159, 171, 175, 181, 184, 186, 188f., 199, 210, 236, 256, *278, 284, 293, 301, 308, 312, 330, 350, 357, 381ff., 389, 402, 408, 435*
Schnitzler, Max, Lehrling *409*
Schnitzler, Olga, geb. Gussmann, Ps. Dina Marius (Ehefrau) (1882-1970) 27ff., 38ff., 45ff., 49f., 53ff., 59f., 63ff., 69, 72ff., 77f., 82, 84f. 87ff., 95, 98ff., 102ff., 112ff., 118, 121ff., 131, 133ff., 137ff., 151ff., 162ff., 178, 181f., 184f., 187, 191, 193f., 197, 199f., 203f., 207f., 210, 212, 218ff., 222, 224ff., 228, 232, 235ff., 238, 240, 245ff., 251, 254, 256ff., 263, 265, 267f.,

282ff., 289, 295f., 305, 307, 311, 318, 322, 336, 344, 347, 350, 353, 357, 362, 366, 370, 372, 382f., 395, 399, 405, 408, 439, 443, 456
Schönberg, Arnold (1874-1951) 360
— *Pierrot lunaire op. 21* 176, 360
Schönberger, Christine (1848-1927) Gastwirtin 70
Schoenebeck, Gustav von (1860?-1907) Offizier 289
Schoenebeck, Herta Antonie von (1876-1931) 289
Schönherr, Karl (1867-1943) Arzt, Schriftsteller 94, 178, 197, 326, 398
— *Herr Doktor, haben Sie zu essen?* 398
Schönherr, Malwine, geb. Perlsee (1867-1956) 197
Scholz, Arthur Johannes (1883-1945) Komponist, Musikpädagoge 122
Schopenhauer, Arthur (1788-1860) 141
Schopper, Daniel 391
Schott, Eberhard (1915-?) 117, 334
Schott, Peter (1915-?) 117, 334
Schott, Werner (1891-1965) Schauspieler 117, 132, 139, 153, 192, 334
Schratt, Katharina (1853-1940) Schauspielerin 26, 62
Schrödter, Fritz (1855-1924) Tenor 123f.
Schubert, Franz (1797-1828) 244, 392, 402, 457
Schürer-Waldheim, Max von (1860-1942) Arzt 101
Schumann, Wolfgang (1887-1964) Journalist 58
Schwartz, Morris (1889-1960) Schauspieler 205, 376

Schwarz, Emil (1865-?) Internist 66f.
Schwarz, Josepha (Beppi) (1813-1863) 438
Schwarzkopf, Gustav (1853-1939) Schriftsteller, Dramaturg 46, 60, 65, 78f., 82f., 86f., 93, 98f., 114, 154, 180, 186, 258f., 284, 313, 323
Schwender (Vergnügungs-Etablissement) 297
Schwer, Hans Arnold (1865-1931) Journalist, Schriftsteller, Politiker 212, 379
Schwester, s. Hajek, Gisela
Seidl, Gustav (1876-1943) 355
Seidler-Feuchtenegg, Ernst von (1862-1931) Politiker 111
Seifert, Anna (1887-1963) Fuhrunternehmerin 142, 346
Seipel, Ignaz (1876-1932) Priester, Politiker 236, 389
Seligmann, Adalbert Franz (1862-1945) Kunstkritiker, Maler 104
Semper, Gottfried (1803-1879) Architekt 278
Shakespeare, William (1564-1616) 127, 184, 189, 245, 276, 279, 308, 340, 343, 352, 365, 368, 381, 387, 393, 402
— *Antonius und Kleopatra* 14, 131, 276, 340
— *Coriolanus* 393
— *Hamlet* 217, 230f., 381, 387, 453
— *Heinrich IV.* 136, 343
— *Heinrich V.* 21, 279
— *König Lear* 402
— *Macbeth* 308, 368
— *Maß für Maß* 155, 184, 352, 365
Shaw, George Bernard (1856-1950) 303
— *Fannys erstes Stück* 64, 303

Shott, Gladys Gertrude (1899-1954) 267, *405*
Sicard von Sicardsburg, August (1813-1868) Architekt *276, 278, 322*
Sieber, Rudolf (1870-1943) Architekt 260
Sik., Anni, Sikora, Anni, s. Strial, Anna
Silberstein, Eduard (1856-1925) Jurist, Kaufmann *446*
Silbiger, Bertha, geb. Vogel (1875-?) 18, *277*
Simandt, Hermine (Wucki) (1868-1952) Kinderfrau, Wirtschafterin 123, 145, 157, 188, *336*
Simon, Leopold (1853-1920) Kaufmann 25, *280f.*
Simons, Rainer (1869-1934) Sänger, Regisseur, Theaterleiter 66, 140, *345*
Sladek, Maximilian (1875-1925) Schauspieler, Theaterleiter *348*
Soliman, Angelo (1721?-1796) Kammerdiener 173, *359*
Soltau, Clara, Hausdame 220, 222, *383*
Sonnenfeld, Kurt (1893-1938) Journalist, Schriftsteller 124
Sonnenschein, Samuel (1856-1919) Gastwirt 93, *320*
Sonnenthal, Adolf von (1834-1909) Schauspieler 16, 42f., 48, 58, 64, 115, 191, *300, 333, 370, 456*
Sonnenthal Felix von (1861-1916) Börsensensal 16
— *Briefwechsel 300*
Sonnenthal, Hermine von (1863-1922) *300*
Sophie (1805-1872) Erzherzogin *328*
Sophie, Stubenmädchen 51
Sophokles *341*

Sorma, Agnes (1865-1927) Schauspielerin 21
Specht, Richard (1870-1932) Musikkritiker, Schriftsteller 79, 146, 161, 230, *400*
— *Arthur Schnitzler 400*
Specht, Vera, geb. Schapira (1891-1930) Pianistin 75, 78, *321*
Speidel, Else (1897-1940) 170ff.
Speidel, Else, geb. Haeberle (1877-1937) Schauspielerin 98, 170f.
Speidel, Felix (1875-?) Schriftsteller, Verleger 98, 170f.
Speiser, Paul (1877-1947) Politiker 182
Speyer-Ulmann, Agnes, s. Ulmann, Agnes
Spiegl-Thurnsee, Edgar von (1876-1931) Diplomat 116
Spiegler, Hedwig, geb. Pollaczek (1874-?) *254?, 396*
Spitzer, Samuel (1861-?) *415*
St., Frau, s. Stößler, Friederike
St., Oskar, s. Stoerk, Oskar
St., Rosa, s. Sternlicht, Rosa
St., s. Bachrach, Stefanie
Stackelberg, Josephine Baronin von (1882-1963) *384*
Stefenelli, Alois Dominik von (1895-1968) Offizier, Fuhrunternehmer 239, *390*
Steffi, s. Bachrach, Stefanie
Steinbüchel-Rheinwall, Rambald von (1902-1990) Architekt 205, *376*
Steiner, Herr 73, *307*
Steiner, Franz (1873-1954) Sänger 100, 108, 142, *346*
Steiner, Margit, geb. Gold (1877-?) 100
Steininger, Emil (1866-1943) Verleger 143, *346*
Steinrück, Albert (1872-1929)

Schauspieler 63, 68, *296, 303,
  396*
Steinrück, Elisabeth (Lisl), geb.
  Gussmann (Schwägerin)
  (1885-1921) Schauspielerin
  27f., 31, 63, 139, 156, 164, 193,
  *282, 295, 296, 307, 334, 372,
  395*
Stekel, Wilhelm (1868-1940)
  Psychoanalytiker *440f., 444ff.,
  449f.*
— *Nervöse Angstzustände und
  ihre Behandlung 449f.*
— *Die Sprache des Traums 444,
  450*
— *Die Träume der Dichter 440,
  444ff., 450*
Stephi, s. Bachrach, Stephanie
Stern, Frank *351*
Stern, Gotthold (1861-1930)
  Industrieller 130, *340*
Sternberg, Joseph von (1894-
  1969) Filmregisseur *399*
— *Der blaue Engel* 258, *399*
Sternberg, Julian (1868-1945)
  Journalist 34, *286*
Sternheim, Carl (1878-1942) *303,
  382*
— *Der Snob* 220, *382*
Sternlicht, Rosa, verh. Hochsinger
  (1863-1943) 12, *275*
Stieler, Kurt (1877-1963)
  Schauspieler 44
Stoerk, Oskar (1870-1926) Arzt
  22, *279, 364*
Stößler, Friederike, geb. Hein
  (1881-?) 158, *353*
Strakosch-Feldringen, Siegfried
  von (1867-1933) Industrieller
  111
Straus, Oscar (1870-1954)
  Komponist *386*
— *Ein Walzertraum 386*
Strauß, Adele, geb. Deutsch
  (1856-1930) *355*

Strauß, Alice (1875-1945) 162,
  355
Strauß, Johann Sohn (1825-1899)
  162, *289, 292, 343, 355, 372,
  457*
— *Die Fledermaus 372*
— *Prinz Methusalem* 137, *343*
Strauß, Johann Vater (1804-1849)
  457
Strauss, Richard (1864-1949) 263,
  317, 339, 341, 403, 456ff.
— *Elektra op. 58* (Libretto Hugo
  von Hofmannsthal) 132, *317,
  341*
— *Die Frau ohne Schatten op. 65*
  (Libretto Hugo von Hofmanns-
  thal) 130, *339*
Strial, Alexander (1874-1957)
  Schauspieler, Theaterleiter 40,
  75
Strial, Anna, geb. Sikora
  (1880-1981) Schauspielerin 40,
  75, 126, 161, 169
Striberny, Moriz (1867-1920)
  Waffenhändler 173
Strindberg, August (1849-1912)
  165
Stringa, Alberto (1880-1931)
  Maler 86
Strobl, Julius (1868-1932)
  Schauspieler 163, *356*
Stross, Marta, geb. Karlweis
  (1889-1965) Schriftstellerin
  95, *321*
Stross, Walter (1883-1946)
  Industrieller 130, *342*
Stürgkh, Karl Graf (1859-1916)
  Politiker *297*
Sudermann, Hermann (1857-
  1928) Schriftsteller *333*
Suppé, Franz von (1819-1895)
  Komponist *301*
Suppé, Pauline von, geb.
  Markbreiter (Tante) (1851-
  1923) 60, 138, *301*

Suppe, Peter von (1844-1894)
Bankangestellter *301*
Suttner, Bertha Baronin von, geb.
Gräfin Kinsky (1843-1914)
Schriftstellerin 122
Suz., s. Clauser, Suzanne

T., Richard, s. Tausenau, Richard
Talmadge, Constance (1898-1973)
Filmschauspielerin *351*
Tandler, Julius (1869-1936)
Anatom, Politiker 94, 117, *376*
Tandler, Wilhelm (Billie)
(1904-1967) 205, *376*
Tausenau, Richard (1861-1893)
12, 46, 87, *276*
Thackeray, William Makepeace
(1811-1863) Schriftsteller
451
Thayer, Scofield (1889-1982)
Journalist, Publizist 195, *372*
Thimig, Hans (1900-1991)
Schauspieler 134, *342*
Thimig, Hugo (1854-1944)
Schauspieler, Theaterleiter 83,
99, *313, 323, 342*
Toller, Ernst (1893-1939)
Schriftsteller *365*
Tolnai, Arnold von (1861-1947)
Industrieller 262
Tolstoi, Leo N. (1828-1910) 60, 92,
301, 319
Toni, Onkel, s. Markbreiter, Anton
Tovote, Heinz (1864-1946)
Schriftsteller 18
Trebitsch, Antonie (Tina), geb.
Keindl (1869-1954) 98, 254
Trebitsch, Siegfried (1869-1956)
Schriftsteller, Übersetzer 30,
43, 53, 98, 245, *297*
— *Gefährliche Jahre 297*
Tressler, Otto (1871-1965)
Schauspieler 50, 76, 78, *310*
Treumann, Louis (1872-1943)
Schauspieler, Sänger 216

Triesch, Irene (1877-1964)
Schauspielerin 32, *442*

U., s. Urbantschitsch, Rudolf von
Ucicky, Gustav (1899-1961)
Filmregisseur *386*
— *Die Pratermizzi 386*
Ullmann, Adalbert (1822-1897)
Architekt *326*
Ullrich, Luise (1910-1985)
Schauspielerin 266
Ullstein (Verlag) 122, *336*
— *Weltgeschichte 122, 336*
Ulmann, Agnes, geb. Speyer
(1875-1942) Malerin 113
Ulmer, Fritz (1877-1952)
Schauspieler 113
Unruh, Fritz von (1885-1970)
Schriftsteller 260, *361, 401*
— *Louis Ferdinand, Prinz von
Preußen 176, 361, 401*
— *Phaea 260, 401*
Urbach, Reinhard *392*
Urbantschitsch, Rudolf von, Ps.
Georg Gorgone (1879-1964)
Arzt, Sanatoriumsleiter 91,
111, 218, 230, *319, 381*
— *Julia 230, 381, 387*
Urbantschitsch, Viktor (1847-
1921) Otologe *319*
Urcan, Olimpiu G. *294*
— *Arthur Kaufmann. A Chess
Biography 1872-1938* (mit
Peter Michael Braunwarth)
294

V., V. L., s. Lichtenstern, Vilma
Valckenborgh, Lucas van
(1535?-1597) Maler *371*
— *Frühlingslandschaft 371*
Valerie, Erzherzogin, s. Marie
Valerie
Vallentin, Berthold (1877-1933)
Historiker 191, *370*
— *Napoleon 191, 370*

van der Null, Eduard (1812-1868)
Architekt 276, 278, 322
Vane, Sutton (1888-1963)
Schriftsteller 378
— Überfahrt 211, 378
Van-Jung, Ida, Ps. Ida Borissow,
Schauspielerin 140, 344
Van-Jung, Leo (1866-1939)
Gesangspädagoge 46, 74, 119,
121, 140, 164, 344
Vater, s. Schnitzler, Johann
Verdi, Giuseppe (1813-1901) 387
— Die Macht des Schicksals 232,
387
Vetsera, Helene Baronin von, geb.
Baltazzi (1847-1925) 130
Vicki, s. Zuckerkandl, Victor
Voltaire (1694-1778) 89, 317

W. G., s. Gross, Wilhelm
W., s. Wohlgemuth, Else
W., Albert, s. Wassermann, Albert
W., Dr., s. Wittels, Fritz
W., Er., s. Wagner, Erika von
W., Frl. s. Wagner, Grete
W., Gräfin, s. Wydenbruck, Maria
Gräfin
Waage, Herbert (1903?-?) 75
Wagener, Hilde (1901-1992)
Schauspielerin 218, *381f.*
Wagner, Erika von (1890-1974)
Schauspielerin 157, 165, 176,
360
Wagner, Grete (1905-1996)
Schauspielerin 218f., *381*
Wagner, Otto (1841-1918)
Architekt 306, 367
Wagner, Renate 308, 400
— *Arthur Schnitzler* 400
— *Dilly. Geschichte einer Liebe in Briefen, Bildern, Dokumenten*
308
Wagner, Richard (1813-1883)
263, 292, 306, 312, 414, *455ff.*
— *Die Götterdämmerung* 44, 292

— *Die Meistersinger von Nürnberg* 71, 116, 197, 306,
333, 373f.
— *Tannhäuser* 80, 312
Waissnix, Olga, geb. Schneider
(1862-1897) 15, 22, 43, 114,
179, 289, 332, 435
Waldau, Gustav (1871-1958)
Schauspieler 304
Walden, Harry (1875-1921)
Schauspieler 232
Waldstein-Wartenberg, Joseph
Karl Graf (1755-1814) 385
Walter, Bruno (1876-1962)
Dirigent 144, 265, 347
Walzel, Oskar (1864-1944)
Germanist 143
Wantoch, Robert, Buchhändler,
Konzertveranstalter 173, 359
Wassermann, Albert (1901-1971)
Chemiker 95, 321
Wassermann, Jakob (1873-1934)
Schriftsteller 116, 119, 316,
321, 324, 333, 340, 371, 386
— *Christian Wahnschaffe* 116,
333
— *Das Gänsemännchen* 88, 316
— *Ulrike Woytich* 192, 371
— *Der Wendekreis* 371
Wassermann, Julie, geb. Speyer
(1876-1963) 119, 386, 398
Wedekind, Frank (1864-1918) 45,
69, 303
Weil von Weilen, Alexander
(1863-1918) Literarhistoriker,
Bibliothekar 105, 327
Weil von Weilen, Margarethe von,
geb. Kron (1871-1938) 116,
333
Weilen, s. Weil von Weilen
Weinberg, Herr, Medizinstudent
117, 334
Weingarten 72, 306
Weingarten, Paul (1886-1948)
Pianist 109, 306

Weingartner, Felix von (1863-1942) Dirigent 306
Weinlechner, Joseph (1829-1906) Chirurg 18
Weinzierl, Ulrich 293
Weiskirchner, Richard (1861-1926) Politiker, Wiener Bürgermeister 111, 330
Weiss, Nadin 397, 401
Weisse, Adolf (1855-1933) Schauspieler, Theaterleiter 56, 89, 316
Wellesz, Egon (1885-1974) Komponist 154
Wenckebach, Karel Frederik (1864-1940) Internist 108, 328
Wengerowa, Isabella (1877-1956) Pianistin, Klavierpädagogin 66, 74, 140, 167
Wera, s. Specht, Vera
Werfel, Franz (1890-1945) 172, 175, 218, 244, 359, 388
Werth, Léon (1878-1955) Schriftsteller 176, 360
Wertheimer, Paul (1874-1937) Rechtsanwalt, Journalist, Schriftsteller 204
Werthner, Adolf (1828-1906) Chef-Administrator der ›Neuen Freien Presse‹ 341
Werthner, August (1852-1916) Bildhauer, Chef-Administrator der ›Neuen Freien Presse‹ 132, 341
Wiedemann, Hermann (1879-1944) Bariton 197
Wiesel, Josef (1876-1928) Internist 223
Wilbrandt, Adolf von (1837-1911) Schriftsteller, Theaterleiter 320
Wilbrandt-Baudius, Auguste (1844-1937) Schauspielerin 94, 117, 320, 369
Wilde, Oscar (1854-1900) 227

Wilheim, Alexander (1840?-1888) 58, 300
Wilheim, Johanna, geb. Schnitzler (Tante) (1837?-1925) 300
Wilhelm II. (1859-1941) Kaiser 18, 26, 31, 58, 134, *288*, *342*, *418*, *423*
Wilhelm, Paul, d. i. Wilhelm Dworaczek (1873-1916) Schriftsteller 100, *324*f.
Wilke, Gisela (1882-1958) Schauspielerin 54, 98, 115, 196, *323*, *332*
Wilt, Marie (1834-1891) Sopranistin 143
Winsloe, Christa (1888-1944) Schriftstellerin 404
— *Gestern und heute* 266, 404
Winter, Ludwig (1872-1922) Sekretär der Staatstheater 144
Winternitz, Friderike Maria von, geb. Burger (1882-1971) Schriftstellerin 127, *282*, *338*
— *Vögelchen* 127, *338*
Winterstein, Alfred Freiherr von (1885-1958) Schriftsteller, Beamter 62, 67, *304*, *367*, *450*
— *Psychoanalytische Anmerkungen zur Geschichte der Philosophie* 304
Witt, Lotte (1870-1938) Schauspielerin 25
Wittels, Fritz (1880-1950) Schriftsteller, Psychoanalytiker 88, 91, *316*, *431*
Wittels, Yerta, geb. Pick (?-1913) 91
Wohlgemuth, Else (1881-1972) Schauspielerin 157, 210ff.
Woiwode, Lina (1886-1971) Schauspielerin 66f., *304*
Wolff, Louise, geb. Schwarz (1855-1935) Konzertagentin 67, 109

Wolter, Charlotte (1834-1897)
Schauspielerin 32, 44
Wucki, s. Simandt, Hermine
Wydenbruck, Maria Gräfin, geb.
Gräfin Esterházy (1859-1926)
162, 200, 211, 374
Wymetal, Wilhelm Ritter von
(1863-1937) Regisseur 164

Z., Hofrätin, s. Zuckerkandl, Berta
Z., Mimi, s. Zuckerkandl,
Marianne
Z., Vicki, s. Zuckerkandl, Victor
Zacher, Auguste, geb. Kuhn
(1878-1950) Blumenhändlerin
398
Zeiss, Carl (Optik-Firma) 128,
162, 339, 354
Zeissl, Maximilian von (1853-
1925) Dermatologe 111
Zeska, Carl von (1862-1938)
Schauspieler 47
Ziegel, Erich (1876-1950)
Schauspieler, Regisseur,
Theaterleiter 70, 163, 305, 355
Ziegler, Karl (1886-1944) Tenor
232
Zimmels, Salomon (1873-1942)
Religionslehrer 102

Zita (1892-1989) Kaiserin 100,
324
Zola, Émile (1840-1902) 185, 366,
410
— *Nana* (dt. von Lucy von Jacobi)
185, 366, 410
Zuckerkandl, Berta, geb. Szeps
(1864-1945) Journalistin 66,
82, 93, 137, 148, 165, 313,
343
Zuckerkandl, Emil (1849-1920)
Anatom 343
Zuckerkandl, Marianne, gesch.
Giustiniani, geb. Bachrach
(1882-1964) Übersetzerin 92,
108, 212, 249, 322
Zuckerkandl, Otto (1861-1921)
Urologe 59, 61, 68, 114f., 302,
332, 347
Zuckerkandl, Victor (1896-1965)
Musikwissenschaftler 66, 68,
72, 106, 115, 212, 322, 332
Zweig, Friderike, s. Winternitz,
Friderike
Zweig, Stefan (1881-1942) 76, 86,
114, 204, 220, 295, 338, 370,
382, 458
Zwerenz, Mizzi (1881-1947)
Schauspielerin 66

Bibliografische Information der Deutschen Nationalbibliothek
Die Deutsche Nationalbibliothek verzeichnet
diese Publikation in der Deutschen Nationalbibliografie;
detaillierte bibliografische Daten sind im Internet
über http://dnb.d-nb.de abrufbar.

Zweite Auflage 2012
© Wallstein Verlag, Göttingen 2012
www.wallstein-verlag.de
Vom Verlag gesetzt aus der Aldus Roman und der Gill Sans
Umschlaggestaltung: Susanne Gerhards, Düsseldorf
unter Verwendung eines Fotos aus dem Bestand der
Österreichischen Nationalbibliothek, Wien
Druck und Verarbeitung: Friedrich Pustet, Regensburg
ISBN 978-3-8353-1029-2